清史論集

（二十一）

莊吉發著

文史哲學集成
文史哲出版社印行

國家圖書館出版品預行編目資料

清史論集 / 莊吉發著. -- 初版. -- 臺北市：文史
哲，民 86.12-
　　冊；　公分. -- (文史哲學集成 ; 388-)
　　含參考書目
　　ISBN 957-549-110-6(第一冊：平裝) .--ISBN957-549-
111-4(第二冊) .--ISBN957-549-166-1 (第三冊) .—ISBN 957-
549-271-4 (第四冊) .-- ISBN957-549-272-2(第五冊) .--ISBN
957-549-325-7 (第六冊).--ISBN957-549-326-5 (第七冊) --
ISBN 957-549-331-1(第八冊).--ISBN957-549-421-0(第九冊)
.--ISBN957-549-422-9(第十冊) .--ISBN957-549-512-8(第 11
冊).-- ISBN 957-549-513-6(第 12 冊) .--ISBN957-549-551-9
(第 13 冊).--ISBN957-549-576-4(第 14 冊)-- ISBN957-549-
605-1(第 15 冊).-- ISBN957-549- 671-x (第 16 冊)ISBN 978-
957-549-725-5(第 17 冊) .--ISBN978-957-549-785-9(第 18
冊) ISBN978-957-549-786-6 (第 19 冊) ISBN978-957-549-
912-9 (第 20 冊) ISBN978-957-549-973-0(第二十一冊：平裝)

1.中國 – 歷史 – 清(1644-1912) – 論文，講詞等

627.007　　　　　　　　　　　　86015915

文史哲學集成　602

清 史 論 集（二十一）

著　　者：莊　　　　　吉　　　　　發
出 版 者：文　史　哲　出　版　社
http://www.lapen.com.tw
登記證字號：行政院新聞局版臺業字五三三七號
發 行 人：彭　　　　　正　　　　　雄
發 行 所：文　史　哲　出　版　社
印 刷 者：文　史　哲　出　版　社
臺北市羅斯福路一段七十二巷四號
郵政劃撥帳號：一六一八〇一七五
電話886-2-23511028 • 傳真886-2-23965656

實價新臺幣五二〇元

中華民國一百年（2011）六月初版

清 史 論 集

(廿)

目 次

出版說明

我國歷代以來，就是一個多民族的國家，各民族的社會、經濟及文化方面，雖然存在著多樣性及差異性的特徵，但各兄弟民族對我國歷史文化的締造，都有直接或間接的貢獻。滿族以非漢部族入主中原，建立清朝，參漢酌金，一方面接受儒家傳統的政治理念，一方面又具有滿族特有的統治方式，在多民族統一國家發展過程中有其重要的地位。在清朝長期的統治下，邊疆與內地逐漸打成一片，文治武功之盛，不僅堪與漢唐相比，同時在我國傳統社會、政治、經濟、文化的發展過程中亦處於承先啟後的發展階段。蕭一山先生著《清代通史》敘例中已指出原書所述，為清代社會的變遷，而非愛新一朝的興亡。換言之，所述為清國史，亦即清代的中國史，而非清室史。同書導言分析清朝享國長久的原因時，歸納為兩方面：一方面是君主多賢明；一方面是政策獲成功。《清史稿》十二朝本紀論贊，尤多溢美之辭。清朝政權被推翻以後，政治上的禁忌，雖然已經解除，但是反滿的清緒，仍然十分高昂，應否為清人修史，成為爭論的焦點。清朝政府的功過及是非論斷，人言嘖嘖。然而一朝掌故，文獻足徵，可為後世殷鑒，筆則筆，削則削，不可從闕，亦即孔子作《春秋》之意。孟森先生著《清代史》指出，「近日淺學之士，承革命時期之態度，對清或作仇敵之詞，既認為仇敵，即無代為修史之任務。若已認為應代修史，即認為現代所繼承之前代，尊重現代，必不厭薄於

所繼承之前代，而後覺承統之有自。清一代武功文治，幅員人材，皆有可觀。明初代元，以胡俗爲厭，天下既定，即表章元世祖之治，惜其子孫不能遵守。後代於前代，評量政治之得失以爲法戒，乃所以爲史學。革命時之鼓煽種族以作敵愾之氣，乃軍旅之事，非學問之事也。故史學上之清史，自當占中國累朝史中較盛之一朝，不應故爲貶抑，自失學者態度。」錢穆先生著《國史大綱》亦稱，我國爲世界上歷史體裁最完備的國家，悠久、無間斷、詳密，就是我國歷史的三大特點。我國歷史所包地域最廣大，所含民族份子最複雜。因此，益形成其繁富。有清一代，能統一國土，能治理人民，能行使政權，能綿歷年歲，其文治武功，幅員人材，既有可觀，清代歷史確實有其地位，貶抑清代史，無異自形縮短中國歷史。《清史稿》的既修而復禁，反映清代史是非論定的紛歧。

　　歷史學並非單純史料的堆砌，也不僅是史事的整理。史學研究者和檔案工作者，都應當儘可能重視理論研究，但不能以論代史，無視原始檔案資料的存在，不尊重客觀的歷史事實。治古史之難，難於在會通，主要原因就是由於文獻不足；治清史之難，難在審辨，主要原因就是由於史料氾濫。有清一代，史料浩如煙海，私家收藏，固不待論，即官方歷史檔案，可謂汗牛充棟。近人討論纂修清代史，曾鑒於清史範圍既廣，其材料尤夥，若用紀、志、表、傳舊體裁，則卷帙必多，重見牴牾之病，勢必難免，而事蹟反不能備載，於是主張採用通史體裁，以期達到文省事增之目的。但是一方面由於海峽兩岸現藏清代滿漢文檔案資料，數量龐大，整理公佈，尚需時日；一方面由於清史專題研究，在質量上仍不夠深入。因此，纂修大型清代通史的條件，還不十分具備。近年以來因出席國際學術研討會，所發表的論文，多涉及清代的歷史人物、文獻檔案、滿洲語文、宗教信仰、族群關係、人口流

動、地方吏治等範圍，俱屬專題研究，題爲《清史論集》。雖然只是清史的片羽鱗爪，缺乏系統，不能成一家之言。然而每篇都充分利用原始資料，尊重客觀的歷史事實，認真撰寫，不作空論。所愧的是學養不足，研究仍不夠深入，錯謬疏漏，在所難免，尚祈讀者不吝教正。

二〇一一年五月　　莊吉發

臺北故宮博物院現藏檔案與
清朝宮廷史研究

一、前　言

　　歷史檔案是一種直接史料，發掘歷史檔案，掌握直接史料，是探討清朝宮廷歷史的重要途徑。宮廷歷史研究和歷史檔案的互相結合，可以顯露出清朝宮廷的真實輪廓，接近客觀的歷史事實，以論代史，妄加曲解，是無視客觀的歷史存在[1]。近數十年來，中外學者對清朝宮廷歷史的研究，有一個逐步深化的過程，一方面是由於宮廷歷史研究方向的多元化，擴大研究領域，而投入大量的人力和時間，研究成果更加豐碩；一方面則是出現一個十分有利的客觀條件，有利於清朝宮廷歷史研究，那就是海峽兩岸本著資料共享的理念，積極整理出版明清檔案，提供豐富的第一手原始資料，使從事明清宮廷歷史研究的中外學者，無論在檔案資料的掌握，研究方法的運用，理論架構的建立，都有突破性的進步。

　　臺北故宮博物院現藏清朝歷史檔案，按照原來存放的地點，大致分為宮中檔案、軍機處檔案、內閣部院檔案、清朝國史館暨民初清史館檔案等四大類，此外還有善本古籍。宮中檔案主要是

1　韋慶遠：〈利用明清檔案進行歷史研究的體會〉，《明清史辨析》（北京，中國社會科學出版社，1989 年 7 月），頁 512。

滿漢文硃批奏摺、奏片及其附件，現存硃批奏摺除了直省外任臣工繳回宮中的摺件外，還含有總管內務府大臣、盛京將軍、熱河總管等奏摺。軍機處檔案主要可分爲檔冊與月摺包兩大類，如上諭檔、廷寄檔等就是重要的檔冊；月摺包主要是硃批奏摺錄副存查的抄件，稱爲奏摺錄副，其未奉硃批的部院衙門或監察御史等奏摺，則以原摺歸入月摺包，硃批奏摺附呈各種地圖留中不發後亦歸入月摺包。內閣原爲典掌綸音重地，內閣所存文書案卷及檔冊，爲數可觀。其中《滿文原檔》保存頗多清朝入關前的珍貴史料，康熙年間以降的起居注冊，記錄了許多不見於實錄的真實史料。現藏史館檔主要爲紀志表傳的各種稿本及其相關資料。故宮博物院南遷的檔案計三七七三箱，其中遷運臺北故宮博物院者，共二〇四箱，爲數較少，但亦可供治清史者考研之用。

本文嘗試就臺北故宮博物院現藏清朝檔案及善本古籍中涉及宮廷歷史研究者舉例介紹。全文除前言、結語外，共計五小節。第一小節從《滿文原檔》所載盛京宮殿及城門滿文名稱還原清朝宮廷歷史記憶；第二小節從《上諭檔》的記錄認識清朝宮殿的文物陳設；第三小節從宮裡宮外的動態說明滿漢文硃批奏摺的史料價值；第四小節從宮廷建築分析軍機處月摺包的史料價值；第五小節從善本古籍舊藏地點探討還原宮廷藏書的歷史意義。雖然只是浮光掠影，又不免以偏概全。然而爲了掌握清朝宮廷歷史研究的完整史料，臺北故宮博物院典藏的檔案，仍可部分反映清朝宮廷的文化特色。集中分散的檔案，有助於清朝宮廷歷史研究的向前發展。

二、御門聽政 ── 清朝宮殿城門名稱的歷史考察

清朝皇帝視朝處理政事，稱爲御門聽政。從《滿文原檔》的

記載，可以看到清朝入關前皇帝處理政事的資料，對宮廷史的研究提供了重要的參考價值。清太祖努爾哈齊、太宗皇太極時期，記注政事及抄錄往來文書的檔冊，主要是以無圈點老滿文及加圈點新滿文記載的檔子（dangse），因為這批滿文檔子是清朝入關前的原始檔案，不是重抄本，也不是曬藍複製本，所以稱之為《滿文原檔》。

臺北故宮博物院典藏《滿文原檔》，共四十冊，都是清朝入關後由盛京移存於北京內閣大庫的原檔，清太祖與清太宗兩朝各佔二十冊，記事年代始自明神宗萬曆三十五年（1607），迄崇德元年（1636），原按千字文編號，自「天」字起，迄「露」字止，因避清聖祖玄燁御名諱，故缺「玄」字。《滿文原檔》是探討清初史事不可或缺的第一手史料，對關外時期宮廷史的研究，也提供頗多珍貴的史料。譬如崇德元年（1636）七月初五日，《滿文原檔》記載聖汗御崇政殿，巴敦達爾漢卓里克圖、綽爾闊兒巴兒袞等朝見，進馬二匹。同年十月初五日，記載奉寬溫仁聖汗命，召群臣集大政殿傳諭大軍將行，當秣馬令其肥壯。

滿蒙聯姻是滿族與蒙古諸部民族融合的過程，清太祖、清太宗時期的大規模聯姻活動，成為清朝入關後遵行不替的基本國策。由於滿蒙長期的聯姻，不僅使滿蒙成為軍事聯盟，而且也成為政治、經濟的聯盟，滿蒙遂成為休戚與共的民族生命共同體。天聰十年（1636）四月，全國制定盛京五宮的宮殿名稱，中宮賜名清寧宮，東宮稱關睢宮，西宮稱麟趾宮，次東宮稱衍慶宮，次西宮稱永福宮。崇德元年（1636）七月初十日，皇太極在盛京崇政殿舉行冊立后妃大典。臺北故宮博物院典藏《滿文原檔》中的「日字檔」，以高麗箋紙，用加圈點新滿文書寫。原檔中詳細地記

錄了冊封五宮后妃的經過，並忠實地書明后妃的名字[2]。其中科爾
沁部貝勒莽古思之女哲哲（jeje）被封爲清寧宮中宮國君福金，即
中宮皇后。科爾沁部貝勒寨桑長女海蘭珠（hairanju）就封爲東宮
關雎宮大福金宸妃。皇太極將海蘭珠居住的東宮命名爲關雎宮，
取《詩經》「關關雎鳩，在河之洲」之義。東宮宸妃的地位，僅次
於中宮皇后。海蘭珠的妹妹本布泰（bumbutai）被封爲次西宮永
福宮側福金莊妃，她就是清史上赫赫有名的孝莊皇后，察哈爾林
丹汗妻娜木鐘（namjung），因其地位尊崇，被封爲西宮麟趾宮大
福金貴妃。林丹汗另一妻巴特瑪‧璪（batma dzoo）被封爲東宮
衍慶宮側福金淑妃。五宮並建，蒙古歸心。乾隆年間，重抄原檔，
將中宮皇后、宸妃、莊妃、娜木鐘的芳名，俱改爲「博爾濟吉特
氏」（borjigit hala），其芳名遂被湮沒不傳。《滿文原檔》所載各宮
殿名稱，也值得重視，可列表於下。

表 1 清初盛京宮殿滿漢名稱對照簡表

	大政殿	崇政殿	清寧宮	永福宮	關雎宮	衍慶宮	麟趾宮
滿文原檔							

2　《滿文原檔》（臺北，故宮博物院，2006 年），第十冊，日字檔，頁 315。
　　崇德元年七月初十日，冊封后妃記事。

	麟趾宮	衍慶宮	關雎宮	永福宮	清寧宮	崇政殿	篤恭殿
太宗實錄	[滿文]	[滿文]	[滿文]	[滿文]	[滿文]	[滿文]	[滿文]

	麟趾宮	衍慶宮	關雎宮	永福宮	清寧宮	崇政殿	大政殿
滿漢大辭典	[滿文]	[滿文]	[滿文]	[滿文]	[滿文]	[滿文]	[滿文]

　　由前列簡表可知清初盛京宮殿的滿漢文名稱，其中崇政殿，是盛京大清門內大殿，《滿漢大辭典》作 "wesihun dasan i deyen"[3]；《清太宗文皇帝實錄》滿文本作 "wesihun dasan i diyan"；《滿文原檔》作 "wesihun dasan i yamun"。大政殿，《清太宗文皇帝實錄》漢文本作「篤恭殿」，滿文本作 "amba dasan i diyan"；大政殿，《滿文原檔》作 "amba dasan i yamun"。宮殿的「殿」，《五體清文鑑》作 "deyen"，是規範音譯。《滿文原檔》作 "yamun"，意即「衙門」，較爲質樸。清寧宮，《滿漢大辭典》作 "genggiyen elhe gurung"；《清太宗文皇帝實錄》作 "genggiyen elhe gung"；

---

3 安雙成主編《滿漢大辭典》（瀋陽，遼寧民族出版社，1993 年 12 月），頁 1091。

《滿文原檔》作"genggiyen elhe boo"。永福宮,《滿漢大辭典》作"enteheme hūturingga gurung";《清太宗文皇帝實錄》作"hūturingga gung";《滿文原檔》作"hūturingga boo"。關雎宮,《滿漢大辭典》作"hūwaliyasun doronggo gurung";《清太宗文皇帝實錄》作"hūwaliyasun doronggo gung";《滿文原檔》作"hūwaliyasun doronggo boo"。衍慶宮,《滿漢大辭典》作"hūturi badaraka gurung";《清太宗文皇帝實錄》作"urgun i gung";《滿文原檔》作"urgun i boo"。麟趾宮,《滿漢大辭典》作"da gosin i gurung";《清太宗文皇帝實錄》作"da gosin i gung";《滿文原檔》作"da gūsin i boo"。各宮殿的「宮」,《五體清文鑑》作"gurung",《滿漢大辭典》統一作"gurung",較爲規範。《清太宗文皇帝實錄》作"gung",是漢字「宮」的音譯,較易與「公」,或「功」混淆。房屋的「房」,滿文讀如"boo"。清寧宮等各宮的「宮」,《滿文原檔》俱作"boo",清寧宮即清寧房,滿文較質樸。五宮中莊妃本布泰所封宮名,漢字俱作「永福宮」。其實,《滿文原檔》作"hūturingga boo",意即福房,《清太宗文皇帝實錄》作"hūturingga gung",意即福宮,俱無「永」字,《滿漢大辭典》對應漢字「永福宮」譯作"enteheme hūturingga gurung",滿漢文義相合,但它不是原來的名稱。衍慶宮,《滿文原檔》作"urgun i boo",《清太宗文皇帝實錄》作"urgun i gung",文義相近,改動不多。滿文"urgun",可作「喜」、「怡」、「慶」等解釋,"urgun i boo",意即「慶房」。《滿漢大辭典》"hūturi badaraka gurung",漢譯可作「衍禧宮」,與《滿文原檔》或《清太宗文皇帝實錄》原來名稱,頗有出入,研究清朝宮廷歷史,以滿文來還原宮殿名稱,也是不可忽視的重要課題。《清史圖典》所載滿漢文「崇政殿匾額」簡介云:「崇政殿爲清太宗皇太極時期修建,是盛京皇宮正

殿，俗稱金鑾殿。皇太極在此處理政務，接見外國使節與少數民族首領。」其匾額圖版如下：

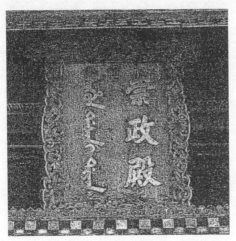

圖 1　崇政殿匾額

匾額中「崇政殿」，滿文作 "wesihun dasan i diyan"，或許這塊匾額並非崇德年間修建的，而是後來修建的。崇德年間的「崇政殿」[4]，其滿文當作 "wesihun dasan i yamun"。

　　起居注是官名，掌記注之事，起居注官記錄帝王言行的檔冊，稱爲「起居注冊」，是類似日記體的一種史料。康熙十年（1671）八月，正式設置起居注官，起居注冊的記載即始於是年九月，包含滿文本與漢文本，九月、十月各合爲一冊，十一月以降每月各一冊，閏月各增一冊。雍正朝以降，每月增爲各兩冊，閏月另增各兩冊。起居注冊記注的範圍很廣，凡逢朝會、御殿、御門聽政、有事郊廟、外藩入朝、大閱校射、勾決重囚等，記注官俱分日侍

---

4 《清史圖典》，第一冊（北京，紫禁城出版社，2002 年 1 月），太祖、太宗朝，頁 190。

值。凡謁陵、校獵、駐蹕南苑等，記注官皆扈從。查閱滿文本起
居注冊，並核對漢文本起居注冊，可以查到頗多宮殿名稱，例如
康熙皇帝東巡盛京時，起居注冊所載「清寧宮」，滿文作「 ᡬᡝᠩᡤᡳᠶᡝᠨ ᡝᠯᡥᡝ ᡤᡠᠩ 」
（genggiyen elhe gung），與《清太宗文皇帝實錄》滿文本相同。
以下僅就康熙朝滿文本起居注冊所載北京宮殿名稱舉例列表說
明。

表 2　康熙朝滿漢文起居注冊所載北京宮殿名稱對照表

	太和殿	保和殿	中和殿	觀德殿	慈寧宮
滿文意譯					
	懋勤殿	弘德殿	武英殿	瀛臺	坤寧宮
滿文音譯					

　　簡表是按照滿文意譯與滿文音譯分別列舉，其中以滿文字義
譯出的宮殿包括：太和殿（amba hūwaliyambure diyan）、保和殿
（ enteheme hūwaliyambure diyan ）、中和殿（ dulimbai
hūwaliyambure diyan）、觀德殿（gabtara yamun）、慈寧宮（gosingga

elhe gung）等。騎射嫻熟是滿族才德可觀的表現,「觀德殿」,滿
文譯作 "gabtara yamun",意即「射箭的衙門」,名副其實。除滿
文意譯宮殿名稱外,有些宮殿是以滿文讀音對譯的。例如:懋勤
殿(moo kin diyan)、弘德殿(hūng de diyan)、武英殿(u ing diyan)、
瀛臺（ing tai）、坤寧宮（kun ning gung）等。清朝宮殿有哪些是
按照滿文字義對譯,又有哪些是按照滿文讀音對譯?探討清朝宮
廷歷史,不能忽視滿文部分的宮殿名稱。例如隆宗門是紫禁城乾
清門廣場西側進入內廷的大門,可將隆宗門匾額影印如下。

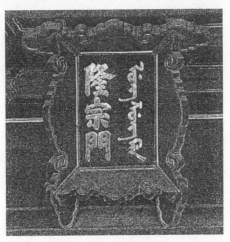

圖 2　隆宗門匾額

　　隆宗門,滿文讀如 "lung dzung men",是漢字滿文音譯。按
照清語習慣,滿文音譯當作 "lung dzung men duka"。對照崇政
殿匾額和隆宗門匾額,發現 "wesihun dasan i diyan" 滿文在左,
"lung dzung men" 滿文在右。崇政殿匾額的滿文在左,隆宗門匾
額滿文在右,探討宮廷歷史同樣不能忽視各種匾額的問題。
　　清朝宮門的滿文名稱,或按漢字讀音譯出滿文,或按漢文字

義譯成滿文，可舉例列表如下。

表 3　清朝城門滿漢文名稱對照表

皇極門	太和門	乾清門	外攘門	懷遠門	福勝門	德勝門	德勝門	大清門
神武門	西華門	東華門	崇文門	阜城門	正陽門	朝陽門	承天門	永定門

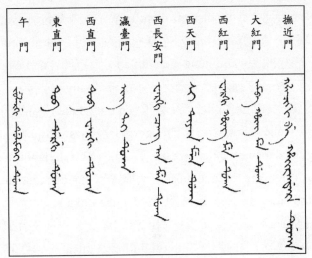

資料來源：臺北故宮博物院典藏滿文起居注冊、滿文實錄。

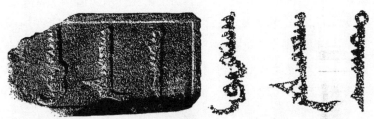

圖3　東京城撫近門滿文門額　　　　撫近門滿文拓片

資料來源：《清史圖典》，第一冊，太祖、太宗朝，頁145。

　　由前列簡表可知各宮殿城門的滿文名稱，大致可以分成滿文音譯和滿文意譯兩類，例如：德勝門，起居注冊滿文本作"erdemu i etehe duka"；實錄作"de šeng men duka"。表中音譯的各門除德勝門外，還包括：乾清門（kiyan cing men duka）、皇極門（hūwang gi men duka）、承天門（ceng tiyan men duka）、神武門（šen u men duka）、西天門（si tiyan men duka）等，其滿文名稱俱按漢字讀音譯出滿文，並增譯"duka"字樣。西長安門（wargi cang an men duka）、西紅門（wargi hūng men duka）、大紅門（amba hūng men duka）等，按漢字讀音譯出滿文，並增譯"wargi（西）、"amba"（大）等滿文。其餘各門如：大清門（daicing duka）、福勝門（hūturi hūsun de etehe duka）、懷遠門（goroki be gosire duka）、外攘門（tulergi be dahabure duka）、太和門（amba hūwaliyambure duka）、永定門（enteheme toktoho duka）、朝陽門（šun be aliha duka）、正陽門（tob šun i duka）、阜城門（eldengge duka）、西華門（wargi eldengge duka）等，俱按漢文詞義釋出滿文，可從滿文匾額了解其含意。午門，滿文讀如"julergi dulimbai duka"，意即南中門。東直門，滿文讀如"tob dergi duka"，意即正東門。西直門，滿文讀如"tob wargi duka"，意即正西門。《清史圖典》記載遼寧遼陽博物館典藏東京城撫近門滿文門額及其拓片。原書附說明云：「門額的老滿文，意譯爲"撫近門"，邊款陽刻漢文"大金天命壬戌年仲夏吉旦"，依稀可見，印證此門額刻於天命壬戌年，即明天啓二年（1622 年，天命七年）。當時的東京城每一門的內外各鑲嵌一面門額，朝內向爲漢文，朝外向爲滿文。後來都城瀋陽城門門額也仿照此例。」[5]可將撫近門老滿文門額轉寫羅馬拼音"hanciki be hairandara duka"。臺北故宮博物院典藏《滿文原檔》崇德元年（1636）七月十五日所載撫近門以加圈點新滿文書寫作「ᡥᠠᠨᠴᡳᡴᡳ ᠪᡝ ᡥᠠᡳᡵᠠᠨᡩᠠᡵᠠ ᡩᡠᡴᠠ」（hanciki be hairandara duka），記載相合，「撫近門」，滿文的含意爲「愛惜近鄰的門」。考察清朝宮殿及城門名

---

5 《清史圖典》，第一冊，頁 145。

稱的滿文，是屬於一種還原的工作，也是探討清朝宮廷歷史的重
要課題。

三、瑯嬛福地 ── 從上諭檔看清宮文物的陳設

　　清朝大內陳設的文物，琳瑯滿目，令人嘆爲觀止，充分反映
了清朝宮廷文化的特色。探討清朝宮廷歷史，認識宮廷陳設的過
程，也是重要的課題。雍正八年（1730）六月二十二日，雍正皇
帝諭內閣云：

> 我皇考聖祖皇帝臨御六十餘年，富有四海，而躬行儉德，
> 撙節愛養，以為保惠萬民之本，此中外臣民所共知者。從
> 來宮中服御之具，質樸無華，至於古玩器皿之屬，皆尋常
> 極平等之物，竟無一件為人所罕見可珍奇者。此等事朕向
> 來且不深知，外廷臣工，又何從而知之，即有據實以告者，
> 不但令人難信，朕亦至於生疑也。朕即位後偶令內監將大
> 內所有玩器稽查檢點，並將避暑山莊等處歷年陳設之物，
> 其中可觀者，皆取回宮中，看來較朕藩邸所藏尚屬不逮，
> 朕實切責於己，抱媿於心，益欽服我皇考之至德，即此一
> 節，已超越前古矣。當日二阿哥在東宮時，留心珍玩，廣
> 收博採，遂至蓄積豐盈，其精古可賞者，數倍於皇考宮中
> 之所有，觀覽之際，實啟朕以二阿哥為戒，以皇考為法之
> 堅志也。今宮中所有稍可貴重之物，有來自朕藩邸及數年
> 以來，內外諸臣進獻，而朕酌留一、二件者。又二阿哥舊
> 物及年羹堯入官之物，亦在其中，並非皇考宮中之所留遺
> 也。偶因閒暇憶及，實不忍令皇考盛德，異日湮沒不彰，

特書此以留示子孫，俾知皇考之節用愛人，戒奢崇約[6]。

康熙皇帝節用愛人，戒奢崇約的具體事實，可從宮中大內玩器及避暑山莊陳設加以觀察，康熙年間（1662-1722），宮中大內及避暑山莊，並無罕見珍奇的古玩器皿，其可觀者遠不及雍親王府邸。皇太子二阿哥胤礽（ing ceng）在東宮時，蓄積充棟，其珍玩精古可賞者數倍於宮中大內。雍正年間，宮中大內珍玩器皿等文物，頗多貴重罕見者，其來源主要包括：從避暑山莊取回的陳設；來自雍親王府的收藏；內外諸臣的進獻；籍沒年羹堯家產時入官的文物。其實，最大的來源應該是養心殿造辦處各作成做的活計，此外，就是景德鎮等處燒造的精美陶瓷。除養心殿造辦處外，圓明園也有活計處。例如：《活計檔・自鳴鐘》記載雍正五年（1727）十月十四日太監劉希文傳旨：「著照萬字房內用的楠木圖塞爾根桌樣再做一張，安在蓮花館。」[7]句中「圖塞爾根」，滿文讀如"tusergen"，意即筵席上擺放盅碟的高桌。雍正六年（1728）二月初七日，《活計檔・玉作》記載郎中海望持出白玉魚磬一件，隨象牙茜紅架。奉旨著安在蓮花館書格上。雍正九年（1731）五月初四日，《活計檔・玉作》記載內務府總管海望將做得燙胎合牌玉石《金剛經》樣一件呈覽。奉旨照報准做，字著戴臨寫。雍正十年（1732）九月初五日，玉作做得碧玉《金剛經》五十二片，一石匣盛。由領催周維德持去，安在昌運宮。

探討清朝宮殿陳設，除活計檔、陳設檔外，諭旨檔也是一種重要原始史料。依照諭旨的性質，可以分為明發上諭檔、寄信上諭檔、譯漢上諭檔等等。依照檔冊的形式，可以分為長本上諭檔、

---

6 《雍正朝起居注冊》（北京，中華書局，1993年9月），第五冊，頁3689。
7 朱家溍選編《養心殿造辦處史料輯覽》，第一輯（北京，紫禁城出版社，2008年8月），雍正朝，頁111。

方本上諭檔等等。其中兼載各類諭旨的方本上諭檔，是軍機處的重要檔冊。檔冊中除兼載各類諭旨外，還抄錄軍機大臣奏片、清單、供詞等資料。北京中國第一歷史檔案館整理出版的上諭檔，數量可觀。臺北故宮博物院現藏各類上諭檔冊數亦夥，對探討清朝宮廷歷史可以提供不少珍貴史料。

　　乾隆年間，林爽文之役，是因分類械鬥擴大釀成天地會起事案件。清軍進剿林爽文期間，會黨所使用的器械，受到清軍的注意，福康安曾將所獲會黨兵器挑選解送軍機處。乾隆五十三年（1788）七月初十日上諭檔記載一道諭旨云：

> 奉旨，所有福康安委員解到賊匪所有盔甲、刀矛等件、除竹盔、紙甲交學藝處外，其鐵尖竹弓二張，撒袋連箭二付，半截刀二把，撻刀二枝，鈎鐮刀二枝，牛角乂二枝，三角乂二枝，竹篙矛二枝，竹篙鎗二枝，鳥鎗二桿，炮二個，著於紫光閣及熱河萬壑松風每樣各貯一件。又木石偽印二個，著分刻林爽文、莊大田名字及竹藤牌一面，俱貯紫光閣，其皮藤牌一面，貯萬壑松風，欽此[8]。

　　由諭旨內容可知乾隆年間臺灣天地會所用兵器包括：竹盔、紙甲、鐵尖竹弓、撒袋連箭、半截刀、撻刀、鈎鐮刀、牛角乂、三角乂、竹篙矛、竹篙鎗、鳥鎗、炮、竹藤牌、皮藤牌等，分貯於紫光閣、萬壑松風等處。檢查上諭檔可知清朝八旗兵丁所用腰刀撒袋、梅針箭、收貯端門樓，八旗各營用時領取，用完時，仍交回端門樓收貯。

　　乾隆五十八年（1793），因英國正使馬戛爾尼、副使斯當東等來華，到避暑山莊等地覲見。是年六月三十日，軍機大臣和珅等

8　《上諭檔》，方本（臺北，故宮博物院），乾隆五十三年七月初十日，奉旨。

面奉諭旨京城宮內及圓明園陳設儀器鐘表內有應行送至熱河之件開列清單派鐘上首領太監帶同上好匠役押送熱河。上諭檔記載，養心殿東煖閣南案上陳設銅渾天儀器二件；奉三無私北牖西邊案上陳設之儀器表一座（係汪達洪做的）；寧壽宮內景福宮明殿東邊陳設之大儀器表一座；萬方安和現設玻璃架子鐘一座；淳化軒現設寫四樣字鐘一座。是年七月二十五日，據和珅稱景福宮陳設儀器較之英國使臣所進天球、地球做法更爲細緻，面奉諭旨，令將景福宮陳設儀器於馬戛爾尼等未到之先送到熱河。同年八月初三日，上諭檔記載到熱河的西洋人索德超、巴茂正等人對景福宮儀器「仍不能諳悉轉動之法」。是年七月初八日，上諭檔記載英國使臣所進天文地理表等八件，諭令在正大光明殿安放四件，長春園澹懷堂大殿安放四件，並派好手匠人數名幫同英國匠役即在殿內安裝，以便匠人等留心學習，將來可以仿照裝卸。

《石渠寶笈》，凡四十四卷，乾隆九年（1744）敕撰。所錄都是內府貯藏的書畫名蹟，按次編輯，依照書畫的裝潢分爲九類，其箋素尺寸款識印記題詠跋尾，與奉有御題、御璽者，悉載無遺。乾隆五十八年（1793）二月初六日，上諭檔記載諭旨云：

> 奉中堂諭本月初二日面奉諭旨，石渠寶笈續編將次纂成，著繕寫正本五分，分貯乾清宮、寧壽宮、圓明園、避暑山莊、盛京五處，於翰林、中書各官內挑派字蹟端楷者二十員趕緊繕辦，統於年內完竣。其繕出之本，著派八阿哥、十一阿哥、十五阿哥、劉墉、紀昀各分一分，詳細校閱，交武英殿裝潢，由懋勤殿呈覽。所有阿哥應校書本，俱由軍機處轉送，繕出正本後，照四庫館之例，將校繕各官銜名逐本列入，如有看出錯訛草率之處，惟校繕各員是問，

欽此[9]。

由諭旨內容可知《石渠寶笈續編》於乾隆五十八年（1793）內繕辦完竣，繕寫正本五分，分貯乾清宮、寧壽宮、圓明園、避暑山莊、盛京五處。由八阿哥永璇、十一阿哥永瑆、十五阿哥永琰、劉墉、紀昀各分一分校閱。原檔清單記載其書底本由懋勤殿領出由軍機處分交派出之翰林、中書周興岱、秦潮等二十員領繕，繕竣後仍交軍機處送交阿哥永璇等人校對，校畢後陸續交回懋勤殿轉交武英殿裝潢，上諭檔記載頗詳。

清宮藏書豐富，反映清朝宮廷文化的特色。查閱上諭檔，可以發現宮中藏書概況。乾隆五十八年（1793）正月十六日，上諭檔記載重華宮所安各書內，《朔漠方略》只有滿文本，武英殿存有漢字刻本《朔漠方略》五十本。嘉慶元年（1796）十月初一日，上諭檔記載欽天監送到乾隆六十二年（1797）時憲書一百本。原檔又記載上年奉旨交乾清宮、寧壽宮、圓明園、清漪園、靜宜園、靜明園、瀛臺、湯山、盤山、熱河及南苑四宮陳設各一本。嘉慶三年（1798）十一月十二日，上諭檔記載昭仁殿陳設書籍奏片云：

> 遵旨詢問彭元瑞，據稱現在昭仁殿陳設書籍內成安家書籍約有十分之三，每本均有謙牧堂圖記；其七分皆御花園舊藏之書，尚有康熙年間南書房認片在內。查前次宋版書共貯七架，今裝十一架，既屬較多，而宋版內如春秋經傳集解、資治通鑑、通鑑紀事本末、杜氏通典，又如影宋抄算書各種，尤為稀世之寶，實較從前更為美備。至御花園書籍，除宋元舊版揀出外，所存書籍甚多等語，謹奏[10]。

---

9 《乾隆朝上諭檔》，第十七冊（北京，檔案出版社，1991 年 6 月），頁 214。
10 《嘉慶道光兩朝上諭檔》（桂林，廣西師範大學出版社，2000 年 11 月），第三冊，頁 144。

　　嘉慶二年（1797）十月二十一日，乾清宮交泰殿火災，延及昭仁殿，嬹嬛秘冊，多付一炬。嘉慶三年（1798）十月初八日，重建乾清宮、交泰殿、昭仁殿竣工。由上諭檔所載奏片可知昭仁殿藏書情形。

　　咨文是各平行機關往來的一種文書，劄文則爲上對下行文時所使用的文書。軍機處上諭檔抄錄頗多咨文、劄文等類文書。嘉慶元年（1796）十一月二十四日，上諭檔記載軍機處移知盛京將軍的文書是一種咨文，內稱新刊御製詩五集，共八套，奉旨盛京陳設一部。同日，軍機處劄知熱河總管內稱新刊御製詩五集，奉旨熱河陳設二部，熱河總管或便員祗領，或年班入京親齎敬謹陳設。

　　《萬年國寶冊》的內容包括通寶制錢及其繪樣圖說，並經裝裱冊頁陳設。探討《萬年國寶冊》的陳設過程，對於研究清朝宮廷歷史也可以提供珍貴的史料。其中嘉慶朝上諭檔對清朝《萬年國寶冊》的陳設，記載頗詳。上諭檔中，除了寄信上諭、內閣奉上諭及奉旨事件外還抄錄了軍機處大臣奏片。譬如嘉慶七年（1802）十二月初二日上諭檔所載軍機處大臣奏片內容云：

> 臣等前在熱河面奉諭旨，令將陳設之萬年國寶冊一分增入嘉慶通寶錢圖說，臣等當即請出。回京後復蒙諭旨，令於乾清宮陳設冊匣內一併添入。茲將戶、工二局暨各省錢樣繪出，並查明戶部增減爐座鼓鑄卯期各緣由擬繕說帖粘貼進呈，恭候欽定發下後，臣等當先將熱河一分照式繕就裝裱冊頁呈覽，以便俟熱河年班總管進京時令交帶回。其乾清宮陳設冊內係有樣錢陳設，今亦已交寶泉局鑄出各省樣錢，統容再行裝潢進呈。惟西藏銀錢查戶部及錢局，並未有呈進樣錢，現已行文咨取，復到尚需時日，是以臣等于

樣本內留出空白，俟西藏銀錢送到時繪出樣本進呈，再將
原錢補入乾清宮陳設冊內。其熱河陳設冊內亦另行會樣寄
交該處總管補粘于空白處所，謹奏[11]。

　　由引文內容可知《萬年國寶冊》分別陳設於北京乾清宮及熱
河避暑山莊，除戶、工二局及各省錢樣外，還含有西藏銀錢的錢
樣。在乾清宮陳設的《萬年國寶冊》內含有樣錢。嘉慶八年（1803）
正月初五日，軍機處已將熱河陳設《萬年國寶冊》摹繪增入嘉慶
通寶各省制錢裝裱入冊，進呈御覽。同年正月十三日，軍機處於
乾清宮陳設《萬年國寶冊》內將嘉慶通寶各省錢文，並摹繪一分
一併增入裝潢進呈御覽。至於西藏銀錢則需俟送到時再行補繪增
入。同年五月初一日，因戶部將西藏送到銀錢交出，軍機大臣請
旨將乾清宮陳設的《萬年國寶冊》原冊發下，以便繪樣補裝。五
月初三日，軍機處將西藏銀錢二種及繪樣補入貼說進呈御覽。八
月十七日，軍機大臣於熱河避暑山莊陳設《萬年國寶冊》內將西
藏銀錢補繪，並添繕說帖進呈御覽。乾清宮和熱河避暑山莊陳設
的《萬年國寶冊》對研究清朝通寶制錢或貨幣問題提供了重要的
參考資料。

　　辦理軍機處，簡稱軍機處，成立於雍正年間。嘉慶六年（1801）
五月二十九日，上諭檔抄錄軍機處大臣奏片云：

臣等將軍機處恭懸世宗憲皇帝御書「一堂和氣」匾額敬謹
雙鉤，另行選工鐫刻，仍於軍機處懸掛，所有原奉御筆，
恭繳進呈，請飭下懋勤殿轉交乾清宮尊藏，謹奏[12]。

　　由引文可知雍正年間軍機處設置後所懸掛的「一堂和氣」匾
額，是雍正皇帝的御筆。嘉慶六年（1801）以後，軍機處所懸掛

11　《上諭檔》，方本，（臺北，故宮博物院），嘉慶七年十二月初九日，奏片。
12　《上諭檔》，嘉慶六年五月二十九日，奏片。

的「一堂和氣」匾額則是將雍正皇帝御書雙鈎鑴刻的，其原奉御筆則存放在乾清宮。同年五月二十八日，上諭檔抄錄「內閣奉上諭」云：

> 前因滿漢文職各衙門堂官圓明園向無公寓，特賞給弘雅園屋宇，作為各該堂官等公所。因思園名係聖祖仁皇帝御題，是以彼時弘字未經缺筆，今既賞作公寓，自應敬避。著將原奉御書匾額繳進恭瞻後交壽皇殿敬謹尊藏，朕親書「集賢院」匾額，頒給懸掛，以昭恩眷[13]。

引文中的「堂官」，是清朝對中央各部院等衙門滿漢文職長官的通稱，因各衙門長官都在各衙署大堂上辦事，故稱堂官。各堂官在圓明園向無公寓。康熙皇帝特賞給屋宇作為各堂官公所，並御題「弘雅園」匾額。為避乾隆皇帝弘曆御名諱，「弘」字缺筆作「弘」。嘉慶皇帝改書「集賢院」匾額，而將「弘雅園」匾額存放在壽皇殿。研究清朝宮廷歷史不能忽視上諭檔的史料價值。

四、宮裡宮外 ── 硃批奏摺的史料價值

奏摺是由奏本因革損益派生出來屬於體制外的一種新文書，其起源時間，最早只能追溯到康熙朝前期[14]。北京中國第一歷史檔案館保存的康熙二十八年（1689）二月二十七日大學士伊桑阿《奏謝溫諭賜問平安摺》，雖然是目前所知較早的一件硃批奏摺。但是查閱康熙朝《起居注冊》的記載，可以知道在康熙二十年

13 《上諭檔》，嘉慶六年五月二十八日，內閣奉上諭。
14 朱先華撰〈硃批奏摺之由來及其他〉，《故宮博物院院刊》，1985 年，第一期（北京，北京故宮博物院，1985 年 2 月），頁 18。

（1681）前後已有奏摺文書的記載[15]。譬如康熙二十年（1681）十月初二日，《起居注冊》記載是日早康熙皇帝御乾清門聽政，大學士、學士等會同戶部並倉場爲漕運事宜具摺請旨，康熙皇帝諭閣臣云：「此摺著戶部領去具本來奏。」[16]

　　康熙皇帝爲欲周知施政得失，地方利弊，以及民情風俗等等，於是在傳統本章外，另外採行密奏制度，無論公私問題，凡涉及機密事件，或多所顧忌，或有改弦更張之請，或有不便顯言之處，或慮獲風聞不實之咎等等，都在摺奏之列。臣工奏摺齎遞入京後，逕至宮門密達御前，不經通政司轉呈，皇帝親自啓封披覽，親手批諭，或批於尾幅，或批於字裡行間，一字不假手於人。康熙年間採行的奏摺，就是皇帝和相關文武大臣之間所建立的單線書面聯繫，皇帝和京外臣工可以直接秘密溝通。

　　臺北故宮博物院現藏康熙朝漢文奏摺共約三千件，滿文奏摺共約八百餘件；雍正朝漢文奏摺共約二萬二千餘件，滿文奏摺共約八百餘件；乾隆朝漢文奏摺共約五萬九千餘件，滿文奏摺共約七十餘件；嘉慶朝漢文奏摺共約一萬九千餘件；道光朝漢文奏摺共約一萬二千餘件，滿文奏摺共約一百餘件；咸豐朝漢文奏摺共約一萬七千餘件，滿文奏摺共約四百餘件；同治朝漢文奏摺共約一百七十餘件；光緒朝漢文奏摺共約一萬八千餘件；宣統朝漢文奏摺共約九十餘件；同治、光緒、宣統三朝滿文奏摺共約四百餘件。其中嘉慶、道光、咸豐、同治、宣統等朝滿、漢文奏摺，尚未正式出版。

15　朱金甫撰〈清代奏摺制度考源及其他〉，《故宮博物院院刊》，1985年，第二期（北京，北京故宮博物院，1986年5月），頁11。

16　《康熙起居注》（北京，中華書局，1984年8月），第一冊，頁758。康熙二十年十月初二日，諭旨。

歷朝滿、漢文硃批奏摺，奏報範圍很廣，內容詳盡，史料價值頗高，對研究清朝宮廷歷史可提供珍貴的第一手史料。例如：松桂補授熱河正總管後，於道光十八年（1838）十二月初三日將查驗錢糧、陳設、鋪墊、器皿數目循例具摺奏聞。原摺指出芳園居存貯備賞陳設古玩、香扇、荷包、如意等件；臨芳墅庫貯木器、鋪墊；永佑寺後庫房收貯大小蒙古包、筵宴銅盤桌張金銀器皿；梨花伴月收貯瓷器；坦坦蕩蕩收貯鹵簿大駕；清音閣收貯衣靠盔頭切末等項[17]。其中古玩、瓷器、如意、金銀器皿等，有些是貯庫備賞的文物，有些是陳設。

在道光朝硃批奏摺中含有熱河運送北京綢緞、銀錁、玉玩等項數目清單，其中玉玩、香器、荷包等項共計九百二十九件。例如：煙波致爽南櫃所盛器物包括紫檀嵌玉如意四柄，北櫃內所盛器物包括鍍金套表四個、銀套表六個、廣琺瑯帶瓦九副、瑪瑙帶瓦六副、金珀朝珠三盤、銀雙魚珮十個、銀大吉珮十個、玉鼻煙壺三個、銅琺瑯嵌米珠表合一對、銅瑪瑙表蓋鼻煙壺一對、六道木念珠一盤、銅鑲瑪瑙鼻煙盒二件、銅鑲綠玉圓盒二件、青玉雙喜珮五件、玉珮四件、草香大十八羅漢十盤、草香小十八羅漢十盤、錠子念珠十串、錠子手珠十盤、綠玉帶鉤二件、青玉搬指九個。在樂壽堂大櫃內盛有雍正款五彩磁碟二件、豆青釉大碗一件等等。以上器物奉硃批呈覽後交給圓明園總管[18]。

歷任熱河總管、副都統等人的奏摺對研究熱河避暑山莊的建築、庭園，都提供珍貴的史料。熱河副都統慶傑抵任後即傳述諭旨，嘉慶皇帝將於嘉慶七年（1802）巡幸木蘭，所有熱河園庭各

---

17 道光朝硃批奏摺，2289 號。道光十八年十二月初三日，松桂奏摺。
18 道光朝硃批奏摺，1455 號，總管內務府奏摺所附煙波致爽等處存貯玉玩等項清單。

處殿宇及清音閣等處房間，務須收拾整齊潔淨。穆騰額等人具摺奏聞遵旨履勘各處情形，原摺指出前宮中路正殿配殿書房圍房共三十一座，計一百七十七間。遊廊淨房共二十八座，計一百五十五間。清音閣戲臺一座，看戲正樓五間，東西群樓三十二間，俱已陳舊，油畫爆裂不齊。煙波致爽院內殿宇房間，亦俱破舊，頭停瓦片不齊，地面磚塊酥減，每逢下雨，多有滲漏[19]。

探討熱河各處殿宇，園內園外的整修，都不能忽視。道光二十一年（1841）九月，熱河正總管松桂等具摺指出，熱河園庭外圍，城牆坍倒，其西北兩面城牆，多與外圍山場毗連，夜間狼畜竄入，傷斃鹿隻。松桂等認為此種野獸由牆缺處黑夜往來，除一面派委精壯弁兵晝夜提防尋打外，同時將倒通城牆共計二十段，湊長七十一丈九尺，暫用荊笆嚴密遮擋，以絕其來路。原摺於同年十月初三日奉硃批：「自東北正東以至西南必無狼出入，無非正北西北正西三面尋蹤伺捕，必可獲也。」熱河副總管恩吉在未奉硃批諭旨前即逐日進園督率官兵各帶善使火鎗者二、三人分路抄尋，並咨會熱河都統桂輪派委駐防弁兵在外圍牆缺伺捕。九月二十六日，在西面山場追打牡狼一隻，因未中要害，竄出外圍，隨後由駐防弁兵接鎗打獲。九月二十八日，又在園內水流雲在亭迤西用鎗打獲牡狼一隻。十月初八日，在梨花伴月溝西邊打獲牡狼一隻[20]。通過硃批奏摺的描述，有助於了解熱河園裡園外的情形，園內水流雲在亭、梨花伴月溝附近，都有野狼出沒。

整修宮殿，維護園庭，所需經費，數目頗多。因此，探討清朝宮廷歷史，不能忽略經費的支出，及其來源。據熱河總管松桂等奏報，常年經費用過銀兩，必須循例造冊呈報總管內務府大臣

---

19 嘉慶朝硃批奏摺，7495 號。嘉慶七年二月二十八日，穆騰額等奏摺。
20 道光朝硃批奏摺，4315 號。道光二十一年十月十三日，恩吉奏摺。

查核。據松桂等奏報，道光十九年（1839）分熱河園內園外各處動用經費用存銀三百三十六兩二錢五分八釐。熱河副將阿克敦保等交納道光二十年（1840）分房舖地基租銀五百九十三兩七錢四分，舊管新收通共存銀九百二十九兩九錢九分八釐。道光二十年正月至十二月熱河園內園外年例各廟香燈供獻口分及圍場敦仁鎮遠協義昭靈神祠香燈更燭等項，一年共用過銀三百七十兩七錢一釐。園庭及南北兩路等處殿宇房間隨時零星添補勾滴抅抿灰縫抹飾灰片等項一年共用過銀二百九十一兩。以上通共用過銀六百六十一兩七錢一釐。除用存銀二百六十八兩二錢九分七釐入於道光二十一年（1841）應用外，所有道光二十年（1840）分用過銀兩細數，俱繕清單進呈御覽[21]。至於園庭外圍倒通城牆長七十一丈九尺所用遮擋荊芭，核計工料共銀一百五十六兩三錢四分二釐，則由熱河總管衙門生息項下開銷。

探討清朝宮廷歷史，不能忽視時代背景及中外關係。清朝宮殿內部陳設固然含有西洋玩意，也有中西融合的文化結晶，圓明園的建築，西洋人看了，它不像西洋建築；中國人看了，它不像中國建築，卻充滿了異國情調。圓明園內部的陳設，琳瑯滿目，令人嘆爲觀止。可是，它遭到帝國主義外力的破壞，更令世人同聲譴責。咸豐十年（1860）八月二十二日，法國軍隊進佔圓明園，大肆搶掠，焚毀殿宇，總管內務府大臣文豐自盡。八月二十三日，英國軍隊進入圓明園，加入搶掠。清漪園等處陳設，多遭英、法軍隊洗劫。八月二十四日，英軍和法軍搶掠靜明園。九月初三日，英使額爾金（Earl of Elgin and Kincardine James Bruce Elgin, 1811-1863）及英軍統領克蘭忒（General Sir James Hope Grant,

---

21 道光朝硃批奏摺，4207 號。道光二十一年九月二十四日，松桂等奏摺。

1808-1875）下令拆毀圓明園宮殿。九月初五日，英軍第一師奉額
爾金之命，焚燒圓明園。清漪、靜明、靜宜三園大火，三日始熄。
圓明園在熊熊烈火下，化為灰燼。圓明園陳設的書畫器物及批摺
檔冊，盡為英軍所有。郭廷以編著《近代中國史事日誌》記載，
英軍統領克蘭忒在圓明園搶掠物品拍賣，其售價及搶掠現金約九
萬三千金元，以三分之二歸士兵，三分之一歸將領[22]。清漪園等
處殿宇房間陳設被焚搶後，總理衙門大臣侍郎寶鋆等曾親往查
看，並派內務府郎中文炤等會同清漪園郎中文明等前往各園按照
內務府冊詳細清查。咸豐十年（1860）十月二十五日，寶鋆具摺
奏明清查陳設數目。臺北故宮博物院典藏咸豐朝硃批奏摺含有寶
鋆奏摺，原摺內容如下：

> 為清查現存完整陳設數目並歸併處所收存仰祈聖鑒事，竊
> 奴才恭查清漪園等處殿宇房間陳設等件，前被焚搶，當經
> 奴才親往敬謹查看，先將大概情形奏聞在案。惟彼時頭緒
> 紛繁，未能將各園所存陳設等件，逐款清查。奴才續即派
> 委內務府郎中文炤、綸增會同該園革職留任郎中文明等前
> 往各園按照內務府印冊詳細清查去後。茲據該司員等稟
> 稱，遵即調取印冊按款查得清漪園等處原存陳設八萬七千
> 七百八十一件內失去陳設七萬五千六百九十二件，現存完
> 整陳設九千五百九十六件，破壞不全陳設二千四百九十三
> 件，分繕清單稟覆前來。奴才復行親往查看，均屬無異[23]。

由引文內容可知清漪園等處原存陳設八萬七千七百八十一件
內，失去陳設七萬五千六百九十二件。三園殿宇陳設文物，大量

---

22 郭廷以著《近代中國史事日誌》（臺北，中央研究院近代史研究所，1963
　　年 3 月），頁 353。
23 咸豐朝硃批奏摺，13350 號。咸豐十年十月二十五日，寶鋆奏摺。

損失，文物浩劫，令人遺憾。

　　滿族的飲食文化，有其特色，日常肉食，除野味外，蘑菇、木耳、松子、山裡紅、榛子、蘋果、沙果、葡萄、李子、棗、梨等等，都是滿族喜愛的鮮果。臺北故宮博物院典藏光緒朝硃批奏摺含有多件鍾粹宮、長春宮等處傳用的各式果品。其中光緒元年（1875）三月分鍾粹宮傳用的果品，統計平果共一千八百六十箇，紅梨四百八十箇，黃梨八百九十箇，葡萄一百二十斤，片棗八十斤，紅棗三百二十五斤，白棗四十斤，蜜棗八十斤，山里紅一百十五斤，桃仁一百零五斤，秋梨四十斤，杏仁一百斤，榛仁六十斤，花生豆六十斤，青梅一百斤，瓜條六十斤，松仁四十斤，佛手梅八十斤，大瓜子一百斤，桂圓五十斤，南蕷一百斤，荔枝五十斤，盆糖一百五十斤。平均一天吃用平果六十箇以上，紅黃梨四十餘箇，可以反映鍾粹宮吃用果品的人數一定不是少數。同年七月分鍾粹宮傳用的果品，硃批奏摺所附清單逐日記載，暫以七月初一日至七月十五日的記載爲例，據首領太監張進喜傳七月十二日萬壽果桌四桌，十五日三桌，二十六日七桌，用杏仁九十斤，榛仁九十斤，青梅九十斤，花生豆九十斤，蜜棗一百斤，松仁八十斤，桂圓七十斤，荔枝七十斤，佛手梅一百斤，南蕷一百斤，白棗八十斤，瓜條一百斤，紅棉一百張。又傳十六日杏仁一百斤，榛仁一百斤，花生豆一百斤，青梅一百斤，蜜棗一百斤，荔枝一百斤，瓜條一百斤，佛手梅一百斤，桂圓一百斤，松仁一百斤，白棗一百斤，大春橘六百箇，南蕷一百斤，紅棉一百張。茶房掌局太監趙玉才另傳六月二十九日桃一百五十箇，紅黃李子各一百箇，桃仁十五斤，片棗三十斤，山里紅十五斤。七月初一日頭號乾鮮各二十六桌，桃紅黃李子各五十箇，桃仁十斤，片棗三十斤，山里紅五斤。初四日，桃李子各五十箇，沙果一百箇，桃仁十斤，

桃五十箇，沙果黃李子各一百箇。初五日，桃紅黃李子各五十箇，沙果五十箇。初六日，桃紅黃李子各一百箇，沙果二百箇。初七日，桃紅黃李子沙果各一百五十箇，桃仁十五斤，片棗二十斤，山里紅五斤。初九日，桃紅黃李子沙果各五十箇。初十日，桃紅黃李子沙果各五十箇。頭號乾鮮各七桌，上用五分，酒膳五十分，果桌五分，桃片棗各五十斤，山里紅三十斤，底棗一百斤。十一日，平果六十五箇，虎栜五十箇，桃仁十五斤，片棗二十斤，底棗三十斤，山里紅十斤。十三日，桃五十箇，李子沙果各一百箇，桃仁山里紅各五斤，片棗十斤，上用一分，桃五十箇。十四日，平果桃李子各五十箇，沙果一百箇，酒膳二分。十五日，頭號乾鮮各二十六桌，紅李子沙果各五十箇，桃五十箇，沙果一百箇[24]。

　　清朝內務府奏摺把蘋果寫作「平果」，山裡紅寫作「山里紅」。宮中常吃的果品，主要是平果、沙果、栜子、榛子、山里紅、棗、梨、桃、李等等。其中沙果比平果略小，又名花紅，味甘而帶酸。栜子比沙果略大，其中有紅色斑斕的栜子，原名虎拉栜，內務府奏摺寫作「虎栜」，其味略酸。榛子也是一種貢品，遼東地方產在山陽經過荒火燒落的榛子，最為珍貴，味道近似胡桃。山里紅是山楂的別名，可以生著吃，極酸之中掛一丁點兒甜頭。它也可煮熟了吃，搗爛了作成「糊楂膏」，加上糖水，在甜酸之間另有一種滋味。此外，各式的桃、梨、李、棗、葡萄、荔枝、桂圓、瓜條等等，都是美味爽口，可謂甜酸甘苦色味俱全。

　　宮衛森嚴，各門進出，管理極嚴。光緒朝硃批奏摺中含有營造司、掌儀司、掌關防管理內管領事務處因修繕各宮官員帶領匠役進入各門人數記錄，暫以營造司匠役進門人數為例，列舉簡表

---

24 《宮中檔光緒朝奏摺》，第一輯（臺北，故宮博物院，1973 年 6 月），頁75。

如下。

表 4 同治十三年九月初一日至三十日營造司匠役進門人數表

日　期	宮　殿	門　別	事　　由	官員	匠役
初一日	御繕房	內右門	拆蓋御膳房房間	3	10
初一日	毓慶宮	內左門	修理毓慶宮房間	2	9
初一日	長春宮	中正殿角門	修理長春宮活計	2	21
初一日	昭仁殿	內左門	拆卸昭仁殿涼棚	3	80
初一日	靜怡軒	中正殿角門	拆卸靜怡軒涼棚	3	200
初一日	昭仁殿	內右門	糊飾昭仁殿等處暖靁窗	2	30
初二日	御膳房	內右門	拆蓋御膳房房間	3	10
初二日	毓慶宮	內左門	修理毓慶宮房間	2	9
初二日	長春客	中正殿角門	修理長春宮活計	2	21
初二日	乾清宮	內右門	踏勘乾清宮等處歲修	4	10
初二日	尙書房	內右門	糊飾尙書房暖靁窗	2	30
初三日	御膳房	內右門	拆蓋御膳房房間	3	12
初三日	毓慶宮	內左門	修理毓慶宮房間	2	9
初三日	長春宮	中正殿角門	修理長春宮活計	2	21
初三日	鍾粹宮	內右門	糊飾鍾粹宮暖靁窗	2	30
初四日	御膳房	內右門	拆蓋御膳房房間	3	12
初四日	毓慶宮	內左門	修理毓慶宮房間	2	9
初四日	長春宮	中正殿角門	修理長春宮活計	2	21
初四日	齋　宮	內右門	糊飾齋宮暖靁窗	2	30
初五日	御膳房	內右門	拆蓋御膳房房間	3	13
初五日	毓慶宮	內左門	修理毓慶宮房間	2	9
初五日	長春宮	中正殿角門	修理長春宮活計	2	21
初六日	御膳房	內右門	拆蓋御膳房房間	3	12
初六日	毓慶宮	內左門	修理毓慶宮房間	2	9
初六日	長春宮	中正殿角門	修理長春宮活計	2	28
初七日	御膳房	內右門	拆蓋御膳房房間	3	12
初七日	毓慶宮	內左門	修理毓慶宮房間	2	9
初七日	長春宮	中正殿角門	修理長春宮活計	3	28
初七日	長春宮	中正殿角門	拆卸長春宮等處涼棚	3	500
初八日	御膳房	內右門	拆蓋御膳房房間	3	12
初八日	毓慶宮	內左門	修理毓慶宮房間	2	9
初八日	長春宮	中正殿角門	修理長春宮活計	2	28
初九日	御膳房	內右門	拆蓋御膳房房間	3	12
初九日	毓慶宮	內左門	修理毓慶宮房間	2	9

初九日	長春宮	中正殿角門	修理長春宮活計	2	28
初十日	御膳房	內右門	拆蓋御膳房房間	3	12
初十日	毓慶宮	內左門	修理毓慶宮房間	2	9
初十日	長春宮	中正殿角門	修理長春宮活計	2	28
十一日	御膳房	內右門	拆蓋御膳房房間	3	12
十一日	毓慶宮	內左門	修理毓慶宮房間	2	9
十一日	長春宮	中正殿角門	修理長春宮活計	2	28
十一日	景仁宮	內右門	糊飾景仁宮暖罨窗	2	20
十二日	御膳房	內右門	拆蓋御膳房房間	3	7
十二日	毓慶宮	內左門	修理毓慶宮房間	2	8
十二日	長春宮	中正殿角門	修理長春宮活計	2	28
十三日	御膳房	內右門	拆蓋御膳房房間	3	4
十三日	毓慶宮	內左門	修理毓慶宮房間	2	8
十三日	長春宮	中正殿角門	修理長春宮活計	2	28
十三日	絳雪軒	內右門	糊飾絳雪軒暖罨窗	2	20
十四日	御膳房	內右門	拆蓋御膳房房間	3	7
十四日	毓慶宮	內左門	修理毓慶宮房間	2	8
十四日	長春宮	中正殿角門	修理長春宮活計	2	28
十六日	御膳房	內右門	拆蓋御膳房房間	3	7
十六日	毓慶宮	內左門	修理毓慶宮房間	2	8
十六日	長春宮	中正殿角門	修理長春宮活計	2	28
十七日	御膳房	內右門	拆蓋御膳房房間	3	7
十七日	毓慶宮	內左門	修理毓慶宮房間	2	8
十七日	長春宮	中正殿角門	修理長春宮活計	2	28
十七日	長春宮	中正殿角門	糊飾長春宮暖罨窗	2	40
二十日	御膳房	內右門	拆蓋御膳房房間	3	5
二十日	毓慶宮	內左門	修理毓慶宮房間	2	6
二十日	長春宮	中正殿角門	修理長春宮活計	2	28
二十日	長春宮	中正殿角門	糊飾長春宮暖罨窗	2	40
二十一日	御膳房	內右門	拆蓋御膳房房間	3	5
二十一日	毓慶宮	內左門	修理毓慶宮房間	2	6
二十一日	長春宮	中正殿角門	修理長春宮活計	2	28
二十一日	長春宮	中正殿角門	糊飾長春宮暖罨窗	2	40
二十二日	御膳房	內右門	拆蓋御膳房房間	3	5
二十二日	毓慶宮	內左門	修理毓慶宮房間	2	6
二十二日	長春宮	中正殿角門	修理長春宮活計	2	67
二十二日	長春宮	中正殿角門	糊飾長春宮暖罨窗	2	20
二十三日	御膳房	內右門	拆蓋御膳房房間	2	6

二十三日	毓慶宮	內左門	修理毓慶宮房間	2	6
二十三日	長春宮	中正殿角門	修理長春宮活計	2	67
二十三日	長春宮	中正殿角門	糊飾長春宮暖罨窗	2	20
二十四日	御膳房	內右門	拆蓋御膳房房間	3	13
二十四日	毓慶宮	內左門	修理毓慶宮房間	2	6
二十四日	長春宮	中正殿角門	修理長春宮活計	2	67
二十五日	御膳房	內右門	拆蓋御膳房房間	3	13
二十五日	毓慶宮	內左門	修理毓慶宮房間	2	6
二十五日	長春宮	中正殿角門	修理長春宮活計	2	87
二十五日	長春宮	中正殿角門	搭蓋長春宮綵台	4	65
二十六日	御膳房	內右門	拆蓋御膳房房間	3	13
二十六日	毓慶宮	內左門	修理毓慶宮房間	2	6
二十六日	長春宮	中正殿角門	修理長春宮活計	2	87
二十六日	長春宮	中正殿角門	搭蓋長春宮綵台	4	65
二十七日	御膳房	內右門	拆蓋御膳房房間	3	13
二十七日	毓慶宮	內左門	修理毓慶宮房間	2	6
二十七日	長春宮	中正殿角門	修理長春宮活計	2	87
二十七日	長春宮	中正殿角門	搭蓋長春宮綵台	4	65
二十八日	御膳房	內右門	拆蓋御膳房房間	3	13
二十八日	毓慶宮	內左門	修理毓慶宮房間	2	6
二十八日	長春宮	中正殿角門	修理長春宮活計	2	87
二十九日	御膳房	內右門	拆蓋御膳房房間	3	42
二十九日	毓慶宮	內左門	修理毓慶宮房間	2	6
二十九日	長春宮	中正殿角門	修理長春宮活計	2	87
三十日	御膳房	內右門	拆蓋御膳房房間	3	18
三十日	毓慶宮	內左門	修理毓慶宮房間	2	6
三十日	長春宮	中正殿角門	修理長春宮活計	2	87
小計				234	3012

資料來源：《宮中檔光緒朝奏摺》，第一輯（臺北，故宮博物院，1973
年6月），頁 201-212。

　　匠役進入各宮門，必須由官員帶領進入，總管內務府則應將
進入各門官員，匠役人數及修繕事由逐日繕寫清單循例按月具奏
進呈御覽。由前列簡表可知進門官員共計234人次，匠役共計3012
人次。所進各門分別由內右門進入御膳房、昭仁殿、乾清宮、尙

書房、鍾粹宮、齋宮、景仁宮，絳雪軒等處；由內左門進入毓慶宮、昭仁殿等處；由中正殿角門進入長春宮、靜怡軒等處。各匠役入宮事由包括拆蓋御膳房房間，修理毓慶宮房間，修理長春宮活計，拆卸昭仁殿涼棚，拆卸靜怡軒涼棚，糊飾昭仁殿等處暖隔窗，拆卸長春宮等處涼棚，糊飾景仁宮暖隔窗等。有助於了解宮門的管理，各宮殿的修繕維護，對研究清朝宮廷歷史提供了珍貴的史料。

五、美輪美奐 —— 軍機處月摺包中的宮廷建築史料

從雍正朝後期起，直省臣工奏摺奉硃批後，除謝恩、陛見、請安等奏摺外，其餘奏摺皆由軍機處抄錄副本存查，稱為奏摺錄副。因奏摺錄副是按月分包儲存的，所以稱為月摺包，簡稱摺包。在京各部院衙門大臣奏摺雖未奉硃批，亦將原摺歸入月摺包內儲存。月摺包內的文書種類，除奏摺及奏摺錄副外，還有咨文、略節、火票、劄文、知會、稟文、書信、照會、國書、檄諭、條約、章程、清單、地圖等。月摺包內的各類地圖，原為硃批奏摺的附件，因留中不發，所以歸入月摺包裡。在各類地圖中含有盛京宮殿圖、北京宮殿圖、陵園地形圖、東陵圖、太妃園寢城圖、園寢寶城紅椿木圖、清寧宮地盤樣圖、盤山地形圖、盛京圍場圖、布達拉廟大紅臺門罩圖、泰東陵明樓修繕圖、紫禁城圖、正陽門箭樓懸掛結綵牌樓圖、東直門角樓圖、佛樓上層天花板圖、佛樓下層天花板圖、孝陵陵園地形圖、西陵圖、妃衙門圖、陵園地形圖等等，其中宮殿圖對研究清朝宮廷建築提供珍貴的史料。

乾隆三十八年（1773）五月，盛京將軍增海卒後，調固山貝子允禔（yūn jy）第十三子奉恩將軍弘晌為盛京將軍。據弘晌奏

摺錄副記載，盛京正殿後建有敬典、崇謨二閣，作爲留都金匱石室之儲。敬典、崇謨、頤和、迪光等殿閣工程，都在乾隆十一年（1746）三月十一日興工啓建。十三年（1748）三月內告竣完成。玉牒在敬典閣陳貯，實錄藏於鳳凰閣，崇謨閣則空閒，與建閣命名之義，並未相稱。乾隆四十三年（1778）四月十一日，大學士阿桂等遵旨字寄弘晌，將崇謨閣悉心相度，如制尚寬廣可容書廚排列，即將鳳凰閣所貯五朝實錄移藏於崇謨閣。玉牒每十年修葺一次，告成後即續送盛京，積久愈多，敬典閣不敷存貯時，即於鳳凰閣均勻收藏。弘晌奉到寄信上諭後，即查明鳳凰樓上層安列金櫃十五頂內十一頂存貯五朝聖訓、實錄，尚空閒四頂。中層安列金櫃十五頂，俱係空閒。崇謨閣上安列金櫃二十二頂，亦俱空閒。弘晌遵旨將五朝聖訓、實錄俱移於崇謨閣存貯。敬典閣上所安金櫃，也是二十二頂，其中十六頂貯放玉牒，尚有空餘六頂。原摺將樓閣三處安列金櫃式樣繪圖進呈御覽後留中未發還弘晌，而隨弘晌奏摺錄副移入月摺包[25]。可將三處樓閣式樣示意圖影印如後。其中崇謨閣式樣示意圖標明「崇謨閣上金櫃二十二頂各高九尺九寸六分，面寬五尺零五分，進深二尺六寸。」敬典閣式樣示意圖標明「敬典閣上金櫃二十二頂，各高九尺九寸六分，面寬五尺零五分，進深二尺六寸。」鳳凰樓式樣示意圖標明鳳凰樓上層正面金櫃五頂，各高七尺七寸，面寬五尺二寸五分，進深一尺九寸。鳳凰樓上層東西金櫃各五頂，各高七尺一寸，面寬五尺三寸，進深一尺八寸。鳳凰樓中層正面金櫃五頂，各高七尺七寸，面寬五尺二寸五分，進深一尺九寸。鳳凰樓中層東西金櫃各五頂各高七尺一寸，面寬五尺三寸，進深一尺八寸。」

25　《軍機處檔・月摺包》（臺北，故宮博物院），19513 號。乾隆四十三年
　　四月二十二日，弘晌奏摺錄副。

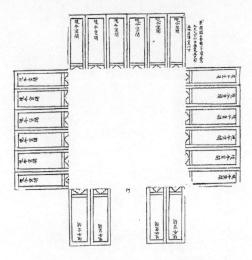

圖 4　盛京崇謨閣金櫃式樣式意圖

《軍機處檔‧月摺包》（臺北，故宮博物院），19513 號之一。

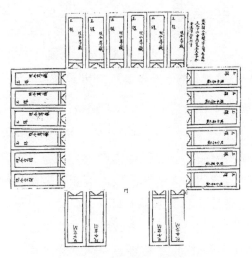

圖 5　敬典閣金櫃式樣示意圖

《軍機處檔‧月摺包》，19513 號之二。

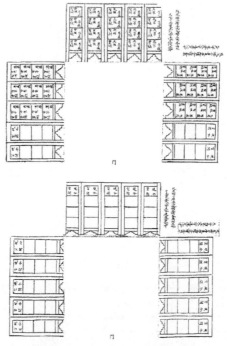

圖 6　鳳凰樓金櫃式樣式意圖

《軍機處檔・月摺包》，19513 號之三。

　　《軍機處檔・月摺包》中含有「清寧宮地盤樣示意圖」，是乾隆年間估修盛京清寧宮等處的示意圖。原圖詳繪盛京各宮殿位置，並粘簽標明原估及新估修理情形。由南至北，經左右兩側朝房、奏樂亭至大清門。大清門前左右兩側門罩粘簽標明「原估加隴捉節照舊式光油，今照原估修理。[26]」由大清門至崇政殿，殿前右側爲甲亮，左側爲日晷。崇政殿之後爲鳳凰樓，鳳凰樓之左爲衍慶宮，衍慶宮左前爲頤和殿，左後爲介祉宮。頤和殿粘簽標

26　《軍機處檔・月摺包》，乾隆年間，46227 號。

明「原估揭宛頭停挑換椽望,今照原估核減椽望琉璃料磚塊修理。」鳳凰樓之右爲永福宮,永福宮右前爲迪光殿,右側爲保極宮。鳳凰樓左後爲祭祀杆子處。由鳳凰樓進入清寧宮,清寧宮左前爲關雎宮,右前爲麟趾宮。清寧宮粘籤標明「原估揭宛頭停挑換椽望琉璃料修理外添拆砌西土牆一堵。」麟趾宮右側保極殿之後爲崇謨閣,粘籤標明「原估揭宛頭停挑換椽望,今照原估核減飛簷等椽琉璃料修理。」原圖規格 64 公分×45 公分,縮小影印如後。

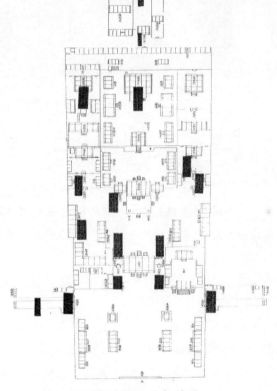

圖 7　清寧宮地盤樣圖

《軍機處檔・月摺包》,臺北故宮博物院

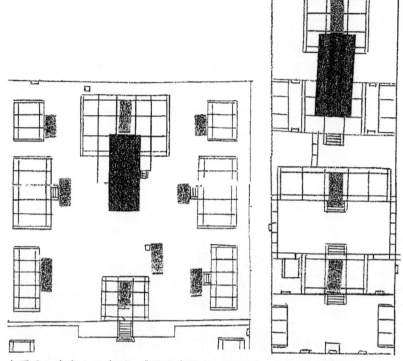

左圖8：清寧宮示意圖　《軍機處檔‧月摺包》，臺北故宮博物院

右圖9：崇謨閣示意圖　《軍機處檔‧月摺包》，臺北故宮博物院

　　《軍機處檔‧月摺包》含有光緒末年「東直門角樓圖」，原圖附有圖說，其內容如下：

　　　東直門城臺上重檐角樓一座，共計二十六間，內正座計十

　　　一間，內二間各面闊一丈六尺，四間各面闊一丈四尺五寸，

　　　四間各面闊一丈三尺，一間見方二丈四尺，俱進深二丈四

　　　尺。上檐後接兩搭八間，內四間各面闊一丈四尺五寸，二

　　　間各面闊一丈三尺，二間各前面闊九尺五寸，後面闊一丈

六尺，上進深六尺五寸。下檐後接廂座七間，內四間各面
闊一丈四尺五寸，二間各面闊一丈三尺，一間下見方一丈
六尺，上見方九尺五寸。下檐柱高二丈六尺，徑一尺四寸。
上檐柱高三丈八尺三寸，徑二尺四寸。七架梁下中柱高四
丈三尺一寸，徑二尺五寸。正座九檁，兩搭二檁，廂座三
檁。歇山上檐擺安單翹單昂斗科，下檐採放做一斗三升斗
科，礤眼四層，內裏樓板、廂座、庫門、牆窗、頭停宪五
樣碌色琉璃，脊獸寶頂溝頭滴水減邊，中心隨式澄漿布筒，
板瓦成造[27]。

　　原圖所附圖說內容詳細。原圖規格 67 公分x92 公分，將角樓
正東面，正北面原圖影印如後。

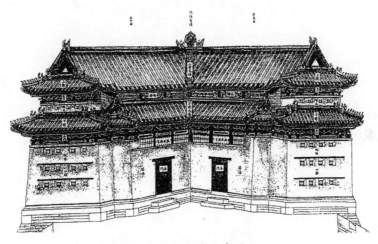

圖 10　東直門角樓示意圖之一
《軍機處檔・月摺包》，臺北故宮博物院

27　《軍機處檔・月摺包》，光緒年間，152088 號。

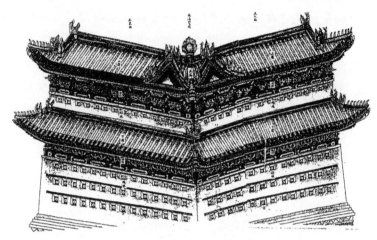

圖 11　東直門角樓示意圖之二

《軍機處檔・月摺包》，臺北故宮博物院

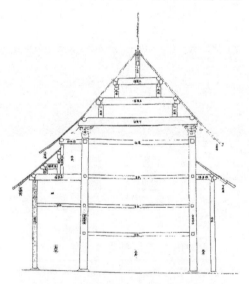

圖 12　東直門角樓示意圖之三

《軍機處檔・月摺包》，臺北故宮博物院

除《軍機處檔·月摺包》含有各種示意圖外，還含有原北平
圖書館典藏明清時期的各種地圖，其中宮殿圖多幅，都是巨幅彩
圖，其中明嘉靖隆慶間絹本彩繪《北京宮殿圖》，169 公分×156
公分；明代絹本彩繪《大明宮殿圖》，209 公分×173 公分；清代絹
本彩繪《皇城宮殿衙署圖》，238 公分×179 公分；清代紙本彩繪《熱
河避暑山莊圖》，共二幅，其中一幅 212 公分×387 公分，另一幅
134 公分×355 公分；清代紙本墨繪《熱河避暑山莊》，164 公分×
342 公分；另存王府圖三幅，也是清代紙本墨繪。探討清朝宮廷
歷史，各種宮殿式樣圖就是最直接的圖說史料。

六、書香故宮 ── 還原宮廷藏書的歷史意義

還原宮廷藏書是探討宮廷歷史的重要課題。向斯先生著《書
香故宮》一書已指出，「清宮遺留下來的書籍，除了各朝皇帝御纂、
御製作品和內府本子之外，大多是先朝皇宮的舊有古書。這些皇
宮珍藏，許多係海內外孤本，非常珍貴。其中珍品中的珍品就是：
宋、元善本，皇帝御筆寫經，臣工精抄寫經，宮廷內府本。」[28]一
九二四年，清室善後委員會接收清點各宮殿所貯圖書文物，填造
點查報告。一九二五年，故宮博物院正式成立，下設圖書館，以
典掌圖書，館址在壽安宮。除文淵閣、摛藻堂藏書仍保持原狀外，
其散處各宮殿的藏書，則集中於壽安宮，置庫貯存，整理核對，
編製書卡。《書香故宮》指出，「提取的宮殿主要是皇帝和后妃們
處理政務和生活起居的地方，包托養心殿、懋勤殿、弘德殿、乾
清宮、昭仁殿、景陽宮、位育齋、上書房、南書房、景福宮、毓

---

28 向斯著《書香故宮》（臺北，實學社出版公司，2004 年 2 月），頁 114。

慶宮、寧壽宮、齋宮等。」查閱《故宮物品點查報告》，可以了解
各宮殿陳設的圖書文物品類。

　　一九三一年，九一八事變後，宮廷圖書文物南遷，其中有一
部分圖書文物分批運往臺灣。臺北故宮博物院藏書，其來源除清
朝內府藏書及宜都楊氏觀海堂舊藏外，還有北平圖書館甲庫珍
籍。其中內府藏書譬如：歷朝滿漢文聖訓、御製詩文集、方略、
奏議等等，頗爲完備，包括武英殿刊本、武英殿刊袖珍本、朱絲
欄寫本、朱絲欄寫袖珍本、烏絲欄寫本、朱墨套印本等等。各種
佛經除名家寫本外，還有黑線緙絲本、線繡袖珍本、藍絲線繡本、
黑絲線繡本等等，琳瑯滿目，尤爲難得。《書香故宮》已經指出，
「故宮博物院南遷的珍貴圖書，幾乎所有都運往了臺灣。」[29]臺
北故宮博物院現藏清朝宮廷善本古籍，仍多保存清室善後委員會
點查標籤、書卡及壽安宮圖書館核對書卡。其中「清室善後委員
會」點查標籤樣式如下：

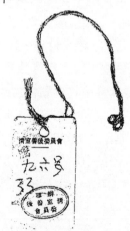

圖 13　「清室善後委員會」點查標籤樣式

29 《書香故宮》，頁 124。

標簽中的「騰」是清室善後委員會於一九二五年三月點查緞庫的編號代字。檢查《故宮物品點查報告・緞庫》，可知「騰九六號33」就是「太祖皇帝大破明師於薩爾滸山之戰書事文」一書的點查編號[30]，也可以說它是每一種善本古籍的「身分證」。除點查標簽外，還有點查書卡及核對書卡。以《御製盛京賦》爲例，影印其樣式如下：

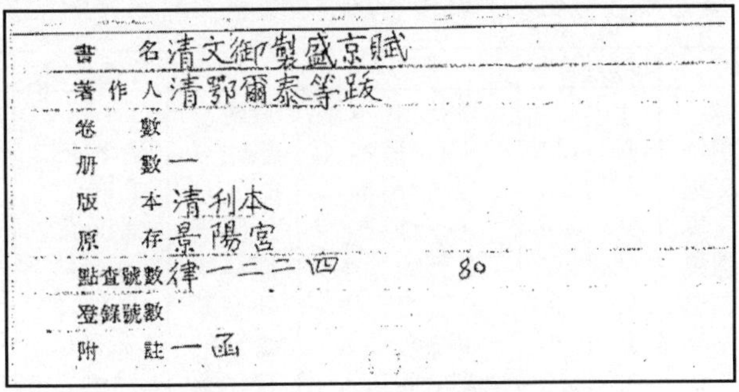

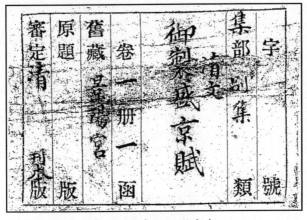

書名　清文御製盛京賦
著作人　清鄂爾泰等跋
卷數
册數　一
版本　清刊本
原存　景陽宮
點查號數　律一二二四　80
登錄號數
附註　一函

圖 14 清室善後委員會點查書卡

字號
集部別集類
御製盛京賦　清文
卷一　冊一　函
舊藏　景陽宮
原題　版
審定　清刊版

圖 15 圖書館核對書卡

30 《故宮物品點查報告》，第二編，第六冊，（北京，清室善後委員會，1925年8月），頁19。

　　點查書卡標明清文《御製盛京賦》原存於景陽宮，其點查號
數爲：律一二二四.80；核對書卡標明舊藏地點在景陽宮，彼此脗
合。然後再檢查《故宮物品點查報告》，可以確定現藏清文《御製
盛京賦》的原存地點是在景陽宮，這是圖書文物的還原工程。爲
了更清楚的說明，可就現藏清朝御製詩文集漢文本列表如下。

表 5　臺北故宮博物院典藏清朝諸帝御製詩文集原存地點分布表

書名	卷數	冊數	版本	原存地點	點查號數	備註
萬壽詩	1	1	內府刊本	景陽宮		順治十三年
聖祖御製文初集	40	22	內府寫本	景陽宮	律 204.12	
聖祖御製文二集	50	28	內府寫本	景陽宮	律 806.39	
聖祖御製文三集	50	20	內府寫本	景陽宮	律 806.21	
聖祖御製文初集	40	6	武英殿刊本	壽皇殿	鹹 445	康熙五十年
聖祖御製文二集	50	8	武英殿刊本	壽皇殿	鹹 420	康熙五十年
聖祖御製文三集	50	8	武英殿刊本	壽皇殿	鹹 446	康熙五十年
聖祖御製文四集	36	10	武英殿刊本	景陽宮	律 1221.14	雍正十一年
世宗御製文集	30	17	武英殿刊本	壽皇殿	鹹 393	乾隆三年
樂善堂全集	40	24	武英殿刊本	毓慶宮	餘 218	乾隆二年
御製避暑山莊詩	2	2	武英殿刊本	懋勤殿		乾隆六年
高宗御製文初集	30	16	內府烏絲欄寫本	養心殿	呂 1145	乾隆二十八年
高宗御製文初集	30	16	內府烏絲欄寫本	緞　庫	騰 96.11	袖珍本
高宗御製文二集	44	22	內府烏絲欄寫本	養心殿		乾隆間
高宗御製文二集	44	16	內府烏絲欄寫本	緞　庫	騰 96.12.79	袖珍本
高宗御製文三集	16	8	內府烏絲欄寫本	養心殿	呂 1141	嘉慶間
樂善堂全集定本	30	18	武英殿刊本	懋勤殿	洪 621.19	乾隆二十三年
高宗御製文初集	30	16	武英殿刊本	景陽宮	律 1221.33	乾隆間
高宗御製文二集	44	24	武英殿刊本	昭仁殿		乾隆五十一年
高宗御製文餘集	2	2	內府烏絲欄寫本	養心殿	呂 1148	嘉慶五年
高宗御製文餘集	2	2	武英殿刊本	景陽宮	律 1221.24	嘉慶五年
高宗御製文三集	16	8	武英殿刊本	昭仁殿	日 145	嘉慶間
定武敷文不分卷		1	武英殿刊本	位育齋	收 263	乾隆間
御製古稀說	1	1	武英殿刊本	懋勤殿	洪 593.49	乾隆間
御製盛京賦不分卷		1	武英殿刊本	景陽宮	律 192.17	乾隆八年
高宗御製詩初集	44	26	內府朱絲欄寫本	養心殿		乾隆間

高宗御製詩二集	90	55	內府烏絲欄寫本	養心殿		乾隆間
高宗御製詩三集	100	62	內府烏絲欄寫本	養心殿	呂 62	乾隆間
高宗御製詩四集	100	62	內府烏絲欄寫本	養心殿	呂 1142	乾隆間
高宗御製詩五集	100	56	內府烏絲欄寫本	養心殿	呂 1143	乾隆間
高宗御製詩初集	44	48	內府寫袖珍本	萃賞樓	棻 549	乾隆十四年
高宗御製詩二集	90	100	內府寫袖珍本	萃賞樓	棻 550	乾隆二十四年
高宗御製詩三集	100	112	內府寫袖珍本	萃賞樓	棻 551	乾隆三十六年
味餘書室全集定本	42	32	武英殿刊袖珍本	毓慶宮		嘉慶五年
味餘書室全集定本	42	32	內府烏絲欄寫本	養心殿		嘉慶間
味餘書室全集定本	40	28	內府烏絲欄寫本	毓慶宮	餘 202	嘉慶間
味餘書室全集定本	40	32	武英殿刊本	古董房	麗 142	嘉慶五年
高宗御製幾餘詩	180	180	內府烏絲欄寫本	寧壽宮	號 38	嘉慶間
仁宗御製文初集	10	8	武英殿刊袖珍本	昭仁殿	日 90.9	嘉慶十年
仁宗御製文初集	10	11	內府烏絲欄寫本	養心殿		嘉慶間
仁宗御製文	2	2	武英殿刊本	永壽宮		嘉慶間
仁宗御製文二集	14	12	武英殿刊本	景陽宮		嘉慶二十年
仁宗御製文二集	14	12	內府烏絲欄寫本	養心殿	呂 1146	嘉慶二十年
養正書屋全集定本	40	24	武英殿刊本	敦本殿	餘 964.21	道光二年
養正書屋全集定本	40	24	內府烏絲欄寫本	懋勤殿	洪 35	道光二年
宣宗御製文初集	10	10	武英殿刊本	景陽宮	律 1221.22	道光十年
宣宗御製文餘集	6	4	武英殿刊本	景陽宮		咸豐間
文宗御製文集	2	2	武英殿刊本	景陽宮	餘 562	同治間
文宗御製詩集	8	4	武英殿刊本	敦本殿	餘 526	同治間
穆宗御製文集	10	6	武英殿刊本	永壽宮	金 338.6	光緒間
穆宗御製詩集	6	2	武英殿刊本	永壽宮	金 388.3	光緒間

資料來源：臺北故宮博物院典藏善本古籍別集類

　　由前列簡表可知臺北故宮博物院現藏清朝諸帝御製詩文集包
括武英殿刊本、內府朱絲欄寫本、內府烏絲欄寫本、武英殿刊袖
珍本、內府寫袖珍本等，其原存地點，主要分布於景陽宮、壽皇
殿、毓慶宮、懋勤殿、養心殿、緞庫、昭仁殿、位育齋、萃賞樓、
古董房、寧壽宮、永壽宮、敦【惇】本殿等宮殿。

　　景陽宮位於東二長街北頭端凝、昌祺兩門之間。一九二五年
三月十七日下午起開始點查，至同年五月二十二日上午點查結

束，共計點查八十九次，每次點查，皆編號登錄。其點查號數代字為「律」字號。點查圖書，皆逐一填寫點查書卡，標明書名、著作人、卷數、冊數、版本、原存、點查號數、登錄號數、附註等項目，並編製點查統計表，然後彙編成《故宮物品點查報告》。表中《萬壽詩》一冊，順治十三年（1656）內府刊本，原存景陽宮，因原書未附點查書卡，所以點查號數不詳。查閱《故宮物品點查報告》後，其點查號數應為「律七二九」。原藏景陽宮的《仁宗御製文二集》，其點查號數應為「律一二二一.25」；《宣宗御製文餘集》，其點查號數應為「一二二一.28」；臺北《故宮博物院善本舊籍總目》記載《聖祖仁皇帝御製文初集》四十卷《二集》五十卷《三集》五十卷，清聖祖撰，清內府寫本，七十冊。查閱《故宮物品點查報告》「律二四〇.12」的記錄為《聖祖御製文集》二十二本，「律八〇六.39」的記錄為《聖祖御御製文二集》二八冊，寫本開化紙。「律八〇六.21」的記錄為《聖祖御製文三集》二十本，寫本開化紙。初集、二集、三集合計七十冊，彼此符合。

壽皇殿在景山後，自一九二六年十二月十四日起至一九二九年一月三十日止點查完畢，點查編號代字為「鹹」。檢查《故宮物品點查報告・壽皇殿》，其中「鹹四四五」《御製文集》六本，「鹹四二〇」《御製文第二集》八本，「鹹四四六」《御製文第三集》八本，記錄簡單。查閱臺北故宮博物院典藏原書所附點查書卡、核對書卡，俱係康熙五十年（1711）武英殿刊本，分別是《聖祖御製文初集》六冊、《聖祖御製文二集》八冊、《聖祖御製文三集》八冊，記錄較詳。

毓慶宮位於齋宮之東，奉先殿之西，係康熙年間建造為皇太子胤礽（ing ceng）所居之宮。乾隆皇帝亦曾居毓慶宮，嘉慶皇帝顒琰五歲時即賜居此宮，至十五歲始移住東二所。後殿為繼德堂，

堂內西間懸掛「宛委別藏」匾額。東間爲味餘書室，內屋爲知不足齋[31]。溥儀在《我的前半生》說：「宣統三年舊曆七月十八日辰刻，我開始讀書了。讀書的書房先是在中南海瀛臺補桐書屋，後來移到紫禁城齋宮右側的毓慶宮 —— 這是光緒小時念書的地方，再早，則是乾隆的皇子顒琰（即後來的嘉慶皇帝）的寢宮。毓慶宮的院子很小，房子也不大，是一座工字形的宮殿，緊緊地夾在兩排又矮又小的配房之間。裏面隔成許多小房間，只有西邊較大的兩敞間用做書房，其餘的都空著。」[32]臺北故宮博物院現藏武英殿刊本《樂善堂全集》二十四冊，武英殿刊袖珍本《味餘書室全集定本》三十二冊，內府朱絲欄寫本《味餘書室全集定本》二十八冊，俱原存毓慶宮，其點查代號爲「餘」字。現藏武英殿刊本《養正書屋全集定本》二十四冊，武英殿刊本《文宗御製詩集》四冊，俱原存惇本殿，其點查代號爲「餘」字。檢查《故宮物品點查報告》「餘二○二」《味餘書室全集》十冊，內一函寫本，「餘五二六」《御製詩文集》六冊，「餘九六四.21」《養正書屋全集定本》二十四本，俱屬惇本殿藏品。點查書卡與點查報告記錄略有出入。其中武英殿刊袖珍本《味餘書室全集定本》三十二冊因未附點查書卡，其點查號數不詳，，檢查惇本殿點查記錄可知其點查號數爲「餘五二四」。

懋勤殿位於乾清宮西廡，自一九二五年一月二十二日開始點查，至同年三月三日點查完畢。臺北故宮博物院典藏《御製避暑山莊詩》二冊，是乾隆六年（1741）武英殿刊本，原存懋勤殿，原書未附點查書卡，點查號數不詳，檢查《故宮物品點查報告》

---

31 《舊都文物略》（臺北，文海出版社，1972 年），頁 9。
32 溥儀著《我的前半生》（香港，香港交通書店，1964 年 4 月），第一集，頁 58。

可知「洪五九二.30」《御製避暑山莊詩》八冊中的二冊現藏於臺北故宮博物院。「洪六二一.19」《樂善堂全集寫本》十八冊，臺北《故宮博物院善本舊籍總目》作《樂善堂全集定本》三十卷，清高宗撰，清乾隆二十三年武英殿刊本，十八冊，記錄略有出入。「洪五九三.49」《御製古稀說》一冊，係乾隆間武英殿刊本。「洪三五」《養正書室》二十四本，就是臺北故宮博物院現藏道光二年（1822）內府烏絲欄寫本《養正書屋全集定本》，詳略不同。

寧壽宮位於外東路皇極殿之後，其建築制度一如中路坤寧宮，而規模略小，宮內及兩廡陳設各款瓷器。一九二五年七月三十一日開始點查，至一九二七年十二月二十九日竣事。查閱點查報告可知其中「「號三八」白紙寫本《御製幾餘詩》一八〇冊，就是臺北故宮博物院現藏內府烏絲欄寫本《高宗御製幾餘詩》一八〇冊。

寧壽宮東一路北端爲景福宮，中一路景祺閣西毗符望閣，符望閣之南爲萃賞樓。一九二六年三月點查萃賞樓物品，點查代號爲「萃」字。《故宮物品點查報告・萃賞樓》「萃五四九」《御製詩初集》四十八本，「萃五五〇」《御製詩二集》一〇〇本，「萃五五一」《御製詩三集》一一二本，現藏臺北故宮博物院，俱係乾隆年間內府寫袖珍本。

鍾粹宮、景陽宮兩宮之後爲北五所，其東爲古董房。一九二五年六月四日起開始點查古董房。其點查代號爲「麗」字，其中「麗一四二」《味餘書室全集定本》三十二本，現藏臺北故宮博物院，係嘉慶五年（1800）武英殿刊本。

永壽宮在內右門內，養心殿之北，翊坤宮之南。一九二五年五月二十五日起開始點查永壽宮物品，至一九二六年二月十一日點畢，其點查代號爲「金」字。臺北故宮博物院現藏武英殿刊本

《仁宗御製文》二冊,「金三八八.6」《穆宗御製文集》六冊,「金三八八.3」《穆宗御製詩集》二冊,俱原存永壽宮。其中《仁宗御製文》二冊,點查號數不詳。查閱《故宮物品點查報告·永壽宮》可知其點查號數爲「金三八八.4」,記錄清楚。

昭仁殿位於乾清宮之東,明思宗殉國前曾手刃其長公主於此。乾隆皇帝於昭仁殿庋藏舊版書籍,御書匾額「天祿琳瑯」。一九二五年二月十三日起開始點查昭仁殿物品,至同年三月三日點畢,其點查代號爲「日」字。其中「日一四一」《高宗御製文二集》二十四本,即臺北故宮博物院現藏乾隆五十一年(1786)武英殿刊本《高宗御製文二集》二十四冊,冊數相合。「日一四五」《高宗御製文二集》八本,當係嘉慶間武英殿刊本《高宗御製文三集》八冊,點查記錄作「二集」,疑誤。「日九〇.9」《御製文初集》八本,即臺北故宮博物院現藏嘉慶十年(1805)武英殿刊袖珍本《仁宗御製文初集》八冊,點查記錄較簡略。

一九二五年三月四日,清室善後委員會開始點查御花園各處物品。同年三月五日起開始點查延暉閣、位育齋等處物品,至三月七日點畢。位育齋點查代號爲「收」字。其中「收二六三」《平定回部告成太學碑文》一冊,現存臺北故宮博物院,係武英殿刊本,書名作《定武敷文》,計一冊。

欽昊門在東小長街之東,緞庫位於欽昊門之南。一九二五年四月十六日起開始點查緞庫物品,至五月十五日點畢。緞庫點查代號爲「騰」字。其中「騰九六.79」《御製文》二集,「騰九八.12」《御製文初集》二十冊袖珍鈔本中的十六冊,現存臺北故宮博物院,係朱絲欄寫本。

臺北故宮博物院現藏滿文古籍,按照經、史、子、集四部分類,例如:乾隆三十年(1765)武英殿刊漢滿合璧本《御製繙譯

周易》四卷，四冊；康熙二十二年（1683）內府刊滿文本《日講易經解義》，十八卷，十八冊，都是屬於經部易類。順治十一年（1654）刊滿文本《詩經》二十卷，十二冊；乾隆三十三年（1768）武英殿滿漢合璧本《御製繙譯詩經》八卷，四冊，都是屬於經部詩類。爲了便於說明滿文古籍原存地點的分布，暫以院藏清朝聖訓等書爲例，列表如下：

表 6　臺北故宮博物院現藏清宮滿文古籍原存地點分布表

書名	卷數	冊數	版本	原存地點	點查號數	備註
太祖大破明師於薩爾滸山之戰書事文 taidzu hūwangdi ming gurun i cooha be sargū alin de ambarame efulehe baita be tucibume araha bithe	1 卷	1 冊	武英殿刊本	緞庫	騰 96.33	嘉慶間刊本
太宗皇帝大破明師於松山之戰書事文 taidzung hūwangdi ming gurun i cooha be sung šan de ambarame efulehe afaha baita be ejeme araha bithe	1 卷	1 冊	武英殿刊本	壽皇殿	鹹 400	嘉慶間刊本
平定金川方略 gin cuwan i ba be necihiyeme toktobuha bodogon i bithe	26 卷	28 冊	武英殿刊本	景陽宮	滿 130	乾隆十七年
平定兩金川方略 dzanla cucin i ba be necihiyeme toktobuha bodogon i bith	136 卷	120 冊	武英殿刊本	懋勒殿	洪 594	乾隆四十五年
太祖高皇帝聖訓 daicing gurun i taidzu dergi hūwangdi i enduringge tacihiyan	4 卷	4 冊	武英殿刊本	景陽宮	滿 152.3	乾隆四年
太宗文皇帝聖訓 daicing gurun i taidzung genggiyen šu hūwangdi i enduringge tacihiyan	6 卷	6 冊	武英殿刊本			乾隆四年

世祖章皇帝聖訓 daicing gurun i šidzu eldembuhe hūwangdi i enduringge tacihiyan	6 卷	6 冊	武英殿刊本			乾隆四年
聖祖仁皇帝聖訓 daicing gurun i šengdzu gosin hūwangdi i enduringge tacihiyan	60 卷	60 冊	武英殿刊本	景陽宮	滿 158.3	乾隆六年
世宗憲皇帝聖訓 daicing gurun i šidzung temgetulehe hūwangdi i enduringge tacihiyan	36 卷	36 冊	武英殿刊本	景陽宮	滿 160.3	乾隆五年
高宗純皇帝聖訓 daicing gurun i g'aodzung yongkiyangga hūwangdi i enduringge tacihiyan	300 卷	300 冊	武英殿刊本	寧壽宮	滿 162	嘉慶十二年
仁宗睿皇帝聖訓 daicing gurun i žingdzung sunggiyen hūwangdi i enduringge tacihiyan	110 卷	110 冊	武英殿刊本	方略館	滿 167	道光四年
宣宗成皇帝聖訓 daicing gurun i siowandzung šangga hūwangdi i enduringge tacihiyan	130 卷	130 冊	武英殿刊本	壽安宮	滿 169.1	咸豐六年
文宗顯皇帝聖訓 daicing gurun i wendzung iletu hūwangdi i enduringge tacihiyan	110 卷	110 冊	武英殿刊本	乾清宮	滿 173.1	同治五年
穆宗毅皇帝聖訓 daicing gurun i mudzung filingga hūwangdi i enduringge tacihiyan	160 卷	160 冊	武英殿刊本	昭仁殿	滿 178.1	光緒五年
御纂性理精義 han i banjiha sing li jing i bithe	12 卷	8 冊	武英殿刊本	景陽宮	滿 276 滿 277.1 滿 276.2	康熙五十六年

小學合解 ajige tacikū be acabufi suhe bithe	6卷	4冊	武英殿刊本	景陽宮			雍正五年
御製盛京賦 han i araha mukden i fujurun bithe	1卷	1冊	武英殿刊本	景陽宮	律 1224.80		乾隆八年
御製勸善要言 han i araha sain be huwekiyebure i oyonggo gisun		1冊	內府刊本	景陽宮	律 498		順治十二年
內政輯要 dorgi dasan i oyonggo bithe	2卷	2冊	內府刊本	景陽宮	滿 251.1		順治十二年
內政輯要 dorgi dasan i oyonggo bithe	2卷	2冊	內府刊本	慈寧宮	滿 253.2		順治十二年
御製資政要覽 han i araha dasan de tusangga oyonggo tuwakū bithe	3卷	3冊	內府刊本	景陽宮	律 1219.33		順治十二年
御製資政要覽 han i araha dasan de tusangga oyonggo tuwakū bithe	3卷	4冊	內府刊本	景陽宮			順治十二年
聖諭廣訓 Enduringge tacihiyan be neileme badarambuha bithe	1卷	2冊	武英殿刊本	景陽宮	律 1259.16		雍正二年
聖祖庭訓格言 šengdzu gosin hūwangdi i booi tacihiyan i ten i gisun	2卷	2冊	武英殿刊本	景陽宮	滿 275.1		雍正八年
聖祖庭訓格言 šengdzu gosin hūwangdi i booi tacihiyan i ten i gisun	2卷	2冊	武英殿刊本	壽皇殿	滿 274.1		雍正八年
菜根譚 ts'ai gen tan bithe		2冊	武英殿刊本		滿 258.2		康熙四十七年

資料來源：臺北故宮博物院典藏善本古籍

　　查閱《故宮物品點查報告》可知景陽宮點查代字為「律」字號。前列表中《御製盛京賦》的點查號數為「律 1224.80」，《御製勸善要言》的點查號數為「律 498」，《御製資政要覽》的點查號數為「律 1219.33」，《聖諭廣訓》的點查號數為「律 1259.16」，都可以憑藉點查號數查閱《故宮物品點查報告》進行還原工作。《太祖大破明師於薩爾滸山之戰書事文》的點查號數為「騰 96.33」，其原存地點在緞庫。《太宗皇帝大破明師於松山之戰書事文》的點查號數為「鹹 400」，其原存地點在壽皇殿，與《故宮物品點查報告》的記錄彼此脗合。前列表中如《平定金川方略》原存地點在景陽宮，但現存核對書卡改書「滿 130」，《太祖高皇帝聖訓》改書「滿 152.3」，《聖祖仁皇帝聖訓》改書「滿 158.3」，《世宗憲皇帝聖訓》改書「滿 160.3」，《聖祖庭訓格言》改書「滿 275.1」，因未見清室善後委員會點查卡，點查號數，不得其詳，還原工作較為困難。為了正確掌握清宮文物的存軼，或現藏地點，應以《故宮物品點查報告》為原始記錄，填注現藏單位。譬如《故宮物品點查報告》第六編，第一冊「壽皇殿物品目錄」，頁 39，鹹 393，《世宗御製文集》；鹹 420，《御製文第二集》；頁 41，鹹 445，《御製文集》；鹹 446，《御製文第三集》等書下增加欄位，填注「現存臺北故宮博物院」等字樣，其樣式如後。這種還原工作，具有時代意義，也是研究清朝宮廷歷史的重要文化工程。

第六編

點查壽皇殿情形

壽皇殿在景山後爲明舊名淸乾隆時重建康熙以次各帝遺像懸供於內其東西配殿一曰衍慶一曰綿禧庋藏漢滿文譜牒巨櫃密列弗克逐一點查則彙編爲一號爲自民國十五年十二月十四日起至十八年一月三十日止點查完畢（附各處統計表于後）每處每次點查之先由組長及監視員牽同組員及軍警等驗封啓門進內依次點查稠號登錄如遇特別之件由事務員詳細記載並由攝影員攝影以資保管點查之件仍置原處以存舊觀點至法定時間組長復查無誤簽字於物品登錄簿退出

點查壽皇殿情形

一

卷一　壽皇殿

緘字一．硬木雕韻大立櫃

號數	品名	名件數
1	高宗純皇帝落賺圖	一個
2	高宗純皇帝遺容挾矢圖（帶碧玉軸帶錦套）	一軸
3	高宗純皇帝遺容採芝圖（帶碧玉軸帶錦套）	一軸
4	高宗朝冠服像（帶青玉軸帶錦套）	一軸
5	高宗純皇帝遺容弋鳧圖（帶碧玉軸帶錦套）	一軸
6	高宗純皇帝遺容弋飛圖（帶碧玉軸帶錦套）	一軸
7	宣宗成皇帝遺容觀象會心	一軸
8	高宗純皇帝遺容松陰清夏圖	一軸

故宮物品點查報告　壽皇殿

號數	品名	名件數
9	高宗純皇帝繹盎甲御容（帶木軸帶綢套）	一軸
10	宣宗成皇帝秋涇揹彎御容	一軸
11	康熙御容	一軸
12	孝昭皇后燕服御容	一軸
13	宣宗成皇帝遺容素從秋庭	一軸
14	高宗純皇帝遺容繫鹿圖	一軸
15	高宗純皇帝擋象圖（另附二卷）	一軸
16	高宗純皇帝遺容繫鹿圖	一軸
17	高宗純皇帝遺容射鹿圖	一軸
18	宣宗成皇帝鵠正威申璧容	一軸
19	宣宗成皇帝遺容（瓷色衫凉帷）	一軸
20	平安春信圖	一軸
21	聖祖仁皇帝半身相	一張

（一本）

三八三　小學集註　（一本）　一函
三八四　鈔本昭明文選　（六十本）　一函
三八五　苗疆紀略　（四十八本）　六函
三八六　火禮記註　（十本）　一函
三八七　上諭八旗　（十二本）　一函
三八八　上諭條文　（二十六本）　三函
三八九　平定回疆勦擒逆裔成紀　（二十本）　四函
三九〇　親征名臣義集選敎乘法戰摘要　（十二本）　一函
三九一　恭釋同歸永明心賦　（二本）　一函
故宮物品點查報告

溯皇殿

（四本）

三九二　御選寶復精華　（三本）　一函
三九三　世宗御製文集　（十六本）　二函
三九四　硃諭奮室全集　（三十二本）　四函
三九五　御製遊蒼山莊詩　（一本）　一函
三九六　上諭旗務議覆　（十二本）　一函
三九七　諭行旗務奏議　（十二本）　一函
三九八　諭行旗務偏文　（十三本）　一函
三九九　御錄經海一滴　（六本）　一函
四〇〇　太宗大破明師於松山之戰書事文　一函

現存臺北故宮博物院

故宮物品點查報告

號數	品名	名件數
	（一本）	
四〇一	御錄宗鏡大綱	一函
	（四本）	
四〇二	御製欲理精鑑	一函
	（八本下函）	
四〇三	肯構肯堂懋疏注經	五函
四〇四	萬行肯構懋經	一冊
四〇五	御製歷日和風被萬方	十八冊
四〇六	御選悟後必讀	一本
四〇七	上諭	一本
四〇八	珠璣廣訓	三本
四〇九	妙圓正修智覺永明賽	三本
四一〇	禪師心賦選註	二本
四一一	淵文彙勝廣訓	一冊
四一二	淵漢文方略表	一函
四一三	萬藩祝典初編	四函

養心殿

號數	品名	名件數
四一四	上諭（各十本）	四函
四一五	欽定平定回疆勦捦道實方略（八十四本）	十函
四一六	欽定卷秋左傳讀本（三十本）	四函
四一七	皇朝詞林典故（三十四本）	四函
四一八	御製詩三集（十八本）	二函
四一九	御製詩四集（十四本）	二函
四二〇	御製文第二集（八本）	一函

（四二〇號以下因歷經錄員即接寫四三一號之誤中缺四一一號至四三〇號率後不及更正特此注明）

現存臺北故宮博物院

故宮物品點查報告

四三二　御製詩二集（共八十八本）　十四函

四三三　御製詩五集（六十二本）　八函

四三四　御製詩三集（四十二本）　六函

四三五　御製詩初集（三十九本）　二函
　　　　御製詩初集（十六本）　二函

四三六　御製文初集（十本）　一函

四三七　御製文二集（二十四本）　二函

四三八　御製詩初集（三十本）　四函

四三九　御製敬理經藏（四十本）　六函

四四〇　古香齋袖珍昭明文選（五十四本）　十函

～～～～～～～～～～～～～

養皇殿東配房

四四一　九朝彙註杜詩（三十四本）　四函

四四二　雍正書屋全集（四十二本）　七函

四四三　宗鏡錄（二十本）　二函

四四四　御製詩集（六本）　一函

四四五　御製文集（六本）　一函　　現存臺北故宮博物院

四四六　御製文第三集（八本）　一函　現存臺北故宮博物院

四四七　平定三逆方略（六本）　一函　現存臺北故宮博物院

四四八至四四九　平定三逆方路滿文（四十本）　四函

四五〇　滿文書（四本）　一函

七、結　語

　　研究清史，不能忽略滿文史料。充分利用《滿文原檔》的記錄，探討盛京宮殿滿文名稱及城門滿文匾額是還原清朝宮廷歷史記憶的重要工作。例如崇德五宮中「永福宮」的滿文名稱，《滿文原檔》作 "hūturingga boo" ，意即「福房」，"enteheme hūturingga gurung" （永福宮）不是原始名稱。遼陽博物館典藏東京城「撫近門」的滿文門額，以無圈點老滿文陽刻鑲嵌。崇德元年（1636）七月十五日，《滿文原檔》以加圈點滿文寫作 "hanciki be hairandara duka" ，記載相合。對照崇政殿和隆宗門匾額，滿漢文的位置不同，崇政殿匾額的滿文在左，漢字在右；隆宗門匾額的滿文在右，漢字在左。其差異有待進一步探討。

　　北京宮中大內、避暑山莊、圓明園等處各殿宇的文物陳設，琳瑯滿目，充分反映了清朝宮廷文化的特色。充分利用上諭檔，有助於了解各宮殿文物陳設過程。譬如林爽文起事後，天地會所使用的冷兵器，也受到官方的注意，除竹盔、紙甲交學藝處外，其餘鐵尖竹弓、半截刀、撻刀、勾鐮刀等奉旨於紫光閣、熱河萬壑松風每樣各貯一件。《石渠寶笈續編》奉旨繕寫五分，分貯乾清宮、寧壽宮、圓明園、避暑山莊、盛京五處。掌握各種文物入宮存貯的過程，也是屬於還原歷史真相的範疇。查閱上諭檔可以知道雍正年間軍機處設立後所懸掛的「一堂和氣」匾額是雍正皇帝的御筆，嘉慶年間以來所懸掛的「一堂和氣」匾額，則是將雍正皇帝御書雙鈎鑴刻的，其原奉御筆匾額則存放乾清宮。圓明園的集賢院是各部堂官的公所，康熙年間稱爲弘雅園，嘉慶皇帝爲避乾隆皇帝御名諱而改書「集賢院」匾額，並將「弘雅園」匾額存

放於壽皇殿。由此可以說明還原清宮歷史的重要性。

　　現藏宮中檔案中含有頗多內務府總管、熱河總管、熱河副都統、盛京將軍等人員的奏摺，都是探討清朝宮廷歷史不可忽視的直接史料。熱河整修宮殿，維護庭園，其常年經費用過銀兩，熱河總管必須循例造冊呈報總管內務府大臣查核。探討清朝宮廷歷史，不可忽視硃批奏摺的重要性，宮裡宮外經費的支出及其來源，也是重要的課題。宮中飲食文化，有其特色，滿漢文硃批奏摺涉及皇帝、皇子、后妃等飲食內容者，數量可觀，肉食鮮果，色味俱全。宮衛森嚴，各門進出，管理嚴格，匠役進入宮門必須由官員帶領進入。總管內務府大臣須將進入各門官員、匠役人數及修繕等緣由繕寫清單進呈御覽。有清一代，中外關係，交涉頻繁，探討清朝宮廷歷史，不能漠視外力的影響。英法聯軍之役，圓明園被毀，陳設文物的損失，硃批奏摺充分反映了列強的不文明行為。綜合硃批奏摺的零散記載，可以還原歷史真相。

　　直省臣工奏摺奉硃批後，多由軍機處抄錄副本存查，稱為奏摺錄副。奏摺錄副按月分包儲存，稱為月摺包。硃批奏摺留中不發的地圖如清寧宮地盤樣圖、盛京崇謨閣式樣圖、北京東直門角樓圖等，多以原圖移入月摺包，都是研究清朝宮殿建築史最具體的圖片資料。

　　臺北故宮博物院典藏南遷珍貴善本古籍，仍多保存清室善後委員會點查標籤、書卡。譬如滿文本《御製盛京賦》一冊，原書所附點查書卡標明原存於景陽宮，點查號數為「律一二二四.80」。檢查《故宮物品點查報告》，其冊數、原存地點、點查號數，都彼此符合，可以確定臺北故宮博物院現藏滿文本《御製盛京賦》的原存地點是在景陽宮，可以找到它的家。還原清朝宮殿藏書，是一種善後工作，也是一種尋根任務，更是具有歷史意義的文化工

程。

　　歷史檔案是屬於直接史料，實錄等官書是屬於間接史料，掌握直接史料，輔以間接史料，互相印證，可以使記載的歷史，或歷史研究的結論更接近客觀的事實。《清聖祖仁皇帝實錄》記載康熙皇帝談論明季太監的一段話說：「明季所行，多迂闊可笑，建極殿後階石，高厚數丈，方整一塊，其費不貲。採買搬運至京，不能昇入午門。運石太監參奏此石不肯入午門，乃命將石綑打六十御棍。」[33]石頭無知，太監拿石頭出氣，綑打六十御棍，令人發噱。然而搜集宮廷歷史故事，也無傷大雅。《清高宗純皇帝實錄》記載一段諭旨說：「昨於養心殿存貯各書內，檢有《明朝宮史》一書，其中分段敘述宮殿樓臺，及四時服食宴樂，併內監職掌，宮闈瑣屑之事。」[34]由此可知養心殿存有《明朝宮史》一書，書中分段記載明朝宮殿樓臺，以及服食宴樂等。對研究明朝宮廷歷史具有參考價值。乾隆皇帝命四庫館總裁等照依《明朝宮史》原本，抄入四庫全書，以便考鏡得失。

　　域外漢籍中如朝鮮實錄等對研究明清宮廷歷史也提供珍貴的史料。譬如嘉慶三年（1798）正月初十日，朝鮮、琉球正、副使奉命前往圓明園，正月十一日，太上皇帝、嘉慶皇帝在山高水長賜宴。《起居注冊》有一段記載云：

> 十一日丙子，太上皇帝同皇帝御山高水長幄次，賜王公大臣蒙古王公貝勒、駙馬台吉等，朝鮮國正使判中樞府事金文淳、副使禮曹判書申耆，琉球國正使王舅東邦鼎、副使

33　《清聖祖仁皇帝實錄》，卷二四〇，頁 10。康熙四十八年十一月癸未，上諭。

34　《清高宗純皇帝實錄》，卷一一五五，頁 5。乾隆四十七年四月癸未，諭旨。

　　正議大夫毛廷桂，回部四品伯克瑪穆特、五品伯克謨門聶
　　咱爾阿部都里體等宴，並賞賚有差[35]。

　　《起居注冊》的記載，有很高的可信度，但記載簡略。查閱
朝鮮《正宗大王實錄》，內容較詳。朝鮮正使金文淳等人的描述如
下：

　　　十一日，通官引臣等入就班次，太上皇帝乘黃屋小轎而出，
　　臣等祗迎後，太上皇帝入御蒙古大幕，皇帝西向侍坐，動
　　樂設雜戲。親王及蒙古王以下，俱賜宴桌。臣等兩人共一
　　桌，饋酪茶一巡。禮部尚書德明引臣等詣御坐前跪，太上
　　皇帝手舉御桌上酒盞，使近侍賜臣等，宴訖。太上皇帝乘
　　轎還內，皇帝跟後步還。內務府預設賞賜桌於帳前左右，
　　頒賜親王以下及各國使臣，文淳錦三疋，漳絨三疋，大卷
　　八絲緞四疋，大卷五絲緞四疋，大荷包一對，小荷包四箇。
　　臣者錦二疋，漳絨二疋，大卷八絲緞三疋，大卷五絲緞三
　　疋，大荷包一對，小荷包四箇。歲初設宴於紫光閣，例有
　　此賞賜，而今年則不設紫光閣宴，故移給於蒙古幕宴。而
　　琉球使臣賞賜亦如臣等。通官以太上皇帝特旨引臣等進詣
　　正大光明殿內，俾觀左右鰲山。行中譯員之黑團領者，俱
　　為隨入。琉球使臣亦許觀光，此則近年未有之事。自殿內
　　至檻外，皆鋪花紋玉石。鰲山製樣：則正大光明殿內東西
　　壁，俱有層桌，桌上作五采蓬萊山之形，巖壑高閣，樓閣
　　層疊，珍奇異獸，琪樹瑤花，雜遝焜煌，不可名狀。內設
　　機關，而外牽繩索，則仙官姹女，自谷而出，繡幢寶蓋，
　　從天而降。扃戶自開，人在其中，急灘如瀉，帆檣齊動。

35　《起居注冊》（臺北，故宮博物院），乾隆六十三年正月十一日丙子，記
　　事。

> 桌下圍以下帳，帳內設樂器，而機括乍搖，止作如法，其
> 聲則俱是笙管絲鐘。臣等退出後，自禮部知會，撰進觀燈
> 詩，而以上元賜宴觀燈為題，故臣等各製七言律詩一首以
> 進[36]。

　　由引文內容所述日期及太上皇帝御山高水長幄次賜宴，與《起
居注冊》的記載，彼此相合。對照《上諭檔》加賞朝鮮、琉球使
臣物件清單，可知金文淳所得到的是賞給正使的物件，申耆所得
到的是賞給副使的物件，都與《上諭檔》的記錄相合。最值得重
視的是金文淳等人對正大光明殿內左右鰲山的描述，具有高度的
史料價值。鰲山是元宵節夜晚的花燈，因堆疊彩燈如山形，故稱
為鰲山。鰲山設計，新奇美麗，如入仙界，外人罕見。朝鮮實錄
對正大光明殿的描述，對研究清朝宮廷歷史，確實提供了珍貴的
參考價值。

　　探討清朝宮廷歷史，固然應該重視歷史檔案，然而也不應該
忽視官書典籍或域外漢籍的史料價值。為了擴大明清宮廷歷史的
研究領域，初步可結合海峽兩岸現存硃批奏摺、軍機處檔案、內
閣大庫檔案、內務府檔案、起居注冊、清朝實錄、朝鮮實錄等等
為基本史料，按照編年體排比，再比較私家著作，進行考異，將
涉及明清宮廷歷史的直接或間接史料，作成明清宮廷史通鑑長
編，以備纂修明清宮廷史，或提供研究明清宮廷歷史者參考利用。
這一部明清宮廷史通鑑長編，也可以單獨刊印成書，仿宋朝《資
治通鑑長編》，以保存明清宮廷歷史的史料。

36　《朝鮮王朝實錄》，第四十七冊，《正宗大王實錄》（漢城，國史編纂委員
　　會），卷四十八，頁20。

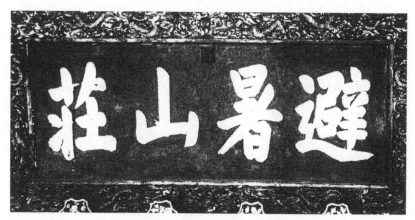

康熙皇帝御題「避暑山莊」匾

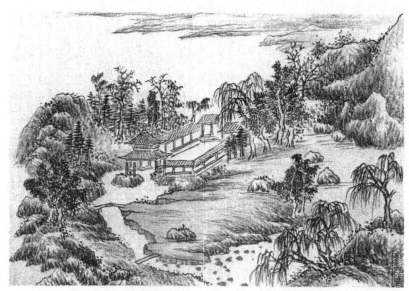

《避暑山莊詩意圖・曲水荷香》，冊頁。

中體西用 ——
以盛清時期中西藝術交流爲中心

一、前　言

　　清朝從順治元年（1644）滿洲入關確立統治政權，直到宣統三年（1911）辛亥革命清朝政權被推翻止，歷經二百六十八年，其中康熙皇帝在位六十一年（1662-1722），雍正皇帝在位十三年（1723-1735），乾隆皇帝在位六十年（1736-1795），這三朝皇帝在位合計共一百三十四年，恰好佔了清代史的一半，稱爲盛清時期。盛清諸帝勵精圖治，國力強盛，政局穩定，經濟繁榮，爲宮廷繪畫的創作，提供了非常有利的條件。許多擅長繪畫的西洋人絡繹來華，供職於內廷，他們不僅用西洋畫法進行創作，而且在宮廷內傳授西洋繪畫的知識，這對清朝的宮廷畫家產生了很大的影響，使得部分宮廷繪畫作品帶有濃厚的西洋繪畫風格[1]。《清史稿‧藝術傳》記載，「郎世寧，西洋人。康熙中入直，高宗尤賞異。凡名馬、珍禽、琪花、異草，輒命圖之，無不奕奕如生。設色奇麗，非秉真等所及。艾啟蒙，亦西洋人，其藝亞於郎世寧。」[2]記

---

1 聶崇正撰，〈清代的宮廷繪畫和畫家〉，《清代宮廷繪畫》（北京，文物出版社，1995 年 4 月），頁 9。

2 《清史稿校註》，第十五冊（臺北，國史館，民國 79 年 5 月），頁 11562。

載簡略，事跡不詳，不能反映盛清時期宮廷的藝術活動。本文嘗
試利用《內務府造辦處各作成做活計清檔》，兩岸現存《軍機處檔‧
月摺包》、《上諭檔》、《宮中檔硃批奏摺》等第一手史料，以康熙
皇帝與羅馬教皇使臣的對話及供職內廷西洋畫家的創作活動爲中
心分析中西文化交流的衝突與調適。

　　盛清時期，內廷西洋畫家的創作活動及中西文化交流是在朝
廷禁止天主教活動的背景下進行的。長期以來，學者認爲西學寄
生於西教，西教被禁，西學隨之失去了寄生體，實際上同於對西
方文化絕交。在京的西人，均被安置西洋堂內，永遠不准復回本
國，亦不准與中國人民交結。康熙之後，中西文化的聯繫，竟爲
中斷[3]。其實，恰恰相反，盛清三朝是中西文化交流的鼎盛時期，
天文曆算、美術工藝、地圖測繪等等，西洋文化，深受盛清諸帝
重視，西學並未中斷。在研究宮廷美術工藝學者心目中，雍正、
乾隆時期是清代宮廷繪畫發展的鼎盛時期，秦孝儀在《郎世寧作
品專輯‧序》中已指出，「盛清宮廷，傳教士畫家入爲供奉者漸多，
然以郎世寧聲名最盛。」[4]鞠德源等撰〈清宮廷畫家郎世寧〉一文
亦指出，郎世寧潛心學習滿漢語言和文化，探索與實踐西法中用。
西中結合的繪畫方法，題材廣泛而多變，他的油畫、水彩風景畫、
歷史風景畫以及戰爭畫等，大都具有意大利古典主義的畫風和表
現方法。他在一生中爲清廷宮苑、行宮繪畫了大量的人物畫、風
景畫、花鳥畫、年節畫、扇畫、琺瑯畫等等。他不僅創作了題材
廣泛的繪畫名品，而且以其眾多的傳世珍品豐富了中國與世界的

3　郭廷以撰，〈近代西洋文化之輸入及其認識〉，《大陸雜誌史學叢書》，第
　　一輯（臺北，大陸雜誌社，民國 55 年 2 月），第七冊，頁 260。
4　《郎世寧作品專輯》（臺北，國立故宮博物院，民國 72 年 8 月），秦孝儀
　　序。

藝術寶庫[5]。聶崇正撰〈中西藝術交流中的郎世寧〉一文則進一步指出，郎世寧作爲外籍畫家，在清內廷服務五十一年，創作了大量的油畫和新體畫，並向中國畫家傳授了油畫技巧和焦點透視法，培養了十幾名徒弟，在雍正朝及乾隆朝前半期畫院內佔有重要地位，爲繁榮和發展院畫創作做了傑出的貢獻[6]。本文嘗試以郎世寧爲中心，從內在理路探索西洋畫家如何改造歐洲的繪畫技巧，而創作出雍正皇帝和乾隆皇帝可以接受的中西文化互相結合的藝術作品。

　　中體西用是一種以中學爲體，西學爲用的理論。中學是指孔子之道，是中國道統文化，生活規範。西方的物質文明，格致製造，有其實用價值。中西學術的主要區別就是道與器，形而上者以道勝，形而下者以器勝。康熙皇帝禁止天主教，是屬於中學爲體的範疇，反映他維護中國道統文化及對儒家思想絕對服膺的態度。盛清諸帝熱愛西方文明，善遇西士，互動良好，是屬於西學爲用的範疇，凡有一技之長的西洋人，多奉召入京，供職於內廷。他們可以上教堂，做禮拜，同時從事美術工藝的創作。盛清諸帝尊重他們的宗教信仰，也期待他們的藝術創作，中體西用終於成爲調和中西思想、融合中西學術的一條途徑。郎世寧等人的繪畫新體，暗示著中體西用思想已經在盛清時期開始萌芽，而成爲後來朝野接受西方文化的理論基礎。

---

5 鞠德源等撰，〈清代宮廷畫家郎世寧〉，《故宮博物院院刊》，1988 年，第二期（北京，紫禁城出版社，1988 年 5 月），頁 28。
6 聶崇正撰，〈中西藝術交流中的郎世寧〉，《故宮博物院院刊》，1988 年，第二期，頁 90。

二、沒有交集的對話 —— 康熙皇帝禁教與
　　西方文化的輸入

　　明清之際，中西海道交通大開，西洋傳教士絡繹東來，供職於內廷。其中頗多通曉天文、地理、曆法、算學、醫學及工藝人材，西學遂源源不絕地輸入中國。《清代全史》一書將明末清初來華耶穌會士的活動分爲三個時期，即以利瑪竇爲首的萬曆朝開創時期；崇禎、順治朝的修曆時期；康熙朝的御前活動時期[7]。

　　利瑪竇來華後尊重中國的風俗習慣，改穿儒服，研究四書五經，援引孔子言論闡述天主教的教義。利瑪竇入京後，向明神宗進獻報時自鳴鐘等西洋物件，被特許在北京宣武門建堂傳教，利瑪竇爲西洋傳教士打開了一扇大門。

　　崇禎皇帝即位後，以耶穌會士推算曆法，完成《崇禎曆書》等著作。崇禎十五年（1642），湯若望奉命鑄造西洋礮，防禦京師。清朝入關後，耶穌會士供職於內廷。清世祖順治二年（1645）八月，朝廷廢止大統曆，以湯若望所製新曆頒行於全國及各屬邦，稱爲時憲曆書，這是明清時期歷史上最重大的一次曆法改革。同年十一月，清朝任命湯若望掌欽天監。順治十七年（1660）五月，南懷仁奉召入京，佐理曆政，纂修曆書。

　　康熙皇帝親政後，奉召進京供職於內廷的耶穌會士，更是絡繹於途。南懷仁、張誠、徐日昇、白晉等人成了康熙皇帝的啓蒙老師，進講西學。康熙皇帝嚮往西學，善遇西士，曲賜優容。康熙年間（1662-1722），天主教傳教士供職於內廷的情形及其在中國的活動，是值得重視的。爲了便於說明，可據現存檔案資料列

7　王戎笙主編，《清代全史》，第二卷（瀋陽，遼寧人民出版社，1991年7
　　月），頁399。

出簡表如後。

清康熙年間西洋傳赴士來華入京活動簡表

年　月　日	活　動　紀　要
康熙元年（1662）	利類思、安文思作《天學傳概》。
康熙二年（1663）	柏應理自湖廣抵江南。
康熙三年（1664）七月	楊光先叩閽，興起曆獄，湯若望、利類思、安文思、南懷仁俱拿問待罪。
康熙四年（1665）四月	清廷授楊光先爲欽天監監副。同年八月，楊光先升爲監正。
康熙四年（1665）三月初一日	禮、刑二部議覆擬湯若望處死。孝莊皇太后，申飭釋放。
康熙五年（1666）二月	楊光先以飛灰候氣法失傳已久，疏請製器測候。是年五月十五日，月食。六月初一日，日食，楊光先推算錯誤。七月十五日，湯若望病故。
康熙七年（1668）六月	欽天監監副吳明煊指出，因恢復舊法，所以推算曆法，不無差謬。
康熙七年（1668）十一月二十六日	康熙皇帝將欽天監監副吳明煊所造曆書發交南懷仁查對差錯。
康熙七年（1668）十二月二十六日	南懷仁遵旨查對吳明煊所造七政民曆，據實列冊回奏。奉旨著議政王等會同確定具奏。
康熙八年（1669）二月初七日	楊光先奉旨革職。二月十七日，授南懷仁爲欽天監監副。
康熙八年（1669）八月二十六日	追賜原任掌欽天監事通政使湯若望祭葬如例。同年八月二十七日，和碩康親王傑書等題准，將一應曆日俱交由南懷仁推算。
康熙九年（1670）十二月	部議奏准，楊光先誣陷案內遣送廣東西洋人有通曉曆法者起送入京。
康熙十年（1671）九月	兩廣總督金光祖咨稱將通曉曆法西洋人恩理格、閔明我二名送京。
康熙十一年（1672）閏七月二十一日	召通曉曆法西洋人徐日昇入京供職。
康熙十三年（1674）二月	南懷仁進呈新製《靈臺儀象志》，計十六卷。康熙皇帝加南懷仁太常寺卿銜，仍治理曆法。
康熙十八年（1679）	李守謙奉召進京，佐理曆政。
康熙二十二年（1683）	南懷仁、閔明我奉命隨駕塞北。

康熙二十三年（1684）	康熙皇帝南巡江寧，傳見畢嘉、汪汝望。
康熙二十四年（1685）	命閔明我赴澳門召安多進京効力。
康熙二十七年（1688）正月初六日	洪若翰、白晉、李明、張誠、劉應五人抵達北京。
康熙二十七年（1688）二月二十一日	徐日昇帶領洪若翰等五人在乾清宮謁見康熙皇帝。
康熙二十七年（1688）三月十三日	命徐日昇往說羅刹；召江寧府天主堂蘇霖進京。
康熙二十八年（1689）二月	康熙皇帝南巡，殷鐸澤、潘國良、畢嘉、洪若翰往迎。
康熙二十八年（1689）三月	康熙皇帝回鑾，途經山東，利國安往迎。
康熙二十八年（1689）五月初一日	徐日昇、張誠奉命隨內大臣索額圖往尼布楚晤俄使。
康熙二十八年（1689）九月	康熙皇帝召見徐日昇、張誠於內廷。
康熙二十九年（1690）四月十七日	畢嘉送驗氣管等儀器至京進呈。
康熙三十年（1691）閏七月十四日	召西洋人羅里珊、蘇霖進京。
康熙三十一年（1692）五月初九日	康熙皇帝召見殷鐸澤於乾清宮。
康熙三十三年（1694）	紀理安奉召入京佐理曆政。
康熙三十五年（1696）三月三十日	康熙皇帝親征準噶爾，命徐日昇、張誠、安多扈從。
康熙三十五年（1696）九月十九日	康熙皇帝巡行塞北，命張誠扈從。
康熙三十六年（1697）二月初六日	康熙皇帝視師寧夏，命張誠扈從。
康熙三十七年（1698）三月十六日	直隸巡撫于成龍奏明偕安多履勘渾河、幫修拱潛。
康熙三十七年（1698）四月十五日	命張誠、安多隨欽差大臣同往喀爾喀。
康熙三十七年（1698）	西洋人巴多明來華。
康熙三十八年（1699）三月十二日	康熙皇帝南巡鎮江金山，巴多明等九人奉命登上御艦。
康熙三十八年（1699）三月十四日	康熙皇帝駕幸無錫、潘國良往迎。

康熙三十八年（1699） 三月二十四日	康熙皇帝駕幸杭州、潘國良進呈渾天儀。
康熙四十四年（1705） 五月二十七日	教皇特使多羅抵廣東，命張誠、雷孝思等前往天津迎候。
康熙四十四年（1705） 十月二十九日	多羅抵北京，住西安門內天主堂。
康熙四十四年（1705） 十一月十六日	多羅覲見，康熙皇帝賜宴。
康熙四十五年（1706） 五月十八日	康熙皇帝第二次接見多羅。
康熙四十六年（1707） 三月	召龍安國、薄賢士等人入京。
康熙四十六年（1707） 八月	召龐嘉賓、石可聖、林濟各等人入京。
康熙四十七年（1708） 四月	雷孝思、白晉、杜德美奉命測繪萬里長城位置及附近河流。
康熙四十七年（1708） 十月二十九日	費隱、雷孝思、杜德美奉命往北直隸各地測繪地圖。
康熙四十九年（1710） 六月二十六日	費隱、雷孝思、杜德美奉派前往黑龍江一帶測繪地圖。
康熙四十九年（1710） 閏七月十四日	廣東總督進呈馬國所畫山水、人物及臨摹理學名臣陳獻章遺像。
康熙四十九年（1710） 十二月十八日	德理格、馬國賢、山遙瞻抵達北京。
康熙五十年（1711） 二月初四日	德理格、馬國賢、山遙瞻覲見康熙皇帝。
康熙五十年（1711） 五月十五日	江西臨江府西洋人傅聖澤奉命入京。
康熙五十年（1711） 六月初三日	傅聖澤抵達北京後，奉命與白晉共同學習《易經》。
康熙五十年（1711） 六月初六日	德理格、馬國賢等隨康熙皇帝出關。 是年，雷孝思、麥大成奉命往山東；杜德美、費隱、白晉、山遙瞻測繪長城西部，直抵哈密。
康熙五十一年（1712）	馮秉正、德瑪諾、雷孝思奉命測繪河南、江南、浙江、福建地圖。是年，德理格、馬國賢第二次隨康熙皇帝出巡關外。
康熙五十二年（1713）	命馮秉正、德瑪諾、雷孝思從江南前往浙江舟山及福建等處測繪輿圖。命麥大成、李秉忠等往江西、廣東、廣西測繪地圖。命費隱、山遙瞻等前往四川、雲南、貴州、湖廣測繪輿圖。

康熙五十三年（1714）	雷孝思、德瑪諾、馮秉正在廈門上船，赴澎湖、臺灣測繪輿圖。
康熙五十四年（1715）三月	命雷孝思、常保前往雲南同繪輿圖。
康熙五十四年（1715）六月	費隱、雷孝思等繪製完成雲南全省輿圖。
康熙五十四年（1715）八月初六日	郎世寧、羅懷忠抵達廣州。
康熙五十四年（1715）十月三十日	雷孝思、費隱等繪製完成貴州輿圖。
康熙五十五年（1716）四月	康熙皇帝巡幸熱河，楊秉義奉旨扈駕。
康熙五十五年（1716）七月三十日	戴進賢、嚴嘉樂到達澳門。
康熙五十五年（1716）九月二十六日	戴進賢、嚴嘉樂、倪天爵等人啓程進京。
康熙五十五年（1716）九月二十九日	康熙皇帝召見德理格及在京西洋人。
康熙五十六年（1717）	費隱等返回北京，將所繪雲貴等省輿圖交杜德美整理編纂。喇嘛楚爾齊母藏布等前往西寧、拉薩等地測繪。
康熙五十八年（1719）	奉旨頒發皇輿全覽圖。
康熙五十八年（1719）六月十八日	法蘭西行醫外科安泰、會燒畫琺瑯藝人陳忠信奉命進京。
康熙五十八年（1719）七月十七日	曉得天文、律法西洋人徐茂昇抵達澳門。
康熙五十八年（1719）十月二十二日	福建住堂西洋人利國安進京陛見。
康熙五十八年（1719）十一月二十九日	戴進賢通曉曆法、算法，奉諭補放紀理安員缺。
康熙五十九年（1720）七月二十二日	教皇差西洋人費理伯、何濟各二人親齎進呈康熙皇帝表文到廣州，七月二十九日，啓程進京。
康熙五十九年（1720）八月初四日	西洋人賈蒙鐸、夏歷三、席若漢等三人到廣州。其中賈蒙鐸、夏歷三二名係傳教修道之士，席若漢會雕刻木石人物花卉，兼會做玉器。
康熙五十九年（1720）八月二十七日	教皇特使嘉樂到達澳門，隨從西洋人二十四名，內有技藝者共十人，包括：會畫畫者二名，做自鳴鐘時辰表者一名，知天文度數者一名，彈琴者二名，內科一名，外科一名，製藥料一名，以及先到會雕刻的席若漢一名。

康熙五十九年（1720）九月十一日	嘉樂使團抵廣州。九月二十七日，啓程入京，隨從技藝人除會做鐘表一人患病外，共計九人。
康熙五十九年（1720）十一月十八日	康熙皇帝召在京西洋人蘇霖等十八人至乾清宮西暖閣，面諭西洋人倘若嘉樂問及傳教之事，不可各出己見，妄自應答。
康熙五十九年（1720）十一月二十七日	伊都立等傳旨與嘉樂准留西洋人，自行修道，不許傳教。
康熙五十九年（1720）十二月初三日	康熙皇帝御九經三事殿筵宴嘉樂，嘉樂進呈教皇表章。康熙皇帝賜嘉樂親御貂褂一件。
康熙五十九年（1720）十二月初五日	嘉樂進獻教皇所貢方物，康熙皇帝賜嘉樂鼻烟壺、火鐮包、葫蘆瓶各一個，琺瑯碗二個、荷包四個。

資料來源：《清中前期西洋天主教在華活動檔案史料》（北京，中華書局，2003 年 10 月）；《宮中檔康熙朝奏摺》（臺北，國立故宮博物院）；《康熙朝滿文硃批奏摺全譯》（北京，中國社會科學出版社，1996 年 7 月）；《故宮博物院院刊》，1998 年，第 2 期（北京，故宮博物院，1988 年 5 月）。《中國天主教史籍彙編》（臺北，輔仁大學出版社，民國 92 年 7 月）。

由前列簡表可知康熙初年，楊光先叩閽案所造成的冤獄，不僅湯若望等人身受其害，中國曆算學的發展，也蒙受極大的挫折。從楊光先所稱「寧可使中國無好曆法，不可使中國有西洋人」的態度[8]，可以了解清初新舊法之爭，並未在客觀的基礎上互相切磋。康熙六年（1667）七月，康熙皇帝親政。康熙八年（1669）二月，將楊光先革職，授南懷仁爲欽天監監副。同年八月，追賜原任掌欽天監事通政使湯若望祭葬如例，康熙皇帝親政以前的冤獄，始告平反。西洋曆法的精密，引起康熙皇帝對西洋曆法的重視。

由前列簡表可知在康熙年間來華的西洋人，凡有一技之長者，多召入京中，供職於內廷，或佐理曆政，或纂修曆書，或測

---

8 方豪著，《中西交通史》（臺北，中華大典編印會，民國 57 年 7 月），第四冊，頁 28。

繪地圖，或幫辦外交，或扈駕巡幸，或進講西學，或製作工藝，
或療治疾病。因為這些活動，都不涉及教義思想，沒有濃厚的意
識形態，所以他們與康熙皇帝的互動相當良好。其中閔明我
（Philippus Maria Grimaldi）是意大利人，康熙八年（1669），來
華，十年（1671），奉召入京，經南懷仁推薦，從事修曆和機械工
程等工作，南懷仁去世後，由閔明我接掌治理曆法工作。他曾兩
度扈從康熙皇帝出關巡幸，亦曾參與外交事務，與俄羅斯進行過
交涉。康熙二十八年（1689）五月，法蘭西人張誠（Joan. Franciscus
Gerbillon）、葡萄牙人徐日昇（Thomas Pereira）等奉命隨內大臣
索額圖前往尼布楚會晤俄羅斯使臣，勘定中俄兩國疆界。同年十
二月二十五日，康熙皇帝召徐日昇、張誠、白晉（Joachin Bouver）、
安多（Antonius Thomas）等人至內廷，諭以自後，每日輪班至養
心殿，以清語講授西學。康熙皇帝在萬幾餘暇，留心西學。康熙
三十二年（1693）五月，康熙皇帝偶感瘧疾，張誠、白晉、洪若
翰（Joan de Fontaney）進用金雞那（Cinchona），不日即痊癒。同
年六月初九日，康熙皇帝為表彰張誠等人的忠愛，特賜京城西安
門內廣廈一所，以便居住[9]。

　　康熙三十五年（1696）三月三十日，康熙皇帝親征準噶爾，
命徐日昇、張誠、安多等人扈從。康熙三十六年（1697）二月初
六日，康熙皇帝視師寧夏，命張誠扈從。

　　渾河是發源於山西朔縣的洪濤泉，東入察哈爾境，折東南穿
長城，入河北省境，至天津浦口入運河。水流湍急，在宛平以下，
潰決時見，河道遷徙無定，故有無定河之稱，因河水泥沙渾濁，
又名渾河。康熙三十七年（1698），康熙皇帝命直隸巡撫于成龍偕

---

9 陳方中主編，《中國天主教史籍彙編》（臺北，輔仁大學出版社，民國92
　年7月），頁553。

安多履勘渾河，挑濬河道，築長堤以捍之，河道始定，繪圖呈覽，賜名永定河。

　　康熙四十七年（1708）四月，白晉、雷孝思（Joan Bapt Regis）、杜德美（Petrus Jartroux）三人奉命測繪萬里長城及其附近河流。同年十月，雷孝思、杜德美、費隱（Xavrrius Ehrenbertus Fridelli）奉命往北直隸各地測繪地圖。康熙四十九年（1710）六月，雷孝思、杜德美、費隱奉命前往黑龍江一帶測繪地圖。康熙五十年（1711），雷孝思、麥大成（Franciscus Joannes Cardoso）奉命前往山東，杜德美、費隱、白晉、山遙瞻（Bonjour Guilaume）前往山西、陝西、甘肅等省測繪地圖。康熙五十一年（1712）雷孝思、德瑪諾、馮秉正轉往臺灣等處測繪地圖。麥大成等轉往廣東、廣西，費隱、山遙瞻轉往四川、雲南、貴州、湖廣測繪地圖。康熙五十六年（1717），分赴各省繪製地圖的西洋人陸續返回北京，將所繪地圖交由杜德美進行整理編纂。康熙五十八年（1719），清廷頒發《皇輿全覽圖》及分省地圖，由馬國賢（Matteo Ripa）攜往歐洲，製成銅版印刷，共四十一幅。

　　西洋人來華入京後，除進獻方物外，也常進呈各種西洋儀器，如洪若翰等五人入京後即進呈渾天器、象顯器、千里鏡、量天器、天文經書等件，大中小共計三十箱。畢嘉（Dominicus Gabiana）到京後即呈進驗氣管等儀器。由於康熙皇帝與西洋人的密切接觸，西洋人來華後不僅輸入西方科學技術知識，同時也將西方的政治、歷史、地理及風土人情等方面的知識，介紹給康熙皇帝。西洋人也多熱愛中國文化，中國的經籍、繪畫、建築、瓷器、綢緞等也由西洋人傳入歐洲，中西文化在基本上並非不能相容，儒家思想主張有教無類，具有兼容並包的精神。西洋學者對傳統中國社會敬天、祀孔、祭祖的習俗，大多表示尊重。康熙三十九年

（1700）十月二十日，閔明我、徐日昇、安多、張誠等具奏云：

> 竊遠臣看得西洋學者聞中國有拜孔子及祭天地祖先之禮，
> 必有其故，願聞其詳等語。臣等管見，以為拜孔子，敬其
> 為人師範，並非祈福祐聰明爵祿而拜也。祭祀祖先，出於
> 愛親之義，依儒禮亦無求祐之說，惟盡孝思之念而已。雖
> 設立祖先之牌，非謂祖先之魂，在木牌位之上，不過抒子
> 孫報本追遠，如在之意耳。至於郊天之禮典，非際蒼蒼有
> 形之天，乃祭天地萬物根源主宰，即孔子所云，郊社之禮，
> 所以事上帝也，有時不稱上帝而稱天者，猶主上不曰主上，
> 而曰陛下曰朝廷之類，雖名稱不同，其實一也。前蒙皇上
> 所賜匾額，御書敬天二字，正是此意。遠臣等鄙見，以此
> 答之，但緣關係中國風俗，不敢私寄，恭請睿鑒訓誨，遠
> 臣不勝惶悚待命之至。本日奉御批：「這所寫甚好，有合大
> 道，敬天及事君親敬師長者，係天下通義，這就是無可改
> 處。」欽此[10]。

　　引文中指出，拜孔子是敬其為人師範；祭祀祖先，出於愛親
之義；設立祖先牌位，不過是抒子孫報本追遠，意即慎終追遠之
意；郊天典禮，乃祭天地萬物根源的主宰，亦即敬天的本意，引
文中的詳釋，既是天下通義，也合乎大道，雖然名稱不同，惟道
理並無不同。

　　康熙年間（1662-1722），中西文化論戰，多屬於語法與名詞
的爭論，康熙四十五年（1706）六月，武英殿總監造赫世亨等遵
旨向教皇特使多羅（Tournon Carlo Tommaso Maillard de）傳宣諭
旨，節錄一段內容如下：

---

10 《中國天主教史籍彙編》，頁 555。

覽嚴當所書之文，嚴當絕不能講解明白中國文史，即在此
居住之眾舊西洋人，亦不能全解釋明白。告訴多羅，凡西
洋人，朕皆一視同仁，並無羞辱嚴當之處。再者，當多羅
面問畢天祥；爾天主教徒敬仰天主之言與中國敬天之語雖
異，但其意相同。況且中國風伯雨師稱謂，乃文人起名，
即如此地繪神時畫雲，西洋人畫神添翼一樣。今豈可言天
神照爾等所繪真展翅飛翔耶？此特傚效神奇繪製也。今爾
名叫畢天祥，何不照爾教例改爾名為畢天主慈祥耶？可見
各國起名，皆遵本國語法。豈以名詞之故，便言大道理不
同乎？此旨傳諭爾知[11]。

六月十三日，赫世亨等具摺奏聞傳諭經過。原摺所錄諭旨內
容，對研究中西文化的論爭提供很珍貴的史料。中國文化，西洋
固然不能解釋明白，但康熙皇帝優遇西洋人，一視同仁。中西文
化的大道理在本質上並無太大的差異。中國有風伯雨師的稱謂，
西洋有天主教的稱謂，名詞不同，但西洋人敬仰天主之名，與中
國敬天之語，其本意基本相同。譬如中國畫神時畫雲，不是畫羽
翼。西洋人畫天使時則添羽翼，就是講解中西文化名異實同的最
好比喻。西洋有西洋的語法，中國有中國的語法，名詞不同，大
道理卻相同。多羅奉到諭旨後表示：「皇上以神翼及畢天祥之名為
比喻，多羅我聞之，聖旨之言甚少，道理透徹。」

康熙五十九年（1720），教皇特使嘉樂（Carlo A. Mezzabarba）
來華後，在康熙皇帝與嘉樂的對話中也曾經就神翼問題進行討
論。是年十二月初三日，康熙皇帝在九經三事殿筵宴嘉樂。嘉樂

---

11 中國第一歷史檔案館編，《康熙朝滿文硃批奏摺全譯》（北京，中國社會
科學出版社，1996 年 7 月），頁 424。康熙四十五年六月十三日奏，十五
日發回。

穿著本國服色於丹陛下呈進教皇表章。康熙皇帝命引至御前親接
其表。嘉樂行三跪九叩禮畢，奉命坐於西班頭等大人之次，賜上
用克食，康熙皇帝親自賜酒一爵。在筵宴中，康熙皇帝問嘉樂云：
「朕覽爾西洋圖畫內有生羽翼之人，是何道理？」嘉樂解釋說：「此
係寓意天神靈速如有羽翼，非真有生羽翼之人。」康熙皇帝說明
他提出神翼問題的用意。他說：「中國人不解西洋字義，故不便辨
爾西洋事理，爾西洋人不解中國字義如何妄論中國道理之是非？
朕此問即此意也。」[12] 入境隨俗，互相尊重，符合人類文化自然
演進的法則。文化人類學派解釋人類文化的起源也主張文化複源
說，文化是多元的，深信人類文化依著自然法則演進，人同此心，
心同此理，不必一定發源於一地，或創自一人，康熙皇帝的態度
是客觀的。

　　康熙年間，所謂的禮儀之爭，其主要議題是指敬天、祭孔、
祀祖。從康熙皇帝和西洋人的對話內容，有助於了解雙方的歧見。
康熙四十四年（1705）十月，教皇特使多羅（Tournon Carlo Tommaso
Maillard de）來華。康熙四十五年（1706）五月二十七日，武英
殿總監造赫世亨等奉命向多羅傳宣諭旨，其中關於祀祖禮牌的旨
意云：

> 中國之行禮於牌，並非向牌祈求福祿，蓋以盡敬而已。此
> 乃中國之一要典，關係甚巨。譬喻以御用舊履賜爾趙昌，
> 爾必以為貴物珍藏，爾豈敬朕之履耶？蓋念朕所賜，故敬
> 之矣。況且爾亦不可妄求朕，豈可向履求幸福乎？如今多
> 羅恭齎朕賞物到西洋後，必舉之敬告皇上所賜者。多羅敬
> 此物，豈向此物求幸福耶？亦念為朕所賜之物，自然崇敬

12 中國第一歷史檔案館編，《清中前期西洋天主教在華活動檔案史料》（北
京，中華書局，2003 年 10 月），第一冊，頁 39。

之。由此亦可明知其尊敬之緣由矣[13]！

　　傳統祖宗牌位木匣中貯放家譜，祀祖禮牌是將家譜和祖先結合起來的祭祀活動，反映慎終追遠尊敬祖先的文化傳統，不當解讀為偶像崇拜的迷信活動。康熙五十四年（1715），康熙皇帝硃筆刪改德理格（Pedrini, Teodorico）、馬國賢（Ripa, Matteo）上教皇書稿，對中國祀祖禮牌的用意，解釋頗詳，節錄一段內容如下：

> 德理格、馬國賢謹啟教化王教下：臣等已前雖屢奉書，未曾詳言。臣等西洋人在中國，皇上聖德，俱一體同仁，並不分何國何會，咸恩養榮耀。即今中國隨奉大皇帝各處各國人總不分內外，聖德恩養，俱是一體，此乃臣等在中國御前五年親自經歷，今中國之太平互古未有如今日也。臣等每蒙詔對之際，每驚聖聰與人不同。中國古書極多，無一不背誦，西洋來書雖廣，無一不精通，反為西洋人之師。中國書與西洋書古人之所未及者，俱發明之，聖德聖學，可謂自古以來未有及大皇帝者也。西洋人之所聞者，不過萬分之一耳。至于律呂一學，大皇帝猶徹其根源，命臣德理格在皇三子、皇十五子、皇十六子殿下前每日講究其精微，修造新書，此書不日告成。此律呂新書內，凡中國外國鐘磬絲竹之樂器，分別其比例，查算其根源，改正其錯訛，無一不備美。西洋人受大皇帝之恩深重，無以圖報。今特求教化王選極有學問天文、律呂、算法、畫工、內科、外科幾人來中國以効力，稍報萬一為妙。前原說沙國安回西洋去時，教化王預備幾人，與沙國安同來。後因沙國安不曾回西洋去，此幾人竟未見來。求教化王將所選之人仍

13　《康熙朝滿文硃批奏摺全譯》，頁 420。康熙四十五年五月二十七日，赫世亨等奏。

著他們速來中國，則臣感激不淺矣。臣等親聽得大皇帝旨
意云，中國供牌一事，並無別意，不過是想念其父母寫其
名于牌上，以不忘耳，原無寫靈魂在其牌上之理，即如爾
們畫父母之像，以存不忘之意同也。然畫像猶恐畫工有工
拙，不如其名，則無錯矣。至于敬天之字，亦不是以天即
為天主，乃是舉目見天，不能見天主，天主所造之物甚多，
其大而在上者，莫如天，是以望天存想，內懷其敬耳[14]！

前引書稿，首先向教皇說明康熙皇帝優禮西洋人，一視同仁，
恩養聖德，親自經歷，恩深情重，無以圖報。其次，請求教皇選
派通曉天文、律呂、算法、畫工、內科、外科等技藝專家來華効
力。書稿經康熙皇帝硃筆刪改，得到康熙皇帝的認可，成為探討
中西文化交流史上的重要文獻之一。書稿中引述康熙皇帝的旨
意，強調中國祀祖禮牌，不過是想念父母，並無別意。將往生父
母名字寫在牌上，即如西洋人畫父母之像，以存不忘之意，並非
表示靈魂在牌位上。至於敬天本意，不過是望天存想，心懷敬意，
並非以天即為天主。加強互動，增進了解，化除誤會，就是致教
皇書稿的用意。

康熙五十九年（1720）十一月十八日，康熙皇帝召西洋人蘇
霖、白晉、巴多明、穆敬遠、戴進賢、嚴嘉樂、麥大成、倪天爵、
湯尚賢、雷孝思、馮秉正、馬國賢、費隱、羅懷忠、安泰、徐茂
盛、張安多、殷弘緒至乾清宮西暖閣，面諭眾西洋人云：

自利瑪竇到中國二百餘年，並無貪淫邪亂，無非修道，平
安無事，未犯中國法度。自西洋航海九萬里之遙者，甚願
効力。朕因軫念遠人，俯垂矜恤，以示中華帝王，不分內

14　《清中前期西洋天主教在華動活檔案史料》，第一冊，頁 14。

外，使爾等各獻其長，出入禁庭，曲賜優容致〔至〕意。
爾等所行之教，與中國毫無損益。即爾等去留，亦無關涉。
因自多羅來時，誤聽教下閻當不通文理，妄誕議論。若本
人略通中國文章道理，亦為可恕，伊不但不知文理，即目
不識丁，如何輕論中國理義之是非。如以天為物，不可敬
天，譬如上表謝恩必稱皇帝陛下階下等語。又如過御座無
不趨蹌起敬，總是敬君之心，隨處皆然。若以陛下為階下
座位，為工匠所造，怠忽可乎？中國敬天亦是此意。若依
閻當之論必當呼天主之名，方是為敬，甚悖於中國敬天之
意。據爾眾西洋人修道，起意原為以靈魂歸依天主，所以
苦持終身，為靈魂永遠之事。中國供神主，乃是人子思念
父母養育，譬如幼雛物類，其母若殞，亦必呼號數日者，
思其親也。況人為萬物之靈，自然誠動於中形於外也。即
爾等修道之人，倘父母有變，亦自哀慟，倘置之不問，即
不如物類矣，又何足與較量中國敬孔子乎？聖人以五常百
行之大道，君臣父子之大倫，垂教萬世，使人親上死長之
大道，此至聖先師之所應尊應敬也。爾西洋亦有聖人，因
其行事可法，所以敬重，多羅、閻當等知識褊淺何足言天？
何知尊聖[15]？

　前引諭旨包括供神主、敬孔子、敬天等議題，都屬於傳統文
化的範疇。中國供神主，是人子思親的表現。孔子垂教萬世，行
事可法，應尊應敬。康熙皇帝面囑蘇霖等人倘若教皇特使問及行
教之事，眾西洋人應公同告知在中國行教，俱遵利瑪竇規矩。

　康熙五十九年（1720）十一月二十六日，教皇特使嘉樂抵達

15　《清中前期西洋天主教在華動活檔案史料》，第一冊，頁 34。

琉璃河，員外郎伊都立等傳旨給嘉樂，嘉樂提出兩件事：一件請求康熙皇帝俯賜允准嘉樂管理在中國傳教的眾西洋人；一件請求康熙皇帝俯賜允准令中國入教之人俱依教皇發來條約內禁止之事。同年十一月二十七日，伊都立等回奏，康熙皇帝令伊都立等傳旨給嘉樂，略謂：

> 爾教所求二事，朕俱俯賜允准。但爾教王條約，與中國道理大相悖戾。爾天主教在中國行不得，務必禁止。教既不行，在中國傳教之西洋人，亦屬無用，除會技藝之人留用，再年老有病不能回去之人，仍准存留，其餘在中國傳教之人，爾俱帶回西洋去。且爾教王條約，只可禁止爾西洋人，中國人非爾教王所可禁止。其准留之西洋人，著依爾教王條約，自行修道，不許傳教，此即准爾教王所求之二事。此旨既傳，爾亦不可再行乞恩瀆奏[16]。

康熙皇帝態度強硬，表示決心禁止西洋人在中國傳教。除通曉技藝西洋人留用外，其餘在中國傳教的西洋人，令嘉樂俱帶回西洋去。

康熙五十九年（1720）十二月十七日，康熙皇帝召教皇特使嘉樂同帶來眾西洋人及在京眾西洋人至淵鑑齋，面問嘉樂云：「爾係教王所使大臣，有何辨論道理之處？爾當面奏，中國說話直言無隱，不似爾西洋人曲折隱藏。朕今日旨意語言必重，且爾欲議論中國道理，必須深通中國文理，讀盡中國詩書，方可辨論。朕不識西洋之字，所以西洋之事，朕皆不論，即如利瑪竇以來在中國傳教有何不合爾教之處？在中國傳教之眾西洋人如有悖爾教之處，爾當帶回西洋照爾教例處分，爾逐一回奏。」嘉樂隨後面奏

---

16 《文獻叢編》（臺北，臺聯國風出版社，民國 53 年 3 月），上冊，頁 170。

稱:「利瑪竇在中國有不合教之事,即如供牌位與稱天爲上帝,此
即不合教處。」康熙皇帝面諭嘉樂云:「供牌位原不起自孔子,此
皆後人尊敬之意,並無異端之說。呼天爲上帝,即如稱朕爲萬歲,
稱朕爲皇上,稱呼雖異,敬君之心則一,如必以爲自開闢以至如
今止七千六百餘年,尚未至萬年,不呼朕爲萬歲可乎?且此等事
甚小,只合向該管衙門地方官員處議論,不合在朕前瀆奏[17]。」

　　康熙五十九年(1720)十二月二十日,特使嘉樂將帶來教皇
條約一件進呈御覽。康熙皇帝命員外郎伊都立等將眾西洋人帶往
嘉樂處繙譯教皇條約,譯出漢字摺一件於十二月二十一日呈覽。
奉硃批云:

> 覽此告示,只可說得西洋人等小人,如何言得中國之大理?
> 況西洋人等,無一人同〔通〕漢書者,說言議論,令人可
> 笑者多。今見來臣告示,竟是和尚、道士,異端小教相同,
> 彼此亂言者,莫過如此。以後不必西洋人在中國行教,禁
> 止可也,免得多事[18]。

　　康熙皇帝自幼接受儒家思想,尤其在他親政初期,由講官態
賜履等人進講四書五經。康熙皇帝提倡崇儒重道,他一心想使自
己成爲儒家皇帝,並以上接堯舜正統思想自居。教皇特使嘉樂等
人萬里迢迢從西洋梯山航海,經歷險阻,來到中國,覲見康熙皇
帝,交涉教務,面對面,中西對話,各自表述。但因宗教信仰是
屬於一種文化現象,在文化論戰過程中,康熙皇帝以維護儒家正
統思想爲己任,多羅等人以宗教儀式的神聖性不容違悖,流於語
法與名詞的爭執,未能擱置爭議,淡化意識形態,以致歧見加深,
而引起康熙皇帝的不滿,使他對天主教的態度,逐從容教政策轉

17　《清中前期西洋天主教在華動活檔案史料》,第一冊,頁41。
18　《清中前期西洋天主教在華動活檔案史料》,第一冊,頁49。

變為禁教政策。

三、互動與調適 ── 郎世寧中體西用的藝術創作

　　盛清時期的政治環境及盛清諸帝的文化素養對中西文化交流的發展，提供了有利的條件。長期以來，學術界認為西教與西學是兩位一體，西學寄生於西教，西教被禁，西學隨之失去了它的寄生體。康熙之後，中西文化的聯繫，竟為中斷[19]。誠然，盛清時期的中西文化交流，是在禁教的背景下進行的。但是，所謂因禁教而導致中西文化聯繫中斷的說法，確實有待商榷。

　　雍正年間的查禁天主教，是康熙末年朝廷禁教政策的延長。雍正元年（1723）十月二十四日，浙閩總督覺羅滿保題請「將西洋人許其照舊在京居住外，其餘各外省不許私留居住，或送京師，或遣回澳門，將天主堂盡行改換別用。」[20]雍正二年（1724）五月十一日，西洋人戴進賢奏請勿令催逼西洋人往住澳門。原奏奉硃批：「朕自即位以來，諸政悉遵聖祖皇帝憲章舊典，與天下興利除弊。今令爾等往住澳門一事，皆由福建省居住西洋人在地方生事惑眾。朕因封疆大臣之請、庭議之奏施行。政者公事也，朕豈可以私恩惠爾等，以廢國家之興論乎？今爾等既哀懇乞求，朕亦可諭廣東督撫暫不催逼，令地方大吏確議再定。」[21]雍正皇帝禁教，一方面是遵照康熙皇帝的憲章舊典，一方面是顧及國家輿論。

---

19 郭廷以撰，〈近代西洋文化之輸入及其認識〉，《大陸雜誌史學叢書》，第一輯，第七冊（臺北，大陸雜誌社，民國55年2月），頁260。

20 《清中前期西洋天主教在華活動檔案史料》（北京，中華書局，2003年10月），第一冊，頁56。

21 〈清宮廷畫家郎世寧年譜 ── 兼在華耶穌會士史事稽年〉，《故宮博物院院刊》，1988年，第2期（北京，故宮博物院，1988年5月），頁41。

雍正二年（1724）十月二十九日，兩廣總督孔毓珣遵旨議奏，建議將各省送到的西洋人暫令在廣州省城天主堂居住，不許出外行教，亦不許百姓入教，遇有各人本國洋船到粵，陸續搭回，此外各府州縣天主堂盡行改作公所，不許潛往居住。孔毓珣原摺奉硃批云：「朕不甚惡西洋之教，但與中國無甚益處，不過從眾議耳。你酌量如果無害，外國人一切從寬好，恐你不達朕意，過嚴則又不是矣，特諭。」[22]雍正皇帝對天主教固非深惡痛絕，即對西洋人亦「一切從寬」。

　　清朝皇帝重視皇子教育，康熙皇帝提倡崇儒重道，他要使自己成爲一位儒家皇帝。雍正皇帝自幼接受儒學教育，熟諳儒家典籍。他在雍親王時期，也喜愛西洋玩意，鑽研西學。雍正年間，宮中大內珍玩器物，頗多貴重罕見者，其來源除了來自雍親王府的收藏、內外諸臣的進獻外，最大的來源就是養心殿造辦處、圓明園活計處各作成做的活計。從活計各作頗具規模及美術工藝作品的精美，可以反映雍正皇帝的藝術品味。

　　盛清時期，隨著西洋人來華輸入的西學，包括：天文曆象、算學物理、火器、水利、醫藥等實用之學、輿圖地理之學、論理、倫理等哲學、美術工藝之學等等，都是探討中西文化交流史上不可忽視的課題。紫禁城啓祥宮南設如意館，舉凡中西繪畫、雕琢、裝潢名家多供職於如意館，其中郎世寧就是供職於如意館的西洋畫家之一。康熙二十七年六月二十二日（1688.07.19），郎世寧（Giuseppe Castiglione）生於意大利北部的米蘭。康熙五十四年七月十九日（1715.08.17）抵達中國澳門，同行的還有一位意大利外科醫生羅懷忠（Joseph d'a Costa）。郎世寧來華之初，名作郎

---

22 《宮中檔雍正朝奏摺》，第三輯（臺北，國立故宮博物院，民國 67 年 1 月），頁 392。雍正二年十月二十九日，兩廣總督孔毓珣奏摺。

寧石，他進京後，或作郎士寧，或作郎石寧，較後作郎世寧。郎
世寧是一位稱職的宮廷畫家，他在宮廷除了爲皇帝作畫外，也促
進了中西文化藝術方面的相互了解。爲了便於說明西洋畫家郎世
寧與雍正皇帝的互動及中西文化的交流，可將雍正年間郎世寧在
內廷的作畫活動列出簡表如下：

清朝雍正年間（1723-1735）郎世寧的藝術創作活動簡表

年　月　日	活　動　紀　要
元年（1723）三月二十八日	遵怡親王諭傳得馮秉正、郎世寧認看魚骨、畫眉石。
元年（1723）四月二十日	怡親王諭郎世寧畫桂花玉兔月光畫一軸。
元年（1723）七月初三日	郎世寧遵怡親王諭畫得桂花玉兔月光畫一軸。
元年（1723）七月十六日	怡親王諭郎世寧畫扇畫。
元年（1723）九月十五日	以符瑞呈祥，郎世寧遵旨畫得聚瑞圖。
元年（1723）九月十八日	奉怡親王諭班達里沙、八十、孫威鳳、王介、葛曙、永泰等六人歸在郎世寧處學畫。
元年（1723）十二月十七日	郎世寧徒弟班達里沙奉命畫美人畫一張，托裱進呈御覽。
二年（1724）三月初二日	郎世寧奉怡親王之命畫百駿圖一卷。
二年（1724）十一月	郎世寧畫嵩獻英芝圖一軸。
三年（1725）二月二十二日	總管太監張起麟交雙圓哈密瓜二個，傳旨著郎世寧照樣畫。
三年（1725）五月十九日	莊親王傳旨著郎世寧照暹羅所進的狗、鹿每樣畫一張。
三年（1725）九月初四日	圓明園總管太監張起麟傳旨取看郎世寧畫的老虎畫。
三年（1725）九月初六日	首領太監程國用持去郎世寧畫的老虎畫一張交總管太監張起麟。
三年（1725）九月十四日	內閣典籍廳李宗揚持進河南瑞穀十五本、陝西瑞穀二十一本、先農壇瑞穀十六本，大學士張廷玉傳旨著郎世寧照樣畫。

三年（1725）九月十六日	圓明園太監杜壽交蘭花絹畫一張傳旨查此畫是何人畫的？即將畫畫人的名字寫在此畫上。再畫上有污漬處收拾乾淨急速送來。
三年（1725）九月十八日	據巴多明認看得此畫係郎世寧畫的，遂將郎世寧名字寫於畫上，並將畫上汙漬處俱收拾乾淨，由首領太監程國用持交太監杜壽。
三年（1725）九月十九日	郎世寧將瑞穀五十三本畫完，俱交內閣典籍廳李宗揚持去。
三年（1725）九月二十六日	圓明園奏事太監劉玉等交鮮南紅羅卜一個，傳旨照此樣著郎世寧畫一張，蔣廷錫畫一張。
三年（1725）十月十八日	郎世寧、蔣廷錫畫得鮮南紅羅卜畫各一張。
三年（1725）十二月初七日	員外郎海望交驢肝馬肺均窯缸一件著郎世寧照樣畫，比缸略放高些。
三年（1725）十二月二十八日	郎世寧照樣畫得均窯缸一件，並原缸交員外郎海望呈進。
四年（1725）正月十五日	郎中保德等持出西洋夾紙深遠畫片六張，奉旨四宜堂後穿堂內安隔斷，隔斷上面著郎世寧照樣畫人物畫片，其馬匹不必畫。
四年（1726）六月初二日	郎世寧照樣畫得四宜堂人物畫片一分，海望呈覽，奉旨此樣畫得好，但後邊幾層太高難走，層次亦太近，再著郎世寧按三間屋內的遠近照小樣另畫一分，將此一分後一間收拾出來，以便做玩意用。
四年（1726）六月二十五日	郎世寧畫得田字房內備用花卉翎毛斗方十二張，奉旨再添畫斗方四張，配做冊頁。
四年（1726）八月十七日	郎世寧畫得四宜堂深遠畫片六張，並原樣畫片六張，海望持進貼在四宜堂穿堂內。
四年（1726）十月初七日	郎世寧畫得花卉翎毛冊頁一頁，怡親王呈進。
四年（1726）十二月二十八日	為迎接春節，郎世寧畫得年例山水畫一張，奉旨著送往西峰秀色處張貼。
五年（1727）正月初六日	太監玉太平傳旨西洋人郎世寧畫過的者爾得小狗雖好，但尾上毛甚短，其身亦小些，再著郎世寧照樣畫一張。
五年（1727）二月二十一日	郎世寧畫得者爾得小狗畫一張，郎中海望呈進。
五年（1727）二月二十九日	郎中海望傳旨著郎世寧將者爾得小狗再畫一張。
五年（1727）閏三月十六日	郎世寧畫得者爾得小狗一張，郎中海望呈進。

五年（1727）閏三月二十七日	總管太監陳九卿傳旨著傳郎世寧進圓明園將牡丹照樣畫下。
五年（1727）四月二十五日	郎世寧遵旨畫得圓明園牡丹畫一張，郎中海望呈進。
五年（1727）七月初八日	奉旨：萬字房南一路六扇寫字圍屏上空的紙處著郎世寧二面各畫隔扇六扇，應畫開掩處著其酌量。
五年（1727）八月初四日	郎世寧畫得隔扇畫共十二扇，郎中海望呈覽，奉上諭，此畫窗戶檔子太稀了些，著郎世寧另起稿畫欄杆畫。
五年（1727）八月二十二日	太監劉希傳旨萬字房通景畫壁前著郎世寧畫西洋欄杆，或用布畫，或用絹畫，或用綾畫，爾等酌量畫罷，不必起稿呈覽。
五年（1727）十二月初四日	郎中海望持出圓明園耕織軒處四方亭樣一件，內四面八字板墻高一丈二尺二寸一分，進深一丈三尺，上進深一丈三尺一寸，著郎世寧起稿。
六年（1728）二月初六日	郎世寧遵旨爲圓明園耕織軒處四方亭樣起稿呈覽，奉旨准畫。
六年（1728）三月初二日	員外郎沈喻等傳旨爲郎世寧畫耕織軒處四方重簷亭內四面八字板墻隔斷畫八幅著糊飾白虎殿。
六年（1728）六月二十日	圓明園所添房內平頭案樣一張，撬頭案樣一張，郎中海望呈覽，奉旨平頭案式樣一張著郎世寧放大樣畫西洋畫，其案上陳設古董八件畫完剗下來中合牌托平，若不能平，用銅片掐邊。
六年（1728）七月初十日	郎石寧畫得西洋絹畫二十六張，郎中海望持進。
六年（1728）七月十七日	郎世寧遵怡親王諭畫得大方亭西洋小畫樣另起小稿八張，呈怡親王看，奉諭准改畫。
六年（1728）八月初二日	郎世寧等改畫得大方亭西洋小畫八張。
六年（1728）八月初六日	郎世寧畫得西洋案畫一張，並托合牌假古董畫八件，郎中海望持進，貼在西峰秀色屋內。
六年（1728）十一月初二日	郎中海望爲郎世寧畫畫屋內鋪地炕著行取見方一丈舊黑羊毛氈一塊。
六年（1728）十二月二十八日	爲迎接春節，郎世寧畫得年例山水畫一張，郎中海望等呈進。奉旨送往圓明園西峰秀色處，俟朕到西峰秀色時提奏。
七年（1729）正月十二日	宮殿監副侍蘇培盛傳旨含韻齋前捲棚下窗上橫披空白紙處著西洋人郎世寧畫窗戶檔畫。其屋內寶座前南面橫披二扇，北面橫披二扇，落地罩內南面橫披一扇，北面橫披一扇，著唐岱畫畫。

七年（1729）正月二十八日	郎中海望畫得西峰秀色殿內東板墻畫案上前面添畫片，後面添窗畫樣一張呈覽，奉旨前面畫片著郎世寧畫山水，背面窗扇俱要摘卸。
七年（1729）二月十二日	員外郎滿毗傳旨著將郎世寧畫畫屋內牆壁窗戶有不全處，俱找補糊飾。
七年（1729）二月十六日	將郎世寧畫得圓明園含韻齋屋內對寶座前面東西板墻上畫稿三張，郎中海望呈進。
七年（1729）三月初十日	郎中海望帶領催馬小二將郎世寧畫得山水畫一張持進貼在圓明園西峰秀色處。
七年（1729）三月十二日	員外郎滿毗傳旨著將郎世寧白虎殿畫畫屋內牆壁窗戶有不全處，俱找補糊飾。
七年（1729）四月二十六日	郎世寧畫得西峰秀色山水畫片一張，郎中海望帶領領催白士秀持進。
七年（1729）五月初八日	郎世寧畫得窗戶櫺西洋畫三張，郎中海望帶領裱匠李官保持進含韻齋橫披窗上貼訖。
七年（1729）六月二十二日	郎中海望等傳旨著將郎世寧畫畫屋內安新窗一扇。
七年（1729）六月二十六日	郎世寧畫畫屋做得新窗一扇，木匠鄧連芳安訖。
七年（1729）閏七月十九日	太監劉希文傳旨西峰秀色處含韻齋殿內陳設的棕竹邊漆背書格二架上層著郎世寧畫山水二副，要相做。
七年（1729）八月十四日	郎中海望奉旨九洲清宴東暖閣貼的玉堂富貴橫披上玉蘭花石頭甚不好，爾著郎世寧畫花奔，唐岱畫石頭，著伊二人商議畫一張，換上。
七年（1729）八月二十日	郎世寧畫得山水畫二副，領催持進貼在西峰秀色處含韻齋殿內書格上
七年（1729）九月二十四日	郎中海望等傳旨萬壽節著唐岱、郎世寧各畫畫一張。
七年（1729）九月二十七日	郎世寧、唐岱畫得玉堂富貴絹畫一張，郎中海望帶領裱匠李毅進九洲清宴東暖閣貼訖。
七年（1729）十月二十九日	郎世寧、唐岱畫得壽意畫二張，郎中海望呈進。
七年（1729）十一月初四日	郎中海望等奉旨著唐岱、郎世寧畫絹畫三張。
七年（1729）十一月初五日	郎中海望等傳旨著將郎世寧畫畫屋內收拾地炕一鋪隔斷壁子一槽後墻開窗戶一扇糊頂隔。
七年（1729）十二月二十九日	郎世寧畫得年節絹畫三張，由郎中海望呈進。

八年（1730）三月初六日	員外郎滿毗傳做杉木桌一張給郎世寧畫畫用。
八年（1730）三月初七日	郎中海望奉旨四宜堂後新蓋房處前二間屋內安板墻一槽開圓光門內墻上著郎世寧畫窗內透花畫。
八年（1730）三月十二日	做得杉木桌一張交畫畫房栢唐阿王幼學。
八年（1730）三月十九日	太監劉希文等傳旨照著百福祿兒者爾得狗樣著郎世寧畫。
八年（1730）三月二十六日	郎世寧遵旨畫得四宜堂窗內透花樣一件，郎中海望呈覽，奉旨牡丹花畫在外邊，不必伸進屋內來。
八年（1730）六月十三日	太監劉希文等傳旨著畫西洋畫人來圓明園畫古玩，不必著郎世寧來。
八年（1730）九月初七日	命郎世寧、唐岱畫萬壽畫各一張。
八年（1730）十月二十一日	郎世寧遵旨畫得四宜堂牡丹花一張，領催馬學爾持進貼訖。
八年（1730）十一月十九日	內務府總管海望傳旨著拜他拉布勒哈番唐岱畫絹畫二張，郎世寧畫絹畫一張。
八年（1730）十二月二十八日	唐岱、郎世寧畫得絹畫三張，內務府總管海望呈進。
九年（1731）二月初三日	內務府總管海望奉旨著郎世寧畫各樣菓子圍棋大小二分。
九年（1731）二月二十日	郎世寧畫得各樣菓子圍棋二分，海望呈進。
九年（1731）二月二十二日	宮殿監副侍蘇培盛交出八駿馬畫一張，傳旨著托裱，於二月二十三日送至圓明園。
九年（1731）三月十七日	福園首領太監王進朝交出蔣廷錫寒雀爭梅畫，朱倫瀚山水畫、郎世寧蓮花畫各一張，總管太監王進玉傳旨著托裱。
九年（1731）四月十四日	員外郎滿毗傳將西洋人郎世寧畫畫房糊裱一間。
九年（1731）四月十六日	副領催金有玉遵旨將郎世寧畫畫房糊裱一間。
九年（1731）五月初二日	首領太監鄭忠奉旨著高其佩、唐岱、郎世寧每人畫大畫一副。
九年（1731）六月初七日	首領太監鄭忠交出高其佩、唐岱、郎世寧每人畫的畫三副著托裱。於六月十四日托裱畫三副交鄭忠持去。
九年（1731）六月十四日	太監張玉柱等傳旨著高其佩、唐岱、郎世寧每人畫風雨景山水畫一副。

九年（1731）八月十三日	郎世寧畫得風雨景山水畫三副，司庫常保持進。
九年（1731）九月初七日	員外郎滿毗傳旨著唐岱、郎世寧畫萬壽進呈絹畫各一副。
九年（1731）九月二十七日	首領太監鄭忠奉旨著高其佩、唐岱、郎世寧每人畫畫三副。
九年（1731）十月十一日	郎世寧等畫得山水畫五副，司庫常保持進。
九年（1731）十月二十八日	郎世寧畫得萬壽畫二副，司庫常保持進。
九年（1731）十一月初三日	唐岱、郎世寧稱畫畫房二間因重新蓋造，棚壁未經裱糊，請裱糊。
九年（1731）十一月初四日	領催馬學爾將唐岱、郎世寧畫畫房二間裱糊訖。
九年（1731）十一月初四日	內大臣海望等傳旨備用畫著唐岱、郎世寧、栢唐阿班達里沙、王幼學、畫畫人湯振基、戴恒等各畫畫一副。
九年（1731）十二月二十八日	唐岱畫得湖山春曉畫一張、九國圖山水冊頁一冊，郎世寧畫得夏山瑞靄畫一張，班達里沙畫得百祿永年畫一張，王幼學畫得眉壽長春畫一張，戴恒畫得錦堂如意畫一張，湯振基畫得清平萬年畫一張，司庫常保等呈進。
十年（1732）四月初八日	員外郎滿毗傳旨端陽節備用郎世寧、唐岱二人各畫絹畫一張。
十年（1732）四月二十九日	郎世寧畫得午瑞圖絹畫一張，唐岱畫得江村烟雨絹畫一張，司庫常保等呈進。
十年（1732）六月二十三日	宮殿監副侍李英傳旨餘暇靜室後圓光門內郎世寧畫的大畫東西兩邊著接上添畫。
十年（1732）七月初六日	畫得絹畫二張各高八尺六寸，寬三尺三寸。司庫常保帶領郎世寧、畫畫人戴越等持進圓明園餘暇靜室後圓光門內大畫東西二處接畫貼訖。
十年（1732）九月初九日	員外郎滿毗等傳旨萬壽節備用著唐岱、郎世寧各畫畫一副。
十年（1732）九月十五日	員外郎滿毗傳旨糊郎世寧畫畫房大小窗戶四扇橫披一扇。是日，副領催金有玉帶領匠役糊飾。
十年（1732）十月初二日	郎世寧說畫畫房的窗戶係西紙糊飾甚透日光映目，難以畫畫，意欲另糊高麗紙等語，員外郎滿毗准另糊飾。
十年（1732）十月初四日	郎世寧畫畫房的窗戶，領催馬學爾監看另糊高麗紙。
十年（1732）十月二十八日	郎世寧畫得松壽鶴靈絹畫，唐岱畫得松高萬年絹畫各一張，司庫常保等呈進。

十年（1732）十二月二十八日	郎世寧畫得仙萼承華一張。
十一年（1733）三月初六日	員外郎滿毗等傳旨著郎世寧、唐岱各畫端陽節絹畫一張。
十一年（1733）五月初一日	郎世寧畫得瑞連百子絹畫一張。
十一年（1733）九月初八日	員外郎滿毗等傳旨著唐岱、郎世寧、王幼學各畫萬壽節絹畫一張。
十一年（1733）十月二十八日	唐岱畫得松嶽嵩年絹畫、郎世寧畫得萬壽長春絹畫、王幼學畫得福壽如意絹畫各一張。
十一年（1733）十月二十九日	圓明園宮殿監副侍李英傳旨著唐岱畫畫二張，內一張照安寧的畫畫一張，隨意畫；再著郎世寧亦畫畫二張，內一張畫徑一寸三分，竹子一張，隨意畫。
十一年（1733）十二月二十七日	唐岱畫得恩澤萬方畫、風雨歸舟畫各一張，郎世寧畫得綠竹畫、野外咸寧畫各一張，司庫常保等呈覽。奉旨將綠竹畫、恩澤萬方畫送往圓明園，貼在玻璃鏡上，野外咸寧畫貼在九洲清宴玻璃鏡上，風雨歸舟畫持去收貯。
十二年（1734）正月初五日	郎世寧畫得的綠竹畫、野外咸寧畫，唐岱畫得的恩澤萬方畫三張，司庫常保等遵旨持赴圓明園貼訖。
十二年（1734）四月十四日	員外郎滿毗等傳旨著唐岱、郎世寧各畫端陽節絹畫一張。
十二年（1734）五月初二日	唐岱畫得午瑞圖一張，郎世寧畫得夏日山居絹畫一張，司庫常保等呈進。
十二年（1734）八月二十二日	監察御史沈嶮等傳做備用萬壽節呈進畫，著唐岱、郎世寧畫絹畫一張。
十二年（1734）十二月二十八日	郎世寧畫得錦堂春色畫、唐岱畫得太平春色畫、王幼學畫得雙喜呈瑞畫各一張，司庫常保等呈進。
十三年（1735）四月十四日	員外郎滿毗等傳旨著唐岱、郎世寧畫端陽節絹畫各一張。
十三年（1735）四月三十日	唐岱、郎世寧畫得端陽節絹畫各一張。
十三年（1735）十一月十四日	將郎世寧畫得百駿圖一卷，由司庫常保、首領薩木哈交太監毛團呈進。
十三年（1735）十一月二十六日	將郎世寧畫得百福祿者爾得狗畫二張，司庫常保交太監毛團呈進。

資料來源：《清中前期西洋天主教在華活動檔案史料》（北京，中華書
　　　　　局，2003 年 10 月）；《故宮博物院院刊》，1988 年，第 2
　　　　　期（北京，北京故宮博物院，1988 年 5 月）；朱家溍《養心殿
　　　　　造辦處史料輯覽》（北京，紫禁城出版社，2003 年 8 月）；
　　　　　內務府《各作成做活計清檔》，北京中國第一歷史檔案館。

　　清朝造辦處地處紫禁城西華門武英殿以北、白虎殿後，各類匠作都集中在這裡，就是清朝宮廷藝術的創作場所。雍正皇帝在位雖然只有十三年，但是，探討清朝的宮廷繪畫，不能忽視雍正朝的繪畫活動。聶崇正撰〈清代的宮廷繪畫和畫家〉一文已指出，乾隆時期宮廷繪畫的體制及規模在雍正時已經基本確立了，乾隆時很多活躍於宮廷中較有影響的畫家，如丁觀鵬、丁觀鶴、金昆、張爲邦等，都是在雍正時就被發現或起用的[23]。雍正朝各類匠作已頗具規模，包括：畫作、玉作、琺瑯作、油漆作、刻字作、牙作、裱作、鑲嵌作、眼鏡作、銅爐作、木作、鏇作、玻璃廠、自鳴鐘、匣作、藤作、輿圖作等，各作供職人員，多達一百六十餘人[24]，可謂人材濟濟，西洋畫家就是供職於內廷畫作或如意館的皎皎者。

　　由前列簡表可知郎世寧的繪畫創作，多以山水、花卉、鳥獸等等爲題材，宛若置身於草原對著大自然的寫生。如桂花玉兔月光畫、聚瑞圖、百駿圖、嵩獻英芝圖、雙圓哈密瓜、狗、鹿、虎、瑞穀、蘭花、紅羅卜、牡丹、山水畫、八駿馬、夏山瑞靄畫、午瑞圖、仙萼承華、松鶴、綠竹、夏日山居圖等等，其作品多見於《石渠寶笈》各編著錄，海峽兩岸的故宮博物院分別典藏頗多郎世寧的著名代表作品。郎世寧的繪畫作品，大多用於室內裝飾，其中含有頗多專門爲年節時令所作的節令畫。畏冬曾撰寫〈郎世寧與清宮節令畫〉一文作了較有系統的分析[25]。例如雍正元年

23　聶崇正撰，〈清代宮廷繪畫和畫家〉，《清代宮廷繪畫》（北京，文物出版社，1995 年 4 月），頁 13。

24　朱家溍編，《養心殿造辦處史料輯覽》（北京，紫禁城出版社，2003 年 8 月），第一輯，雍正朝，頁 6。

25　畏冬撰，〈郎世寧與清宮節畫〉，《故宮博物院院刊》，1988 年，第二期（北京，紫禁城出版社，1988 年 5 月），頁 80。

（1723）七月初三日，郎世寧畫得桂花玉兔月光畫一軸，此軸似即〈七夕圖〉。雍正四年（1726）十二月二十八日，爲迎接春節，郎世寧畫得年例山水畫一張，奉旨送往西峰秀色處張貼。雍正六年（1728）十二月二十八日，爲迎接春節，郎世寧畫年例山水畫一張。雍正七年（1729）三月初十日，年例山水畫持進圓明園西峰秀色處張貼。雍正七年（1729）十二月二十九日，郎世寧畫得年節絹畫三張。雍正九年（1731）十一月初八日，內大臣海望傳旨繪備用畫。同年十二月二十八日，郎世寧畫得夏山瑞靄畫一張。雍正十年（1732）四月初八日，員外郎滿毗傳旨端陽節備用，著郎世寧等各畫絹畫一張。同年四月二十九日，郎世寧畫得午瑞圖絹畫一張。此圖是傳世名畫，絹本設色，縱 140 公分，橫 84 公分，現藏北京故宮博物院。圖中的風格，符合郎世寧早期的畫風，所繪內容反映了當時流行的端午景象。同年十二月二十八日，郎世寧畫得年節備用仙萼承華圖一張。雍正十一年（1733）三月初六日，員外郎滿毗等傳旨著郎世寧等畫端陽節絹畫。同年五月初一日，郎世寧畫得瑞連百子絹畫一張。

雍正皇帝生於康熙十七年（1678）十月三十日，他即位後，他的生日，也叫做萬壽節。郎世寧常爲雍正皇帝萬壽節作畫，如雍正七年（1729）九月二十四日。郎中海望等傳旨萬壽節著郎世寧等畫祝壽畫。同年十月二十九日，郎世寧等畫得壽意畫，由郎中海望呈進。雍正八年（1730）九月初七日，郎世寧等奉命畫萬壽畫。雍正九年（1731）十月二十八日，郎世寧等遵旨畫得萬壽絹畫呈進。雍正十年（1732）九月初九日，郎世寧等奉旨萬壽節備用畫畫各一張。郎世寧畫得松壽鶴靈絹畫一張。雍正十一年（1733）九月初八日，郎世寧等奉旨畫萬壽節絹畫。同年十月二十八日，郎世寧畫得萬壽長春絹畫。雍正十二年（1734）十月二

十七日，郎世寧遵旨畫得萬壽節備用萬松永茂絹畫。萬壽節祝壽畫是嚴肅的應景畫，具有節令畫的意義。

　　盛清諸帝與西洋傳教士接觸頻繁，具備較豐富的天文學知識，也通曉自然現象變化的道理，但他們同時相信天象垂戒，確實有其道理，天人感應的思想，仍極盛行。雍正皇帝宵旰勤政，同時對災異祥瑞的現象，也相當重視。林莉娜撰〈雍正朝之祥瑞符應〉一文已指出，「祥瑞現象是上天對國君賢德，政治清明的肯定，也是統治者道德行爲符合天意的肯定。」[26]雍正皇帝喜言祥瑞，大小臣工，紛紛以地方祥瑞奏聞，舉凡河清海宴、珠聯璧合、慶雲呈祥、嘉禾滿穗、瑞穀登場、神鳳來儀、地湧醴泉、萬蠶織繭、瓊枝吐瑞等等，都是表示皇帝勵精圖治而昭格於天心，澤及草木鳥獸，所以天現祥瑞休徵。因此，慶雲、嘉禾、瑞穀、靈芝、麟鳳、孔雀等等都成了宮廷繪畫的題材。雍正元年（1723）九月十五日，以符瑞呈祥，郎世寧遵旨畫得聚瑞圖。《郎世寧作品專輯》所收第一軸〈聚瑞圖〉軸，絹本，縱 173 公分，橫 86.1 公分，設色畫瓶中瑞蓮瑞穀，彙寫瓶花，以記祥應，象徵符瑞疊呈的太平景象，是一幅有著歐洲靜物風格描繪中國傳統習俗的作品，色調明暗對比鮮明，顯示了郎世寧繪畫技巧與藝術風格的變化與轉折[27]。雍正二年（1724）十一月，郎世寧畫得〈嵩獻英芝圖〉軸，絹本設色，縱七尺五寸八，橫四尺八寸八，現藏北京故宮博物院，此畫造型準確精細，挺立的白鷹，羽毛的質感很強。彎曲盤繞的松樹，枝葉掩映，樹皮斑駁，並適當地畫出光線照射下出現的陰

---

26 林莉娜撰，〈雍正朝之祥瑞符應〉，《清世宗文學大展》（臺北，國立故宮博物院，民國 98 年 9 月），頁 398。

27 楊伯達撰，〈郎世寧在清內廷的創作活動及其藝術成就〉，《故宮博物院院刊》，1988 年，第二期，頁 4。

影，使畫面具有較強的立體感，郎世寧的確充分發展了他紮實的歐洲繪畫功底[28]。

雍正三年（1725）九月十四日，內閣典籍廳持進河南瑞穀十五本，陝西瑞穀二十一本，先農壇瑞穀十六本，大學士張廷玉傳旨著郎世寧照樣畫。同年九月十九日，郎世寧將瑞穀五十三本畫完，俱交內閣典籍廳持去。雍正五年（1727）八月二十二日，雍正皇帝頒示〈瑞穀圖〉，紙本設彩。其目的是在勗勉各省督撫，「觀覽此圖，益加儆惕，以修德爲事神之本，以勤民爲立政之基。」[29]〈瑞穀圖〉象徵農村的豐收及皇帝對農業生產的重視。

郎世寧擅長繪畫花卉鳥獸，雍正三年（1725）五月十九日，郎世寧奉旨照暹羅所進獻的狗、鹿每樣畫一張。同年九月初四日，圓明園總管太監張起麟傳旨取看郎世寧所繪老虎畫。九月十八日，西洋人巴多明遵旨認看郎世寧所繪蘭花絹畫。雍正四年（1726）十二月二十一日，郎世寧畫得者爾得小狗畫一張，由郎中海望進呈御覽。「者爾得」，滿文讀如 "jerde"，意即赤紅色的，「者爾得小狗」，意即赤紅色的小狗。雍正五年（1727）正月初六日，太監王太平傳旨郎世寧畫過的者爾得小狗雖好，但尾上毛甚短，其身亦小些，再著郎世寧照樣畫一張。同年二月二十一日，郎世寧遵旨畫得者爾得小狗一張，郎中海望呈進。二月二十九日，郎中海望傳旨著郎世寧將者爾得狗再畫一張。閏三月十六日，郎世寧遵旨畫得者爾得狗一張，由郎中海望呈進。由郎世寧畫者爾得小狗的過程，可以反映雍正皇帝的藝術品味及郎世寧和雍正皇帝的

28 聶崇正撰，〈中西藝術交流中的郎世寧〉，《故宮博物院院刊》，1988 年，第二期，頁 73。

29 〈清宮廷畫家郎世寧年譜 —— 兼在華耶穌會士史事稽年〉，《故宮博物院院刊》，1988 年，第二期，頁 43。

互動。

　　寫生畫也是郎世寧的重要創作活動，圓明園內的牡丹，花美麗，也有綠葉，是百花之王，以歐洲風格繪畫牧丹，頗具創意。郎世寧畫牡丹的技法，也受到雍正皇帝的重視。雍正五年（1727）閏三月二十七日，總管太監陳九卿傳旨著傳郎世寧進圓明園，將牡丹照樣畫下。同年四月二十五日，郎世寧遵旨畫得圓明園牡丹畫一張，由郎中海望呈進。郎世寧進入圓明園看著牡丹，照樣畫下來，是郎世寧擅長的寫生畫。雍正八年（1730）三月二十六日，郎世寧遵旨畫得四宜堂窗內透花畫樣一張，郎中海望進呈御覽後奉旨牡丹花畫在外邊，不必伸進屋內來。同年十月二十一日，郎世寧遵旨畫得四宜堂杜丹花一張，將牡丹花畫在窗外，並未伸進屋內，遵照雍正皇帝的指示作畫，探討盛清時期的宮廷繪畫，不能忽視皇帝所扮演的角色。

　　蔣廷錫（1669-1732），江南常熟人。初以舉人供奉內廷，康熙四十二年（1703），賜進士。蔣廷錫工詩善畫，擅長花鳥畫。常熟人余省，曾受業於蔣廷錫，亦工畫花鳥蟲魚。雍正三年（1725）九月二十六日，圓明園奏事太監劉玉等人交出鮮南紅羅卜一個，傳旨照此樣著郎世寧畫一張，蔣廷錫畫一張。同年十月十八日，郎世寧、蔣廷錫遵旨分別畫得鮮南紅羅卜畫各一張，中西畫家的作品，各有所長，引起雍正皇帝的興趣。有些作品則是合筆畫，例如雍正七年（1729）八月十四日，郎中海望奉旨，九洲清宴東暖閣貼的玉堂富貴橫披上玉蘭花石頭甚不好，著郎世寧畫花卉，唐岱畫石頭，著伊二人商議畫一張換上。同年九月二十七日，郎世寧、唐岱遵旨畫得玉堂富貴絹畫一張，郎中海望帶領裱匠李毅進入九洲清宴東暖閣貼上。唐岱是滿洲人。曾從王原祁學畫，專工山水，以宋人爲宗，供奉內廷日久，筆法更加精進，康熙年間，

已有「畫狀元」之號。唐岱與郎世寧商議合筆繪畫玉蘭花石頭，郎世寧畫花卉，唐岱畫石頭，展現中西技法融合的創作。在乾隆時期，郎世寧與眾多的中國畫家合畫了許多作品，在合筆畫中，郎世寧大多負責起草圖稿。

中國傳統繪畫，以線條爲主，線條和書法有密切關係，線條講究筆力和筆畫的變化。郎世寧以西畫寫實的技巧畫中國畫，融會中西畫法，形成一種新的繪畫藝術，以西畫的立體幾何法作輪廓，以顏色表達生氣。郎世寧適度地改變了西方油畫的繪畫技巧，創造出了盛清諸帝樂意接受的中西畫法互相融合的繪畫新體，可以解讀爲「中體西用」思想在宮廷繪畫的表現形式。

四、滿文與藝術 ── 邊疆民族看十駿犬和十駿馬

活躍於北方草原的飛禽走獸，也是西洋畫家描繪的重要題材，這些繪畫作品充滿了大自然的生氣。《資治通鑑》記載，佳鶄是唐太宗心愛的寵物。在郎世寧繪畫作品裡，有許多犬馬是乾隆皇帝的寵物或坐騎。乾隆皇帝喜歡以各種靈禽或勇猛的動物爲自己的寵物或坐騎命名。郎世寧等人所畫的許多名犬及駿馬，除了標明漢文名字外，還標出滿文、蒙文的名字，這些滿、蒙、漢各體名字是乾隆皇帝所選定的名字。滿洲、蒙古草原社會的命名，沿襲了他們的傳統習俗，他們喜歡以自然界的飛禽走獸爲子女命名。如攝政王多爾袞是滿文"dorgon"的漢字音譯，意即「獾」，蒙古鑲白旗人阿爾薩郎是滿文"arsalan"的漢字音譯，意即「獅子」，探討名犬及駿馬的命名由來，不能忽視草原社會命名習俗。爲了便於說明，先將郎世寧畫十駿犬名稱列表如下。

郎世寧畫十駿犬滿漢名稱對照表

序號	漢字名稱	滿文名稱	羅馬拼音	名稱釋義
1	霜花鷂		silmetu	燕隼、鷂子
2	睒星狼		niohetu	狼
3	金翅獫		yolotu	狗頭雕、狗鷲、藏狗
4	蒼水虬		šolomtu	虬
5	墨玉螭		muhūltu	螭
6	茹黃豹		yargatu	豹
7	雪爪盧		sebertu	銀蹄毛色
8	驀空鵲		saksahatu	喜鵲
9	斑錦彪		junggintu	錦
10	蒼　猊		kara arsalan	黑獅子

資料來源：《郎世寧作品專輯》，臺北，國立故宮博物院，民國七十二年。

　　如前列簡表，單看漢字名稱，或滿文名稱，確實不容易與名
犬聯繫起來。表中所列名稱，如鶻、狼、獫、虬、螭、豹、盧、
鵲、彪、猊、雕、獅等，非鳥即獸。探討清朝宮廷繪畫，不能忽
視畫中的標題名稱。郎世寧所畫十駿犬是奉乾隆皇帝旨意繪畫的
作品，內務府造辦處各作成做活計清檔有幾則記載，如意館記載
乾隆十二年（1747）十月二十三日，太監胡世傑傳旨：「著郎世寧
畫十俊大狗十張，欽此。」[30]句中「俊」，通駿。乾隆十三年（1748）
三月二十八日，太監胡世傑交宣紙二十張傳旨著郎世寧將十駿馬
圖並十駿狗俱收小用宣紙畫冊頁二冊，樹石著周昆畫，花卉著余
省畫[31]。十駿狗，就是十駿犬，冊頁中的十駿犬，是按照原畫十
駿大狗收小畫得的，畫中的樹石，由周昆繪畫，花卉則由余省繪
畫。

　　乾隆二十一年（1756）六月初二日，太監胡世傑傳旨，著郎
世寧照庫理狗的坐像畫畫一張。同日，員外郎郎正培將起得庫理
狗紙樣一張交太監胡世傑呈覽。奉旨著郎世寧畫油畫一張，畫得
時將畫用背板糊做陳設[32]。「庫理狗」，又作黎狗，是滿文 "kuri
indahūn" 的音譯。"kuri"，意即有斑紋的，有斑毛的，有花紋
的，花花綠綠的，庫理狗就是有斑紋的黎花狗，或虎斑狗。同年
六月初六日，太監胡世傑交十駿犬圖七幅，傳旨著郎世寧照庫理
狗油畫配畫十幅，畫得時用背板糊做陳設。

　　除了郎世寧所畫十駿犬外，還有張為邦所畫的十駿犬。乾隆

30　《內務府造辦處各作成做活計清檔・如意館》，No.88, p.242。乾隆十二
　　年十月二十三日，諭旨。
31　中國第一歷史檔案館編，《清中前期西洋天主教在華活動檔案史料》（北
　　京，中華書局，2003 年 10 月），第四冊，頁 164。
32　《內務府造辦處各作成做活計清檔・如意館》，No.101, P.116。乾隆二十
　　一年六月初二日，諭旨。

二十一年（1756）六月十五日，太監胡世傑傳旨，張爲邦現畫十
駿犬圖，俱著兩面畫，中間用楠木，底面想法安穩。

郎世寧所畫十駿犬軸，俱絹本，設色。各畫軸雖以漢、滿、
蒙三體標題，惟其名稱詞義，頗有出入，探討中西文化交流，不
能忽視滿文、蒙文的非漢文化。其中霜花鷂爲科爾沁四等台吉丹
達里遜（dandarsion）所進，縱 247.2 公分，橫 163.9 公分。滿文
標題讀如“silmetu”。滿文“silmen”，意即燕隼，或鷂子。
“tu”，或作「有」解，或作「人」、「物」解，如“argatu”，意
即有謀略的人。漢字「公獐」，滿文亦讀如“argatu”。“silmen”
脫落“n”，結合“tu”，就是“silmetu”這個結合詞，並無「霜
花」字樣的含義，「霜花」字樣是漢字的命名。睒星狼亦爲丹達里
遜所進，縱 246.6 公分，橫 163.8 公分，滿文標題讀如“niohetu”，
“niohe”，意即狼，並無「睒星」字樣的念義。金翅獫爲科爾沁
四等台吉丹巴林親（dambarincin）所進，縱 247.3 公分，橫 163.6
公分，滿文標題讀如“yolotu”，“yolo”，意即狗頭雕，或一種
嘴尾粗，唇垂耳大的藏狗，並無「金翅」字樣的含義。

蒼水虯爲大學士忠勇公傅恆（fuheng）所進，縱 246.8 公分，
橫 164 公分。滿文標題讀如“šolomtu”，又作“šolontu”，意即
虯，是頭上有兩角的小龍，並無「蒼水」字樣的含義。墨玉螭爲
侍衛班領廣華（guwang hūwa）所進，縱 247.5 公分，橫 164.4 公
分。滿文標題讀如“muhūltu”，“muhūlu”，意即螭，是無角的
龍，並無「墨玉」字樣的含義。茹黃豹爲侍郎三和（sanhe）所進，
縱 247.5 公分，橫 163.7 公分。滿文標題讀如“yargatu”，
“yarga”，又讀如“yarha”，意即豹，並無「茹黃」字樣的含義。

雪爪盧爲準噶爾台吉噶爾丹策楞（g’aldan cering）所進，縱
246.7 公分，橫 163.2 公分，滿文標題讀如“sebertu”，“seber”

又作 "seberi"，意即銀蹄毛色。漢字「盧」，亦作「獹」，是一種田犬，雪爪盧即因四爪毛色銀白而得名，但「盧」字並未譯出滿文。驀空鵲爲和碩康親王巴爾圖（bartu）所進，縱 247.2 公分，橫 164 公分，滿文標題讀如 "saksahatu"，"saksaha"，意即喜鵲，並無「驀空」字樣的含義。斑錦彪爲大學士忠勇公傅恆（fuheng）所進，縱 247.6 公分，橫 164 公分。漢字「彪」，滿文讀如 "targan"，標題中滿文讀如 "junggin"，意即各色錦緞，表示這隻名犬是斑錦般的寵物，但滿文標題中並無「彪」的獸名。

　　《石渠寶笈三編》記載郎世寧畫蒼猊犬一軸，縱八尺四寸五分（268 公分），橫六尺一寸（193.7 公分），絹本，設色，以滿、蒙、漢三體書標題，旁注駐藏副都統傅清（fucing）所進。傅清從乾隆九年（1744）至十二年（1747）充任駐藏辦事大臣。乾隆皇帝爲郎世寧所畫西藏名犬取名，漢字標爲「蒼猊」，滿文標題讀如 "kara arslan"，蒙文讀如 "hara arslan"，意思就是黑獅子，圖文相合。

　　由前列簡表，可知郎世寧所畫十駿犬各畫軸中，滿、蒙、漢三體標題，其詞義頗有出入。討論中西文化交流，不能忽視漢文化以外的邊疆文化養分。郎世寧所畫十駿犬軸，蘊含西方繪畫的技巧，也蘊含東方文化的特色。乾隆皇帝喜歡以象徵吉祥、勇猛的飛禽走獸爲自己的愛犬命名，包括鶻、鵲、雕、狼、獫、虬、螭、豹、獅子等等，草原文化的氣息十分濃厚，乾隆皇帝如何透視郎世寧所畫十駿犬，是值得探討的課題。

　　海峽兩岸現藏十駿馬圖包括：郎世寧十駿圖，十軸；王致誠十駿圖冊，十幅；郎世寧、艾啓蒙十駿圖，十軸。據《石渠寶笈‧初編》記載，郎世寧十駿圖，原貯御書房，素絹本，著色畫，每軸款識云：「乾隆癸亥孟春海西臣郎世寧恭畫」等字樣。乾隆八年

（1743），歲次癸亥，郎世寧獨力繪成的十駿圖，可以稱爲前十駿圖。《內務府造辦處各作成做活計清檔·如意館》記載，乾隆八年（1743）三月初三日，司庫郎正培面奉上諭：「著郎世寧畫十駿大畫十副，不必布景，起稿呈覽，欽此。」[33]同年五月二十日，太監張明傳旨：「著郎世寧畫十駿手卷一卷，佈景著唐岱畫，欽此。」[34]郎世寧遵旨繪畫十駿馬圖，包括沒有布景的十駿馬大畫共十幅和唐岱佈景的十駿馬手卷一卷。

除了前十駿馬圖外，還有由郎世寧和艾啓蒙合畫而成的後十駿馬圖，其中紅玉座、如意驄、大宛騮三匹駿馬出自郎世寧之手；馴吉騮、錦雲駿、踏鐵騮、佶閑騮、勝吉驄、寶吉騮、良吉黃等七匹駿馬則出自艾啓蒙之手。《石渠寶笈·初編》所記載的郎世寧畫前十駿馬圖，共十軸，每軸詳載其漢字標題及注記。第一軸左上方漢字隸書署「萬吉驪」三字，下注「喀爾喀郡王多爾濟札爾進」等字樣。第二軸右方上漢字隸書署「闞虎騙」三字，下注「喀爾喀郡王澄文札布進」等字樣。第三軸右方上漢字隸書署「獅子玉」三字，下注「喀爾喀折布尊丹巴呼圖克圖進」等字樣。第四軸左方上漢字隸書署「霹靂驤」三字，下注「喀爾喀親王古倫額駙策楞進」等字樣。第五軸右方上漢字隸書署「雪點鵰」三字，下注「科爾沁郡王諾們額爾和圖進」等字樣。第六軸右方上漢字隸書署「自在騙」三字，下注「和拖輝特貝勒誠溫札布進」等字樣。第七軸右方上漢字隸書署「奔霄驄」三字，下注「翁牛特貝勒彭蘇克進」等字樣。第八軸左方上漢字隸書署「赤花鷹」三字，下注「喀爾喀親王德欽札布進」等字樣。第九軸左方上漢字隸書

---

33 《內務府造辦處各作成做活計清檔·如意館》，NO.83, P.43。乾隆八年三月初三日，上諭。

34 《內務府造辦處各作成做活計清檔·如意館》，NO.83, P.337。乾隆八年五月十二日，諭旨。

署「英驥子」三字，下注「和拖輝特貝勒誠溫札布進」等字樣。第十軸左方上漢字隸書署「籋雲駛」三字，下注「科爾沁公達爾馬達杜進」等字樣。[35]臺北國立故宮博物院典藏的郎世寧十駿馬圖是其中第四軸霹靂驤、第五軸雪點鵰、第七軸奔霄驄、第八軸赤花鷹、第十軸籋雲駛等五軸[36]，圖版說明，詳見《郎世寧作品專輯》。十駿馬圖是以北亞草原的駿馬為題材，分別由喀爾喀、科爾沁、和拖輝特、翁牛特等部所進，所署駿馬名稱，除漢字外，還兼書滿文、蒙文。對照滿、蒙文字，有助於了解乾隆皇帝為駿馬命名的意義。譬如第四軸霹靂驤，滿文標題讀如 "hūdun giyahūn fulgiyan suru"，蒙文標題讀如 "hurdun qarčayai siryol"，意即快速如鷹的紅白馬。第五軸雪點鵰，滿文標題讀如 "saksaha daimin cabdara alha"，蒙文標題讀如 "čayčayai bürgüd čabidar alqa"，意即接白鵰銀鬃花馬。第七軸奔霄驄，滿文標題讀如 "akdun arsalan fulan"，蒙文標題讀如 "batu arslan boro" 意即結實如獅子的青馬。第八軸赤花鷹，滿文標題讀如 "cakiri giyahūn keire alha"，蒙文標題讀如 "tarlang qarčayai keger alqa"，意即虎斑鵰棗騮花馬。滿文標題和蒙文標題的詞義是符合一致的，都和漢文標題頗有出入，滿文、蒙文名稱淺顯易解，如雪點鵰並非如張照贊語所云「般般麟若，點點雪裝」而得名。所謂馬背有雪點點云云，只是漢文標題的望文生義。「接白鵰」，滿文讀如 "saksaha daimin"，又作 "saksaha damin"，意思是上半黑下半白生後一、二年的鵰，這匹駿馬的毛色與滿文、蒙文的詞義相合。康熙皇帝閱讀西洋書籍，看到西洋畫片天使帶翅膀，頗不以為然。乾隆皇

---

35 《石渠寶笈初編》（臺北，國立故宮博物院，民國 60 年 10 月），下冊，頁 1159。

36 《郎世寧作品專輯》（臺北，國立故宮博物院，民國 72 年 8 月），頁 103。

帝要郎世寧畫駿馬奔馳如飛，不用帶翅膀，而以高飛的「神鵰」命名，頗能傳神。又如第十軸籋雲駛，漢字名稱引《漢書‧禮樂志》「志俶儻，精權奇，籋浮雲，晻上馳」等語而命名，表示天馬上躡浮雲，意蘊深奧。滿文、蒙文名稱淺顯易懂。探討中西文化交流或清代宮廷繪畫，不能忽略非漢文化的成分。

　　聶崇正撰〈清代的宮廷繪畫和畫家〉一文已指出，清代宮廷中的花鳥走獸畫，一部分受到惲壽平、蔣廷錫等人的影響，畫風比較工整寫實，設色鮮麗明淨。除去惲壽平、蔣廷錫的傳派外，一些歐洲傳教士畫家採用西洋繪畫的技法也繪製了不少花鳥走獸畫。他們的作品講究動物的解剖結構，注重表現立體感。郎世寧、王致誠、艾啓蒙、賀清泰等人都有這類題材的作品傳世。其中郎世寧和王致誠畫的馬，在清朝畫壇上獨樹一幟。他們擅長用細密短小的線條表現馬匹的皮毛，馬匹的造型十分精確，甚至馬匹皮下凸起的血管筋腱、關節處的縐折等，都能細緻入微地描畫出來，如郎世寧的百駿圖卷、八駿圖卷、十駿圖大橫軸、王致誠的十駿馬圖冊等。郎世寧等歐洲畫家所畫的駿馬和鹿、象、犬、鷹等動物，其中有許多是邊境地區的少數民族首領進獻給清朝皇帝的，所以畫上有以滿、蒙、漢三體文字書寫的動物名號、尺寸及進獻者的姓名和所屬的部落。這些花鳥走獸不僅僅具有裝飾宮廷的觀賞價值，對於我們了解當時中央政權和邊遠地區的聯繫，各民族之間的交往，以及某些珍貴動植物的產地等問題也具有很重要的價值[37]。從某種意義上說，郎世寧、王致誠等十駿馬圖，都不應和一般裝飾觀賞的鳥獸畫等同看待，當喀爾喀、科爾沁、翁牛特諸部蒙古民族成員觀賞到本部族王公員勒進獻的駿馬出現在自己

37　聶崇正撰，〈清代的宮廷繪畫和畫家〉，《清代宮廷繪畫》（北京，文物出版社，1995 年 4 月），頁 18。

的眼前，畫軸上方書寫著本部族的語言文字，其親切感，必然油然而生，而更加促進蒙古族人對朝廷的向心力。

　　法國人王致誠（1702-1768）的父親是一位畫家，他從幼年起就受到藝術的薰陶，擅長畫人物肖像及動物，現存王致誠十駿馬圖冊中所畫的駿馬，也是由各少數民族部落首領進獻的，都是乾隆皇帝的坐騎。王致誠十駿馬圖冊和郎世寧十駿馬圖軸有何異同？有何特色？為了便於說明，先列簡表如下。

王致誠十駿馬圖名稱

序　號	漢字名稱	滿文名稱	羅馬拼音	名稱釋義
第一幅	萬吉霜		tumen beleku	萬吉
第二幅	闞虎騮		bar batur	勇虎
第三幅	獅子玉		has arsalan	玉獅
第四幅	霹靂驤		hūrdun harcagai	快速鷹
第五幅	雪點鵰		cakcahai burgut	接白鵰
第六幅	自在驕		tumen jirgal	萬福
第七幅	奔霄驄		batu arsalan	結實獅子

第八幅	赤花鷹		tarlang harcagai	蘆花鷹
第九幅	英驥子		idegeltu ider nacin	可信賴、強壯的隼
第十幅	蕭雲駛		hūrutu burgut	虎斑雕

資料來源：《清代宮廷繪畫》，北京，故宮博物院，文物出版社，1995
　　　　　年4月。

　　由前列簡表可知王致誠十駿馬圖冊中駿馬漢字名稱，與郎世
寧十駿馬圖相同，是同樣由喀爾喀、科爾沁、翁牛特諸部王公貝
勒所進獻的十匹駿馬，神態十分相似，圖冊中馬匹刻劃準確細緻，
皮毛質感極強，是王致誠的手筆，而其背景的樹木坡石當爲中國
畫家補繪的[38]。值得重視的是十駿馬圖滿文、蒙文的命名特色。
林士鉉撰〈乾隆時代的貢馬與滿洲政治文化〉一文已指出，王致
誠十駿馬圖冊內駿馬名字的書寫方法，與郎世寧、艾啓蒙的前、
後十駿圖不同，前、後十駿圖以滿、蒙、漢三體文字書寫其名，
而王致誠的畫冊只單寫一種，是以滿文字母音寫的蒙文。此種音
寫蒙文的表現方法十分特殊，寫的是滿文，詞義是蒙古語，而且
只保留蒙文命名的形容詞部分。這些音寫蒙文應是根據滿洲的語
言習慣而拼寫的蒙文，也成爲新創的滿文詞彙[39]。滿文詞彙中，
有頗多借詞，或新創的詞彙，從十駿馬圖冊中滿文音寫蒙文的十

38　《清代宮廷繪畫》（北京，文物出版社，1995年4月），頁256。
39　林士鉉撰，〈乾隆時代的貢馬與滿洲政治文化〉，《故宮學術季刊》，第二
　　十四卷，第二期（臺北，國立故宮博物院，民國95年春季），頁74。

駿馬名字，一方面可以說明王致誠十駿馬圖冊與郎世寧十駿馬圖軸的不同，一方面也可以反映王致誠奉命畫十駿馬的創新。滿文是一種拼音文字，是由蒙文脫胎而來。明神宗萬曆二十七年（1599），清太祖努爾哈齊以老蒙文字母拼寫女真語，發明了老滿文。一百五十年後，乾隆皇帝以新滿文拼寫蒙古語的創意，頗具時代意義。

　　十駿馬圖內第一圖萬吉霜，滿文音寫蒙語讀如 "tumen belektu"，句中 "tu"，作「有」解，素示人或物，"tumen belektu"，意即萬吉，並無「驦」字樣的含義。老虎，蒙文讀如 "bars" 滿文音寫讀如 "bar"；勇士或英雄，蒙文讀如 "bayatur"，滿文音寫讀如 "batur"。第二圖闞虎駵，滿文音寫讀如 "bar batur"，意即勇虎，並無「駵」字樣的含義。漢字「玉」，滿文意讀如 "gu"，蒙文意譯讀如 "qas"；漢字「獅子」，滿文意譯讀如 "arslan"，蒙文意譯讀如 "arslan"，滿文音寫 "has arslan"，意即玉獅。第三圖漢字作「獅子玉」，與滿文音寫詞義相近。第四圖霹靂驤，郎世寧十駿馬圖滿文、蒙文譯為「快速如鷹的紅白馬」，王致誠十駿馬圖滿文音寫讀如 "hūrdun harcagai"，意即快速鷹。第五圖雪點鵰，郎世寧十駿馬圖滿文、蒙文譯為「接白鵰銀鬃花馬」，王致誠十駿馬圖滿文音寫讀如 "cakcahai burgut"，意即接白鵰，與漢字名稱相合。第六圖自在驦，驦，是白腹的馬。滿文音寫讀如 "tumen jirgal"，意即萬福，並無「驦」字樣的含義。第七圖奔霄驄，驄，是毛色青白夾雜的馬，郎世寧十駿馬圖滿文、蒙文譯為「結實如獅子的青馬」，王致誠十駿馬圖滿文音寫讀如 "batu arsalan"，意即結實獅子，並無「驄」字樣的含義。第八圖赤花鷹，郎世寧十駿馬圖滿文、蒙文譯為「蘆花鷹棗騮花馬」，王致誠十駿馬圖滿文音寫讀如 "tarlang harcagai"，意即蘆花鷹，與漢字名稱相近。第九圖英驥子，驥爲千里馬，驥子即良馬，語出《文選‧蜀都賦》。英驥子，滿文音讀如 "idegeltu ider nacin"，意即可信賴、強壯的隼。第十圖爾雲駛，郎世寧十駿馬圖滿文、蒙文意譯爲「虎斑鷗棗騮花馬」，王致誠十駿馬圖滿文音寫讀如 "hūrutu burgut"，意即虎斑鷗，與漢字名稱頗有出入。以滿文音寫蒙文，不諳蒙文的滿族多不解其詞義；不諳滿文的蒙古族多能讀出其字音，並略能了解其詞義，滿文音寫蒙文，也可以視爲新創滿文詞彙。滿、蒙一體，長期以來，清朝文化通過接觸、同化以及高度的選擇與改造，對清朝文化的向前發展產生了極大的作用。

五、戰爭與戰圖 —— 繪製得勝圖銅版畫的時代意義

在乾隆皇帝自我標榜的「十全武功」中，最具意義的還是乾隆二十年（1755）至乾隆二十四年（1759）進行的平定準噶爾及回部兩次戰爭。明末清初，西域以天山爲限，分爲南北兩路，北路爲準噶爾所據，南路爲回部所據。康熙年間（1662-1722），準噶爾噶爾丹汗崛起，聲勢日盛，屢次侵犯喀爾喀、哈密，窺伺青海，潛兵入藏。康熙皇帝御駕親征，未能直搗巢穴。雍正皇帝籌備多年，悉力進剿，卻遭和通泊之敗。乾隆初年，準噶爾內亂，篡奪相尋，乾隆皇帝乘機大張撻伐，清軍兩路並進，長驅深入，蕩平準噶爾，改伊里爲伊犁，以寓犁庭掃穴，功成神速之意。回部之役，則爲準噶爾之役的延長。五年之間，清軍掃平天山南北兩路，式廓二萬餘里。乾隆皇帝用兵西北固然是繼述康熙、雍正兩朝未竟之志，同時通過這兩次戰爭，使清朝進一步加強了西北邊防和鞏固了國家統一，促進了多民族國家的向前發展。

　　西域軍事告藏後，乾隆皇帝感念出征將士百死一生爲國宣
力，不能使其泯滅無聞，於是詳詢軍營征戰形勢，令供職內廷的
西洋畫家結構丹青，描繪戰役圖稿樣十六張，交由粵海關發往法
蘭西，以銅版畫的形式表現出來。戰圖畫面採用全景式構圖，場
面寬廣遼闊，結構複雜，人物眾多，刻畫入微，其描寫景色，明
暗凹凸，投影透視等技法，充分反映了歐洲銅版畫製作的高度水
平，這是中西文化交流史上的一件盛事[40]。海峽兩岸現存檔案中
含有頗多涉及西域得勝圖銅版畫繪製的史料，相當珍貴。爲了便
於分析，可將乾隆年間西域得勝圖銅版畫繪製過程列出簡表如下。

乾隆年間平定西域得勝圖銅版畫繪製過程簡表

時　　間	大　事　紀　要
十八年（1753）十月二十一日	杜爾伯特台吉策凌率領部眾款關內附。
十九年（1754）五月初七日	承恩公奉旨帶領王致誠往熱河畫油畫。
十九年（1754）五月十二日	乾隆皇帝在避暑山莊接見杜爾伯特降將策凌等人，王致誠奉命爲策凌等畫油畫肖像。
十九年（1754）七月	輝特台吉阿睦爾撒納等先後投誠。郎世寧、艾啓蒙等人奉命前往熱河避暑山莊。
十九年（1754）八月二十八日	內大臣海望傳旨著艾啓蒙等人畫油畫臉像。
二十年（1755）二月初六日	員外郎郎正培等奉旨將郎世寧等畫成油畫阿睦爾撒納等臉像十一副鑲錦邊。
二十年（1755）六月二十四日	準噶爾汗達瓦齊（dawaci）被俘，乾清門侍衛華圖（hūwatu）押解達瓦齊到京，清軍初定準噶爾。
二十年（1755）七月二十七日	總管太監王常貴傳旨著郎世寧畫愛玉史油畫臉像一幅。

<hr />

40 中國第一歷史檔案館編，《乾隆西域戰圖秘檔薈萃》（北京，北京出版社，
　2007 年 9 月），緒言，頁 2；拙撰，〈從得勝圖銅版畫的繪製看清初中西
　文化的交流〉，《清史論集》，第八冊（臺北：文史哲出版社，民國 89 年
　11 月），頁 1-52。

二十年（1755）七月二十八日	郎世寧奉旨畫愛玉史得勝營盤圖大畫一幅，再將愛玉史臉像畫跑馬扎鎗式宣紙手卷一卷。
二十年（1755）八月初三日	太監胡世傑傳旨正大光明殿內東墻上著郎世寧用白絹畫愛玉史等得勝圖橫披大畫一張。
二十年（1755）八月初九日	郎世寧遵旨畫得愛玉史臉像畫跑馬扎鎗式宣紙手卷一卷進呈。
二十年（1755）十月十七日	達瓦齊解送至京行獻俘禮。
二十年（1755）十一月二十八日	太監胡世傑傳旨愛玉史得勝圖橫披大畫，不必用避子，畫得著鑲三寸邊貼東墻上。
二十一年（1756）四月初一日	郎世寧奉命畫達瓦齊油畫臉像。
二十二年（1757）正月初六日	傳旨瀛臺聽鴻樓下西墻貼郎世寧絹畫得勝圖一張。
二十二年（1757）六月	阿睦爾撒納兵敗竄入俄羅斯，清軍再定準噶爾。
二十四年（1759）六月十七日	太監胡世傑傳旨瑪常小臉像手卷著郎世寧放長再畫一卷。
二十四年（1759）九月初九日	清軍平定天山南路回部。
二十五年（1760）三月初十日	太監胡世傑傳旨瑪常得勝圖著貼在紫光閣。
二十五年（1760）四月十八日	郎世寧奉命起稿畫伊犁人民投降、追取霍集占首級、黑水河打仗、阿爾楚爾打仗、獻俘、郊勞、豐澤園筵宴，共畫七張，用絹畫。
二十七年（1762）六月十一日	太監胡世傑傳旨將郎世寧起得得勝圖小稿十六張，著姚文瀚仿畫手卷四卷。
二十八年（1763）十一月初六日	太監胡世傑交西洋銅版畫二十八張傳旨著交啓祥宮揭托。
二十九年（1764）十月二十五日	太監胡世傑傳旨，平定伊犁等處得勝圖十六張，著郎世寧起稿，得時呈覽，陸續交粵海關監督轉交法蘭西，著好手人照稿刻做銅版。
三十年（1765）五月十七日	太監胡世傑傳旨郎世寧等四人起得得勝圖稿十六張，著丁觀鵬等五人用宣紙依照原稿著色畫十六張。
三十年（1765）五月二十六日	傳旨將郎世寧畫得愛玉史詐營稿一張，王致誠畫得阿爾楚爾稿一張，艾啓蒙畫得伊犁人民投降稿一張，安德義畫得庫爾滿稿一張，先行發交粵海關作速刻做極細銅版，得時每版用整紙先刷印一百張，隨同銅版一同交來。

三十年（1765）七月	得勝圖稿四張發交法蘭西商船承領回國。
三十年（1765）	是年，廣東十三行與法蘭西印度公司訂立刊刻銅版契約。
三十一年（1766）二月初九日	內廷交出安德義等續畫得勝圖四張，即：伊西洱庫爾之戰、烏什酋長獻城降、拔達山汗納款、黑水圍解各一張，發交粵海關辦理。
三十一年（1766）五月二十一日	內廷交出艾啓蒙等續畫得勝圖四張，即：霍斯庫魯克之戰、通古思魯克之戰、庫隴癸之戰、和落霍澌之戰各一張，發交粵海關辦理。
三十一年（1766）十月初六日	內廷交出續畫得勝圖四張，即：鄂羅扎拉圖之戰、平定回部獻俘、郊勞、凱宴回部成功將士各一張，發交粵海關監督辦理。
三十一年（1766）	內廷先後三次交出得勝圖十二幅，由粵海關監督發交法蘭西船領回。
三十三年（1768）七月二十六日	傳諭兩廣總督李侍堯等查明得勝圖尙未依限辦竣緣由。
三十四年（1769）	是年，法蘭西名匠布勒佛（B.L. Prevost）刻得平定伊犁受降銅版。勒巴（La Bas）刻得格登鄂拉斫營銅版。
三十五年（1770）九月初五日	兩廣總督李侍堯等奏明法蘭西商船來華帶到銅版畫張數。
三十五年（1770）十月二十八日	庫掌四德等將粵海關送到第一次圖版畫愛玉史詐營圖二百張，阿爾楚爾圖四張、伊犁人民投降圖二十八張、原發圖稿二張，交太監胡世傑呈覽，奉旨仍用原隨夾板木箱裝好交啓祥宮收貯。同日，兩廣總督李侍堯等奉上諭阿爾楚爾圖、伊犁人民投降圖印足兩百張，連銅版一併送繳。
三十五年（1770）	是年，聖多米（Saint Aubin）刻得呼爾璊大捷銅版，勒巴（La Bas）刻得鄂羅扎拉之戰銅版、凱宴成功諸將士銅版。
三十五年（1770）	是年，法蘭西商船來華帶到得勝圖銅版畫二百三十二張，原稿二張。
三十六年（1771）七月	法蘭西商船來華帶到得勝圖銅版畫五百四十三張，原稿三張，移送造辦處轉爲奏繳。
三十六年（1771）十一月十九日	法蘭西商船送到第二次銅版畫阿爾楚爾圖一百三十一張，伊犁人民投降圖一百二十張，鄂羅扎拉之戰圖一百三十一張，阿爾楚爾之戰圖二十九張，凱宴回部圖一百三十二。
三十六年（1771）十二月初九日	庫掌四德等將粵海關送到阿爾楚爾圖十五張，伊犁人民投降圖五十八張，鄂羅扎拉之戰圖六十七張、凱宴回部圖六十六張、呼爾璊圖六十六張、原稿一張，繕寫清單交胡世傑呈覽。

三十六年（1771）十二月二十二日	庫掌四德等持交粵海關監督德魁送到阿爾楚爾圖七十七張、黑水圍解圖一百張，平定回部獻俘圖九十八張、原稿一張、阿爾楚爾圖銅版一堆、鄂羅扎拉之戰圖銅版一堆、黑水圍解圖銅版一塊、金邊玻璃平定回部獻俘圖畫一面。
三十七年（1772）七月二十八日	法蘭西商船來華帶到銅版畫共三百七十五張，原稿二張，銅版三塊。
三十七年（1772）八月十九日	法蘭西商船來華帶到銅版畫共一百八十五張，銅版四塊。
三十八年（1773）五月初三日	庫掌四庫等持進粵海關送到銅版七塊，每樣壓印紙圖十張內每樣各得好圖二張，不真圖八張。
三十八年（1773）十二月十九日	庫掌四德等持進粵海關送到平定回部獻俘圖一百三十四張，原稿一張，銅版一塊；拔達山汗納款圖二百二十七張，原稿一張，銅版一塊；郊勞圖二百二十九張，原稿一張，銅版一塊；伊西洱庫兒之戰圖五十八張，原稿一張。
三十九年（1774）八月	法蘭西商船來華帶到銅版畫共二百二十九張，銅版一塊，原稿一張，圖樣四張。
四十年（1775）九月	法蘭西商船來華帶來銅版畫四樣，共三百五十八張，銅版二塊，原稿二張。
四十一年（1776）八月	法蘭西商船來華帶到銅版畫共四百三十張，銅版二塊。

資料來源：《內務府造辦處各作成做活計清檔》，北京，中國第一歷史檔案館；《清中前期西洋天主教在華活動檔案史料》，北京，中華書局，2003 年 10 月。

　　由前列簡表可知在西域戰事結束以前，西洋畫家已奉命爲準噶爾各部降將繪畫肖像，乾隆十九年（1754）五月十二日，王致誠奉命爲杜爾伯特降將策凌等畫油畫肖像。同年八月二十八日，艾啓蒙等人奉命爲輝特台吉阿睦爾撒納畫油畫臉像十一副鑲錦邊。同年七月二十七日，郎世寧奉命爲愛玉史即阿玉錫油畫臉像。七月二十八日，郎世寧奉旨畫愛玉史得勝營盤圖大畫一幅，愛玉史臉像畫跑馬扎鎗式宣紙手卷一卷，此即〈阿玉錫持矛蕩寇圖〉，現藏臺北國立故宮博物院。紙本設色，縱 27.1 公分，橫 104.4 公分。從七月二十七日郎世寧爲阿玉錫畫油畫臉像至八月初九日，

以十天功夫畫成〈阿玉錫持矛蕩寇圖〉畫卷。是年歲次乙亥，在乾隆皇帝〈乙亥御筆〉中有「阿玉錫以今年五月十四夜斫營奏功，捷書至，走筆成此歌。秋七月命之入覲，俾畫工肖其持矛蕩寇之象，即書於後，表其奇卓。」[41]御筆中的「畫工」，就是郎世寧，阿玉錫在格登鄂拉之役率領二十四騎夜斫敵營獲得大勝，戰功彪炳。郎世寧以他的精湛技藝描繪了阿玉錫騎馬執矛衝鋒的一剎那[42]，他的英風神勇，躍然紙上。誠然，郎世寧以他擅長寫實技法，精細、真實地刻畫了一位蒙古巴圖魯（baturu）即勇士的形象。堅毅勇敢的阿玉錫全身戎裝，持矛躍馬向前衝殺。這是一幅肖像式的作品。捨去了全部背景，以凸顯阿玉錫如入無人之境的生動畫面，也富於我國傳統繪畫的特色[43]。乾隆二十一年（1756）四月初一日，郎世寧奉命為準噶爾汗達瓦齊油畫臉像。乾隆二十四年（1759）六月十七日，太監胡世傑傳旨瑪常小臉像手卷著郎世寧放長再畫一卷。乾隆二十五年（1760）三月初十日，太監胡世傑傳旨瑪常得勝圖著貼在紫光閣，臺北國立故宮博物院現藏郎世寧作品〈瑪瑺斫陣圖〉畫卷，紙本設色，縱 38.4 公分，橫 285.9 公分。畫中描繪呼爾瑞戰役中瑪瑺捨馬步戰的超勇英姿，虎虎生風。

　　清軍平定天山南北路後，西洋畫家奉命繪畫平定西域得勝圖。乾隆二十五年（1760）四月十八日，郎世寧奉命起稿畫伊犁人民投降等圖共七張。乾隆二十七年（1762）六月十一日，姚文瀚奉命將郎世寧起得得勝圖小稿十六張仿畫手卷。乾隆二十九年

---

41 《石渠寶笈續編》（臺北，國立故宮博物院，民國 60 年 10 月），第六冊，頁 3049。

42 楊伯達撰，〈郎世寧在清內廷的創作活動及其藝術成就〉，《故宮博物院院刊》，1988 年，第二期（北京，故宮博物院，1988 年 5 月），頁 18。

43 聶崇正撰，〈郎世寧和他的歷史畫、油畫作品〉，《文物》，1979 年，第三期（北京，文物出版社，1979 年 8 月），頁 41。

（1764）十月二十五日，平定伊犁等處得勝圖十六張。命郎世寧起稿呈覽。乾隆三十年（1765）五月十七日，郎世寧等四人起得得勝圖稿十六張，命丁觀鵬等五人用宣紙依照原稿著色畫十六張。得勝圖稿樣呈覽審閱，奉旨准畫後，始正式繪畫，然後陸續交由粵海關，分批送往歐洲製作銅版畫。

歐洲銅版畫的刊刻方法及印刷技術，較我國傳統木質版畫難度更高。歐洲早期的銅版畫是在光滑平整的銅版上先塗抹一層防止腐蝕的蠟，然後用刀或針刻畫出畫面的形象，再用酸性的腐蝕液腐蝕，酸液流過刻畫的地方，形成凹線，在凹線內填入油墨，經過壓印機將油墨印在紙上，其成品就是銅版畫。銅版畫作品以其細密變化的線條組成畫面，具有獨特的風格[44]。康熙年間，隨著西洋傳教士入京供職，銅版畫藝術形式也爲宮廷所採用，首先是用來製作地圖。康熙五十八年（1719），清廷所頒發的《皇輿全覽圖》，由意大利籍傳教士馬國賢攜往歐洲，製成銅版，共四十一幅。乾隆皇帝曾經看過一套德國畫家呂根達斯所作銅版畫戰圖，覺得很有特色，於是也想把平定準噶爾及回部的戰役圖，以銅版畫的形式表現出來。方豪教授指出，兩廣總督初擬將得勝圖寄至英國，當時耶穌會駐華會長 P.J. Louis Le Febver 住在廣州，力言法國藝術冠絕歐洲，乃由法蘭西印度公司及廣東十三行承辦其事，所訂契約，仍存巴黎國家圖書館，方豪教授曾經攝影[45]。

平定西域得勝圖十六張的名稱，據《石渠寶笈續編》的記載依次爲：一平定伊犁受降；二格登鄂拉斫營；三鄂壘扎拉圖之戰；

---

[44] 聶崇正撰，〈乾隆平定準部回部戰圖和清代的銅版畫〉，《文物》，1980 年，第四期（北京，文物出版社，1980 年 4 月），頁 61。

[45] 方豪著，《中西交通史》（臺北，中國文化大學出版部，民國 72 年 12 月），下冊，頁 924。

四和落霍澌之捷；五庫隴癸之戰；六烏什酋長獻城降；七黑水圍解；八呼爾滿大捷；九通古思魯克之戰；十霍斯庫魯克之戰；十一阿爾楚爾之戰；十二伊西洱庫爾淖爾之戰；十三拔達山汗納款；十四平定回部獻俘；十五郊勞回部成功諸將士；十六凱宴成功諸將士。其先後順序及標題，與法蘭西原刻銅版順序相合。中國第一歷史檔案館編印《乾隆西域戰圖秘檔薈萃》所載戰圖順序頗有出入。

　　平定西域得勝圖的漢字名稱，起初因同音異譯，並未規範。乾隆三十年（1765）五月二十六日，《內務府造辦處各作成做活計清檔》記載，將郎世寧畫〈愛玉史詐營稿〉、王致誠畫〈阿爾楚爾稿〉、艾啓蒙畫〈伊犁人民投降稿〉、安德義畫〈庫爾滿稿〉各一張，奉旨先行發交粵海關作速刻做極細銅版。其中〈愛玉史詐營〉即〈格營鄂拉斫營〉，〈阿爾楚爾〉即〈阿爾楚爾之戰〉，〈伊犁人民投降〉即〈平定伊犁受降〉，〈庫爾滿〉即〈呼爾滿大捷〉。乾隆三十一年（1766）二月初九日，內廷交出續畫得的戰圖包括：伊西洱庫爾之戰、烏什酋長獻城降、拔達山汗納款、黑水圍解各一張，其中〈伊西洱庫爾之戰〉即〈伊西洱庫爾淖爾之戰〉。同年五月二十一日，內廷交出續畫得戰圖包括：霍斯庫魯克之戰、通古思魯克之戰、庫隴癸之戰、和落霍澌之戰各一張。十月初六日，內廷交出續畫的戰圖包括：鄂羅扎拉圖之戰、平定回部獻俘、郊勞、凱宴回部成功將士各一張，其中〈鄂羅扎拉圖之戰〉即〈鄂壘扎拉圖之戰〉，〈郊勞〉即〈郊勞回部成功諸將士〉，〈凱宴回部成功將士〉即〈凱宴成功諸將士〉。銅版畫刊刻刷印完成送京裝裱御製詩文後，得勝圖十六張的名稱才正式作了規範。

　　平定西域得勝圖的圖樣送達法蘭西後，受到法蘭西藝術界的重視。法蘭西皇家藝術院院長侯爵馬利尼（Marigny）命柯升（C.N.Cochin）主其事。柯升先後挑選雕版名手勒巴（J.P.Le Bas）、

聖多米（A.de Saint Aubin）、布勒弗（B.L. Prevost）、蕭法（P.P. Choffard）、郎納（N. de Launay）、德尼（F.D. Nee）等人分別開雕[46]。依照契約規定，第一次圖樣四張定限於乾隆三十四年（1769）刻印銅版畫帶回粵海關，但法蘭西並未依限呈繳，兩廣總督李侍堯、粵海關監督德魁再三查詰，並飭令行商潘振承等詢問法蘭西大班，據稱，因刊刻銅版匠工精細，其所印墨色深淺，亦有區別，內地紙墨油水不合應用，難以印刷[47]。

　　法蘭西名匠只有四、五人會做得勝圖銅版畫，以致不能如期呈繳。承辦得勝圖銅版畫的鐫工首領柯升於〈寄京書信〉中，對銅版的鐫刻及印刷曾作說明，節錄一段內容如下：

> 其一，中國紙張易於起毛，以之刷印圖像，難得光潔，且一經潤濕，每每粘貼板上，起時不免破碎，即或取用洋紙，浸潤尤須得法，太濕則淫溢模糊，太乾則摹印不真。至於調色之油，最難熬製，倘不如法，萬難浸入，銅板細紋，必致模糊。所用顏色，並非黑墨，惟取一種葡萄酒渣，如法鍊成，方可使用。若用別項黑色，不惟摹印不真，且易壞板。再者，板上敷摸油色，既用柔軟細布擦過，全在以手掌細細揉擦，務相其輕重均勻，陰陽配合，方稱如式，此等技藝，不惟生手難以猝辦，即在洋數百匠人演習多年，內中亦不過四、五人有此伎倆。況此板鏤刻精細，若遇巧匠，每板或可刷印千餘張，其板尚能修理。一經生手，摹印既難完好，且易於壞板。倘將細紋磨平，或將通板擦傷

---

46 石田幹之助撰，〈關於巴黎開雕乾隆年間平定準回兩部得勝圖〉，《東洋學報》，第九卷（東京，1919 年），第三號，頁 402。

47 《軍機處檔・月摺包》（臺北，國立故宮博物院），第 2771 箱，80 包，13146 號。乾隆三十五年九月初五日，李侍堯咨呈。

痕跡，其板反成廢棄。種種緣故，非敢故為鋪張[48]。

由柯升〈寄京書信〉可知銅版畫不能如期呈繳的種種緣故，同時也有助於了解得勝圖銅版畫製作的過程。其銅版鏤刻精細，刷印最難，中國紙張易於起毛，取用洋紙，必須浸潤得法；所用顏料，並非黑墨，而是採用一種葡萄酒渣鍊成的顏料，熬製艱難；銅版上敷摸油色，須以手掌細細揉擦，輕重均勻，陰陽配合，銅版畫製作技藝的艱難，必須經過長期訓練才有這種技倆。聶崇正撰〈乾隆平定準部回部戰圖和清代的銅版畫〉一文已指出，從清朝宮廷銅版畫看，都是採用刀或針刻劃後以酸性溶液腐蝕的方法，線條細勁柔和，畫面物體的明暗，均用變化多端、粗細複雜的線條來表現。以粗而準確的線條描繪物象的輪廓和亮部，以細密規則平行線、網狀線表現物象的暗部，中間色調則用細點或虛線來表現[49]。銅版畫主要是以線條來表現原畫的層次、立體感和深遠感。乾隆年間，法蘭西擅長鏤刻銅版的工匠，雖然不下數百人，但真正有鏤刻得勝圖銅版和印刷銅版畫技藝的名手不過六、七人。得勝圖銅版十六塊分別注明鏤刻人名、年分、圖次、規格等項，其中布勒弗（B.L. Prevost）鏤刻的是〈平定伊犁受降〉（1769）、〈霍斯庫魯克之戰（1744）；聖多米（A.de Saint Aubin）鏤刻的是〈呼爾滿大捷〉（1770）、〈通古思魯克之戰〉（1773）；郎納（N. de Launay）鏤刻的是〈伊西洱庫爾淖爾之戰〉（1722）；勒巴（J.P.Le Bas）鏤刻的是〈格登鄂拉斫營〉（1769）、〈鄂壘扎拉圖之戰〉（1770）、〈凱宴成功諸將士〉（1770）、〈黑水圍解〉（1771）、〈和洛霍澌之捷〉（1774）；蕭法（P.P Choffard）鏤刻的是〈拔達

---

48 《軍機處檔・月摺包》，第 2771 箱，80 包，13155 號，銅板柯升寄京書信。
49 《文物》，1980 年，第四期，頁 61。

山汗納款〉（1772）、〈烏什酋長獻城降〉（1774）；阿里墨（J.Aliament）
鐫刻的是〈平定回部獻俘〉（1772）；德尼（F.D. Nee）鐫刻的是
〈郊勞回部成功諸將士〉（1772）。現存西域得勝圖銅版畫多無注
記，中國第一歷史檔案館編印《乾隆西域戰圖秘檔薈萃》中十六
幅戰圖俱無注記。臺北國立故宮博物院現藏得勝圖銅版畫注記因
裝裱時爲黃綾所貼去，以致不見法文注記字樣。

　　平定西域得勝圖銅版畫包括兩個部分，其中圖畫十六幅在法
蘭西鐫刻刷印，各圖御題詠詩及御製序文、大學士傅恆等識跋計
十八張，則在內廷木刻刷印，然後將圖畫與詩文分別裝裱成冊，
其圖畫與詩文都可當史料看待。在十六幅圖畫前冠以御題序行
書。序文開端指出「西師定功於己卯，越七年丙戌戰圖始成，因
詳詢軍營征戰形勢，以及結構丹青有需時日也。」歲次己卯，相
當於乾隆二十四年（1759），是年清軍平定回部西域軍事告藏的年
分。歲次丙戌，相當於乾隆三十一年（1766），所謂「戰圖始成」，
是指內廷西洋畫家所畫得的十六張得勝圖稿樣。其間因詳詢軍營
征戰形勢，以及起稿繪畫，有需時日，所以經過七年戰圖始成。
序中又稱，「夫我將士出百死一生，爲國宣力，賴以有成，而使其
泯滅無聞，朕豈忍爲哉！是以紫光閣既勒有功臣之像，而此則各
就血戰之地，繪其攻堅斫銳，斬將搴旗實蹟，以旌厥勞而表厥勇。」
乾隆皇帝製作得勝圖的宗旨，就是要紀錄將士征戰實蹟，以旌其
勞而表其勇。

　　平定西域得勝圖銅版畫是屬於冊頁的形式，中國第一歷史檔
案館編印西域戰圖〈緒言〉指出畫幅縱 55.4 釐米，橫 90.8 釐米。
臺北國立故宮博物院現藏得勝圖畫幅縱 56 公分，橫 89.5 公分，
兩岸紀錄相近。得勝圖畫面將西域各重要戰役採用全景式的構
圖，在一個畫面上充分表現出一個戰役的規模與全貌，得勝圖銅

版畫不僅富於藝術價值，同時也具有史料價值。這組畫作是西方藝術家的集體創作，得勝圖稿樣是由供職內廷的西洋畫家繪畫的，明顯地反映了西洋畫風格，又恰當地運用了中國傳統繪畫的表現方法，將並非發生於同一時刻的情節組織在一起，而突破了時間與空間的限制，取得了良好的藝術效果。得勝圖銅版的鐫刻和印刷，都在法蘭西，由雕刻銅版名手鐫刻，採用葡萄酒渣鍊成的顏料，以手掌揉擦，取用洋紙浸潤刷印，不致起毛。得勝圖銅版畫，在風格上雖然西洋畫的味道十分濃厚，惟其描繪的內容，卻是中國的歷史事件，西洋畫家郎世寧、王致誠、艾啓蒙、安德義等人都奉指准畫後才正式作畫，反映了乾隆皇帝的高度藝術品味。銅版畫和御題詩文配套裝裱成冊。後來內廷又再製作冊頁式得勝圖銅版畫，將御題詩印在畫面上方，而刪略了詩中的敘事文，這組銅版畫，可以稱爲宮藏再版平定西域戰圖。此外，還有宮裱繪龍平定西域戰圖。得勝圖銅版畫冊頁末幅爲大學士傅恆等諸大臣跋。跋文內云，「茲冊復因事綴圖，或採之奏牘所陳，或徵諸諮詢所述，凡夫行間之奮敵愾冒矢著勞勘者，悉寫其山川，列其事蹟，傳其狀貌，繼自今恭撫斯圖，皆得按帙而指數之。」從冊首御製序文，幀端御製詩及冊末跋文的記述，可以了解平定西域得勝圖銅版畫製作原委及其時代意義。其後內廷畫家又奉命在北京製作《平定兩金川得勝圖》等等戰圖銅版畫。得勝圖銅版畫不僅是西洋藝術家的集體創作，而且也是東西繪畫風格的融和，反映了清初以來中西文化交流的中體西用。

六、結　語

　　康熙皇帝對天主教的態度，從容教到禁教的轉變，是緊張又

嚴峻的歷史現象。康熙皇帝接受儒家思想，提倡崇儒重道，維護中國道統文化，可謂不遺餘力。羅馬教皇特使與康熙皇帝關於敬天、祭孔、祀祖等禮儀的爭論，是沒有交集的對話。中國畫神時要畫雲，西洋人畫神則添翼，關於神翼的爭論，也是沒有交集的對話。康熙皇帝一方面因禮儀之爭而禁教，一方面又優禮西洋人，凡有一技之長者，多召入京中，供職內廷，康熙皇帝與在京西洋人互動良好。禮儀之爭碰觸到中國傳統文化的「雷區」，禁教是屬於中學爲體的範疇，西洋人供職內廷，從事天文曆算、美術工藝的創作，則屬於西學爲用的範疇。中體西用的思想，並行不悖，西學不必一定寄生於西教，盛清時期的藝術創作，就是在禁教的時空背景下進行的，所謂禁教導致西學中斷或延誤中國近代化的論斷，並不符合歷史事實。

雍正年間的查禁天主教，是康熙末年朝廷禁教政策的延長，不宜過度強調傳教士捲入宮廷政治鬥爭。其實，雍正皇帝和西洋人的互動相當良好，他也不厭惡天主教。郎世寧以西畫寫實的技巧畫中國畫，以顏色表達生氣，適度地改變了西洋油畫的繪畫技巧，創造出了盛清諸帝能夠接受的繪畫新體，可以詮釋爲中體西用思想在宮廷繪畫發展的表現形式。郎世寧的宮廷繪畫作品，是爲清朝皇帝創作的，是以中學爲體的藝術創作。

活躍於北亞草原的飛禽走獸，也是西洋畫家創作的重要題材，這些繪畫作品，如何讓邊疆民族共同分享，更是令人關注的問題。邊疆民族如何欣賞西洋畫家的創作，也是很有趣的問題。郎世寧所畫十駿犬，各以滿、蒙、漢三體文字作標題，例如駐藏副都統傅清所進名犬，漢字標題作「蒼猊」，滿文標題讀如 "kara arsalan" ，蒙文標題讀如 "hara arslan" ，意思都是黑獅子。清朝是多民族國家，探討中西文化交流不能忽視邊疆文化，不能忽視

大自然草原文化的氣息。

　　欣賞郎世寧的十駿馬，不能只聚焦於駿馬的造型，而忽視滿、漢、蒙或察合台文字的命名，其中沒有布景的十駿馬大畫十幅，就是著名的十駿馬，也有滿、蒙、漢三體標題，滿人先看滿文標題，然後賞馬；蒙古人先看蒙文，然後賞馬。西洋畫片中的天使帶翅膀，康熙皇帝不以爲然。郎世寧畫奔馳如飛的駿馬，不能帶翼，而是以高飛的神雕命名，如雪點鵰的命名，頗能傳神。對照滿文或蒙文標題，「雪點」的含義，並非因馬背點點雪裝而得名。雪點鵰，滿文讀如 "saksaha daimin"，意思是毛色上半黑下半白的接白鵰。西洋人王致誠也擅長畫馬，以細密短小的線條表現馬匹的皮毛，馬匹的造型十分精確。王致誠所畫十駿馬圖冊中駿馬漢字標題，與郎世寧所畫十駿馬圖相同，馬匹的造型，神態相似。不同的是王致誠十駿馬畫冊的標題只單寫一種，以滿文拼寫蒙文，寫的是滿文，詞義是蒙古語，是一種創新。清太祖努爾哈齊以老蒙文字母拼寫女真語而發明了老滿文，乾隆皇帝以新滿文拼寫蒙古語，可供玩味。

　　乾隆皇帝積極經營邊疆，以十全武功爲題材的得勝圖銅版畫，是乾隆朝藝術創作向前發展的重要標誌。其中平定西域得勝圖的稿樣是由供職內廷的郎世寧、王致誠、艾啓蒙、安德義等奉旨起稿，銅版十六塊，在法蘭西鑴刻刷印，各圖御題詠詩、御製序文、大學士傅恆等識跋共十八張，則在內廷木刻刷印，然後將圖畫與詩文分別裝裱成冊，平定西域得勝圖銅版畫明顯地反映了西洋畫的風格，又恰當地運用了中國傳統繪畫的表現法，戰圖畫面採用全景式構圖，在一個畫面上充分表現出一個戰役的規模與全貌，創作的題材是清朝的歷史舞臺。得勝圖稿樣在內廷由乾隆皇帝策劃主導，銅版的鑴刻，銅版畫的印刷，都在法蘭西進行，

而詠詩序跋則在內廷木刻刷印裝裱。因此，平定西域得勝圖銅版畫的藝術作品，不僅是西洋藝術家的集體創作，而且也是中西文化的融合，能被乾隆皇帝所接受的藝術創作，反映了清初以來中西文化交流的中體西用。

　　盛清時期，中西藝術在相互接觸過程中，有選擇、改造、融合，也有排斥、拒絕、揚棄。盛清諸帝在中體西用的思想基礎上對西洋藝術通過選擇、改造，而豐富了富有特色的宮廷繪畫。探討盛清時期的宮廷繪畫，不能忽視中西藝術交流的過程，盛清諸帝接受西學的價值，並未揚棄中學的價值，而使盛清宮廷成爲融合中西藝術的歷史舞臺。

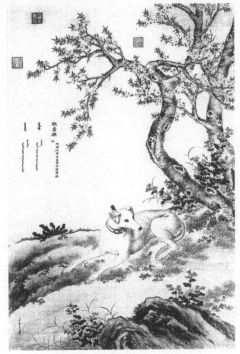

郎世寧畫十駿犬 —— 睒星狼

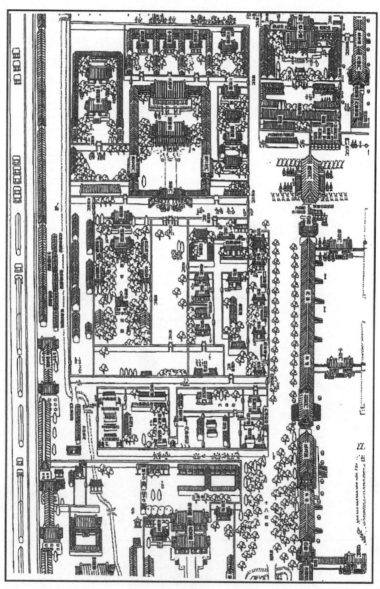

內務府造辦處位置示意圖

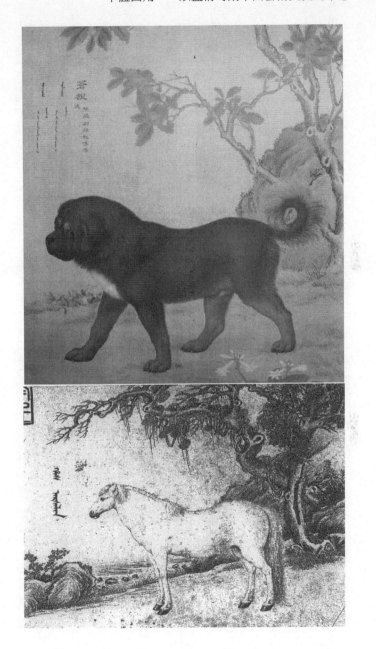

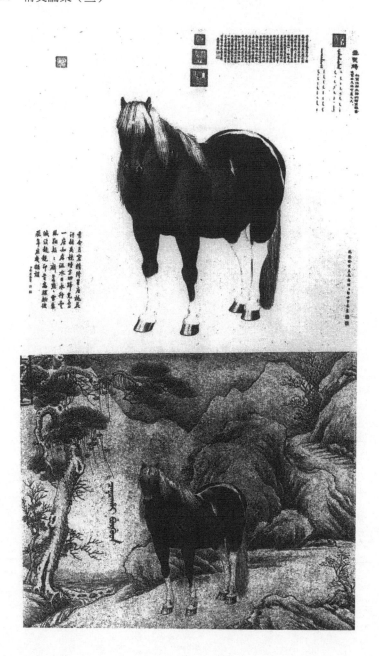

他山之石 ——
朝鮮君臣對話中的大清盛世皇帝

仙山之石　可以為錯

　　我國歷代以來，就是一個多民族的國家，各民族的社會、經濟及文化等方面，雖然存在著多樣性及差異性的特徵，但各兄弟民族對我國歷史文化的締造，都有直接或間接的貢獻。以建州女真為核心的滿族入主中原，建立清朝，一方面接受儒家傳統的政治理念，一方面又具有東北亞文化圈的文化特質，在多民族統一國家發展過程中有其重要地位。在清朝長期的統治下，使邊疆與內地逐漸打成一片，其文治武功不僅遠邁漢唐，同時在我國傳統歷史文化的發展過程中，也是處於承先啟後的發展階段。

　　永樂初年，明朝政府在鳳州設置建州衛，其後又增設建州左衛、建州右衛，三衛並立。建州女真輾轉遷移到遼寧婆豬江、竈突山即赫圖阿拉（hetu ala）之西烟筒峰（hūlan hada）一帶，以蘇子河流域為中心。建州女真由綏芬河、琿春江進入遼東境內後，獲得更多的可耕地，一方面憑著敕書與明朝維持封貢貿易關係；一方面因地理背景，繼續出入於朝鮮後門。滿族的核心民族，其先世就是出自明朝的建州女真。建州女真族、滿族、清朝勢力在

清朝前史中，是歷史發展過程中三個不同的概念。建州三衛的女真人，稱爲建州女真族。滿洲（manju）原來是一個地名，居住在滿洲的民族，可以稱爲滿洲族。皇太極廢除諸申即女真舊稱，改稱滿洲。滿洲族是以建州女真族爲核心民族或主體民族，此外還有蒙古族、漢族、朝鮮族等。滿洲族是民族共同體，簡稱滿族。建州女真族與朝鮮的歷史關係，源遠流長。清朝勢力進入關內後，朝鮮與清朝兩國使臣往來頻繁，朝鮮君臣都重視清朝的動靜。探討清朝前史及清代史，不能只用清朝政府本身的官方資料，朝鮮方面的記載，也是不能忽視的，尤其是朝鮮使臣往返赫圖阿拉、瀋陽、北京的報告，相當珍貴。朝鮮君臣對大清皇帝的認識，雖然不一定符合歷史事實，他們對大清歷史的論斷，也不一定很客觀。但是，朝鮮君臣的對話紀錄，是清朝官書以外不可或缺的一種輔助性史料，可以提供一定的參考價值，正是所謂「他山之石，可以爲錯。」

奴兒哈赤　努爾哈齊

在金國文書中，有篆體無圈點滿文印信，朝鮮蒙古通事解讀爲「後金天命皇帝印」七個字，朝鮮官書多稱清太祖所建國號爲「後金」。檢查印模文字，讀如 "abkai fulingga aisin gurun han i doron"，譯成漢文當作「天命金國汗之印」，清太祖稱汗，國號「金國」，不是「後金」。

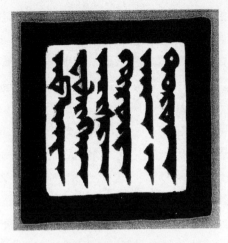

金國無圈點滿文印模
天命金國汗之印
（abkai fulingga aisin gurun han i doron）

　　朝鮮人對清太祖的名字稱呼，眾說紛紜，或稱老乙可赤，或稱老可赤，習稱老酋。明朝人稱清太祖爲「奴兒哈赤」，習稱奴酋。朝鮮《光海君日記》有一段記錄說：「奴兒哈赤，本名東撻。我國訛稱其國爲老可赤，此本酋名，非國名；酋本姓佟。其後或稱金，以女真種故也。或稱雀者，以其母吞雀卵而生酋故也。今者國號僭稱金，中原人通謂之建州。」神鵲銜朱果，三仙女佛庫倫吞朱果生下始祖布庫里雍順，是清朝開國神話，朝鮮人訛鵲爲雀，而且張冠李戴，誤傳三仙女佛庫倫吞雀卵生奴兒哈赤。引文中說，奴兒哈赤本姓佟，是有所本的。引文中又說國號稱金，是正確可信的。朝鮮《燃藜室別集》記載清太祖的姓名作「佟奴兒哈赤」。萬曆二十四年（1596）五月初五日，清太祖給朝鮮的稟帖銜名作：「女真國建州衛管束夷人之主佟奴兒哈赤。」朝鮮宣祖三十三年（1600）七月，備邊司啓曰：「老酋仰順天朝受職，爲龍虎將軍，

本姓佟，其印信則是建州左衛之印。」其實清太祖姓愛新覺羅，他的名字滿文讀如“nurgaci”，民國初年纂修的《清史稿》，漢字作「努爾哈齊」，「努爾哈赤」是沿襲明朝人的稱謂。

　　萬曆二十三年（1595），朝鮮武官申忠一進入建州後曾指出當時的建州左衛，西部起自遼東邊界，東部到蔓遮，就是滿洲，女真人薙髮，只留腦後少許，上下兩條辮結以垂。口髭留左右十餘莖，其餘都鑷去，申忠一觀見過努爾哈齊。申忠一指出努爾哈齊生於明嘉靖三十八年（1559），歲次己未。努爾哈齊的相貌：「不肥不瘦，軀幹壯健，鼻直而大，面鐵而長。」朝鮮《紫巖集》中的《建州聞見錄》記述萬曆四十三年（1615）努爾哈齊的面貌，體非魁梧，面貌猜厲，而頗強健。清朝官書《清太祖高皇帝實錄》描述努爾哈齊的相貌是：「龍顏鳳目，偉軀大耳，天表玉立。」也就是所謂的帝王長相。《滿洲實錄》所繪努爾哈齊素描多幀，選印其中四幀如後。

　　努爾哈齊所穿的服飾，清朝官書記載，語焉不詳。萬曆二十四年（1596）正月間，朝鮮武官申忠一指出努爾哈齊的穿著是：「頭戴貂皮，上防耳掩，防上釘象毛如拳許，又以銀造蓮花臺，臺上作人形，亦飾於象毛前。身穿五彩龍文天益，上長至膝，下長至足，皆裁剪貂皮，以為緣飾。護頂以貂皮八九令造作。腰繫銀入絲金帶，佩帨巾、刀子、礪石、獐角一條。足納鹿皮兀剌鞋，或黃色，或黑色。」萬曆四十七年，天命四年（1619）三月初六日，朝鮮降將姜弘立等進入興京。姜弘立返國後指出：「初六日始到虜穴，老酋坐於三間廳上，著黃袍錦衣，左右姬妾三十餘人，環耳羅列者二千餘人。」

　　據朝鮮人的描述，努爾哈齊的性格，能歌善舞，豪爽好客。萬曆二十四年（1596）正月初一日巳時（上午九點鐘到十一點鐘），

朝鮮武官申忠一等人應邀出席努爾哈齊筵宴，在宴會中，廳外吹打，廳內彈琵琶，吹奏洞簫，其餘都環立，拍手唱曲，以助酒興，喝酒數巡，烏拉部貝勒布占泰開始跳舞。申忠一看到「奴酋便下椅子，自彈琵琶，聳動其身，舞罷，優人八名，各呈其才。」

　　在朝鮮君臣心目中，努爾哈齊是一位貪財好戰，兇惡嗜殺的人，負面的批評較多。在明朝君臣眼中，努爾哈齊不過是一個么麼胡酋，跳梁小醜。但在朝鮮君臣眼中，努爾哈齊卻是一位可怕的勁敵，認為努爾哈齊深知治兵自強，有卓越的軍事才能，不是尋常的敵人。宣祖三十四年（1601）十月，《朝鮮實錄》記載：「老酋聲勢已張，威行於西北，諸胡莫不摺伏，憑陵桀驁，已有難制之漸。」光海君十年（1618）七月，朝鮮國王在宣政殿引見檢察使沈惇，君臣之間的對話，值得重視。朝鮮國王說努爾哈齊養兵四十年，雖以天下之兵當之，勝敗未可知。從前成化年間，朝鮮將領帶兵與明朝聯合征剿建州衛首領李滿住，大獲全勝，此時未知是否有如此將領？沈惇回答說，努爾哈齊與李滿住不同，滿住之強，遠遠不及努爾哈齊，努爾哈齊是明朝和朝鮮未來最大的敵人。

　　清太祖努爾哈齊攻取明朝的邊城，是從撫順開始；明朝邊將投降努爾哈齊，也是從撫順遊擊開始。用兵在詐，兵不厭詐，努爾哈齊善用計。撫順在遼寧瀋陽東邊，位於渾河北岸，撫順城南有撫順煤礦。努爾哈齊如何拿下撫順？《清史稿》只說天命三年，明神宗萬曆四十六年（1618），努爾哈齊帥右四旗兵到撫順，明朝撫順遊擊李永芳投降。李永芳列傳記載，天命三年四月十五日，招降李永芳，降人千戶被遷到赫圖阿拉（hetu ala）。努爾哈齊將第七子阿巴泰之女嫁給李永芳。朝鮮《光海君日記》記載：「奴酋向來與撫順互市交易，忽於前面四月十日假稱入市，遂襲破撫順。」

努爾哈齊想拿下撫順城，暗中派出精兵，扮作商人，攜帶貨物，數十人為一批，陸續進入城內，多達百餘人，作為內應，然後派遣大軍進攻撫順城，扮作商人的內應，趁機打開城門迎接努爾哈齊等人入城，撫順城因此失守，努爾哈齊拆毀撫順城後返回赫圖阿拉。努爾哈齊用兵，善於用計，就是一種智取。

　　努爾哈齊擅長採取內線作戰。薩爾滸（sarhū）在撫順東邊，天命四年（1619）二月，努爾哈齊派兵搬運石料，在薩爾滸地方建造城池。明朝發動二十萬大軍，分四路進兵，採取外線作戰，企圖用分進合擊的戰術，使努爾哈齊腹背受敵，陷入重圍。但因道路遠近不同，明朝大軍兵力分散。努爾哈齊卻採取「憑你幾路來，我只一路去」的內線戰術，集中軍力，擊破明朝主力軍，各個擊破，明朝大軍終於全軍覆沒。天命六年（1621）三月十三日，努爾哈齊攻陷瀋陽。朝鮮《光海君日記》記載義州府尹鄭遵的話說：「蓋奴賊攻城非其所長，前後陷入城堡，皆用計行間云。」從朝鮮君臣的對話，可知努爾哈齊確實善於用計，常用反間，以求制勝。

　　天命六年（1621）九月，朝鮮國派遣滿浦僉使鄭忠信前往赫圖阿拉交涉。鄭忠信往返一個多月，行走二千餘里，深入金國本部，詳探敵情。對八旗制度及其軍紀頗有了解，據稱：「其兵有八部，二十五哨為一部，四百人為一哨。一哨之中，別抄百長甲，百短甲，百兩重甲。百別抄者著水銀甲，萬軍之中，表表易認，行則在後，陣則居內，專用於決勝。兩重甲用於攻城填壕。一部兵凡一萬二千人，八部大約九萬六千騎也。老酋自領二部：一部阿斗嘗將之，黃旗無畫；一部大舍將之，黃旗畫黃龍。貴盈哥領二部：一部甫乙之舍將之，赤旗無畫；一部湯古台將之，赤旗畫青龍。洪太主領一部，洞口漁夫將之，白旗無畫。亡可退領一部，毛漢那里將之，青旗無畫。酋姪阿民太主領一部，其弟者哈將之，

青旗畫黑龍。酋孫斗斗阿古領一部，羊古有將之，白旗畫黃龍。統司哨隊，亦各有旗，而有大小之分。軍卒則盔上有小旗以爲認。每部各有黃甲二統，青甲二統，紅甲二統，白甲二統。臨戰則每隊有押隊一人，佩朱箭，如有喧呼亂次獨進獨退者，即以朱箭射之。戰畢查驗，背有朱痕者，不問輕重而斬之。戰勝則收拾財富，遍分諸部，功多者倍一分。虜中言守城之善，無如清河；野戰之壯，無如黑山。」八部即八旗大約九萬六千騎。鄭忠信提到旗上畫龍的內容，值得重視，努爾哈齊自領正黃旗和鑲黃旗，正黃旗就是整黃旗無畫，鑲黃旗畫黃龍。貴盈哥即代善領正紅旗和鑲紅旗，正紅旗就是整紅旗無畫，鑲紅旗畫藍龍。洪太主即皇太極領正白旗即整白旗無畫，斗斗阿古即杜度阿哥領鑲白旗畫黃龍。亡可退即莽古爾泰領正藍旗即整藍旗無畫，阿民即阿敏領鑲藍旗畫黑龍。八旗軍紀嚴明，進退有序，不准喧呼亂次，不允許獨進獨退。八旗戰士，不僅善於守城，也善於野戰，《紫巖集》一書記載，八旗軍隊，「昏夜屯聚，則以禽聲相應答，用虎馬牛狗雞鴨鴉蛙之聲。」天命九年（1624）三月，朝鮮國王問鄭忠信曰：「曾往虜中，事情如何？而其兵眾幾何耶？」鄭忠信啓曰：「兵馬精強，實難當之賊。其兵之多寡雖未詳知，聞有八部大人之說，又有四百爲一哨之語，大約可至九萬餘矣。」所謂女真兵滿萬，天下不能敵，八旗約十萬勁旅，確實所向無敵。

　　陳捷先著《清太祖努爾哈齊事典》已指出努爾哈齊創建清朝的龍興大業，與他的堅強毅力、刻苦奮鬥、智慧謀略以及掌握局勢等等個人因素有關，而明朝的腐敗衰弱、蒙古的紛亂內爭、朝鮮的積弱不振，又給了努爾哈齊事業成功很多有利的條件，時勢造就了英雄，順應歷史趨勢，努爾哈齊終於奠定了清朝龍興大業的基礎。

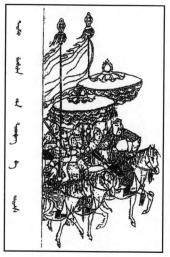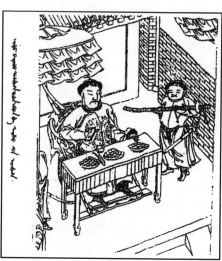

左圖：太祖明汗克遼陽示意圖《滿洲實錄》

右圖：額亦都巴圖魯招九路長見太祖示意圖《滿洲實錄》

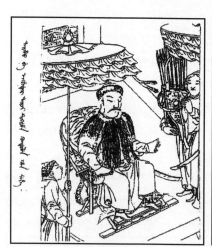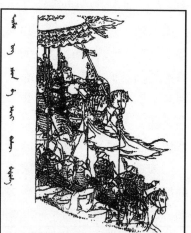

左圖：恩格德爾台吉上太祖昆都崙汗尊號示意圖《滿洲實錄》

右圖：太祖攻寧遠未獲而回示意圖《滿洲實錄》

洪太始　皇太極

　　天命十年（1625）三月，努爾哈齊由東京遼陽遷都瀋陽，改
稱盛京。天命十一年（1626）正月，努爾哈齊親率大軍十四萬進
攻寧遠城，戰況激烈。後世史家多謂寧遠一役，努爾哈齊身負重
傷而死。清史前輩孟森先生早已指出，天命十一年（1626）正月
寧遠戰役，倘若努爾哈齊身負重傷，為什麼要到八月才死呢？何
況中間他還征討過其他的地方，也主持過幾項大型的會議，各項
活動的日程都非常清楚，如果他身負重傷，他哪裡還能南征北討？
國立故宮博物院典藏《滿文原檔》記載天命十一年（1626）七月
二十三日，努爾哈齊因病前往清河堡溫泉養病。八月初一日，命
二貝勒阿敏念誦祭文向顯祖塔克世神主祈求保佑努爾哈齊早日痊
癒。隻字未曾提及寧遠戰役情況。據朝鮮昌城府使金時若馳報，
努爾哈齊於仁祖四年，天命十一年（1626）七月間得肉毒病，前
往遼東溫井沐浴。同年八月十一日，努爾哈齊因背疽突然惡化，
駕崩於瀋陽東邊四十里的靉雞堡。

　　滿洲社會的舊俗，所有嫡子，不拘長幼，都有繼承汗位的權
利。在努爾哈齊所生的十六個兒子中，角逐汗位最有力的是大貝
勒代善，三貝勒莽古爾泰、四貝勒皇太極。朝鮮滿浦僉使鄭忠信
曾深入金國內部，後由鎮江返回朝鯥，《光海君日記》詳細抄錄鄭
忠信的報告。鄭忠信已指出皇太極英勇超人，頗得努爾哈齊的偏
愛，唯一可繼承汗位的，就是皇太極。大貝勒代善雖然頗得眾心，
但皇太極智勇勝過代善，也是繼承汗位的最適當人選。黎東方著
《細說清朝》一書也說：「皇太極為人，的確也是努爾哈齊的十六
個兒子之中最配當君主的一個：他勇敢，有計謀，也懂得用人行

政。」

　　皇太極的相貌和爲人，頗受朝鮮君臣的矚目。國立故宮博物院典藏《清太宗文皇帝實錄》初纂本對皇太極的容貌爲人有一段描述說：「於壬辰十月二十五日辛亥申時降生，時明萬曆二十年也，太祖命名皇太極。骨格奇偉，面如赤日，龍行虎步，舉止異常。嚴寒不栗，不用暖耳，天愈寒面愈赤。步射騎射，勇力絕倫。孝弟恭敬，慈愛和順，聰明睿知，言辭明敏，誠實端重，一聽不忘，一見即識，深謀遠慮，用兵如神，性嗜典籍，福德相貌，見者悅服。」朝鮮仁祖九年（1631）閏十一月二十三日，朝鮮國王李倧引見秋信史朴簹，君臣對話中提到皇太極的相貌及其舉止，節錄一段內容。「上又問曰：汗之容貌動止如何？簹曰：容貌則比諸將稍異，動止則戲嬉言笑，無異群胡。飲食及賞物，必手自與，每於宴飲，置酒器數十餘，呼愛將於床下，親酌而饋之，蓋收合雜種，故患不能一其心耳！」皇太極的舉止戲嬉言笑，與一般女真人並無不同，但他的容貌卻不同於女真將領，骨格奇偉，福德相貌。

　　皇太極爲人寬大，有許多優點，他改善漢人地位，優禮漢官，善養降人，降將俘民，各得其所。朝鮮秋信使朴簹指出大淩河之役，祖大壽堅壁以待，「諸將因請決戰，汗曰：淩河之人，天所以授我。因堅持不戰，祖將食盡，詐降而走。汗既陷其城，不殺一人。」皇太極攻陷大淩河城，不殺降人，以爲天授，其好生之德，使遼人有再生的機會。皇太極以善養人聞名，蒙古科爾沁、土默特諸部，相繼歸附，請求內屬。《清太宗文皇帝實錄》記載皇太極「孜孜以善養人爲要務，招攜懷遠，籌及身家，降將俘民，均加鞠育，仁聲義問，洋溢遐邇，由是歸附著日眾，而國勢滋大。」得眾得國，由小變大，由弱轉強，實錄的記載，並非溢美之詞。

　　朝鮮國王李倧引見朴籌時，曾經詢問皇太極的爲人情形。「上曰：汗之爲人何如？籌曰：和易近仁，無悍暴之舉，且能敦睦於兄弟矣。」皇太極誠篤友愛，敦倫睦族。金兆豐著《清史大綱》一書已指出皇太極秉性寬弘，故能爲其父之所不能爲，且其所措施，亦不外善養之旨。蕭一山著《清代通史》一書，比較努爾哈齊和皇太極父子兩人的性格後指出，「皇太極上承太祖開國之緒業，下啓清代一統之宏圖，其父努爾哈齊不過一草創之武夫，有秋霜烈日之威；皇太極則頗具豁達之胸度，饒春風和暢之情。如漢人之優待也，國俗之保存也，皆能爲其父之所不能爲。」皇太極和易近仁，豁達大度，聲名遠播，他優禮漢人，重用降人，頗具開國氣象。

　　從朝鮮君臣的談話中，可以知道皇太極喜愛歷史，愛好讀書，博覽群書，還創設文館，繙繹書籍，重用文人，尊重讀書人。皇太極在位期間，曾命達海等人將《三國志通俗演義》繙譯成滿文，以便在滿洲社會裡廣泛流傳。明朝將領孔有德、耿仲明率領部眾歸順金國時，皇太極引用關公敬上愛下的故事對降將行抱見禮。國立故宮博物院典藏《滿文原檔》記載皇太極致書朝鮮國王，皇太極引黃忠落馬，關公不殺，令黃忠乘馬再戰的故事指責朝鮮國王的不守信用。

　　仁祖六年（1628）十一月二十七日，朝鮮國王李倧御崇政殿，皇太極的使臣進呈國書，書中有「聞貴國有金元所譯書、詩等經及四書，敬求一覽」等句。仁祖十二年（1634）十二月二十九日，朝鮮實錄記載皇太極的使臣鄭命壽向朝鮮國王索求《三國志》、《春秋》等書。後來皇太極又遣使索求書籍，包括《周易》、《禮記》、《通鑑》、《史略》等等。《仁祖實錄》記載都承旨金尚憲啓曰：「胡人要土求長劍。」朝鮮國王李倧命送以倭刀。引文中的「要土」，

又作「姚托」，是大貝勒代善之子岳託的同音異譯。金國女真人所使用的長劍，大都是來自朝鮮的日本長劍。滿洲諸王大臣多向朝鮮需索財物，要日本長劍，而皇太極則索求儒家經典，皇太極的見識和爲人，確實不同於其他滿洲領導。

軍紀嚴明，秋毫無犯，百姓安寧，可以壺漿迎王師。天聰四年（1630）二月十四日，《滿文原檔》記載皇太極致書喀喇沁等部不可殺掠降民。同日，皇太極諭令駐永平、遵化等地貝勒大臣若殺掠降民者必嚴加治罪。同年四月十二日，皇太極曉諭八旗：「看放馬匹時，率每牛彔章京一員，甲喇額真一員往守。倘有侵掠降民諸物，踐踏田禾，以麥秣馬者，任意亂行等情，則其爲首甲喇額真及章京俱治罪。」同年五月十三日，皇太極致書諭駐永平貝勒阿敏，「其永平、遵化、灤州、遷安等處降民耕種田禾，宜嚴禁擾害。」同年八月初八日，皇太極諭令「凡各國使者、商人、人民諸物，勿得侵害，各自備乾糧而行。倘有侵害百姓者，將予治罪，立此禁約。」皇太極將降人視爲上天所賜，善加撫養，嚴禁踐踏農作物，不准擾害行旅，深得愛民之道。

滿文的創製發明，具有時代意義。明神宗萬曆二十七年（1599）二月，努爾哈齊命巴克什額爾德尼、扎爾固齊噶蓋仿照老蒙文字母拼寫女真語音，而發明了拼音文字，例如將蒙古字母的「ᠠ」（a）字下接「ᠮᠠ」（ma）字，就成「ᠠᠮᠠ」（ama），意即父親。這種由老蒙文脫胎而來的初期滿文，在字旁未加圈點，無從區別人名、地名的讀音。天聰六年（1632），皇太極命巴克什達海將初創滿文在字旁加置圈點，使音義分明，使滿文的語音、形體更加完善。努爾哈齊初創滿文，習稱老滿文，又稱無圈點滿文。皇太極時期改進的滿文，習稱新滿文，又稱加圈點滿文。至此女真族獲得一種統一的規範的民族文字，對於形成女真族共同文化、共同

心理，起了巨大的作用。努爾哈齊時期的初創文字，可以稱爲新女真文。天聰九年（1635），皇太極宣佈廢除「諸申」即女真舊稱，而以「滿洲」（manju）來作新的族稱。滿洲這個詞指的就是明朝建州衛所屬的地名，朝鮮武官申忠一所稱的蔓遮，就是滿洲的同音異譯。皇太極以滿洲這個地名來統稱建州地區或金國境內各族，稱爲滿洲族，簡稱滿族，滿族是一個新的民族共同體族稱，除主體民族女真族外，還有蒙古族、遼東漢族、朝鮮族等，廢除女真舊稱，可以淡化民族矛盾。天聰年間改進的加圈點文字，可以稱爲新滿文，努爾哈齊時期的初創文字，爲了便於稱呼，可以追稱爲老滿文。新滿文使滿洲族獲得一種統一的規範的民族文字，對於形成滿族共同文化、共同心理，起了凝聚的作用。滿文的發明更加促進滿洲文化的發展。學習滿文、有助於了解北亞草原文化。譬如漢字「多穆壺」，滿文作「ᠣᡩᠣᠮᠣ」，讀如“domo”，意思是遊牧社會的奶茶壺。漢字「茶筒」，滿文作「ᡩᠣᠩᠮᠣ」，讀如“dongmo”，漢字音譯可作「董穆」。奶茶壺與茶筒，是不同器具。漢字「短毛的」，滿文作「ᡥᠠᡵᠠ」，讀如“hara”，漢字音譯可作「哈拉」，或「哈喇」，「哈拉呢」，就是短毛的呢。漢字「大清」，滿文作「ᡩᠠᡳᠴᡳᠩ ᡤᡠᡵᡠᠨ」，讀如“daicing gurun”，意即大清朝，習稱大清。漢字「盛世」，滿文作「ᠸᡝᠰᡳᡥᡠᠨ ᠵᠠᠯᠠᠨ」，讀如“wesihun jalan”。「大清盛世」，滿文可作「ᡩᠠᡳᠴᡳᠩ ᡤᡠᡵᡠᠨ ᠊ᡳ ᠸᡝᠰᡳᡥᡠᠨ ᠵᠠᠯᠠᠨ」（daicing gurun i wesihun jalan），意即大清之盛世。「ᠶᡝᡩᡝᡥᡝ」（yedehe），滿文無此詞彙，《滿和辭典》作“yendehe”，意即興旺。安雙成主編《滿漢大辭典》，“yendehe”，意即瘧疾。興旺之世，滿文讀如“yendere jalan”。

　　宋元時期的金朝是在女真族歷史中最爲輝煌的一頁，努爾哈齊以「金」作爲國號，有繼承金朝事業，團結各部女真族的政治

意義。天聰十年（1636），皇太極把「金」國號改爲「大清」，也具有時代意義。以「金」爲國號，引起漢族的反感，聯想岳飛抗金故事。皇太極已是滿族、蒙古、漢族等各族的共主，皇太極採用新國號，標誌著這個政治聯合體的形成，在這個階段，皇太極所領導的政治聯合體，已經不是建州女真族勢力，也不是滿族勢力，而是包括東北地區的各族政治力量，稱爲清朝勢力，清朝已經具備足夠的力量，可以入關逐鹿中原。

大玉兒？本布泰

　　滿蒙聯姻，化敵爲友；五宮並建，蒙古歸心。天聰十年（1636）四月，皇太極改國號爲大清，改年號爲崇德。崇德元年（1636）七月初十日，皇太極在盛京崇政殿舉行冊立后妃大典。國立故宮博物院典藏《滿文原檔》詳細記錄冊封后妃的經過。蒙古科爾沁貝勒莽古思之女哲哲（jeje）被封爲清寧宮中宮皇后，這是清代史上以正式大典冊立的第一個皇后，她就是孝端文皇后。科爾沁貝勒寨桑長女海蘭珠（hairanju）被封爲東宮宸妃，她賢慧秀美，位居各妃之首，其地位僅次於中宮皇后，她就是敏惠恭和元妃。海蘭珠的妹妹本布泰「ᠪᠤᠮᠪᠤᡨᠠᡳ」（bumbutai）被封爲西宮永福宮莊妃，她就是清朝歷史上赫赫有名的孝莊文皇后。林丹汗兵敗遁走，死於青海大草灘，他的妻子巴特瑪璪（batma dzoo）被封爲東宮衍慶宮淑妃，另一位妻子娜木鐘（namjung）被封爲西宮麟趾宮貴妃，以上五宮后妃，清一色的都是蒙古婦女，貌美賢淑，他們就是史書上所說的崇德五宮。

　　滿蒙聯姻，雖然具有濃厚的政治意味，但是五宮后妃婚後，與皇太極十分和諧幸福。崇德六年（1641），宸妃海蘭珠因病往生，

皇太極六天未進飲食，日夜慟哭；宸妃出殯時，皇太極親自宣讀
祭文，國立故宮博物院典藏《清太宗文皇帝實錄》初纂本忠實地
記錄了祭文的內容。

照錄祭文如下：

> 崇德六年，歲次辛巳九月甲戌朔，越二十七日戊子，皇帝
> 致祭於關雎宮宸妃，爾生於己酉年，享壽三十有三，，薨
> 於辛巳年九月十八日。朕自遇爾，厚加眷愛，正欲同享富
> 貴，不意天奪之速，中道仳離。朕念生前眷愛，雖沒不忘，
> 追思感歎，是以備陳祭物，以表衷悃，仍命喇嘛僧道諷誦
> 經文，願爾早生福地。

祭文淺顯生動，感人肺腑，生前眷愛，雖沒不忘，諷誦經文，
早生福地，追思歎息，真情畢露。滿蒙聯姻，對增進滿洲與蒙古
的民族感情，產生了不容忽視的意義，滿族與蒙古終於形成了民
族生命共同體。

永福宮莊妃本布泰是崇德五宮后妃中最年輕的一位，他貌美
而有內涵，在清初政治舞臺上扮演了最令人矚目的角色。他歷經
三朝，輔立過兩位幼主。皇太極在位期間，端莊賢淑，相夫教子，
有內在美。在順治朝稱為皇太后，由多爾袞攝政，輔佐幼主，度
過危機。在康熙朝稱為太皇太后，周旋於四大輔政權臣之間。一
生聰明機智，善於運用謀略，在誅除權臣鰲拜、平定三藩之亂的
過程中，充分表現出她知人善任以及應付突發事件的卓越才能，
對穩定清初的政治局面作出了重要的貢獻。清史館《后妃傳稿》
對孝莊皇后本布泰的評論，頗為中肯，原稿中指出「后仁慈愛人，
每有偏災，輒發宮帑賑恤。值三藩用兵，后念出征駐防，兵士勞
苦，盡發宮中金帛加犒。」布爾尼叛亂期間，清軍北征，孝莊皇
后幸五臺山時，「所至出內帑供頓」。清初故事，后妃、諸王，貝

勒福金、貝子、公夫人，皆有命婦更番隨侍，自孝莊皇后開始罷
除。孝莊皇后「性知書」，福臨秉承母訓，述內則衍義。玄燁命儒
臣譯《大學衍義》，進呈孝莊太皇太后。她常勗勉玄燁，「祖宗騎
射開基，武備不可弛，用人行政，務敬承天，虛公裁決。」又書
寫誡諭稱，「古稱爲君難，蒼生至眾，天子以一身臨其上，生養撫
育，莫不引領，必深思得眾得國之道，使四海咸登康阜，綿曆數
於無疆惟休。汝尙寬裕慈仁，溫良恭敬，愼乃威儀，謹爾出話，
夙夜恪勤，以祗承祖考遺緒，俾予亦無疚於厥心。」玄燁幼承太
皇太后慈訓，深悉得眾得國之道，孜孜求治，仁孝著稱，爲清朝
政權奠定穩固的基礎。

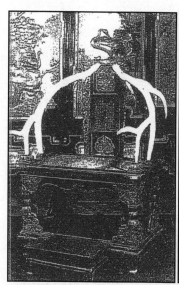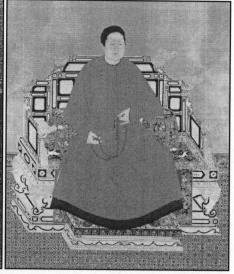

左圖：清太宗皇太極御用鹿角椅

右圖：〈教莊皇太后便服像〉軸　清宮廷畫家繪　紙本、設色　北京故宮博
　　　物院藏

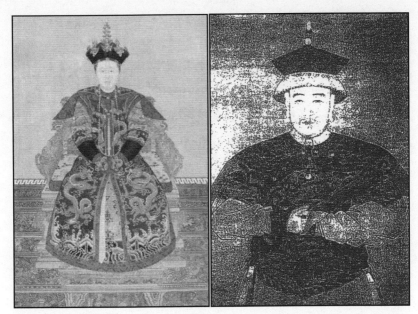

左圖：〈莊妃朝服像〉軸　清宮廷畫家繪　紙本、設色　瀋陽故宮博物院藏

右圖：清世祖福臨朝服像

娃娃皇帝　皇父攝政

　　朝鮮《承政院日記》記載，崇德八年（1643），「八月初八日，皇帝迎婿設宴，世子及大君入參，終夕而罷。初九日夜，皇帝暴崩。」《東華錄》記載，皇太極無疾坐南榻而崩，在位十七年，享壽五十有二。皇太極是否無疾猝死？有待商榷。朝鮮《仁祖實錄》記載「清人言於世子館所，以為皇帝病風眩，願得竹瀝，且要見名醫。上命遣鍼醫柳達、藥醫朴頵等。」竹瀝是一種竹油，主要功效為化痰去熱，消除煩悶。對照朝鮮各種記載，皇太極可能是患風眩病，因腦充血而突然駕崩。

　　皇太極生有十一子，長子豪格（hooge），曾任戶部大臣，封肅親王。皇九子福臨（fulin），生母就是孝莊皇太后本布泰（bumbutai）。其餘諸子皆默默無聞。皇太極崩殂後，盛京朝廷爆發了一場皇位爭奪戰。《仁祖實錄》記載：「清汗於本月初九日夜暴逝，九王廢長子虎口王而立其其第三子，年甫六歲，群情不悅云。」句中「九王」是指努爾哈齊第十四子多爾袞（dorgon），「虎口」就是豪格，同音異譯。「第三子」應指皇九子福臨。同書又載：「瀋中且有告變者，言施士博氏、盧氏博氏、梧木道等謀立虎口王（虎口王即弘太始之長子，而諸王欲專國柄，捨虎口而立幼主）皆被誅。諸將請殺虎口王，其帝涕泣不食曰：虎口以我異母兄弟，故如是請殺耶？諸王不敢復言。」句中「弘太始」就是皇太極，諸王欲專國柄，以致捨長立幼。李光濤撰〈多爾袞擁立幼帝始末〉一文指出，當時多爾袞擁有兩白旗、一正藍旗的力量，會議中沒有多爾袞的發言，是不可能決定的，豪格因為沒有多爾袞的保證，所以不能不退讓，代善因為沒有多爾袞的贊同，所以也不能堅持自己的意見。多爾袞同母兄阿濟格原有爭立之意，但在這必須立帝之子的局面下也不得不放棄。多爾袞把握了這個有利形勢，便完全消除了豪格繼承帝位的可能性。一方面擁立六歲的小皇帝福臨，以滿足兩黃旗將領的願望；一方面以分掌其半的權利來誘致鄭親王濟爾哈朗的合作，六歲的福臨便順理成章的被推上了寶座。

　　繼位問題雖然解決，但諸貝勒多以立稚兒為非，而稱病不朝，對盛京朝廷造成了極度不安。崇禎十七年（1644），順治元年三月，李自成攻陷北京，崇禎皇帝自縊於煤山，給了清朝坐享漁人之利的機會。《朝鮮實錄》記載：「九王入城，都民燃香拱手，至有呼萬歲者。城中大小人員及宦官七、八千人，亦皆投帖來拜。」大明三百年宗社，一朝丘墟，未聞一死節之臣，令後世慨歎。諸貝

勒對遷都北京與否曾經激烈爭論。《仁祖實錄》紀錄了朝鮮君臣對話，「上曰：『八王則不欲留北京云然耶？』梀曰：「八王言於九王曰：『初得遼東，不行殺戮，故清人多爲遼民所殺。今宜乘此兵威，大肆屠戮，留置諸王以鎮燕都，而大兵則或還守瀋陽，或退保山海，可無後患。』九王以爲先皇帝嘗言，若得北京，當即徙都，以圖進取，況今人心未定，不可棄而東還。兩王論議不合，因有嫌隙云。」九王多爾袞認爲既得北京，是天上掉下來的禮物，堅持不可棄而東還。清朝入關，以多爾袞居首功，於是威權獨隆，順治元年（1644）十月，加封叔父攝政王。多爾袞即以「攝政親王」的頭銜致書朝鮮國王，書中指出：「今皇上幼沖，一應政務，皆予等攝之。」朝鮮國王已有「今聞九王年少剛愎」的訊息。順治五年（1648）十一月，晉封皇父攝政王。這種稱號爲歷代所罕見，稗官野史遂以爲皇父字樣一定與孝莊皇太后下嫁多爾袞有關，把皇父當繼父。有待商榷的是同時代的朝鮮君臣和任職於欽天監的德國籍耶穌會士湯若望等人爲何隻字未曾提及太后下嫁一事。孟森撰〈太后下嫁考實〉一文列舉史料後指出太后下嫁出自文人聯想，並無史實根據。鄭天挺撰〈多爾袞稱皇父攝政王之臆測〉一文指出多爾袞稱皇父攝政王實在是當時有功者最高的爵秩，絕無其他不可告人的隱晦原因。陳捷先撰〈多爾袞稱皇父攝政王研究〉一文從滿洲舊俗及滿文含義來看，皇父並非家庭中子輩對父輩的稱號。叔父攝政王其階高於親王一等，皇父攝正王又高於叔父攝政王，非以親以齒，都是一種崇功的稱號。李光濤指出皇父與太上皇三字相合，蓋因多爾袞對福臨原以兒皇帝視之，故自稱皇父攝政王。耶穌會士湯若望則指出：「多爾袞（阿瑪王）以那個娃娃皇帝的名義號令中國，他狂妄地自詡爲皇帝和國家的父親。」所謂娃娃皇帝，就是兒皇帝，所謂皇父，不僅是兒皇帝

之父，而且也是國家之父，多爾袞自詡爲國父。但不論是皇父或國父，都不是家庭中子輩對父輩的倫常稱謂。

　　朝鮮孝宗五年，相當於清朝順治十一年（1654），是年二月，《孝宗實錄》記錄朝鮮君臣對話：「上又曰：『皇帝年今幾何？』臣源曰：『十七歲也。』上曰：『北京兵甲尙精利乎？』臣源曰：『與前無異，而近日專尙學文，不事畋獵。』上曰：『皇帝所爲者何事也？』臣源曰：『每遊太液池，多則戲於冰，夏則蕩舟於水，且作木偶人以戲之。』命賜茶。」德人恩斯特・斯托莫（Ernst Sturmer）著《通玄教師湯若望》一書引用德國所藏文獻後指出福臨的性格說：「他的早熟程度不僅遠遠超過其實際年齡，而且超過了同齡的孩子們。他很聰明、正直和善良，但秉性多愁善感。這個草原兒子的天性酷愛狩獵，在皇家那野物豐富的獵場上，他能自如地挽弓射中飛奔的兔子。」順治皇帝除了冰戲蕩舟之外，也是南苑獵場上的狩獵高手，所謂不事畋獵，似指「近日」暫時的情形。

　　順治皇帝在位期間（1644-1661），頗留心內典，優遇國師玉林琇、木陳忞等高僧，玉林琇所著語錄，性地超脫，直踏三關。木陳忞語錄，正知正見。又著《北遊集》六卷，其中記述順治皇帝諭旨云：「願老和尙勿以天子視朕，當如門弟子旅菴相待。」原書又記述順治皇帝的個性云：「上龍性難攖，不時鞭撲左右，偶因問答間，師啓曰：『參禪學道人，不可任情喜怒，故曰：一念瞋心起，百萬障門開者此也。』上點首曰：『知道了。』後近侍李國柱語師云，如今萬歲爺不但不打人，即罵亦希逢矣。」順治皇帝頗具慧根，他駕崩後所頒佈的遺詔，似生離叮嚀，不像往生遺言，但他確實是因出痘駕崩，所謂在位十八年，棄天下如敝屣，遯入五臺爲僧云云，純屬虛構，未踏三關。

　　清朝入關前的歷史，稱爲清朝前史。清世祖順治元年（1644），

清朝勢力由盛京進入關內，定都北京，確立統治政權，直到宣統三年（1911）辛亥革命，政權終結，共二六八年，稱爲清代史。在清代史的前期中，清聖祖康熙皇帝在位六十一年（1662-1722），清世宗雍正皇帝在位十三年（1723-1735），清高宗乾隆皇帝在位六十年（1736-1795），三朝皇帝在位的時間長達一三四年，正好佔了清代史的一半，這段時期的文治武功，遠邁漢唐，稱爲盛清時期，康熙、雍正、乾隆這三朝皇帝，就是所謂的盛清諸帝。

儒家皇帝　朝鮮皇帝

　　清聖祖康熙皇帝諱玄燁（1654-1722），是清世祖順治皇帝的第三子，順治十六年（1659），玄燁六歲，偕兄弟向順治皇帝問安。順治皇帝問及諸子的志向，皇二子福全表示，「願爲賢王。」皇三子玄燁回答，「願效法父皇。」順治皇帝聽了很訝異。順治十八年（1661）正月初七日，順治皇帝駕崩。正月初九日，玄燁即帝位，時年八歲，以明年爲康熙元年（1662）。遵照遺詔，由索尼、蘇克薩哈、遏必隆、鰲拜四大臣輔政。康熙六年（1667）七月初七日，康熙皇帝親政。他在位長達六十一年之久，在國史上留下了許多爲後世肯定的紀錄。他在位期間，討平三藩的反滿運動，收臺灣爲版圖，親征準噶爾，經營西藏，北巡塞外，綏服蒙古，鞏固了清朝統治的基礎。康熙朝的美政，亦不勝枚舉，譬如整治河道、發展農業、崇儒重道、輕徭薄賦、蠲免租稅、崇尚儉樸、任用賢臣等等，與歷代英主相比，可謂毫無遜色。康熙皇帝酷愛中國傳統文化，他以上接二帝三王的正統思想爲己任，諸凡俱以堯舜之道爲法。由於滿族的積極吸收泛漢文化，使儒家傳統文化，得到傳承與宏揚。康熙皇帝認爲孔孟之道，朱熹之學，遠較佛、道空

寂之說，更有利於政治建設。康熙十六年（1677）五月二十九日
辰刻，康熙皇帝御弘德殿，講官喇沙里等進講畢，康熙皇帝面諭
講官云：「卿等每日起早進講，皆天德王道修齊治平之理。朕孜孜
問學，無非欲講明義理，以資治道。朕雖不明，虛心傾聽，尋繹
玩味，甚有啓沃之益。雖爲學不在多言，務期躬行實踐，非徒爲
口耳之資。」提倡孔孟之道，目的在以資治道。康熙皇帝就是儒
家政治理念的躬行實踐者，他的德治與寬和觀點，與儒家思想息
息相關。顧慕晴著《領導者與官僚操守：清聖祖的個案研究》一
書也指出，「仁」乃儒家思想的核心，正如康熙皇帝諡號所顯示的，
他對治國的基本想法，主要是承襲了儒家思想而來，他要成就自
己爲一「儒家皇帝」。他自幼接受儒家思想，尤其是在親政初期，
由講官熊賜履、喇沙里、陳廷敬、葉方靄等在弘德殿講解四書五
經，並相互討論，使他對儒家治國的觀念和想法，都充滿了興趣。
康熙皇帝在位六十一年，勤政愛民，勵精圖治，使社會日趨繁榮，
其雍熙景象，使後世流連不已，康熙皇帝的歷史地位，是可以肯
定的。

　　盛清時期，朝鮮和清朝兩國使臣往返頻繁。朝鮮冬至使、謝
恩使、奏請使、問安使、進香使、陳慰使，陳奏使、進賀使等北
京回國後，朝鮮國王都照例召見正副使及書狀官等員，詢問清朝
事情，諸臣將所見所聞，據實向國王報告，君臣談話的內容，多
見於朝鮮實錄。康熙皇帝在位期間（1662-1722），相當於李朝顯
宗、肅宗、景宗在位之際。朝鮮國王關心康熙皇帝的施政及對朝
鮮的態度，奉命到北京或瀋陽的朝鮮使臣，都注意到清朝政局的
變化，民情向背。順治十八年（1661）正月初九日，康熙皇帝即
位。同年七月初一日，朝鮮進賀使元斗杓等人從北京回國，朝鮮
國王顯宗召見元斗杓等人，詢問清朝政局，元斗杓覆稱：

> 聞諸被俘人金汝亮，皇帝年纔八歲，有四輔政擔當國事，
> 裁決庶務，入白太后，則別無可否，性唯諾而已。以故紀
> 綱號令，半不如前。朝會時千官例皆齊會，而今則大半不
> 來云。

朝鮮進賀使元斗杓所稱康熙皇帝年八歲，是正確的。四大臣輔政，總攬朝政，裁決庶務，並入白孝莊太皇太后云云，也是可信的。康熙元年（1662）十一月，朝鮮陳奏使鄭太和等從北京回國，國王顯宗召見鄭太和等人。據鄭太和稱，「輔政大臣專管國政，一不稟達於兒皇。」康熙四年（1665）二月，冬至使鄭致和等從北京返回朝鮮後指出，「時清主幼沖，大小政令皆出於四輔政。將以二月十二日冊首輔政孫伊之孫女爲后。」輔政大臣中，索尼，赫舍里氏，是滿洲正黃旗人，他是爲首輔政大臣，其孫領侍衛內大臣噶布喇之女赫舍里氏於康熙四年（1665）七月冊封爲皇后。其次，蘇克薩哈，納喇氏，是滿洲正白旗人。遏必隆，鈕祜祿氏，是滿洲鑲黃旗人。鰲拜，瓜爾佳氏，是滿洲鑲黃旗人，四大臣專恣威福。朝鮮使臣所述輔政大臣的專橫獨斷，與清朝官書的記載是相合的。金兆豐著《清史大綱》稱「論者謂康熙初政，頗無足紀，皆鰲拜專橫有以致之，非虛語也。」所謂康熙初政無足紀的說法，有待商榷。康熙四年（1665）三月初六日，顯宗在熙政堂召見從北京回國的禮曹判書鄭致和。《顯宗改修實錄》記載了他們的談話內容，節錄一段內容如下：

> 上曰：「清主何如云耶？」致和曰：「年今十二，何能自斷。
> 聞輔政頗善處事，攝政已久，而國人無貳心，誠可異也。」

輔政大臣專橫，固屬事實，然而輔政大臣，「頗善處事」，所以「國人無貳心」，也是事實。

清朝初年，政局上最大的危機是三藩之亂。其中平西王吳三

桂鎮雲南，藩屬五十三佐領，綠旗兵萬有二千，丁口數萬，勢力
最強；平南王尚可喜鎮廣東；靖南王耿繼茂鎮福建，耿繼茂卒，
其子耿精忠襲爵，耿、尚二藩所屬各十五佐領，綠旗兵各六、七
千名，丁口各二萬人。康熙十二年（1673）三月，尚可喜老病，
受制於其子尚之信，而奏請歸老遼東，部議令其盡撤藩屬回籍。
吳三桂、耿精忠俱不自安，同年七月，亦奏請撤藩，以探朝旨。
康熙皇帝以吳三桂蓄謀已久，不除必爲巨患，況其勢已成，撤藩
固反，不撤亦反，徙藩之議遂決，於是有三藩之變。《顯宗改修實
錄》記載，「聞北京將以八月大舉擊吳三桂，清兵十一萬，蒙兵一
萬五千，皇帝將親征云。」《肅宗實錄》也記載吳三桂擁立崇禎之
子，起兵反清。康熙十三年（1674）正月元旦，即位於雲南，年
號廣德，自稱興明討虜大將軍靖南王。據朝鮮龍仁人柳潤稱：「見
天文，明必興，胡必亡。」據領議政許積稱，吳三桂再造大明，「清
國之勢，似難久保。」據陳慰兼進香使靈愼君澂等稱，「南方若有
捷報，則輒即印出頒示；至於敗報，皇帝親自開見，只與皇后父
率哈及兵部尚書密議之，諸王諸大將亦或不得聞。但東華門夜不
閉以通南撥。且皇帝年少性急，近因喪患兵亂，心氣暴發，不能
自定；諸王諸將亦無智慮之人，吾輩不知死所。」吳三桂起兵之
初，聲勢浩大，但所謂「皇帝年少性急」、「明必興，胡必亡」、「清
國之勢，似難久保」云云，都是臆測或訛傳，俱非事實。

　　康熙十七年（1678）三月，朝鮮冬至正副使等從北京返回朝
鮮，將沿途聞見書寫馳啓國王。據稱吳三桂在長沙，「頭髮已長，
衣冠比漢制，雖有百萬之眾，率多烏合。但手下有五、六千敢死
之兵，即所謂苗奴也，涅齒恭膝，白布裹頭，其目深而黑，其劍
長而廣，其勇如飛，其戰無敵。」又說：「自甲寅以後，南征之兵，
至於百二十萬，時存征戍者，僅八萬。三桂改國號周，稱重興四

年。」康熙十七年（1678）八月，陳慰兼進香使李夏鎮從北京返回朝鮮。李夏鎮指出，「三桂稱帝，國號大周，改元紹武，立其孫世霖為皇太孫。清主荒淫無度，委政於其臣索額圖，兵興以後，賦役煩重，民不堪命，國內騷然。」康熙二十一年（1682）十一月，平安監司柳尚運以譯官所探得清人事情狀聞，略謂「吳三桂之孫世蕃，稱國號曰大周，改元弘化，已而為清兵所敗。」從朝鮮使臣等人的敘述，得知吳三桂起兵以後傳聞的年號有「廣德」、「重興」、「紹武」三個。吳三桂之孫世璠稱帝後國號仍稱「大周」，但改元「弘化」。吳三桂擁兵百萬，卻是烏合之眾。其中「苗奴」是苗兵，勇敢善戰。惟所謂「清主荒淫無度」云云，並不符合歷史事實。

據朝鮮使臣權大運指出清朝雖然兵連禍結，但暫無朝夕危急之事。吳三桂果有大志掃清中原，則必已深入，而尚據一隅不進，其無大志可知。當多至使兼謝恩使福昌君楨返回朝鮮後指出清朝「賦役甚簡，民猶恐清人之敗，徵兵赴戰，滿多而漢少，故漢人亦無思亂之心。」吳三桂勢力強盛，但因暮氣太重，徘徊不進，康熙皇帝是二十歲青年，智勇兼備，遇事果敢，賦役甚簡，兵興以後，並不擾民，康熙皇帝在他的遺詔中就提到平定三藩，「皆出一心運籌」。三藩之亂是康熙朝的危機，同時也是清朝的轉機，三藩的平定，清朝始可謂真正的統一全國。

康熙皇帝的容貌，據《清聖祖實錄》的記載是「天表奇偉，神采煥發，雙瞳日懸，隆準岳立，耳大聲洪。」康熙皇帝的容貌就是典型的帝王相。康熙二十四年（1685），法王路易十四派出傳教團來華活動，白晉是其中一位耶穌會傳教士，他在中國十餘年，回國後撰寫所謂《康熙帝傳》，書中記載康熙皇帝的容貌，「他威武雄壯，身材勻稱而比普通人略高，五官端正，兩眼比他本民族

的一般人大而有神。鼻尖稍圓略帶鷹鉤狀，雖然臉上有天花留下的痕跡，但並不影響他英俊的外表。」康熙二十一年（1682），康熙皇帝二十九歲，是年正月二十四日，朝鮮國王肅宗召見謝恩正副使及書狀官等人，詢問康熙皇帝的容貌。據謝恩正使昌城君回答說：「皇帝容貌，碩大而美，所服黑狐裘。」在白晉的描述中，康熙皇帝的外表是英俊的。朝鮮昌城君所述康熙皇帝年輕時的容貌「碩大而美」云云，確實是可信的。

朝鮮使臣對康熙皇帝的批評，毀譽參半，因人而異。康熙五年（1666）九月，朝鮮國王召見謝恩使兼陳奏使許積等人，許積對清朝的施政有一段評論說：「觀其為政，危亡可以立至，而至今維持者，大明自神宗迄于崇禎，誅求無藝，故民無思漢之心。彼且方用貊道，寡取於民，年且屢豐，此所以維持也。」滿族文化有其邊疆特色，所謂「貊道」，是指滿族文化而言，滿族寡取於民，輕徭薄賦，並未引起漢族太強烈的反抗，藏富於民，百姓豐足，安和樂利，所以政權能維持長久。康熙二十七年（1688）六月，進香使洪萬鍾等返回朝鮮後，向朝鮮國王報告說：「彼中政令簡便，公私無事。」康熙四十一年（1702）三月，冬至副使李善溥向朝鮮國王報告清朝事情，他指出：「皇帝雖荒淫無道，姑無侵虐之故，民間晏然。」康熙五十二年（1713）三月三十日，朝鮮國王召見謝恩兼冬至使金昌集等人，詢問清朝事情。金昌集回答道：「清皇節儉惜財，取民有制，不興土木，百民皆按堵，自無愁怨。」康熙皇帝崇尚節儉，賦役輕減，不興土木，百姓安樂，所以民皆按堵。康熙皇帝遺詔中所稱，「戶部帑金，非用師賑饑，未敢妄費」等愛惜小民脂膏的言詞，是符合歷史事實的。

康熙皇帝勤政愛民，御門聽政，夙興夜寐，每日辰刻，或御乾清門，或御瀛臺勤政殿，或御暢春園澹寧居聽政，聽理各部院

衙門面奏政事，認真負責。至於行圍騎射，巡幸各地，察訪民情，都具有意義。康熙三十四年（1695）三月二十一日，朝鮮國王召見多至副使李弘迪，詢問清朝事情。李弘迪對以「皇帝荒淫遊佃，不親政事。用事之臣，又皆貪虐，賄賂公行。且蒙古別部喀喀一種甚強，今方舉兵侵境，人多憂之。而且年事雖荒，賦役甚簡，故民不知苦矣。」「喀喀」，即喀爾喀，入侵邊境的是漠西蒙古厄魯特部準噶爾，後來康熙皇帝御駕親征。賦役甚簡，所以民不知苦。但所謂「皇帝荒淫遊佃，不親政事」云云，並不符合歷史事實。康熙四十八年（1709）三月二十三日，肅宗召見多至使閔鎮厚等人，詢問清朝事情。據閔鎮厚稱，康熙皇帝「處事已極顛倒，而又貪愛財寶，國人皆曰：愛銀皇帝。」「愛銀皇帝」用來稱呼康熙皇帝，並不公平。

康熙中葉以後，朋黨盛行，在朝滿臣中，大學士明珠柄國日久，招權納賄。朝鮮多至使金錫胄等返國後即指出，「臣等聞此處大小事務，皇帝不自總攬，故滿閣老明珠獨為專權，漢閣老李霨亦為久任用事。」與明珠同時並相者有索尼第三子索額圖，擅權亦久，明珠與索額圖互相傾軋。康熙二十一年（1682）三月十七日，瀋陽問安使左議政閔鼎重回到鳳凰城時，他狀聞清朝事情，文中提及，「聞比年以來，謟諛成風，賄賂公行。索額圖、明珠等，逢迎貪縱，形勢相埒，互相傾軋。北京為之謠曰：「天要平，殺老索，天要安，殺老明。」老索即索額圖，老明即明珠，專權用事，人人怨恨，都是天誅地滅的對象。

康熙年間，皇太子的再立再廢，影響朝政頗大，朝鮮君臣在談話中，常常提到皇太子，也密切注意著清朝的政局。謝恩使昌城君指出，皇太子年八歲，能左右射，通四書，可見康熙皇帝對皇子教育的重視。朝鮮使臣對皇太子負面的批評較多。多至正使

趙師錫指出，「太子年十一，剛愎喜殺人，皆謂必亡其國矣。」冬
至使閔鎮厚指出，皇太子性本殘酷，不忠不孝，胡命不久。冬至
使趙泰采指出，太子不良，雖十年廢囚，斷無改過之望，締結不
逞之徒，專事牟利，財產可埒一國。侍衞，滿語讀如"hiya"，
朝鮮使臣多音譯作「蝦」。趙泰采也指出，「太子蝦多，智善，結
黨羽。」皇太子黨羽眾多，遂不安本分。朝鮮提調李頤命指出，「聞
太子性甚悖戾，每言古今天下，豈有四十年太子乎？其性行可知。」
皇太子不安於位，竟欲逼皇父退位。提調趙泰耆指出，「太子無狀，
多受賄賂，且諸王互相樹黨，康熙若死，則國事可知。」康熙皇
帝因皇太子再立再廢，容顏清減，用人施政，日益寬弛。康熙五
十七年（1718）四月初三日，肅宗召見冬至正使俞命雄、副使南
就明。據副使南就明稱，「歸時得見皇帝所製歌詞，語甚悽涼，其
志氣之衰耗可見矣。」皇太子的廢立，對康熙朝後期的施政及政
局的發展，確實不可忽視。朝鮮使臣到北京或瀋陽所訪聞的「虜
情」，雖然詳略不一，但對了解清朝政情卻提供了一定的參考價
值。

抄家皇帝　愛銀皇帝

　　清世宗雍正皇帝胤禛（1678-1735），生於康熙十七年（1678）
十月三十日，是皇四子，宮中習稱四阿哥。「胤」是康熙皇帝所生
諸皇子的排行；「禛」是「以真受福」的意思。皇四子胤禛生母烏
雅氏是滿洲正黃旗人，出身護軍參領之家，原為包衣人家之後。
康熙十八年（1679），烏雅氏封為德嬪。康熙十九年（1680），生
皇六子胤祚，五年後卒。康熙二十年（1681），烏雅氏晉封德妃。
康熙二十七年（1688），生皇十四子禵，又作胤禎。康熙三十七年

（1698）三月，皇四子胤禛封多羅貝勒。康熙三十八年（1699），康熙皇帝爲諸皇子建府，皇四子胤禛的府邸位於紫禁城東北，即日後的雍和宮。

康熙四十三年（1704），追封一等承恩公凌柱之女鈕祜祿氏入侍皇四子胤禛府邸，號爲格格，她就是日後的孝聖憲皇后。康熙四十八年（1709）三月，皇四子胤禛晉封爲雍親王，提高了他的政治地位。康熙五十年（1711）八月十三日，鈕祜祿氏在雍親王府邸爲胤禛生了第四個兒子弘曆，後來弘曆繼位時爲鈕枯祿氏的後半生帶來了無比的尊榮富貴。

皇太子胤礽再立再廢後，諸皇子個個都有帝王夢，爲角逐帝位，彼此樹黨傾陷。康熙六十一年（1722）十一月十三日，康熙皇帝崩殂，皇四子胤禛入承大統，改翌年爲雍正元年（1723），他就是清世宗雍正皇帝。雍正皇帝即位後，矯詔篡位，謀父逼母，弒兄屠弟，貪財好色，誅戮忠臣的謠言，就蜚短流長，不脛而走。其實，皇四子胤禛的繼位，也有他的有利條件。

康熙皇帝雖然不並不寵愛皇四子胤禛，他卻十分疼愛胤禛的第四個兒子弘曆，由愛孫而及子，歷史上確有先例。明成祖先立仁宗朱高熾爲世子，後來因不滿意，而常想更易。當廷議冊立太子時，明成祖欲立漢王朱高煦。明成祖雖然不喜歡朱高熾，卻很鍾愛朱高熾的兒子朱瞻基，即後來的明宣宗。侍讀學士解縉面奏明成祖說朱高熾有好兒子，明成祖有好聖孫，這才打動了明成祖的心，最後決定立朱高熾爲太子。清朝康熙皇帝一家的三代，有些雷同。弘曆生而岐嶷，康熙皇帝見而鍾愛。弘曆六歲時，康熙皇帝就把他帶回宮中養育，開始接受啓蒙教育。康熙皇帝有好聖孫弘曆，因鍾愛聖孫，而對胤禛增加好感，即所謂愛孫及子，先傳位給胤禛，再傳弘曆，順天應人。後世對雍正皇帝的負面評價，

大部分出自當時的失意政敵所編造的流言，有一部分是出自漢人種族成見的推波助瀾，加上歷史小說的杜撰虛構，以致眾口鑠金。

　　雍正皇帝即位後，鑒於康熙皇帝建儲的失敗，皇太子再立再廢，諸皇子各樹朋黨，互相傾陷，兄弟竟成仇敵，為永杜皇位紛爭，雍正皇帝創立儲位密建法。雍正元年（1723）八月十七日，雍正皇帝諭總理事務王大臣等云：「當日聖祖因二阿哥之事，身心憂悴，不可彈述。今朕諸子尚幼，建儲一事，必須詳慎，此時安可舉行，然聖祖既將大事付託於朕，朕身為宗社之主，不得不預為之計。今朕特將此事親寫密封，藏於匣內，置之乾清宮正中，世祖章皇帝御書『正大光明』扁額之後，乃宮中最高之處，以備不虞。」雍正皇帝密書弘曆之名，緘藏匣內，弘曆正式立為皇太子，但密而不宣。雍正皇帝雖立儲君，卻不公開，稱為儲位密建法，可以說是解決皇位爭繼問題的有效方法，先行指定繼承人，即預立儲君，是為中原文化傳統；而所預立的繼承人並不以嫡長為限，而以才能人品為考核人選標準，又為女真世選舊俗。

　　雍正年間，由於社會經濟的改革，使社會日益繁榮，財政狀況好轉，國家稅收穩定的成長，國庫充盈。據統計。康熙六十一年（1722），國庫餘銀八百萬兩，雍正八年（1730），國庫餘銀六千三百餘萬兩，終於奠定清朝鼎盛時期的經濟基礎。

　　康熙皇帝八歲即位，雍正皇帝即位時，年已四十五歲，在即位之初，就能以成熟的認識制定一系列順應歷史趨勢的具體政治措施，他勵精圖治，勇於改革，貫徹政令，他的政績，頗有可觀，雍正一朝處於康熙和乾隆兩朝之間，雖然只有短短的十三年，但是倘若缺少了雍正朝，則盛清時期的盛世，必然大為遜色。

　　雍正皇帝即位後，矯詔篡奪的謠言，遠近傳播。雍正元年（1723）九月初十日，進賀正使密昌君樴回國後向朝鮮國王報告

說：

> 雍正繼立，或云出於矯詔，且貪財好利，害及商賈。或言
> 其久在閭閻，習知民間疾苦，政令之間，聰察無比。臣亦
> 於引見時觀其氣象英發，語音洪亮，侍衛頗嚴肅。且都下
> 人民妥帖，似無朝夕危疑之慮矣。

《大義覺迷錄》所載雍正皇帝矯詔的謠傳，主要出自充發三
姓地方的耿精忠之孫耿六格。傳說康熙皇帝原想傳位十四阿哥胤
禎天下，雍正皇帝將「十」改為「于」，同時也傳說把「禎」改為
「禛」，而使雍正皇帝的嗣統合法化。這種謠傳，不盡可信。因此，
密昌君橄只說「或云出於矯詔」，語帶保留，不敢武斷。雍正皇帝
是否貪財好利，或習知民間疾苦，兩說並列。引見時，所見雍正
皇帝「氣象英發，語音洪亮。」則是密昌君橄親眼目覩，可信度
很高。所謂「政令之間，聰察無比。」也是符合歷史事實的。

在雍正皇帝矯詔傳說中提到「玉念珠」的問題。《清代通史》
引《清史要略》一書的說法云：

> 時胤禎偕劍客數人返京師，偵知聖祖遺詔，設法密盜之，
> 潛將十字改為于字，藏於身，獨入侍暢春園，盡屏諸昆季，
> 不許入內。時聖祖已昏迷矣，有頃，微醒，宣詔大臣入宮，
> 半晌無至者。驀見獨胤禎一人在側，知被賣，乃大怒，取
> 玉念珠投之，不中，胤禎跪謝罪。

《清史要略》是晚出的野史，早在康熙六十一年（1722）十
二月十七日，朝鮮《景宗實錄》已記載念珠的問題。是日，朝鮮
遠接使金演自北京迎敕而歸，將其所聞言於戶曹判書李台佐，節
錄一段內容如下：

> 康熙皇帝在暢春苑病劇，知其不能起，召閣老馬齊言曰：「第
> 四子雍親正胤禎最賢，我死後立為嗣皇。胤禎第二子有英

雄氣象，必封為太子。」仍以為君不易之道，平治天下之
要，訓戒胤禛。解脫其頭項所掛念珠與胤禛曰：「此乃順治
皇帝臨終時贈朕之物，今我贈爾，有意存焉，爾其知之。」
又曰：「廢太子、皇長子性行不順，依前拘囚，豐其衣食，
以終其身。廢太子第二子朕所鍾愛，其特封為親王。」言
訖而逝。其夜以肩輿載屍還京城，新皇哭隨後，城中一時
雷哭，如喪考妣。十三日喪出，十五日發喪，十九日即位。
其間日子多，此非秘喪也，新皇累次讓位，以致遷就。即
位後處事得當，人心大定。

　　遠接使金演所述內容，對雍正皇帝嗣統的合法性有利。引文
史所述念珠一節是現存相關傳說最早的文字記載，有其原始性。
但記載中並未指明是否玉質念珠。念珠可以視爲皇帝傳位信物，
順治皇帝虔誠信佛，他臨終時將念珠交給康熙皇帝，有其深意。
康熙皇帝解脫頸項所掛念珠親自交給雍正皇帝的傳說，固然有待
商榷，但相對《清史要略》的記載而言，也是不可忽視的文字記
載。可以確定的是，由於雍正皇帝的英明果斷，處置得當，所以
都下妥帖，人心大定，正所謂「天佑大清」，至於「胡無百年之運」
的預測，可以說是杞人憂天。引文中「胤禛第二子」，當指第四子
弘曆。

　　朝鮮君臣談話中，常常提到清朝君臣的清廉問題，康熙皇帝
被朝鮮君臣冠以「愛銀皇帝」的外號。朝鮮英祖召見同知事尹游
時說：「雍正本有愛銀之癖，且有好勝之病。」英祖召見諸臣時，
諸臣以清朝副敕使需索無厭，凡物所需，皆折算爲銀。英祖笑著
說：「雍正亦愛銀，此輩何足言也！」雍正皇帝也愛銀，在朝鮮君
臣心中目也是一位「愛銀皇帝」。雍正元年（1723）二月二十九日，
朝鮮陳慰正使礪山君枋、副使金始煥抵達瀋陽，將道路所聞馳啟

朝鮮國王，節錄一段內容如下：

> 康熙皇帝子女眾多，不能偏令富饒，諸子女受略嬲官，若
> 漕總監務等職，隨其豐薄而定賕多少。且於京外富民之家，
> 勒取財產，多至數十萬，小國累萬金，而田園人畜，亦皆
> 占奪，人或不與，則侵虐萬端，必奪乃已，而不禁。新皇
> 帝亦嘗贖貨致富，乃登大位，前日所占奪者，並還本主，
> 而敕諭諸昆弟曰：「朕在邸時，雖不免奪人利己，而未嘗傷
> 害人命。他餘昆弟則殺人傷人，朕甚憫之。朕既悔過改圖，
> 諸昆弟果有貧窶者，則戶部之物，係是經費，朕不敢私用，
> 而入庫所儲，可以隨乏周給。爾等所奪民財，限一年併還
> 其主。若久不還，致有本主來訴，斷不以私恩貰之也。」

康熙皇帝所生皇子共三十五人，公主二十人，合計五十五人，
子女眾多，各個贖貨致富，其中不乏占奪民財者，雍正皇帝即位
後諭令諸兄弟將所奪民財，限一年內盡數歸還。雍正皇帝認為戶
部經費是國家庫帑，不可私用，皇室子弟有內務府庫銀，隨乏周
給，公私分明。礪山君枋又指出：「康熙皇帝以遊獵為事，鷹犬之
貢，車馬之費，為弊於天下。朝臣若隸於臂鷹牽狗，則以得近乘
輿，誇耀於同朝矣。新皇帝詔罷鷹犬之貢，以示不用，而凡諸宮
中所畜珍禽異獸，俱令放散，無一留者。」雍正皇帝詔罷鷹犬之
貢，與崇尚儉約，有密切關係。在胤祥的輔助下，雍正皇帝雷厲
風行的整頓財政，充實國庫，奠定了盛世財政的基礎。雍正九年
（1731）六月，朝鮮伴送使宋寅明指出，「關市不征，乃三代事也，
後豈能盡行古法。清人之法，賦民輕而稅商重，以致富強，裕國
生財之要，無過此矣」。雍正皇帝裕國生財的財稅改革的成果，受
到了朝鮮君臣的肯定。雍正皇帝在位期間，朝乾夕惕，勤求治理，
其主要目的，就在於「期使宗室天潢之內，人人品行端方，八旗

根本之地，各各奉公守法，六卿喉舌之司，綱紀整飭，百度維貞，
封疆守土之臣，大法小廉，萬民樂業。」雍正皇帝遺詔中所稱，
在位十三年，雖未能全如期望，而庶政漸已肅清，人心漸臻良善，
臣民偏德，遐邇恬熙，大有頻書等語，大都符合歷史事實。

十全老人　馬上皇帝

　　阿哥（age）是滿文的讀音，就是宮中皇子的通稱。弘曆生於
康熙五十年（1711）八月十三日，是雍親王胤禛的第四子，就是
四阿哥。四阿哥時代的弘曆，有一個鍾愛他的祖父康熙皇帝，弘
曆六歲時，康熙皇帝就把他帶回宮中，開始接受啓蒙教育，學習
騎射和新式武器的使用，宮中提供了最優越的學習環境，接受完
整的教育。康熙皇帝重視皇子教育，重視書法，要求很嚴。康熙
皇帝巡幸塞外，弘曆總是跟著祖父到避暑山莊，在萬壑松風閣等
處讀書。也跟著祖父秋獼木蘭，木蘭（muran）是滿文哨鹿行圍
的意思。《清史稿》記載，木蘭從獼時，康熙皇帝命侍衛帶領四阿
哥弘曆射熊，弘曆才上馬，大熊突然站在弘曆的前面，弘曆非常
鎮定，控轡自若。康熙皇帝急忙開鎗打死大熊。回到帳蓬後，康
熙皇帝對溫惠皇太妃說：「弘曆的命貴重，福分一定超過我。」弘
曆有好祖父，這固然重要，康熙皇帝有好皇孫，這比好祖父更重
要。弘曆讀書很用心，過目成誦，他在二十歲時，就把平日所作
詩文輯錄成《樂善堂集》。他的書法，更是龍飛鳳舞。日本學者稻
葉君山著《清朝全史》曾經指出，康熙皇帝的書法，雖然豐潤不
足，但是，骨力有餘；乾隆皇帝的書法，雖然缺少氣魄，但是，
妙筆生花，各有所長。清朝重視皇子教育，是清朝皇帝大多賢能
的主要原因。

　　《清朝全史》曾經就繪畫的喜好，比較康熙皇帝和乾隆皇帝的性格，書中認爲祖孫對西洋繪畫的趣味，是相同的。但是，看焦秉貞所畫『耕織圖』可以知道康熙皇帝的性格。看郎世寧所畫『準噶爾的貢馬圖』。可以窺知乾隆皇帝的嗜好。原書比較後指出，康熙皇帝是創業之主，開拓國運，備嘗甘苦；乾隆皇帝則爲守成君主，坐享太平，生爲貴公子，長爲富家翁。其實，盛清諸帝的政策，有他的延續性和一貫性。清朝盛運的開創，從時間和空間來看，到達全盛或巔峰，是在乾隆年間。乾隆皇帝對盛運的開創，同樣扮演了重要角色。《清朝全史》認爲乾隆皇帝是坐享太平的皇帝，與歷史事實，並不完全符合。

　　發展文化事業，固然要有經費，更不能沒有人才，乾隆年間的成就是多方面的，文化事業的提倡和成就是最值得肯定的。康熙年間完成《古今圖書集成》，乾隆年間編纂的大型叢書，更是數不清，均具規模，亦具開創性，令後世歎爲觀止。四庫全書的纂修就歷時十餘年，動員三千八百餘人。其他經史子集滿漢文本更是汗牛充棟，就文化大業的輝煌成就而言，乾隆皇帝雖然說是守成，其實也是開創。

　　清朝皇帝御門聽政或上朝處理政務，地點和時間，並不固定，這不是怠惰的現象，而是孜孜勤政的表現。這一個事實，無疑地有助於清朝政局的穩定和立國的久遠。康熙皇帝、乾隆皇帝走出深宮內院，南巡河工，省方問俗，巡幸塞外，秋獮木蘭，都有重要的歷史意義。避暑山莊又稱熱河行宮，是清朝皇帝巡幸塞外的行宮，始建於康熙四十二年（1703），至乾隆五十七年（1792），全部完工，歷時九十年，是一座規模宏大，風景秀麗的宮廷園囿。在避暑山莊附近北面山麓建有外八廟，在避暑山莊以北一百多公里喀喇沁，翁牛特等部牧場一帶也開闢爲木蘭圍場。避暑山莊、

外八廟的建造，木蘭圍場的開闢，都有一定的政治目的或作用，這裡水土美好，氣候溫和，很適合避暑。行圍、練兵、處理政務，熱河行宮，就是清朝的夏宮。

清朝是一個多民族的國家，對於那些懼怕內地燥熱而易患痘症的蒙古、回部、西藏王公、伯克、喇嘛等人物而言，避暑山莊、外八廟和木蘭圍場，都是最適宜朝覲皇帝的地點。邊疆民族通過請安、進貢，乾隆皇帝藉著召見、賞賜、行圍、較射、練兵等活動。以達到「合內外之心，懷遠之略，成鞏固之業」的政治目的，避暑山莊就是清朝北京以外的第二個政治中心。

由於乾隆皇帝的六次南巡和多次北巡，也爲繪畫提供了許多題材，例如徐揚畫《南巡圖》等。西洋畫家王致誠曾奉命前往避暑山莊爲準噶爾台吉策凌等油畫肖像，在五十天中，共畫了油畫十二幅。阿睦爾撒納台吉投降後在熱河覲見，王致誠、郎世寧、艾啓蒙等人又奉命到熱河行宮，爲降將阿睦爾撒納等人油畫頭像。郎世寧等人奉命畫《圍獵圖》、《木蘭圖》、《行圍圖》，周鯤等人畫《熱河全圖》等等，反映塞外的活動，十分受到清朝政府的重視，而由畫家用畫筆記錄下來。後世倘若研究乾隆年間的盛況，就要多研究乾隆年間的書畫器物，要把乾隆年間的文化藝術或繪畫作品和當時的時代結合起來，才算真正了解到乾隆年間的時代背景。

乾隆皇帝即位前，南明政權已經結束，三藩之亂，也已經平定，臺灣亦納入了版圖，全國統一。這個歷史背景，提供開創盛運的良好條件，這就不能忽視康熙、雍正皇帝的賦役改革、儲位密建法的採行。賦役改革使財政問題得到改善，國庫充足。儲位密建法的採行使皇位繼承，不再紛爭，政局穩定。康熙、雍正勵精圖治，乾隆皇帝繼承了這種勤政的傳統，使康熙、雍正、乾隆

盛運維持一百三十四年之久。

　　乾隆皇帝在位期間，把盛運的時間拉得很長，其空間也空前的擴大，其間有延續，也有突破和創新。康熙、雍正、乾隆三朝皇帝都是盛運的開創者，所謂守成，實同開創。到乾隆年間，國運興隆達到了巔峰，他的文治武功，成就超越康熙、雍正兩朝。所謂乾隆晚年倦勤，盛運走向下坡，開始中衰的說法，並不完全正確。單就十全武功而言，平定林爽文、安南戰役，兩次廓爾喀之役，都是在乾隆五十一年以後才用兵的。探討清朝盛運的開創，乾隆皇帝的定位，也應該放在開創的舞臺上，才符合歷史事實。

　　乾隆皇帝諡號純皇帝，純字說明用人施政，並無重大瑕疵，純字更是表明各方面的成就，都很完美。乾隆皇帝的一生追求的是完美的全，包括十全武功的全，十全老人的全，四庫全書的全，滿文全藏經的全，「全」就是乾隆皇帝一生要追求的理想。後人所看到的清朝盛運，主要是乾隆皇帝的成就，他超越了父祖，他追求的是時空的全，時空的完美，時空的極限。

　　康熙、雍正、乾隆三朝皇帝的政治主張和施政特點，各有千秋，也有它的延續性。朝鮮君臣關心清朝皇帝對朝鮮的態度及清朝政局的變動。朝鮮領議政趙泰耈曾奉使北京，當時臣民稱康熙皇帝為「朝鮮皇帝」，主要是由於康熙皇帝相當「顧恤」朝鮮。雍正年間，清朝和朝鮮，關係良好。乾隆年間，朝鮮使臣到北京，多能賦詩，贏得乾隆皇帝的喝彩。乾隆四十三年（1777）九月，乾隆皇帝東巡謁陵在盛京瀋陽召見朝鮮問安使臣於崇政殿，並令朝鮮使臣賜茶時位於清朝王公之列。乾隆皇帝親書「東藩繩美」匾賜朝鮮國王。《正祖實錄》記載，乾隆皇帝問：「爾們中有能滿語者乎？」使臣令清學譯官玄啓百進前用滿洲語回答說：「昨蒙皇上的曠異之典，親筆既下於本國，賞典遍及於從人，陪臣等歸奏

國王，當與一國臣民感戴皇恩矣。」乾隆皇帝點頭而含笑。又用滿洲語問玄啓百：「汝善爲滿洲語，汝之使臣，亦能爲滿語乎？」啓百對曰：「不能矣。」乾隆四十五年（1780）九十月十一日，朝鮮進賀兼謝恩正使朴明源等三使臣及三譯官在熱河觀見乾隆皇帝。《正祖實錄》有一段記載：「皇帝問曰：『國王平安乎？』臣謹對曰：『平安。』又問：『此中能有滿洲語者乎？』通官未達旨意，躕躇之際，清學尹甲宗對曰：『略曉。』皇帝役笑。」乾隆皇帝提倡「國語騎射」，他很重視朝鮮使臣的滿洲語表達能力。在清朝禮部系統的屬邦中，其使臣及譯官既能賦詩，又會滿洲語的，只有朝鮮。

乾隆皇帝施政特點，主要是寬猛並濟，制度漸臻完備，近乎文治。乾隆四年（1739）七月十八日，朝鮮國王召見陳慰謝恩使臣，詢問清朝事情。副使徐宗玉回答說：「雍正有苛刻之名，而乾隆行寬大之政，以求言詔觀之，以不論寡躬闕失，大臣是非，至於罪臺諫，可謂賢君矣。」雍正皇帝「有苛刻之名」，後人或當時人多持相同看法。乾隆皇帝即位後，施政寬大，不失爲一賢君。乾隆三年（1738）二月十四日，朝鮮國王引見領議政李光佐等人，詢問準噶爾漠西蒙古與清朝議和一事。《英祖實錄》記載了君臣談話的內容，節錄一段如下：

> 光佐曰：「臣於乙未以副使赴燕，雖無料事之智，竊謂此後中國，未必即出真主，似更出他胡，蕩盡其禮樂文物，然後始生真人矣。蓋周之煩文已極，有秦皇焚坑之禍，然後承之以漢初淳風。清人雖是胡種，凡事極為文明，典章文翰，皆如皇明時，但國俗之簡易稍異矣。奢侈之弊，至今轉甚，如輿儓賤流，皆著貂皮。以此推之，婦女奢侈，必有甚焉。且巫風太熾，祠廟寺觀，處處有之，道釋並行，

> 貴州淫祠多至於七十二座，至有楊貴妃、安祿山祠。蒙古
> 雄悍，過於女真，若入中原，則待我之道，必不如清人矣。」
> 左議政宋寅明曰：「清主立法簡易，民似無怨，不必促亡矣。」
> 判尹金始炯曰：「西靼所居之地，距燕京幾萬餘里，康熙時
> 雖或侵邊，伐之則輒退，雍正時盡發遼左兵往征矣。

　　引文中已指出清朝雖然是由邊疆民族所建立的政權，但是，清朝沿襲明朝的典章制度，凡事極為文明，所不同的是國俗較為簡易，李光佐曾於康熙五十四年（1715）以副使身分到過北京，親眼目覩清朝的太平盛世。左議政宋寅明也指出乾隆皇帝立法簡易，百姓無怨，國運昌隆。至於漠西厄魯特恃強越邊入侵，康熙、雍正兩朝傾全力進討，未竟全功，乾隆年間的十全武功，就是繼承父祖遺志，完成未竟之緒，有其一貫性。朝鮮君臣相信清朝寬待朝鮮，蒙古對待朝鮮之道，「必不如清人。」朝鮮君臣的感受，確實是發自內心。

　　康熙皇帝、乾隆皇帝在位期間，或南巡河工，或北巡塞外，或東巡謁陵，每年巡幸超過三個多月，朝鮮君臣對清朝皇帝的巡幸，頗不以為然。乾隆八年（1743）四月初五日，《英祖實錄》有一段記載云：

> 教曰：頃聞節使之言，胡皇將其太后，自居庸關過蒙古地，
> 當來瀋陽云。百年之運已過，乾隆之為人，不及康熙，而
> 今乃遠來關外，甚可慮也。我國昇平日久，今當此機，宜
> 自廟堂，先盡自強之道。江邊守令及西路帥臣，亦宜擇送
> 矣。

　　乾隆皇帝的東巡，引起朝鮮的惶恐，而加強邊境的防守。但領議政金在魯指出，「康熙時亦以拜墓，有瀋陽之行，此亦似遵舊例，何必過慮也。」乾隆皇帝為人，雖然不及康熙皇帝，但東巡

謁陵，都是舊例。乾隆十八年（1753）正月十一日，朝鮮國王召見迴還使等人，據書狀官俞漢蕭稱，「皇帝不肯一日留京，出入無常，彼中有『馬上朝廷』之謠矣。」其實，清朝皇帝視朝聽政時間的不固定，並非怠惰的現象，反而是孜孜勤政的表現。康熙皇帝、乾隆皇帝巡行各地，啓鑾時，大學士、學士等人多隨駕，仍然日理萬幾，雖然是「馬上朝廷」，並不影響政務的處理，行政效率也充分發揮。

乾隆皇帝的施政特點，主要表現在文治方面，任用舊臣，滿漢兼用。乾隆二年（1737）四月初九日，冬至使返回朝鮮，朝鮮國王召見正副使，據副使金始炯稱：「北事未能詳知，而新主政令無大疵，或以柔弱爲病，邊境姑無憂。閣老張廷玉負天下重望，有老母，乞歸養而不許。彼人皆以張閣老在，天下無事云。」閣老是指內閣大學士。據朝鮮國王英祖稱：「大抵乾隆之政令無可言者，而然而有臣矣，此亦康熙培養之遺化也。」乾隆朝的賢臣，就是康熙以來的舊臣。朝鮮書狀官宋銓亦稱，「皇帝所倚任滿漢大臣，一、二佞幸外，皆時望所屬，故庶事不至頹廢，國人方之漢武中歲，梁武晚年云。」滿漢大臣，都是時望所屬，所以政治不至頹廢，朝鮮君臣對乾隆朝的施政得失，滿意度頗高。乾隆四十五年（1780）十一月二十七日，朝鮮國王召見戶曹參判鄭元始，《正祖實錄》記載了君臣談話的內容，節錄一段如下：

> 上曰：「近日則胡漢通媾云然否？」元始曰：「迄於乾隆之初，而漢嫁於漢，胡娶於胡。漢人主清官，胡人主權職，各自爲類，不相易種矣。自近年始通婚嫁，而胡漢無別，胡種始滿天下。朝廷則胡多漢少，胡爲主而漢爲客。」

滿漢雖有主客之分，任職亦有輕重之別，但滿漢已經逐漸融合。在書狀官宋銓聞見別單中記載了一則有關文字獄案件的內

容，節錄一段如下：

> 廬陵縣生員劉遇奇者，作《慎餘堂集》，集中有「清風明月」
> 對句及犯諱語，該省囚其孫而奏之。皇旨云：「清風明月乃
> 詞人語，指此為悖妄，則「清明」二字將避而不用乎？遇
> 奇係順治進士，安能預知朕名？如錢謙益、呂留良等，其
> 人及子孫，並登膴仕，朕豈推求？」

乾隆皇帝對士子文字觸犯政治禁忌，常從寬處理，並未泛政
治化，羅織罪名。

乾隆皇帝的雄材大略，遠不及康熙皇帝，但盛清諸帝中，乾
隆皇帝的福分卻最大，他不僅享高壽，而且身體健康。朝鮮國王
常向使臣詢問乾隆皇帝的長相及健康狀況。乾隆四十五年
（1780），乾隆皇帝年屆七十。朝鮮戶曹參判鄭元始所見乾隆皇帝
的長相是「面方體胖，小鬚髯，色渥赭。」康熙皇帝六十歲以後，
已經步履稍艱。乾隆皇帝自稱，「朕春秋已屆七旬，雖自信精力如
舊，凡升降拜獻，尚可不愆于儀。但迎神進爵，儀典繁重，若各
位前俱仍親詣，轉恐過疲生憊。」乾隆五十一年（1786），乾隆皇
帝七十六歲，朝鮮首譯李湛聞見別單記載，「皇帝到三嶺行獵，見
大虎，親放鳥鎗殪之。謂近臣曰：『吾老猶親獵，欲子孫視以為法，
勞其筋骨，亦嫺引馬云。』」高齡七十六歲，仍能勞其筋骨，親放
鳥鎗殪死三嶺大虎，他提倡騎射，真是身體力行。乾隆五十五年
（1790），乾隆皇帝八十歲。朝鮮國王召見副使趙宗鉉，詢問「皇
帝筋力何如？」趙宗鉉回答說：「無異少年，滿面和氣。」嘉慶元
年（1796），乾隆皇帝八十六歲。據朝鮮進賀使李秉模稱，太上皇
筋力仍然康寧。嘉慶皇帝登極後，據朝鮮使臣的觀察，「人心則皆
洽然。」嘉慶三年（1798），乾隆皇帝八十八歲。據朝鮮冬至書狀
官洪樂游所進聞見別單記載，「太上皇容貌氣力不甚衰耄，而但善

忘比劇，昨日之事，今日輒忘，早間所行，晚或不省。」將近九
十歲的乾隆皇帝，雖然記憶力衰退，但他的容貌氣力，仍然不甚
衰老，真是天佑清朝，他在位六十年，宵旰忘疲，勵精圖治，從
無虛日，在朝鮮君臣心目中，乾隆皇帝確實是一位賢君。乾隆皇
帝諡號純皇帝，「純」說明其用人施政，並無重大瑕疵，其文治武
功，頗有表現，純皇帝的「純」，和十全武功的「全」，都是對乾
隆皇帝的肯定。

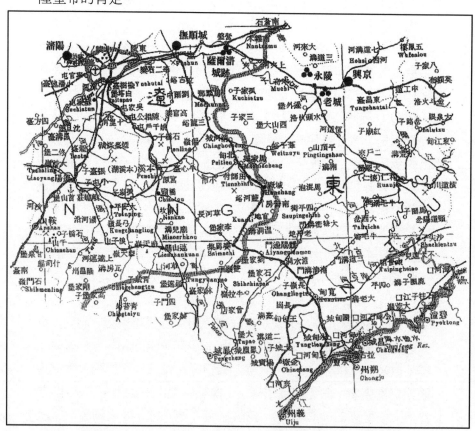

從興京（yenden hoton）到盛京（mukden hoton）示意圖

他山之石　可以攻玉

　　朝鮮君臣對清朝政權或清朝皇帝，始終存有濃厚的成見，一方面存著夷狄之見；一方面懷念明朝政權。因此，朝鮮君臣分析清朝國運時，常常推斷「胡無百年之運」、「胡運將盡」、「胡運已過」云云，都是杞人憂天的預測。就史料性質而言，朝鮮君臣的談話記錄，只能說是一種輔助性史料。然而朝鮮春秋信使耳聞目覩的報告，卻是了解大清皇帝的珍貴資料，可以補充清朝官書的不足。比較清朝官私記載後，發現朝鮮使臣所描述的情節，大都與歷史事實相近。將朝鮮君臣的對話內容，進行史料的鑑別考證，取其可信，棄其可疑，筆則筆，削則削，則其對話內容，仍不失為重要的原始性史料，對大清盛世的歷史研究，確實可以提供一定的參考價值。

　　清朝入關前的歷史，稱為清朝前史。在清太祖努爾哈齊、清太宗皇太極的努力經營下，滿洲由小變大，由弱轉強。天聰十年（1636），皇太極改金國號為大清，改天聰年號為崇德。探討大清盛世的皇帝，不能忽視人的重要因素。從朝鮮武官申忠一的描繪，可知清太祖努爾哈齊的帝王長相是「鼻直而大，面鐵而長。」自彈琵琶，能歌善舞。從《光海君日記》可知努爾哈齊有很高的軍事才能，善於用計，假稱入市，扮作商人，裏應外合，拿下了撫順城。薩爾滸戰役，明朝大軍分進合擊，努爾哈齊採取內線作戰，擊敗明朝大軍。從朝鮮使臣鄭忠信的描述可知八旗制度的概況，鑲黃旗畫黃龍，鑲白旗畫黃龍，鑲紅旗畫青龍、鑲藍旗畫黑龍。八旗戰士不僅善於守城，也善於野戰。

　　從朝鮮君臣對話可知清太宗皇太極面貌異常，智勇超人，和

易近仁，善養降人，博覽經史，信守誓約，軍紀嚴明，秋毫無犯，優禮漢官。滿蒙聯姻，化敵爲友，五宮並建，蒙古歸心，得衆得國，具有開國氣象。《清史稿・太祖本紀》論曰：「太祖天錫智勇，神武絕倫。蒙難艱貞，明夷用晦。迨歸附日衆，阻貳潛消。自摧九部之師，境宇日拓。用兵三十餘年，建國踐阼。薩爾滸一役，翦商業定。遷都瀋陽，規模遠矣。比於岐豐，無多讓焉。」引文中「岐豐」指陝西岐山、豐邑。相傳西周古公亶父自豳遷岐山建邑，岐周即西周。西周文王滅崇後，自岐山遷都於豐邑。薩爾滸一役，征明業定，遷都瀋陽，比於岐豐。《清史稿・太宗本紀》論中也有「帝交鄰之道，實與湯事葛、文王事昆夷無以異」等語，將努爾哈齊、皇太極比擬爲商湯、周文王，並非溢美之詞。

　　清朝入關，定都北京，順治皇帝年方七歲，由多爾袞攝政，加封叔父攝政王，是一種崇功的稱號，其位階高於親王。其後又加封皇父攝政王，其位階又高於叔父攝政王。「皇父」一詞，可以理解爲「國家之父」，簡稱國父，不當與太后下嫁聯想。順治皇帝除了專尙學文、冰戲之外，也喜歡狩獵。其秉性多愁善感，正直良善，任情喜怒，不時鞭撲左右。順治皇帝頗具慧根，優禮高僧，在位十八年，崩於天花，所謂遯入五臺爲僧云云，純屬虛構。《清史稿・世祖本紀》論曰：「順治之初，睿王攝政。入關定鼎，奄宅區夏。然兵事方殷，休養生息，未遑及之也。迨帝親總萬幾，勤政愛民，孜孜求治。清賦役以革橫征，定律令以滌冤濫。蠲租貸賦，史不絕書。踐阼十有八年，登水火之民於衽席。雖景命不融，而丕基已鞏。至於彌留之際，省躬自責，布告臣民。禹湯罪己，不啻過之。書曰亶聰明，作元后，元后爲民父母。其世祖之謂矣。」順治皇帝親政後，其施政方針，仍沿襲多爾袞政策，用人行政，多藉重漢人。他在位期間，行一條鞭法，革除橫徵，降低稅率，

清理刑獄，其治績頗有表現，所謂「登水火之民於衽席」云云，亦非過譽之詞。

　　廣義的大清盛世，可以包括清朝前史清太祖天命朝十一年（1616-1626）、太宗天聰朝十年（1627-1636）、崇德朝八年（1636-1643），清代史世祖順治朝十八年（1644-1661），合計四十六年。狹義的盛清時期，包括清聖祖康熙六十一年（1662-1722）、世宗雍正朝十三年（1723-1735）、高宗乾隆朝六十年（1736-1795），合針一三四年。從清太祖至清高宗前後歷時一百八十年盛世，爲國史上所罕見。蕭一山著《清代通史》一書分析清朝享國長久的原因，歸納爲二方面：一方面是君主多賢明；一方面是政策成功。康熙皇帝是儒家政治理念的躬行實踐者，他相信行仁政是國家長治久安的準繩。《清史稿・聖祖本紀》論引傳曰爲人君止於仁，康熙年間的雍熙景象，使後世想望流連。康熙皇帝可以稱爲「儒家皇帝」，在朝鮮心目中，康熙皇帝就是一位「朝鮮皇帝」。雍正皇帝被指爲「愛銀皇帝」，但他改革賦役的成功，也受到朝鮮君臣的肯定。乾隆皇帝被指爲「馬上皇帝」，但朝鮮君臣認爲乾隆皇帝施政寬大，立法簡易，不失爲賢君。乾隆一朝，賢臣尤多，有賢君，也有賢臣。朝鮮君臣對盛清諸帝，有負面的否定，也有正面的肯定，毀譽不同，譽多於毀。《詩經・小雅鶴鳴》曰：「他山之石，可以爲錯。」又曰：「他山之石，可以攻玉。」以他山之石爲磨刀石，可以琢玉，朝鮮君臣的對話，肯定了大清盛世皇帝的歷史地位。

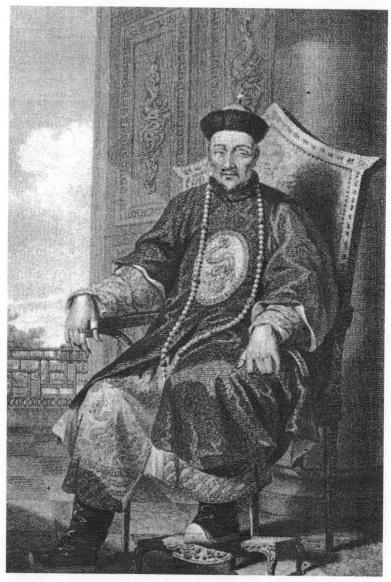

乾隆皇帝坐像

翠華南幸‧揚州寫眞
—— 盛清君臣眼中的揚州

一、前　言

　　清朝從順治元年（1644）滿族入關確立統治政權，直到宣統三年（1911）辛亥革命清朝政權被推翻，歷經二百六十八年，其中康熙皇帝在位六十一年（1662-1722），雍正皇帝在位十三年（1723-1735），乾隆皇帝在位六十年（1736-1795），這三朝皇帝在位共計一百三十四年，恰恰好佔了清朝史的一半，稱爲盛清時期。盛清諸帝勵精圖治，國力興盛，政治清明，經濟繁榮，社會安定。

　　明成祖雖然不喜歡朱高熾，卻很鍾愛朱高熾的兒子朱瞻基。當廷議冊立太子時，明成祖欲立漢王朱高煦。侍讀學士解縉面奏明成祖說朱高熾有好兒子，明成祖有好聖孫，於是打動了明成祖的心，最後決定立朱高熾爲太子，他就是明仁宗，朱瞻基就是後來的明宣宗，父子都是明朝的賢君。康熙皇帝一家三代，有些雷同。康熙皇帝雖然並不寵愛皇四子胤禛，他卻十分鍾愛胤禛的第四子弘曆，胤禛有好兒子，康熙皇帝有好聖孫，弘曆就是後來的乾隆皇帝。乾隆皇帝有好祖父玄燁，也有好父親胤禛，而且也都是賢君。

　　沒有雍正皇帝，清朝盛世，就無從建立。由於雍正皇帝的宵
旰勤政，成功的賦役改革，終於使雍正朝的政治呈現新興的現象，
行政效率提高，嚴懲貪贓枉法，社會經濟遂日益穩定繁榮。康熙
皇帝東巡西巡，南巡北巡，多年用兵的奏銷，多由雍正皇帝來善
後。康熙年間的許多弊端，也由雍正皇帝來清除。雍正皇帝是促
進清朝歷史向前發展的關鍵人物。

　　我國歷代以來，就是一個多民族的國家，滿族入關後，以中
華一體的政治理念，破除此疆彼界的地域思想，積極消彌民族矛
盾，使邊疆地區與內地各省形成打成一片的完整領土，滿蒙一體，
滿族與邊疆許多少數民族已先後成為中華民族的成員。江南地區
的歷史背景不同，由於南明政權的統治，滿漢畛域，此疆彼界的
存在，亟待統治者的化解。本文嘗試以康熙皇帝南巡御書留題為
中心，探討康熙皇帝賞賜御書的政治文化意義。

　　江南人文薈萃，自明代以來，江浙等省，不僅是經濟較為富
庶的地區，同時也是知識分子密集的文化中心。本文嘗試以揚州
等地刊刻書籍為中心，探討盛清時期揚州等地的文化活動。

　　江寧織造、蘇州織造、杭州織造三織造，隸內務府，掌管織
造御用、內廷所用綢緞布匹及其他工藝陳設等。揚州雖然未設織
造衙門，但因兩淮鹽政衙門設在揚州，除辦理鹽務外，它還兼織
造、成做工藝陳設。本文嘗試以揚州鹽政衙門成做玉器為中心，
分析揚州的玉器生產。

　　清朝鹽課在國庫收入中佔有重要地位，其經營食鹽購銷等商
人，稱為鹽商，包托專主收購食鹽的廠商，專主打銷的運商。鹽
商又有總商、散商之分，清朝於兩淮運商中擇家道殷實者為總商，
其認引行銷食鹽的一般運商，稱為散商。總商統率散商，散商行
鹽，須得總商具保，散商向總商納課，由總商代繳。本文嘗試以

揚州鹽商與科舉考試爲中心，說明江南鄉試另編商籍的過程。

　　進香祈福是宗教信仰中重要的活動，清代民間進香活動，蔚爲風氣。江浙地區，古刹林立，各寺僧眾晨鐘暮鼓，頂禮金佛，虔心爲皇太后誦經祈福，並祝皇帝萬壽無疆。地方官員進香齋僧，爲皇帝虔祝聖壽，也成爲地方上重要的活動，具有正面的社會教化作用。本文嘗試以揚州等地的進香活動爲中心，探討高旻寺、天寧寺、普陀山進香齋僧的宗教信仰活動。

　　西學的輸入，中西文化的交流，天主教的傳教活動，清朝政府的禁教措施，都是重要課題。本文嘗試以康熙皇帝與西洋傳教士的互動爲中心，探討康熙皇帝南巡期間，皇帝與江浙地區西洋傳教士的對話內容，可以反映康熙中期，天主教是在一種和諧的氛圍中傳播福音。

　　康熙皇帝關心民生，重視糧價的波動，各省督撫具摺奏報雨水、收成、糧價，固然成爲重要職掌，不能遲緩奏報，蘇州、江寧、杭州三織造，除辦理織造外，其奏報揚州等地的雨水、糧價摺件，數量尤其可觀。本文嘗試以揚州等地糧價的波動爲中心，探討揚州等地的糧食生產與民生問題。

　　整飭地分吏治，改善民生，都是地方官員不容忽視的職責。揚州位處江蘇適中之地，爲南北往來要衝，商民聚集，政務殷繁。本文嘗試以揚州府州縣員缺補授爲中心，說明揚州府州縣官員多爲精明練達之員，他們對揚州社會經濟的向前發展，做出了重要貢獻。

　　探討御書留題，刊刻書籍，成做玉器，鹽商與科舉，進香祈福，康熙皇帝與西洋傳教士的互動，揚州糧價的波動，整飭吏治，雖然是以偏概全，浮光掠影。但是，掌握檔案，還原歷史，片紙隻字，也有助於對揚州的認識，對揚州學的研究，或揚州通志的

纂修，確實是一種集腋成裘的工作。

二、天章炳煥·翰藻琳瑯 —— 以康熙皇帝南巡御書留題為中心

康熙皇帝在聽政餘暇，不分寒暑，惟以讀書寫字為事。他手批臣工奏摺，從不假手他人，主要與他勤習書法有關。他自己說過：

> 朕自幼好臨池，每日寫千餘字，從無間斷。凡古名人之墨蹟石刻，無不細心臨摹，積今三十餘年，實亦性之所好。即朕清字，亦素敏速，從無錯誤。凡批答督撫摺子及硃筆上諭，皆朕親書，並不起稿[1]。

康熙皇帝深悉「人君之學」不在書法，「朕非專攻書法，但暇時游情翰墨耳。[2]」康熙皇帝的書法，自幼即得真傳。《聖祖仁皇帝庭訓格言》一書記載康熙皇帝自述學習書法的經過云：

> 朕八歲登極，即知罷勉學問。彼時教我句讀者，有張、林二內侍，俱係明時多讀書人。其教書惟以經書為要，至於詩文，則在所後。及至十七、八，更篤於學，逐日未理事前五更即起誦讀，日暮理事稍暇，復講論琢磨，竟至過勞，痰中帶血，亦未少輟。朕少年好學如此，更耽好筆墨。有翰林沈荃，素學明時董其昌字體，曾教我書法，張、林二內侍，俱及見明時善於書法之人，亦常指示，故朕之書法，有異於尋常人者以此[3]。

---

1 《十二朝東華錄》，康熙朝，第二冊（臺北，大東書局，1968 年 8 月），卷 15，頁 35。康熙四十三年七月乙卯，諭旨。
2 章梫纂《康熙政要》（臺北，華文書局，據光緒刊本影印），（一），頁 331。
3 《聖祖仁皇帝庭訓格言》，見《欽定四庫全書》，第 717 冊（臺北，臺灣商務印書館，1986 年 3 月），頁 616-717。

　　日本學者稻葉君山著《清朝全史》曾比較盛清諸帝書法，原書指出，乾隆皇帝於書法，酷愛董其昌，與康熙皇帝相似，為當時畫家張得天所傾倒。乾隆皇帝的書法雖妙，似少氣魄，康熙皇帝則骨力有餘，豐潤不足[4]。康熙皇帝酷愛董其昌的書法，主要是受到翰林沈荃的影響。

　　翰林沈荃，字貞蕤，號繹堂，江蘇華亭人，其書法，為時人所倣效。閩浙總督范時崇具摺奏稱：「臣自幼時所寫之倣，係臣父同榜進士沈荃所書，筆多帶行，字如栗大[5]。」康熙皇帝每當作書下筆時，常令沈荃侍於左右，沈荃即指出其缺失，並分析原因。康熙皇帝有時自書大字，令沈荃題於後。康熙十六年（1677）五月十四日辰刻，講官喇沙里等進講畢，沈荃進呈遵旨草書《千字文》、《百家姓》。康熙皇帝觀賞過後，即將御書漢字二幅賞賜沈荃，並令喇沙里傳諭說：「朕素好翰墨，以爾善於書法，故時令書寫各體，備朕摹倣玩味。今將朕所書之字賜汝，非以為佳，但以摹倣爾字，故賜汝觀之，果相似否。」沈荃奉到御筆後，讚歎康熙皇帝的書法，「精妙已極，實由天縱。」

　　沈荃曾學董其昌字體，康熙皇帝喜歡臨摹其書法，沈荃又從旁指點，康熙皇帝的書法遂能「異於尋常人」。他於〈跋董其昌書〉中指出，「朕觀昔人墨蹟，華亭董其昌書畫錦堂記，字體通媚，於晉唐人中，獨出新意，製以為屏，列諸座右，晨夕流覽，寧不遠勝鏤金錯彩者歟[6]！」董其昌書法最大特色，就是高秀圓潤，丰神

---

4 稻葉君山原著，但燾譯訂《清朝全史》（臺北，臺灣中華書局，1970 年 12 月），第四十九章，頁 18。

5 《康熙朝漢文硃批奏摺彙編》，第五冊（北京，檔案出版社，1985 年），頁 257。康熙五十二年十一月初五日，范時崇奏摺。

6 《清聖祖御製文初集》，故宮珍本叢刊，第 543 冊（海口，海南出版社，2000 年 6 月），卷 28，頁 10。

獨絕。康熙皇帝觀察其結構字體後指出，董其昌書法，主要是源於晉人。康熙十六年（1677）十一月二十二日，康熙皇帝親跋〈王右軍書曹娥碑真蹟〉云：「曹娥碑相傳爲晉王右軍將軍王羲之得意書。今覩真蹟，筆勢清圓秀勁，眾美兼備，古來楷法之精，未有與之匹者。至今千餘年，神彩生動，透出絹素之外。朕萬幾餘暇，披玩摹倣，覺晉人風味，宛在几案間，因書數言識之[7]。」王羲之曹娥碑真蹟，筆勢清圓秀勁，確實是希代珍寶，千餘年來，依然神彩生動，康熙二十一年（1682）二月初八日，康熙皇帝〈跋董其昌書〉指出，以屏風裝潢告成，尚餘縑素，詹事沈荃也是華亭人，與董其昌同鄉，又素學董其昌筆法，於是命沈荃續書題跋。沈荃之子沈宗敬，亦善書法，沈荃卒後，沈宗敬以編修入直南書房，康熙皇帝命作大小行楷，猶意其父沈荃，曾諭大學士李光地稱：「朕初學書，宗敬父荃，指陳得失，至今作字，未嘗不思其勤也[8]。」由此可知康熙皇帝喜歡董其昌的書法，主要是受到沈荃的影響。

　　康熙皇帝南巡期間，在行宮讀書寫字，每至深夜，樂此不疲，所到之處，御書留題，頗具歷史文化意義。康熙二十三年（1684），康熙皇帝首次南巡。《南巡筆記》記載，是年「秋九月，陳請兩宮，暫違定省。二十八日，出京師，經河間，過德州，閱濟南城，觀趵突泉，題曰激湍[9]。」《起居注冊》記載較詳，是年九月二十八日，康熙皇帝由午門出正陽門，駐蹕永清。同年十月初八日，駕至濟南府趵突泉亭，臨泉覽視，稱賞不已。山東巡撫徐旭齡奏請

7　《清代起居注冊》，康熙朝，第五冊（北京，中華書局，2009年9月），頁 B002414。康熙十六年十一月二十二日，跋曹娥碑真蹟詞。

8　《清史稿校註》，第十一冊（臺北，國史館，1989年2月），沈荃列傳，頁 8575。

9　《清聖祖御製文初集》，卷20，頁5。

御筆留題。康熙皇帝以趵突泉爲名勝之地，即援筆大書「激湍」二字。侍講學士高士奇等扈從諸臣、山東巡撫徐旭齡瞻仰御書後讚嘆御書神妙，真有「龍跳鳳舞之勢」，山泉生色。康熙皇帝命扈從諸臣各書二字留之泉亭，以傳來許。一鼓後，侍衛二格捧出御書「清漪」二字賜諸臣觀覽。因山東巡撫徐旭齡以衙署內有珍珠泉，奏請御書留題，康熙皇帝即以「清漪」二字賜之。大學士明珠等瞻仰宸翰後指出，御書筆墨飛舞，備極其妙，「清漪」二字，意義尤美[10]。同年十月十一日早，康熙皇帝率從官登泰山，於天仙殿行禮，御書「坤元叶德」四大字，懸額殿中。回行宮後，將御書「普照乾坤」四大字、「雲峯」二大字，宣示從臣。扈從諸臣瞻仰後指出，御書筆力雄健，結撰精整。康熙皇帝諭令將「普照乾坤」四大字於孔子小天下處建亭懸額，「雲峯」二字，則令於泰山極頂處磨崖勒石。

　康熙二十三年（1684）十月二十二日，康熙皇帝駕幸揚州後，登覽蜀岡棲靈寺平山堂等名勝，御書「怡情」二字，留題於平山堂。康熙皇帝駕幸天寧寺時，御書「蕭閒」二字。十月二十四日，康熙皇帝乘沙船渡揚子江。次早，登金山游龍禪寺，御題「江天一攬」四字[11]。十月二十八日，駕幸蘇州觀惠泉山。是日，康熙皇帝以蘇州鄉官汪琬原係翰林，爲人厚重，學問優通，且居鄉安靜，不預外事，因此，特賜御筆手卷一軸。同年十一月初四日，康熙皇帝親書手卷一軸賜江寧府知府于成龍。是日，令大學士明珠傳諭于成龍曰：

10　《清代起居注冊》，康熙朝，第十七冊，頁 B008359。康熙二十三年十月初八日，記事。

11　康熙二十三年十月二十四日，康熙皇帝乘沙船渡過揚子江臨幸金山游龍禪寺題字，《起居注冊》作「江天一攬」四字，《清聖祖御製文初集‧南巡筆記》作「江天一覽」。

　　朕於京師即聞爾知府于成龍居官廉潔，今臨幸此地，諮訪
　　與前所聞無異，是用賜爾朕親書手卷一軸。朕所書字，非
　　爾等職官應得者，特因嘉爾清操，以非旌揚[12]。

　　康熙皇帝雖然重視書法，勤於寫字，但是他不輕易親書賞賜品級較低職官。

　　康熙二十八年（1689）正月初八日，康熙皇帝第二次南巡。是日黎明自午門出正陽門。正月十三日，駐蹕山東德州西關。康熙皇帝曾撰孔子、孟子及周公廟碑文各一篇，手書勒石。衍聖公孔毓圻等奏請御書墨本以爲世寶，因此，命將孔子、孟子、周公廟碑文裝潢成冊，分賜衍聖公孔毓圻、博士孟貞仁等。正月十六日辰刻，駕進濟南府，因訪民俗之便，觀賞趵突、珍珠二泉。扈從諸臣及山東巡撫錢玨等公請御筆留題爲名泉光寵，康熙皇帝御亭書寫「作霖」二大字。

　　康熙皇帝因禹王廟禮器簡少，屋宇傾頹，特撰上諭，親至禹王廟致祭。康熙二十八年（1689）二月十六日，駐蹕杭州府行宮，親書「地平天成」四字，懸掛於禹王廟宇下，並著地方官修理廟宇。同年二月二十九日，康熙皇帝以兩江總督傅臘塔、將軍博濟、江南提督將軍楊捷同效勤勞，故手書御製詩賜之。傅臘塔等均表示銘諸肺腑，戴恩圖報。

　　康熙三十八年（1699），康熙皇帝第三次南巡。是年二月十二日，康熙皇帝駐蹕桑園地方，賜天津總兵潘育龍御書《杜若賦》一幅、《淵鑑齋法帖》一部；直隸巡撫李光地《耕織圖》一冊、《淵鑑齋法帖》一部；守道高必弘、巡道趙弘燮、天津道范時崇、通永道祝兆熊等俱賜《耕織圖》一冊。二月十三日，駐蹕洛坡屯地

12　《清代起居注冊》，康熙朝，第十七冊，頁 B008422。康熙二十三年十一月初四日，諭旨。

方，賜管緙夫員外郎滿蒲、阿迷達御書各一幅。二月十八日，駐蹕兩響閘地方。原任刑部侍郎任克溥來朝，賜御書「冰壺朗印」四大字，臨米芾《天馬賦》一卷，又賜尚芝龍、張鼎臣、張鼎鼐、張常住御書各一幅。二月二十四日，駐蹕赤山，賜山東巡撫王國昌、布政使劉暟、按察使李基和《淵鑑齋法帖》各一部。

康熙三十八年（1699）三月初四日，駐蹕淮安府城。是晚登舟，賜總漕桑格「激引清風」四大字，墨刻《金剛經》、《龍虎臺賦》手卷、《秋清賦》、《耕織圖》各一冊。三月初八日，駐蹕揚州府城內。賜原任工部侍郎李柟御書「多識畜德」四大字、對聯一副、唐詩一幅；賜原任布政使汪楫「游詠清風」四大字，並字一幅；原任給事中李宗孔亦賜「游詠清風」四大字，並字一幅；賜揚州府天寧寺僧廣元御書「禪心澄水月」五大字、「佛門堂」三大字、「皓月禪心」四大字、「寄懷閑竹」四大字；賜興教寺僧廣徹「西來法」三大字；賜北峙僧廣證「法律禪」三大字。三月初九日，駐蹕江天寺，賜糧道劉德芳御書「龍飛」二大字、「揚仁風」三大字、並字一幅、手卷一軸；鳳廬道佟毓秀、揚州府知府傅澤洪賜御書字各一幅；賜揚州鹽商張文秀御書「松風」二大字、手卷一軸；賜天寧寺僧廣元御書「鷹堂」二大字，賜北來寺僧「上崇」二大字、「慈雲」二大字。三月十一日，駐蹕興豐，賜江天寺僧超樂御書《心經》，並字四幅；賜僧明真御書「雲峰」二大字，「松風石」三大字、並字一幅；賜避風館僧源恒御書「甘露門」三大字、《金剛經》一部；賜僧明融御書「超峰」二大字、經一部；賜僧妙覺御書「禪棲」二大字、經一部；賜僧僧瀾御書「善覺」二大字、經一部；賜僧慧光等九人經各一部。三月十三日，駐蹕無錫縣，賜管夫廣儲司郎中皂保、掌儀司員外郎陶朱、戶部員外郎敦多御書各一幅。

　　康熙三十八年（1699）三月十五日，駐蹕蘇州府城內。是日，康熙皇帝御筆臨董其昌書「家雞野鶩春蚓秋蛇」八大字，命中使齎示掌院學士韓菼。韓菼奏曰：「皇上御筆書法，不啻龍飛鳳舞，晉唐名跡所不及，何況其昌。」因此，奏請賞賜御書八字，奉爲永寶。中使入奏，隨後中使捧出御書「東南雲峰」四大字，並賜御書「家雞獲野鶩春蚓秋蛇」八大字。韓菼瞻仰「東南雲峰」四大字後指出「御書筆法超絕，於是奏請勒石虎丘，以彰榮遇。三月十六日，駐蹕蘇州府。是日，賜江蘇巡撫宋犖御書「仁惠誠民」四大字、「懷抱清朗」四大字、臨米字一幅、《天馬賦》一卷、詩扇一柄、《淵鑑齋法帖》一部、《耕織圖》一部；賜提督張雲翼御書「思無邪」三大字、字一幅、手卷一幅、詩扇一柄、《淵鑑齋法帖》一部、《耕織圖》一部。三月十八日，駐蹕蘇州府，賜兩江總督張鵬翮御書一幅。三月十九日，駐蹕蘇州府。賜蘇州織造李煦御書「脩竹清風」四大字、字二幅；賜原任尚書翁叔元墨刻《金剛經》、《孝經》、《草訣百韻歌》、《耕織圖》、御書詩扇字三幅；賜原任尚書王日藻墨刻《金剛經》、《孝經》、《草訣百韻歌》、《耕織圖》，並御書「連雲」二大字、字三幅。賜原任御使徐樹穀墨刻《金剛經》、《孝經》、《草訣百韻歌》、《耕織圖》、御書「天光雲影」四大字、字二幅；賜原任巡撫顧泮墨刻《金剛經》、《孝經》、《草訣百韻歌》、《耕織圖》、御書詩扇字；賜原任國子監典簿徐昇《耕織圖》、御書「雲光臺」三大字、字一幅；賜原任給事中慕琛墨刻《金剛經》、《孝經》、《草訣百韻歌》、《耕織圖》、御書字二幅；賜原任庶吉士沈宗敬《孝經》、墨刻《千字文》、御書「清風蘭雪」四大字、字一幅。因扈從漢翰林官中多蘇松人，康熙皇帝令奏事存住傳諭蘇松翰林官可就近到家與父母妻子相見，不必隨駕至浙江。三月二十日，駐蹕皂林，賜蘇州雲泉寺僧持藻御書「般若臺」三

大字。

康熙三十八年（1699）三月二十六日，駐蹕杭州府。是日，賜浙閩總督郭世隆御書「岳牧之任」四大字，手卷一幅、《淵鑑齋法帖》、《耕織圖》；賜浙江巡撫張敏御書「宣布德澤」四大字，手卷一幅、《淵鑑齋法帖》、《耕織圖》；賜提督趙弘燦御書「樂善不倦」四大字、《耕織圖》、《淵鑑齋法帖》；三月二十七日，駐蹕杭州府。是日，親近侍衛伍什、學士布泰捧出御書「名垂青史」四大字賜浙江湖州府知府陳一夔，並傳諭曰：「爾父陳丹赤向為國盡忠殉難，朕至今憫之，此賜特表爾父之忠耳。」同日，賜福建將軍金世榮御書「器志方雅」四大字；賜提督王萬祥御書「智義合宜」四大字；賜總兵官御書「惠迪吉」三大字；賜藍理御書「所向無前」四大字；賜內閣學士胡會恩御書「秘閣清班」四大字；賜庶子陳元龍御書「鳳池良彥」四大字、字一幅；賜南海普陀山僧明志御書「潮音洞」三大字、「梵音洞」三大字、「普濟群靈」四大字、「浩月禪心」四大字、字一幅；賜僧性統御書「天花法雨」四大字、「修持淨業」四大字、字一幅；賜天竺寺僧挺萃御書「法雲慈悲」四大字；賜僧輅慧御書「飛來峰」三大字、「雲樓」二大字。命鑴懸二處。三月二十八日，駐蹕杭州府城。是日，賜內閣學士顧祖榮御書「邃清之秩」四大字；賜副都御史吳涵御書「風霜之任」四大字；賜布政使趙良璧「承流宣化」四大字；賜按察使于準廉御書「廉察之寄」四大字；賜淨持寺僧方孝御書「西峰」二大字及對聯一幅。三月二十九日，賜杭州織造官敖福合御書「鷺鶴情」三大字、「蘭亭」二大字、對聯一幅、字一幅；賜驛鹽道卞三畏御書「廉鎮」二大字；賜原任詹事府詹事高士奇御書「忠孝節義」四大字、對聯一副、字一幅；賜原任少詹事邵遠平御書「蓬觀」二大字；賜原任諭德沈涵御書「華省」二大字；賜原任中允

蔡升元御書「清華」二大字；賜原任御史龔翔麟御書「蘭臺」二
大字；賜原任總督甘文焜之子同知甘國奎御書「勁節」二大字；
賜玉泉禪寺僧等《金剛經》。

　　康熙三十八年（1699）四月初二日，駐蹕蘇州府。康熙皇帝
因念原任大學士宋德宜，御書「篤念前勞」四大字賜其子給事中
宋駿業、贊善宋大業，又賜宋駿業御書「謇諤老成」四大字，賜
宋大業御書「文學侍從」四大字。同日，賜翰林院侍講學士王九
齡御書「視草」二大字；侍讀學士張廷瓚御書「玉堂」二大字；
國子監祭酒孫岳頒御書「尊經服教」四大字；原任侍郎彭孫遹御
書「松桂堂」三大字；百歲老人顧履吉御書「凌雪喬松」四大字；
九十二歲老人褚篆御書「海鶴風姿」四大字。四月初五日，駐蹕
蘇州。是日，賜原任尚書翁叔元御書「攬秀堂」三大字；賜原任
詹事高士奇御書「再過鵝峰」四大字；賜給事中宋駿業「御製憫
農詩」一章及御書，宋駿業奏准勒石學宮；賜原任御史盛符升御
書「年登大耋」四大字；賜原任贊善黃與堅御書「如松堂」三大
字；賜原任檢討尤侗御書「鶴栖堂」三大字；賜原任巡撫顧汧御
書「閱清暉」三大字；賜兩浙運使道李濤御書「惠愛」二大字；
賜織造府官李煦御題詩一首，對聯一幅；賜江暉之子江弘文墨刻
《千字文》、《詩經》各一本；賜華山和尚敏膺御書「高雲」二大
字。「翠巖寺」三大字、字一幅；賜祥符寺僧紀蔭御書「神駿寺」
三大字。四月初六日，康熙皇帝自蘇州府起行，駐蹕望亭。是日，
賜杭州司庫戚色御書一幅；賜華山和尚敏膺御書「香域」二大字。
四月初七日，駐蹕定堰地方。是日，賜原任左春坊秦松齡御書「松
風水月」四大字、「山色溪光」四大字；賜放生池和尚御書「慈雲
寺」三大字；賜小金山和尚御書「蘭若」二大字。四月初八日，
駐蹕丹陽地方。是日，賜和尚紀蔭御書「清淨寺」三大字、字二

幅、對聯一幅。四月十四日,駐蹕江寧府賜浙江布政使趙良璧、按察使于準,驛傳道卞三畏、鹽運使李濤《淵鑑齋法帖》、《耕織圖》。

康熙三十八年(1699)四月十五日,康熙皇帝命大學士伊桑阿等齎送御書「治隆唐宋」四大字、黃綾一幅至洪武陵,陳設香案行禮,將御書交與織造府官曹寅收貯,俟修理完畢懸掛。是日,賜安徽巡撫李鈵御書「敷政於外」四大字;賜安徽布政使張四教御書「忠信之長」四大字;賜江蘇布政使劉殿衡御書「藩維之寄」四大字;賜江蘇按祭使趙世顯御書「清明仁恕」四大字;賜蘇松糧道劉殿邦御書「一州之表」四大字;賜驛鹽道王然御書「清簡為最」四大字;賜安徽糧道鮑復昌御書「治民如家」四大字;賜鳳廬道佟毓秀御書「惠愛在人」四大字;賜常道施朝輔御書「百里宣風」四大字。以織造府官曹寅之母年老,特賜御書「萱瑞堂」三大字,賜曹寅御書「雲窗清靄」四大字、字一幅、對聯一幅、《淵鑑齋法帖》一部;賜蘇州府織造官李煦《淵鑑齋法帖》;賜法恩寺僧法鎮《金剛經》一部。

康熙三十八年(1699)四月二十日,駐蹕金山。是日,賜大學士張玉書御書「恭儉為德澄懷日新」八大字、「浮翠樓」三大字、字一幅、對聯二幅、《淵鑑齋法帖》、《耕織圖》;賜總河于成龍御書「澄清方岳」四大字、字二幅、對聯一幅;賜鎮江僧廣如御書「八公洞」三大字、《金剛經》一卷;賜超著御書「鶴林寺」三大字、《金剛經》一卷;賜超學御書「竹林寺」三大字、《金剛經》一卷;賜江天寺僧深起御書「水天清映」四大字;賜印銓御書「清規」二大字;賜僧湛悟《金剛經》一卷。四月二十二日,駐蹕揚州府。賜原任給事中李宗孔御書「香山洛社」四大字;賜原任侍郎李柟御製詩一幅;賜兩淮鹽院卓琳御書「紫垣」二大字;賜原

任主直郭士璟御書「泉石怡情」四大字；賜御史程文彝御書「肅紀守法」四大字；賜原任道程兆麟御書「歌詠昔賢」四大字；賜蕪湖關監督翰林院侍講學士郎啓御書「竹風蘭露」四大字；賜原任尙書徐乾學之子原任御史徐樹穀御書「愛清景」三大字；賜原任詹事沈荃之子原任庶吉士沈宗敬御書「落紙雲烟」四大字；賜鹽商項起鶴母「壽萱」二大字；賜鹽商汪森裕御書「禮年高」三大字；賜舉人吳廷禎字一幅；賜天寧寺僧廣元御書詩一章；賜清涼寺僧紀蔭御書一幅；賜焦山僧御書「法雲惠日」四大字；賜天心寺僧元啓御書「香阜寺」三大字、《金剛經》一卷；賜萬佛菴僧普怡「雲門雪竇」四大字、《金剛經》一卷。

康熙三十八年（1699）四月二十四日，駐蹕汎水地方。是日，賜相士羅光榮御書「通幽索隱」四大字；賜江天寺僧「龍光寺」三大字；賜南京興善寺僧明融《金剛經》一卷。四月二十五日，駐蹕淮安城外。是日，賜內閣學士布泰御書「水天」二大字；賜蘇州府雲泉寺僧特藻御書「慧業寺」三大字、「精舍」二大字、《金剛經》二卷。四月二十八日，駐蹕治河嘴地方。是日，賜于成龍御書「樂休祉」三大字、對聯一幅；賜徐廷璽御書「慈惠之師」四大字；賜雲臺寺僧隆禎御書「遙鎮洪流」四大字。

康熙三十八年（1699）五月初一日，駐蹕韓庄閘。是日，賜原任詹事高士奇御墨五匣。五月初三日，駐蹕仲家閘。是日，賜五經博士仲秉貞御書「聖門之哲」四大字，命懸於子路廟。五月初六日，駐蹕李海務。是日，賜原任詹事高士奇御書條幅、對聯、《淵鑑齋法帖》、《百家姓》、《千字文》、《草訣百韻歌》、《金剛經》墨刻、《耕織圖》；賜大名府九十七歲老人聶志笙御書「春秋高」三大字；賜直郡王御書「綺窓」二大字；賜誠郡王「擁書千卷」四大字、「芸窓」二大字、「雲舫」二大字；賜七貝勒御書「進學

齋」三大字；賜衍聖公孔毓圻御書「詩書禮樂」四大字；賜五經
博士孔毓埏御書「遠秀」二大字；賜山東巡撫王國昌御書「珪璋
特達」四大字；賜山東布政使劉暟御書「維德之隅」四大字；賜
山東按察使李基和御書「獨持風裁」四大字；賜登萊道郎廷極御
書「振鷺初飛」四大字；賜原任侍郎任克溥御製詩一篇、御書「傳
世寶」三大字[13]。五月初十日，駐蹕白草窪。是日，賜裕親王御
製詩一章。五月十三日，駐蹕張家莊。是日，賜天津總兵官潘育
龍御書「盡銳爭先」四大字。五月十四日，駐蹕河西務。是日，
賜內閣學士噶禮御書「清班」二大字；賜管夫郎中馬爾漢、常有、
員外郎恩愛御書各一幅。五月十六日，駐蹕通州城外，賜兵部尚
書席爾達御書「居貞素」三大字及字一幅。五月十七日，是日早，
康熙皇帝由崇文門進東華門回宮。

　　康熙四十一年（1702）九月二十五日辰時，康熙皇帝因巡視
南河，由午門出正陽門南巡。十月初四日，駐蹕德州城。初五日，
駐蹕行宮，皇太子違和。是日巳時，命侍讀學士陳元龍、侍講學
士揆敘、侍讀宋大業、諭德查昇、編修汪士鋐、陳壯履、庶吉士
勵廷儀入行宮賜食。飯後，召陳元龍等至御前，令各書綾一幅。
起居注冊詳錄君臣討論書法的對話，節錄一段內容如下：

> 上閱畢云：勵廷儀書法甚熟，因在朕前，過於矜持，是以
> 不及平昔。上又曰：學書須臨古人法帖，其用筆時，輕重
> 疏密，或疾或遲，勘酌俱有體。宮中古法帖甚多，朕皆臨
> 閱。有李北海書華山寺碑文，字極大，難於臨摹。朕身臨
> 其上必臨摹而後已。今翰林內書法優者，皆有一種翰林習
> 氣，惟孫岳頌書法最佳。查昇奏曰：孫岳頌草書、楷書俱

13　《清代起居注冊》，康熙朝，第十三冊，T07143。康熙三十八年五月初
　　六日，據任克溥奏。

佳。上曰：孫岳頌楷書亦未免有翰林氣，其草書實是過人。
陳元龍等奏曰：臣等蒙聖恩訓示，雖曾究心書法，但古人
法帖，其運筆結構，皆未能辨晰。皇上御書超絕千古，縱
鍾繇、王羲之復生，皆不能及。臣等蒙皇上賞賚御書，雖
朝夕瞻仰，心摹手習，一筆亦不能學，總由聖躬乾健，腕
力萬鈞，洵聖壽無疆之徵也。臣等魯鈍，願學未能，況御
札精微奧妙，又非臣等愚昧所能仰窺。今駐蹕閒暇，蒙恩
召進，臣敢冒昧丐求皇上親揮御筆，許臣等侍側，恭瞻皇
上用筆之妙，書法之神，庶幾窺竊萬一，以仰副皇上教育
鴻恩，臣等曷勝激切之至。皇上遂親書『雲飛北闕輕陰散
雨歇南山積翠來』十四大字，真如龍飛鳳舞，岳峙淵停，
諸臣拱立，欽仰懽忭，贊颺難罄焉。上又曰：米芾石刻，
可不必學，所有法帖，朕曾臨徧，大抵名人墨蹟，屢經匠
工鏤刊，其原本精神，漸皆失真。沈荃昔云：伊曾親受董
其昌指訓。朕幼年學書，有一筆不似處，沈荃必直言之。
朕素性好此，久歷歲年，毫無間斷[14]。

　　侍讀學士陳元龍等對康熙皇帝書法的肯定，雖多溢美之辭，
但君臣重視書法的重要性，確實是不言可喻。引文中指出康熙皇
帝臨遍清宮珍藏古人法帖，以及如何臨摹古人法帖，都是經驗之
談。米芾書法，頗得王獻之筆意，超妙入神。但因米芾墨蹟屢經
匠工鏤刊，以致失真，而無原本精神，米芾石刻不必學，康熙皇
帝的分析是可信的。因皇太子染病，南巡中輟。十月二十一日，
皇太子病體大癒，康熙皇帝於是日回鑾。

　　康熙皇帝不僅以御書賞賜臣工，亦常賞賜寶硯。康熙四十二

14　《清代起居注冊》，康熙朝，第十七冊，T09624。康熙四十一年十月初
　　五日，諭旨。

年（1703）正月初三日早，康熙皇帝召翰林院掌院學士揆敘等六十人至南書房，賞賜砥石山石硯，人各一方，就是「作養詞臣」的一種表現。同年正月十六日，康熙皇帝以巡閱南河，省風問俗，察訪吏治，於是日巳時由暢春園啓行，駐蹕良鄉縣所屬竇店，御書《督撫箴》一篇賜直隸巡撫李光地。正月十八日，駐蹕河間府屬臨河地界，賜分司齊蘇勒御書詩一幅。正月二十四日，康熙皇帝至濟南府，幸巡撫署中觀珍珠泉，御書《三渡齊河即事詩》一章，令懸於大門，曉示臣民。又書《督撫箴》一篇及御製詩，賜山東巡撫王國昌。復出觀趵突泉，駐蹕長清縣屬黃山店，御書「源清流潔」四大字，令懸於趵突泉。又書「潤物」二大字，令懸於珍珠泉。又書「學宗洙泗」四大字，令懸於學道所修書院。正月二十六日，駐蹕泰安州城內。二月初七日，御舟過高郵州，泊舟邵伯。是日，過邵伯更樓，至揚州登岸，經過城內，闔城士庶，扶老攜幼，設香案，爭覩「天顏」。同日，出揚州城，泊舟寶塔灣。二月初八日，御舟泊瓜州屬屯船塢。二月初九日，康熙皇帝渡長江，登金山江天寺，御書「動靜萬古」四大字，令懸於江天寺。是日，御舟過鎮江府。二月初十日，御舟過常州府。二月十二日，駐蹕蘇州府行宮，賜江蘇巡撫宋犖御書《督撫箴》一幅。

　　查閱起居注冊的記載，可以還原歷史。譬如山東濟南府趵突泉亭「激湍」二字；山東巡撫衙署內珍珠泉「清漪」二字，是康熙皇帝南巡期間於康熙二十三年（1684）十月初八日駕幸濟南府後所題。趵突亭「作霖」二字，是康熙皇帝於康熙二十八年（1689）正月十六日御筆留題。懸於趵突泉的「源清流潔」四大字，懸於珍珠泉的「潤物」二大字，是康熙皇帝於康熙四十二年（1703）正月二十四日御題的匾額。

　　揚州蜀岡棲靈寺平山堂懸掛的「怡情」二字；天寧寺「蕭閒」

二字是康熙二十三年（1684）十月二十二日，康熙皇帝留題的御書。金山游龍禪寺「江天一攬」四字是康熙二十三年（1684）十月二十四日，康熙皇帝留題的御書。金山江天寺「動靜萬古」四大字是康熙四十二年（1703）二月初九日康熙皇帝留題的御書。

懸掛於禹王廟宇的「地平天成」四字，是康熙二十八年（1689）二月十六日康熙皇帝駐蹕杭州府行宮時的親筆留題御書。勒石虎丘的「東南雲峰」四大字，是康熙三十八年（1699）三月十五日康熙皇帝駐蹕蘇州府城內的親筆御書，掌院學士韓菼以御書筆法超絕，於是奏請勒石，以彰榮遇。

泰山天仙殿中所懸「坤元叶德」四大字匾額；孔子小天下碑亭「普照乾坤」四大字；泰山極頂處磨崖勒石「雲峰」二字，都是康熙二十三年（1684）十月十一日康熙皇帝的御筆。康熙皇帝南巡期間沿途賞賜臣民的御書，更是不勝枚舉。山東巡撫徐旭齡瞻仰御書後讚歎御書神妙，真有龍跳鳳舞之勢，山泉生色。洪武陵整修完畢後懸掛的「治隆唐宋」四大字，是康熙三十八年（1699）四月十五日康熙皇帝駐蹕江寧的御筆。名勝古蹟，因有歷代帝王御書留題，而形成地方文化的特色。

三、刳剟秘籍・風雅同觀 ── 以江南揚州等地刊刻書籍為中心

自明代以來，江浙等省，不僅是經濟較富庶的地區，同時也是人材輩出，知識分子密集的地區。唐朝是詩歌的盛世，蜚聲寰宇的唐詩，體裁完備，風格多樣，題材豐富。清初承明代刻印唐詩之風，別集、總集，都有新刊行世。康熙四十四年（1705）三月十九日，康熙皇帝頒發《全唐詩》一部，命江寧織造曹寅刊刻，由翰林院侍講彭定求等九員校對，曹寅訂於五月內在揚州天寧寺

開局。是年閏四月二十三日，翰林院庶吉士俞梅到江寧織造衙門，
遵旨就近校刊。五月間，彭定求等人陸續到齊後，曹寅即將《全
唐詩集》及統籤，按次分給校刊人員，彭定求等人，都勤於校對。

《全唐詩集》中的凡例、條目，由曹寅與眾翰林商議，然後
具摺請旨。因書寫之人一樣筆跡者，甚為難得，只能擇其相近者，
令其習成一家，再為繕寫，所以在進度上頗有遲誤，一年之間，
不能竣工。而且中晚唐詩，尚有遺失，故遣人四處訪覓，添入校
對。曹寅因掣鹽往來儀真、揚州之間，董理刻書工作，所以隨校
隨寫[15]。康熙四十四年（1705）八月十五日，曹寅與彭定求等人
所擬凡例進呈欽定，奉旨「凡例甚好」。曹寅因鹽務任滿，所以進
京謝恩，詩局事務，暫交蘇州織造李煦代為管理。

康熙四十四年（1705）十月二十二日，江寧織造曹寅將《全
唐詩集》鏤刻已成的唐太宗及高、岑、王、孟四家刷印裝潢一樣
二部進呈。其紙張厚薄，本頭高下，亦請旨欽定。康熙皇帝所賜
「高旻寺詩」，則由朱圭加緊鏤刻。曹寅所進《全唐詩集》樣本，
經康熙皇帝改過後發回揚州。

康熙四十五年（1706）正月二十八日，曹寅陛辭出京。二月
十八日，回到江寧。二月十九日，至揚州，詩局事務，仍由曹寅
管理。同年六月內，《全唐詩集》的刊刻進度，只剩五百餘頁，預
計於七月內可以刻完，八月內校對錯字完畢後，即可全本進呈，
共計十二套。同年七月初一日，曹寅與眾翰林共同具摺奏請御製
詩序。原摺奉硃批：「刻的書甚好，等細細看完序文，完時即打發
去。」

康熙四十五年（1706）九月間，《全唐詩集》刊刻校對完後即

15　《文獻叢編》（臺北，臺聯國風出版社，1964 年 3 月），（上），頁 296。
　　康熙四十四年七月初一日，曹寅奏摺。

行刷印。同年十月初一日，書成，裝潢成帙進呈御覽。康熙年間
刊刻的《全唐詩集》，凡九百卷，所錄爲唐、五代兩百餘人的詩篇，
計四萬八千九百餘首，可謂洋洋大觀，確實是巨大文化工程。

　　除《全唐詩集》外，御頒《佩文韻府》一書，也是奉旨在揚
州天寧寺書局刊刻。康熙五十一年（1712）三月十七日，開工刊
刻，遴選匠手一百餘人。曹寅與杭州織造孫文成商議，曹寅在揚
州書局料理刊刻事宜，孫文成回杭州辦紙[16]。同年六月十六日，
曹寅從江寧到揚州書局料理刻工，於七月初一日感受風寒，轉而
成瘧。

　　康熙五十一年（1712）十二月間，《佩文韻府》的上平聲之一
東韻，已經刻完呈樣。其上平聲之各韻共十七本，下平聲之各韻
共十九本，亦已刻完。是年十二月二十六日，蘇州織造李煦繕摺
具奏，將連四紙印刷的上平下平各一部，將樂紙印刷的上平下平
各部，裝訂成套，進呈御覽。隨即將上、去、入三聲加緊雕刻，
預訂於康熙五十二年（1713）夏間完工。

　　康熙五十二年（1713）九月，《佩文韻府》一書，刊刻工竣，
將連四紙刷釘十部，將樂紙刷釘十部，共裝二十箱呈樣御覽。同
年九月初十日，李煦將連四紙、將樂紙刷釘各若刊部之處繕摺請
旨。原摺奉硃批：「此書刻得好的極處，南方不必釘本，只刷印一
千部，其中將樂紙二部即足矣[17]。」江南刻書精美，反映江南文
風之盛。康熙五十二年（1713）五月十三日，李煦具摺指出，江
寧巡撫張伯行所刻書共六十四種，內含書目，彙齊裝成兩箱，遵
旨交由李煦之弟李炆進呈。

16　《文獻叢編》，（上），頁 302。康熙五十一年四月初三日，曹寅奏摺。
17　《李煦奏摺》（臺北，里仁書局，1985 年 8 月），頁 145。康熙五十二年
　　九月初十日，李煦奏摺。

　　康熙年間，刷印《佩文韻府》的連四紙，又稱連史紙，習稱綿紙，或綿連四紙。其原料用竹，色白，質細，色質經久不變，凡貴重書籍、書畫等多用連四紙印刷。連四紙主要產在江西、福建，尤以江西鉛山縣所產爲佳。將樂，原爲福建縣名，屬延平府，將樂縣所產紙張，俗稱將樂紙。

　　乾隆年間，因江浙爲人文淵藪，乾隆皇帝特別諭令四庫全書館另繕三分四庫全書，分貯於揚州等地。乾隆四十九年二月二十一日，《內閣奉上諭》云：

> 前因江浙為人文淵藪，特降諭旨，發給內帑，繕寫四庫全書三分，分於揚州文匯閣、鎮江文宗閣、杭州文瀾閣，各藏庋一分，原以嘉惠士林，俾得就近抄錄傳觀，用光文治。第恐地方大吏過於珍護，讀書嗜古之士，無由得窺美富，廣布流傳，是千緗萬帙，徒為插架之供，無裨觀摩之實，殊非朕崇文典學傳示無窮之意。將來全書繕竣，分貯三閣後，如有願讀中秘書者，許其陸續領出，廣為傳寫。全書本有總目，易於檢查，只須派委委員，董司其事，設立收發檔案，登註明晰，並曉諭借鈔士子，加意珍惜，毋致遺失污損，俾藝林多士，均得殫見洽聞，以副朕樂育人才稽古右文之至意[18]。

　　文匯閣在揚州大觀堂，文宗閣在鎮江金山寺，文瀾閣在杭州西湖孤山，就是所謂的江南三閣。四庫全書分貯南三閣，反映江浙地區確實是人文淵藪。江南三閣的成立，含有社區圖書館的性質。《內閣奉上諭》中已指出，四庫全書分貯江南三閣後，又設立收發檔案，凡有願讀中秘典籍者，登注明晰後，許其領出，廣爲

18　《乾隆上諭檔》，第十二冊（北京，檔案出版社，1991 年 6 月），頁 13。
　　乾隆四十九年二月二十一日，內閣奉上諭。

抄錄傳觀，以便藝林多士，均得殫見洽聞，並非徒爲插架之供，乾隆皇帝樂育人才的美意，是值得大書特書的。

四、琳瑯滿目・玲瓏剔透 ── 以揚州
鹽政衙門成做玉器爲中心

　　《江蘇風物志》一書記載，揚州是我國玉器的重要產地之一，明清兩代，揚州琢玉名匠輩出。揚州玉器有人物、花卉、爐瓶、雀鳥、獸類、山子雕等六個品種。產品素以造型美觀，雕琢精緻，秀麗文雅，玲瓏剔透，聞名於世[19]。揚州玉器馳名全國，主要是由於琢玉名匠輩出。現藏乾隆朝硃批奏摺也可以反映清代揚州玉器的馳名。乾隆年間，江蘇巡撫楊魁遵旨查拏私販玉石各要犯。據甘肅張掖縣人魏元章供稱，其姪孫魏良弼領伊資本與人合夥購買玉料，魏元章又自出資本在陝西、蘇州往來生理。乾隆四十三年（1778）六月，魏元章到揚州，其姪孫魏貴帶有玉料十二塊在揚州賣十一塊給王坤元，得價銀六百四十兩，另一塊賣給不知姓名之人，得價銀四百兩。魏元章又名魏佳士供出，其店夥張成曾帶玉料五十一塊到蘇州賣去二十四塊，得價銀一萬五千一百二十兩。在杭州賣去六塊，得價銀八百兩。魏良弼後來又在揚州賣過顧又簡銀二萬二千六百兩。其玉料除賣去外，又合夥做成器皿十件，未成十四件，其中玉如意一枝，作價九百兩[20]。各犯供出，揚州有「寶玉行」[21]。

　　兩淮鹽政衙門在揚州，所以內務府行文時，間亦作揚州鹽政。

19　周邨主編《江鮮風物志》（臺北，明文書局，1988 年 8 月），頁 389。
20　《宮中檔乾隆朝奏摺》，第四十六輯（臺北，國立故宮博物院，1986 年 2 月），頁 216。乾隆四十三年十二月十八日，江蘇巡撫楊魁奏摺。
21　《宮中檔乾隆朝奏摺》，第四十六輯（臺北，國立故宮博物院，1986 年 2 月），頁 797。乾隆四十三年十二月初三日，江蘇巡撫楊魁奏摺。

揚州鹽政衙門與江寧織造、蘇州織造、杭州織造在成做美術工藝活動方面，都扮演了重要的角色。清代內務府《造辦各作成做活計清檔》，簡稱活計檔，查閱活計檔，有助於了解乾隆年間揚州鹽政衙門成做活計的概況。例如乾隆二十三年（1758）正月十一日，活計檔記載太監胡世傑交燈四支，傳旨著交兩淮鹽政高恒，照此燈樣式，每樣做燈四對，即算今年燈貢。嗣後再進燈時，要做此燈樣做法，另變別樣款頭。

乾隆二十三年（1758）十二月二十七日，活計檔記載，太監胡世傑交彩漆戳紗掛燈二對，傳旨著交高恒另換總子收什見新，再照此燈樣成做幾對，將今年所進戳燈掛燈十六對之內減做幾對，照此燈樣補做九對，共成十六對，算明年燈貢。乾隆二十四年（1759）十一月十五日，活計檔記載，太監胡世傑傳旨，高恒所進收什見新大掛燈，著在大西天掛一對。十六日，胡世傑傳旨，高恒所進大掛燈不必在大西天掛。十七日，總管王成傳旨，高恒所進大掛燈二對著交總管文旦在萬壽山掛一對，靜明園掛一對。十九日，高恒家人張坤遵旨將大掛燈送往萬壽山。兩淮鹽政高恒所進大掛燈，含有「萬方同慶」大掛燈。由此可知靜明園、萬壽山等處所掛大燈有來自揚州成做的燈飾。揚州鹽政衙門每年例應進呈戳紗掛燈，是屬於燈貢的一種制度。

乾隆二十五年（1760）四月二十四日，活計檔記載，太監胡世傑交紅黃洋錦二塊，傳旨著交與高恒每樣各織造五疋，此原樣身分要好。同年十月二十四日，郎中白世秀等將兩淮鹽政高恒送到紅黃洋錦各五疋，原樣二塊持進，交太監胡世傑呈覽。乾隆二十六年（1761）二月初一日，活計檔記載，太監胡世傑交四時長春花二枝，傳旨將此花交蘇州織造安寧一枝，兩淮鹽政高恒一枝，照先傳琺瑯瓶內花四枝尺寸，按此花細緻，變別名色，各做四枝，

仍在琺瑯瓶內用。同年十月十四日，兩淮鹽政高恒送到綾絹花四枝呈進。織造洋錦，成做琺瑯瓶內用的綾絹花，鹽政衙門俱能遵旨成做呈進。

　　乾隆二十六年（1761）五月初一日，活計檔記載，太監胡世傑傳旨，高恒新進椅子十二張，樣款甚好，着照奉三無私現設椅子之尺寸，着高恒按新進椅子樣款成做椅子八張。趕年送來。同年十月初六日，郎中白世秀將兩淮鹽政高恒送到紫檀木椅子八張持進，安設在奉三無私呈進。高恒呈進的紫檀木椅子是遵旨照奉三無私陳設椅子的尺寸，按新進椅子樣款成做的。

　　由於揚州琢玉名匠輩出，雕工細緻，所以兩淮鹽政多能遵旨成做各式精美玉器。乾隆二十五年（1760）四月二十八日，太監胡世傑交青白玉雙管瓶一件，傳旨着交如意館有收貯玉配做幾件。同年五月初二日，如意館挑得青白玉材料三塊，內青玉一堆，照瓶樣儘玉畫得圓形雙管一件，扁青玉一塊，照木樣配做一件，小青白玉一塊，儘玉大小畫得雙管瓶一件，俱刻大清乾隆做古款樣呈覽。奉旨着交兩淮鹽政高恒照樣成做。同年五月初二日，太監胡世傑交獸面圓礶木樣一件，三超礶木樣一件，傳旨着如意館，有收貯白玉材料，照樣配做二件。當天，如意館將收貯玉材料二塊，儘玉大小畫得墨道交太監胡世傑呈覽，奉旨着交兩淮鹽政高恒照樣成做。乾隆二十六年（1761）四月十三日，員外郎安泰等將兩淮鹽政高恒送到白玉獸面礶一件持進交太監胡世傑呈進。同年六月初九日，兩淮鹽政高恒送到白玉三喜礶一件，由太監胡世傑呈進。

　　乾隆二十五年（1760）五月初二日，造辦處將五嶽上剒下青玉一塊做得木碗一件，足貼乾隆年製款，又木樣斧珮一件，兩面寫回回字，交太監胡世傑呈覽，奉旨着交兩淮鹽政高恒照樣成做。

二十六年（1761）十一月初六日，兩淮鹽政高恒送到玉碗一件，由太監胡世傑呈進。

　　乾隆二十五年（1760）三月十五日，活計檔記載，太監胡世傑交白玉周處斬蛟陳設一件，傳旨着有收貯大玉材料照周處斬蛟一樣配做一件。三月二十四日，員外郎安泰等將青玉洗材料一件，畫得粉道洗樣一件，靶碗一件，呈覽後奉旨照樣准做，先做木樣呈覽，准時隨玉靶碗木樣一併交兩淮鹽政高恒成做。同年五月初二日，造辦處做得周處斬蛟木樣一件，玉上畫得靶碗樣一件，交太監胡世傑呈覽，奉旨周處斬蛟木樣一樣，玉靶碗一件，俱交兩淮鹽政高恒照樣准做。乾隆二十六年（1761）二月初三日，郎中白世秀等將兩淮鹽政高恒送到周處斬蛟裡口內有水蠟樣一件，裡口內無水蠟樣一件，並原發木樣一件持進交太監胡世傑呈覽，奉旨准照裡口內無水蠟樣成做。通過活計檔的記載，有助於了解各種玉器的成做過程。

　　乾隆年間，揚州鹽政衙門遵旨成做的玉器，名目繁多，琳瑯滿目，包括：青玉回回進寶陳設、白玉貓態煖手、白玉索文水盛、青玉花罇、白玉元漢罇、玉喜鵲、青玉寶月瓶、碧玉竹絲如意、秋山行旅圖紫檀木托座、青玉象、青白玉象、玉佛、青白玉碗、青白玉碟、青白玉扁元象耳瓶、青玉赤璧陳設、青玉桃源洞陳設、青玉雙魚洗、青玉方漢瓶、碧玉羽觴洗、青玉太平罇、玉鼻烟壺、青白玉文王鼎坏、青白玉冠架、青白玉冊頁、碧玉朝珠、白玉東方朔、白玉魚翁、白玉雙喜、白玉雙鶴、漢玉雙猿、嵌玉石子竹絲如意、嵌玉雙鹿鑲嵌竹絲如意嵌玉壽星鑲嵌如意、嵌玉穿花鑲嵌如意、嵌螭虎玦鑲嵌如意、雙孔雀鑲嵌如意、嵌雙喜夔鳳玦如意、嵌雙螭虎玦如意、青玉雲龍洗、青玉荷葉洗、青玉扁瓶、青玉漢瓶、青白玉香筒、白玉三喜盤、鑲玉竹絲如意、玉進寶山、

玉佛供、玉九龍寶月瓶、青玉蒼龍珮、白玉碗、青玉碟、仙山陳設、玉蟠龍鼎、玉寶鴨、玉提梁卣、玉鑲文竹萬福如意、玉夔龍罇、玉菁草瓶、玉喜上梅梢洗、玉採芝仙，玉海鶴蟠桃、玉丹臺春曉山子、白玉卮、碧玉雙環瓶、白玉福壽如意、白玉方蓋瓶、漢玉回回進玉山子、白玉蕉葉出脊方瓠、漢玉蓮花魚嘴執壺、珊瑚珠、荷葉觥、青玉四環壺、白玉蕉葉罇、皮糙玉雲龍洗、青白玉雙管漢瓶、配蓋青玉壺等等、不勝枚舉，都是名匠雕琢的精美玉器，查閱活計檔，可以了解各種玉器成做的過程及其陳設地點。例如前列青白玉雙管漢瓶奉旨交景陽宮陳設，青玉四環壺交九洲清晏格子內陳設[22]。荷葉觥、白玉卮俱在獅子林陳設。玉佛一尊由副催安慶持赴建福宮妙蓮花室供奉。玉丹臺春曉山子隨琺瑯座奉旨安於東暖閣作詩。

　　活計檔詳細記載揚州鹽政成做玉器呈進後陳設地點。譬如乾隆三十四年（1769）十月初三日，奏事總管王常貴交大小青白玉石子二百三十六塊內挑出青白玉一塊，重四十斤，畫得扁元象耳瓶紙樣一張，碗紙樣一張，碟子紙樣一張，交太監胡世傑呈覽。奉旨着交兩淮鹽政尤拔世處，玉碗、玉碟子照樣成做，玉瓶儘玉大小成做。乾隆三十五年（1770）七月十一日，兩淮鹽政李質穎送到青白玉碗一件，碟子一件持進交太監胡世傑呈進。同年十二月十六日，兩淮鹽政李質穎送到青白玉扁元象耳瓶一件持進交太監胡世傑呈進，奉旨交萬壽山。

　　乾隆三十四年（1769）十一月十一日，庫掌四德、五德將兩淮鹽政尤拔世送到青玉赤壁陳設、青玉桃源洞陳設、青玉雙魚洗、青玉方漢瓶、碧玉羽觴洗、青玉太平罇各一件，玉鼻烟壺六件，

22　《造辦處各作成做活計清檔》（臺北，國立故宮博物院，影印本），BOX NO.125，頁 424。乾隆三十七年十一月初七日，記事錄。

竹絲如意四柄，做文王鼎玉一塊，隨回殘玉十塊，鑲嵌冠架紙樣、
木樣俱持進，交太監胡世傑呈覽。活計檔抄錄諭旨內容如下：

> 奉旨，將赤璧陳設一件、桃源洞陳設一件，留下；羽觴洗、
> 雙魚洗二件，刻二等，交瀛臺換擺；太平罇一件，刻三等，
> 交保合、太和格子內換擺；鼻烟壺配銅鍍金匙交進；如意
> 交圓明園；青玉方漢瓶一件，交內務府大臣，俟盛京有便
> 人帶往；文王鼎玉、回殘冠架紙樣、木樣，俱交啟祥宮[23]。

由引文內容有助於了解揚州雕琢的精美玉器，成爲清宮重要
的陳設，探討盛清文物的成做與陳設，不能忽略揚州鹽政衙門所
扮演的角色。探討揚州玉器的生產，同樣不能忽視活計檔的重要
性。乾隆三十四年（1769）十二月二十五日，庫掌四德、五德將
兩淮鹽政李質穎送到碧玉朝珠二掛、白玉東方朔、白玉魚翁、白
玉雙喜、白玉雙鶴、漢玉雙猿各一件，持交太監胡世傑呈覽。奉
旨：碧玉朝珠挑選好的一盤呈覽；魚翁、雙猿，交三友軒裝百什
件；雙喜、雙鶴，交靜私軒；東方朔交重華宮，算二等[24]。探討
清朝宮廷歷史，各處陳設，品類繁多的玉器，都是不容忽視的文
物。

五、人文薈萃‧舊志芸窗 —— 以揚州
鹽商與科舉考試為中心

揚州商人在清代歷史舞臺上扮演了重要的角色，揚州人文薈
萃，揚州鹽商藏書豐富，商人子弟勵志讀書，獲得功名者，頗不

---

23 《造辦處各作成做活計清檔》，BOX NO.120，頁477。乾隆三十四年十
一月十一日，行文。
24 《造辦處各作成做活計清檔》，BOX NO.120，頁498。乾隆三十四年十
二月二十五日，行文。

乏人。在傳統社會裡，科舉考試是重要的掄才大典。考試力求公正，不容許賄賣作弊。康熙五十年（1711），歲次辛卯，江南鄉試科場舞弊案被揭發。案情是因副主考趙晉串通同考官句容縣知縣王曰俞及山陽縣知縣方名等人，私通關節，賄賣舉人，使考生程光奎、徐宗軾、席玗等，以在科場內埋藏文字，入場抄寫，倩人代筆等方式，得中舉人。發榜後，引起其他士子不服，有數百人擁擡財神像，直入學宮，抗議科場不公。此案由主考左必蕃、江蘇巡撫張伯行等分別奏聞[25]。康熙皇帝派員在揚州詳審。

據調查發現程光奎素與副主考趙晉、山陽縣知縣方名交好，是以取中。中試舉人吳泌曾以銀八千兩賄買，由俞式承包攬，托員星若過付。消息傳開後，江南文場生員，甚是不平，尤其揚州秀才擾嚷成群，將主考左必蕃祠堂盡行拆去。所挐二人，俱係富商之子，傳聞榜中不通文理者甚多。為此江寧織造曹寅於康熙五十一年（1712）二月二十六日到揚州留心打聽[26]。兩江總督噶禮與江蘇巡撫張伯行，素來不和，康熙五十年江南科場案被揭發後公開相互攻擊。

江蘇巡撫張伯行（1652-1725），康熙二十四年（1685），進士。康熙四十八年（1709），調江蘇巡撫。張伯行奏參兩江總督噶禮與考官左必蕃等通同作弊，攬賣舉人，脅索銀兩。噶禮則疏劾張伯行挾嫌誣陷。康熙皇帝派戶部尚書張鵬翮、漕運總督赫壽會審。後來又派戶部尚書穆和倫、工部尚書張廷樞等覆審。康熙五十一年（1712）十一月二十七日，戶部尚書張鵬翮抵達揚州，察審科

---

25 《李煦奏摺》（臺北，里仁書局，1985 年 8 月），頁 97。康熙五十年九月二十六日，李煦奏摺。

26 《關於江寧織造曹家檔案史料》（臺北，偉文圖書出版社，1977 年 4 月），頁 87。康熙五十一年，江寧織造曹奏報江南科場案摺。

場弊案。新舉人程光奎自認夾帶文字入場，新舉人吳泌自認與相權連號，代做文字，又買通關節。兩江官員多會集揚州聽審。

　　康熙五十年（1711）九月二十四日，蘇州織造李煦陛辭返回蘇州織造任所後，見蘇州閶城士子以新中舉人多屬賄買，將財神擡入府學明倫堂上，喧譁不服，皆怨主考左必蕃不識文字，怨副主考趙晉大膽賄賣，造有詩詞對聯，黃鶯兒歌謠，四處張貼。李煦訪查奏聞蘇州擡財神的是生員丁穀宜等人，他們指稱蘇州新中舉人馬士龍、邵一珩、席玕、金聖基、徐宗軾等五人，皆屬不公。後來蘇州舉人進行覆試，其中舉人席玕覆試文字與科場原卷筆跡不對，席玕供認夾帶後鎖禁，其餘馬士龍等四人發江都縣看守[27]。

　　江南鄉試科場案，戶部尚書張鵬翮只究審新中舉人吳泌，程光奎兩人。康熙五十一年（1712）八月，戶部尚書穆和倫、工部尚書張廷樞又夾訊新中舉人席玕、馬士龍、徐宗軾等人，並提訊拔取的本房房官溧陽縣知縣鄔柳、石埭縣知縣李頌等人。據揚州士子等眾人稱：

> 我皇上聖明，無微不照，又認真另差大人覆審。如今的大人將從前張鵬翮未提審之犯，現經提審，又將案內干連無涉之人，取口供後，立行釋放，這都是好處，但不知將來作何定案[28]。

　　由引文內容知知揚州士子對康熙皇帝處理江南科場案的議論，是相當滿意的。江南科場案直到康熙五十二年（1713）才最後定案，左必蕃革職，趙晉、王曰俞、方名斬立決。吳泌、程光奎、徐宗軾、席玕等分別擬絞。揚州人士對江南科場案的覆審，也表達了他們的議論。節錄一段內容如下：

27　《關於江寧織造曹家檔案史料》，頁 89。
28　《李煦奏摺》，頁 121。康熙五十一年八月初八日，李煦奏摺。

我皇上聖明獨斷，差大人覆審科場。在大人既奉嚴旨，不
敢不秉公審問，從重定罪。今副主考趙晉擬斬，房考方名
擬絞，賄買夤緣舉人吳泌、程光奎與過付的余繼祖、郝青
田一班人，並擬絞罪。有這番嚴處，將來科場自然好了。
總賴我萬歲聖明，士子得以吐氣，天下人無一個不感激的
[29]。

江南科場案賄買舉人的各犯，主要爲揚州商人。據蘇州織造
李煦奏摺稱，康熙年間，兩淮商人的原籍，包括山西、陝西、江
南徽州等地。其中山西、陝西商人，習稱西商。西商子姪隨父兄
在兩淮度日，不能回籍考試，所以另立商籍，每逢歲考，童生取
入揚州府學，定額十四名。徽州商人，習稱徽商，徽商子姪，因
原籍在本省，不得應商籍之試。但徽商行鹽年久，大半以揚州爲
家，徽州原籍反無住家，且自揚州至徽州，道途遙遠，回籍考試，
確實甚屬艱難。康熙五十七年（1718）五月，揚州徽商請求將其
子姪照西商之例，亦於揚州府學額取十四名，免其回籍應考。

童生入學有商籍另取之分，鄉試舉人，卻無商籍另中之例。
徽商、西商子姪，奮志芸窗，文字可造就者不少。康熙五十七年
（1718）五月，揚州徽、西商人請求蘇州織造李煦題請鄉試舉人，
亦照滿洲、蒙古與官生等例，另編商籍字號，量中數名[30]。

六、禮佛祈福・萬壽無疆 —— 以揚州 等地進香活動爲中心

進香祈福是宗教信仰的重要活動。高旻寺是在揚州境內的著
名寺院，康熙皇帝賞給高旻寺金佛後，江寧織造曹寅訪得在馬蹟

---

29 《李煦奏摺》，頁 129。
30 《李煦奏摺》，頁 243。康熙五十七年五月十七日，李煦奏摺。

山避世焚修的僧紀蔭可以勝任高旻寺住持一職。康熙四十三年（1704）十二月初八日，曹寅會同蘇州織造李煦率領揚州文武官員、商民人等迎請僧紀蔭入寺，充當住持。僧紀蔭在高旻寺晨鐘暮鼓，頂禮金佛，虔心為皇太后保釐，並祝康熙皇帝萬壽無疆[31]。

　　江寧織造曹寅為預備康熙皇帝南巡駐蹕，特在高旻寺西起興建行宮。康熙四十三年（1704）十二月初二日，曹寅奉到硃批諭旨：「高旻寺碑文寫完，著善手摹勒上石搨墨進呈[32]。」曹寅隨即遴選匠工，在高士奇等人原先選定建造碑亭處，將碑石細加磨磷，用心摹勒。

　　長江下游分佈著許多馳名的佛寺，浙江沿海寧波附近的普陀山，就是著名的進香地點。普陀山位於東南沿海貿易的主要航線上，商船水手多前往普陀山祈求觀世音菩薩保佑他們免遭風暴災害或海盜搶劫[33]。康熙年間，普陀山寺宇林立，朝山僧眾絡繹不絕。普陀山除寺院外，還修建萬壽殿。現存檔案可以反映清代普陀山進香活動蔚為風氣。康熙四十七年（1708）二月十八日，江寧織造曹寅之弟曹宜奉佛自張家灣開船，一路平安無事，於同年三月二十八日到揚州。杭州織造孫文成等人也前往揚州迎佛，並將迎佛經過繕寫滿文摺奏聞。先將滿文摺影印於下，並轉寫羅馬拼音，譯出漢文於後。

---

31 《文獻叢編》（臺北，臺聯國風出版社，1964 年 4 月），（上），頁 295。
32 《文獻叢編》，（上），頁 295。
33 韓書瑞‧羅友枝著，陳仲丹譯《十八世紀中國社會》（南京，江蘇人民出版社，2008 年 8 月），頁 155。

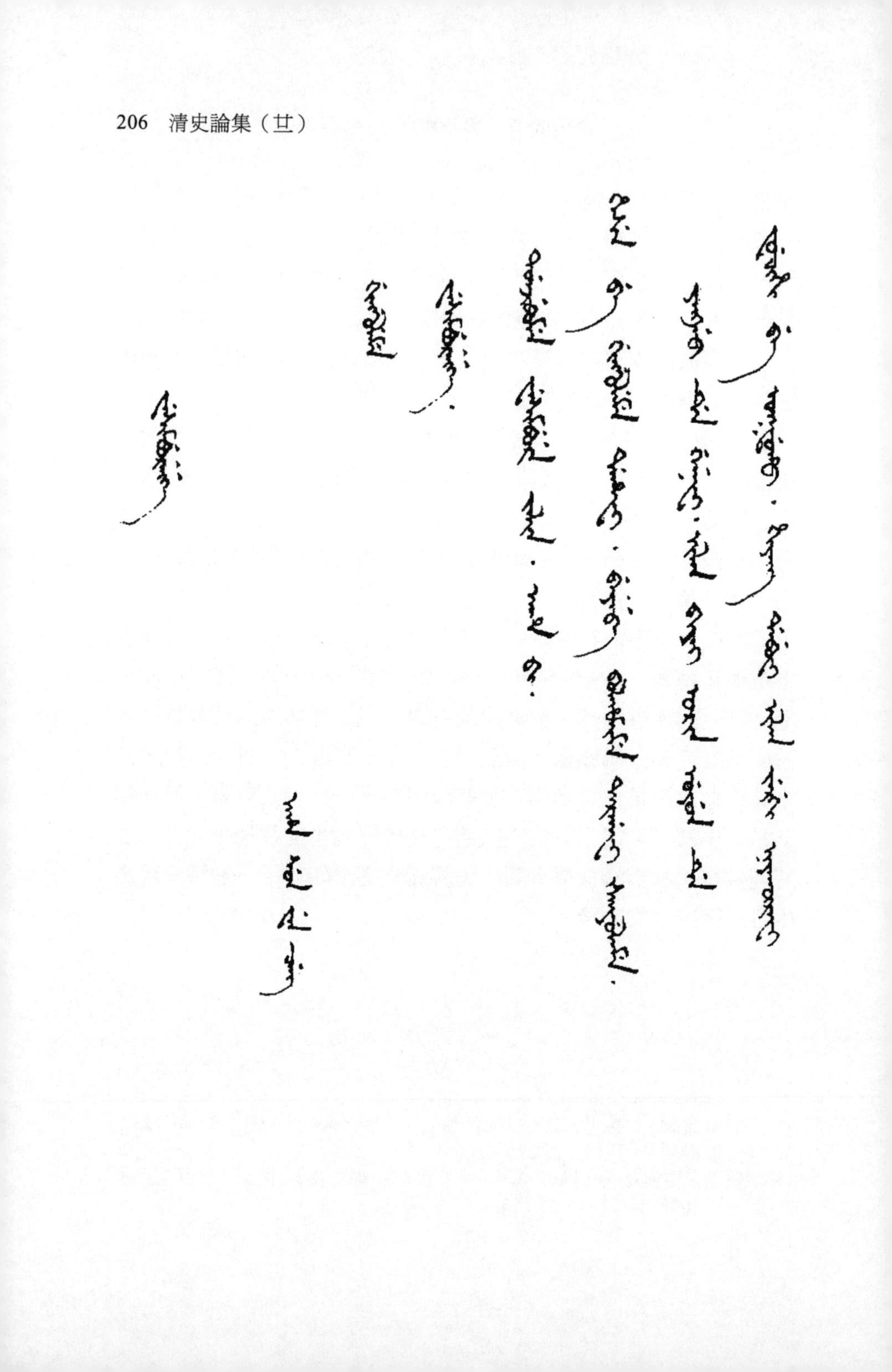

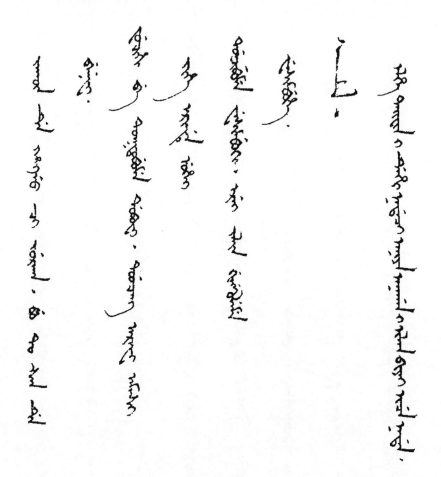

wesimburengge

aha sun wen ceng gingguleme wesimburengge, donjibume wesimbure jalin, aha bi hese be gingguleme dahafi, beyebe bolhomime targafi šanyulame, yangjeo de genefi, anagan i ilan biyai ice ninggun de hangjeo de isinjiha, hoton i gubci bithe, coohai hafasa, babai miyoo i hūšang sa gemu cuwan de jifi fucihi de hengkilehe.

aha sun wen ceng, ts' oo i fucihi de hiyang dabufi hengkilefi, gingguleme cuwan ci solime tucibufi ts' ai ting de dobofi, hiyang dabufi henkilehe, yayai hacin be icihiyame wajifi, ice jakūn de hangjeo ci juraka, pu to šan de benefi, fucihi be toktobume dobofi, doocang arafi amasi jihe erinde uhei donjibume wesimbuki, erei jalin gingguleme wesimbuhe.

saha.

elhe taifin i dehi nadaci aniya anagan i ilan biyai ice nadan

奏

奴才孫文成

謹奏，為奏聞事。奴才欽遵諭旨齋戒沐浴，前往揚州，於三月二十九日迎佛，燒香三跪九叩。三十日，自揚州啟程，於閏三月初六日至杭州，闔城文武眾官，各處寺廟和尚皆來船中，向佛膜拜，奴才孫文成、曹宜向佛燒香膜拜後，即恭請出船，供奉於齋亭，燒香叩頭，辦完各項事宜，於初八日自杭州啟程，送至普陀山。將佛安置供奉，建造道場，返回時一併奏聞，為此謹奏。

〔硃批〕知道了。

康熙四十七年閏三月初七日[34]。

　　杭州織造孫文成的滿文奏摺內容，與蘇州織造李煦、江寧織造曹寅之弟曹宜漢文奏摺的記載，彼此符合。孫文成齋戒沐浴後於康熙四十七年三月二十九日清晨到揚州迎佛。三月三十日，孫文成自揚州啟程，於閏三月初六日抵達杭州，闔城文武官員及各寺院和尚都到船中向佛膜拜。孫文成、曹宜隨後將金佛請出船，

34　《宮中檔康熙朝奏摺》，第九輯（臺北，國立故宮博物院，1997 年 6 月），
　　頁 101。康熙四十七年閏三月初七日，杭州織造孫文成滿文奏摺。

供奉於齋亭。閏三月初八日，孫文成等自杭州啓程，送往普陀山。閏三月十四日，孫文成、曹宜等到普陀山後將金佛安置供奉，建造道場。

學士王鴻緒奏摺，對普陀山的進香活動，敘述頗詳，節錄原摺要點如下：

> 臣於普隨山每年正月進香齋僧，虔祝聖壽。今年臣家人於正月十三日到山。十五日，於合山寺觀及靜室進香。二十日，請和尚心明拈香，並設齋。本山各處寺宇與朝山僧眾共有一千三百餘人，皆合掌念佛，同祝聖壽萬年。是日，天氣晴和，香雲繞殿，咸頌皇上洪福齊天，感應大士之所致也。其萬壽殿前石工亦即於二十日陸續做起[35]。

由引文內容可知前往普陀山進香，不僅是民間善男信女的宗教信仰盛會，同時也是政府官員每年定期的進香活動。王鴻緒所述正月間的進香齋僧，是向康熙皇帝虔祝聖壽的活動。

天寧寺在揚州府境內，康熙年間，天寧寺的活動，也是相當受到重視。康熙五十六年（1717）九月初八日，天寧寺僧廣明具摺謝恩，原摺所列銜名爲「江南揚州府天寧寺住持僧廣明」等字樣。因皇太后聖體違和，總管內務府大臣於康熙五十六年（1717）十月十九日奉硃筆上諭：「董殿邦、關保爾等傳與各寺廟觀院等處，爲皇太后諷經。若僧道內有能醫病者，著即舉送。」同年十一月初九日，蘇州織造李煦在揚州天寧寺內延僧諷經七晝夜，欲倚仗如來諸天法力，保佑皇太后聖體康寧[36]。天寧寺奉旨整修後，

---

35 《宮中檔康熙朝奏摺》，第七輯（臺北，國立故宮博物院，1976年9月），頁848，王鴻緒奏摺。

36 《李煦奏摺》（臺北，里仁書局，1985年8月），頁263。康熙五十六年十一月初七日，李煦奏摺。

即將商捐銀一萬四千二百兩辦料興工，於康熙六十年（1721）九
月告竣。因佛像尚未裝修，李煦、曹頫、孫文成又發庫銀各五百
兩，重修佛像，使天寧寺廟宇為之一新，法相又復莊嚴。

　　有清一代，為取締左道異端，曾沿襲明朝律例，制訂《禁止
師巫邪術》專條，所取締的範圍，包括民間秘密宗教及民間信仰
活動。順治十八年（1661），題准，凡婦女不許私入寺廟燒香，違
者治以姦罪。臺北故宮博物院現藏《軍機處檔‧月摺包》含有乾
隆年間浙江巡撫方觀承奏請查禁普陀山進香活動的奏摺錄副，節
錄要點如下：

> 浙省定海縣屬之普陀山，在前寺、後寺，僧眾多人，因其
> 遠在大洋，藉四方進香名色布施，以資衣食。各寺復籌招
> 致之法，散遣僧徒四處勸誘，因之並及婦女。每逢正、二
> 月，各城村地香頭者領集多人，乘船前往，男婦雜沓，共
> 住一船，遠涉外洋，動經多日。及到普陀，則招致之僧，
> 各有房頭引之住址，有如主客。如遇風汛阻隔，輒亦動經
> 多日。臣思男女偪處一船，經旬住宿山寺，既於風化有關，
> 而海洋關汛，例應稽查，一切違禁之物，其有婦女在船藉
> 稱進香名色，即恐關口查驗疏懈，保無船戶乘機挾帶偷漏。
> 且從前報案婦女之由，彙明上海，遠涉者每遭覆溺，鮮能
> 救渡，殊堪憫惻，臣因出示明白曉諭，嚴禁各關口及船戶
> 等，不許裝載婦女出洋[37]。

　　由引文內容可知浙江定海縣普陀山的進香活動，是在每年正
月、二月間。普陀山僧眾藉四方朝山進香布施，以資衣食。前寺、
後寺僧眾也四出招攬香客，安排住宿，已有觀光遊覽的性質。因

37　《軍機處檔‧月摺包》（臺北，故宮博物院），第 2740 箱，27 包，2981
　　號。乾隆十四年正月二十五日，方觀承奏摺錄副。

大清律例禁止婦女進入寺觀神廟燒香。普陀山進香期間，男女雜沓，妨害善良社會風俗。又因出海覆溺案件，層出不窮。因此，浙江巡撫方觀承奏請禁止婦女乘船前往普陀山進香。

七、天下一體・中外一家 — 以康熙皇帝與西洋傳教士的互動為中心

　　《清代全史》指出，康熙皇帝統治中期，天主教是在一種和諧、融洽的氣氛中發展的，是天主教在華傳播的「黃金時代」。到康熙四十六年（1707）左右，形勢就發生了劇變，康熙皇帝對天主教從實行「容教」政策改變為「禁教」政策[38]。其實，康熙年間，在京師及江南等地居住年久的天主教傳教士，他們與康熙皇帝的互動，大都相當良好。康熙皇帝南巡期間，傳教士多熱忱接駕。由於康熙皇帝與傳教士的密切接觸，傳教士不僅傳入西方科學技術知識，同時也將西方的政治、歷史、地理及風土人情方面的知識介紹到中國來。京師傳教士供職內廷，各獻所長。各省重要城鎮，大都建有天主堂。

　　康熙二十三年（1684）九月二十八日，康熙皇帝首次南巡。同年十月初八日，駕至山東濟南府，天主堂由汪汝望（Joannes Valat S.J.Gallus）管理。黃伯祿斐墨氏編《政教奉褒》一書記載汪汝望因前往江寧探視畢嘉（Dominicus Gabiani S.J.Italus），所以離開濟南府天主堂。是年十一月初一日，康熙皇帝駕幸江寧。天主堂在漢西門內。十一月初四日，畢嘉、汪汝望覲見康熙皇帝。康熙皇帝問：「你們在此，何所恃以度日？」畢嘉、汪汝望奏云：「蒙皇上已開海禁，得由西洋寄來用度。」康熙皇帝又問：「你們亦知道

38　《清代全史》，第三卷（瀋陽，遼寧人民出版社，1991 年 7 月），頁 275。

格物窮理之學否？」奏云：「臣等亦略知道。」鑾輿啓行時，畢嘉、汪汝望設案跪送。葡萄牙國傳教士蘇霖（Joseph Pereira S.J.Lusitanus）傳旨著禮部差員前往江寧天主堂召蘇霖入京。

　　康熙二十八年（1689）正月初八日，康熙皇帝第二次南巡。正月十六日，駕進濟南府，天主堂西班牙國人柯若瑟（Joseph Ocha O.S.F.Hispanus）乘馬出城十里，跪迎道左。康熙皇帝垂問：「你姓什麼？」奏云：「臣姓柯，名若瑟。」問：「你幾時到中國？」奏云：「有兩年。」問：「可曾到京麼？」奏云：「臣未曾到京，臣不曉得天文，纔在這裡學話。」晌午，侍衛遵旨齎銀二十兩頒賜天主堂，並叩拜天主。

　　康熙二十八年（1689）二月初九日，駕幸杭州，天主堂義大利國人殷鐸澤（Prosper Intorcetta S.J.Italus）乘船前迎至黃金橋，親覯天顏。康熙皇帝問：「你認得中國字麼？」奏云：「臣略認得，因年歲已大，不能多記。」問：「京中徐日昇曾有書來麼？」奏云：「去年十二月，曾有書來說明年聖駕南巡，或臨杭州。」問：「洪若在南京麼？」奏云：「洪若同畢嘉在南京。」問：「曾到過京麼？」奏云：「曾到京師，並見過湯若望，蒙賜果餅乳酥三盤。」問：「天主堂在何處？」奏云：「在北關門內不遠。」二月十七日，殷鐸澤同松江天主堂意大利國人潘國良（Emmanuel Laurfice S.J.Italus）乘小船出拱辰橋外停泊，恭候御舟，與百官一體跪送。康熙皇帝問潘國良：「幾時到中國？」奏云：「有一十八年了。」問：「曾在何處住？」奏云：「先在廣東，次到松江，後至山西絳州，今復來松江。」問：「松江有天主堂麼？」奏云：「有箇小堂。」問：「有多少年紀？」奏云：「四十三歲。」

　　康熙二十八年（1689）三月初一日，畢嘉同洪若（Joan.de Fontaney S.J.Gallus）由儀真至揚州灣頭恭候聖駕。三月初五日，

御舟過灣頭，召見畢嘉、洪若。康熙皇帝問畢嘉：「你看朕擺設這書架可好麼？」奏云：「好。」問：「畢嘉你今年六十七歲了，洪若今年多少年紀？」洪若奏云：「四十有五。」問：「揚州有天主堂麼？」奏云：「揚州、鎮江、淮安都有天主堂，皆是臣照管[39]。」

康熙三十八年（1699）二月初三日，康熙皇帝第三次南巡。三月初八日，駐蹕揚州。三月二十二日，聖駕幸杭州。三月二十六己，張誠（Joan. Franciscus Gerbillon S.J.Gallus）、白晉（Joachin Bouvet S.J.Gallus）奉旨扈從，蒙康熙皇帝賜宴湖舫，遊覽西湖。

康熙四十六年（1707）四月，康熙皇帝南巡，駕幸杭州，在杭州傳教的意大利國人艾斯玎（Augustinus Barelli S.J.Italus），在寧波傳教的郭中傳（Joannes Alexis de Gollet S.J.Gallus），在紹興傳教的龔當信（Cyricus Contancin S.J.Gallus）等詣行宮覲見。四月二十六日，康熙皇帝駐蹕揚州，在江西傳教的法蘭西國人龐克修（Joannes Testard S.J. Gallus）及各省傳教士，共二十二人，會集齊赴揚州行宮覲見，俱蒙恩賜筵宴，並賞給紗緞。

康熙皇帝與西洋人互動良好，各省教堂西洋傳教士多能安分守己，並不生事。山東省城有天主教教堂二座。西洋人汪儒望曾向東昌府茌平縣民王中奎購買破舊空房，正欲建造教堂時，王中奎族弟王中蓮以不知情為由，於乾隆二十九年（1700）赴縣控告其族兄王中奎等人加入「邪教」，跟隨汪儒望聚眾欺惑。山東巡撫佛倫奉到康熙皇帝親筆諭旨云：「聞在山東之西洋人，被民人無端誣告等語，將此著爾應迅速打聽明白。」山東巡撫佛倫遵旨查明民人王中蓮等誣告西洋人汪儒望後具摺指出，「臣看得西洋人學問真實，斷不為不義之事，臣亦知之。故於西洋人汪儒望所買之地，

---

39 《正教奉褒》，《中國天主教史籍彙編》（臺北，輔仁大學出版社，2003年7月），頁545。

請准建廟居住，嚴禁地方棍徒侵擾。王中蓮誣告可惡，俟鞫審畢，照誣告擬流刑[40]。」康熙皇帝、山東巡撫佛倫都相信西洋傳教士汪儒望是被誣告的，所以准許買地建教堂，受到保護，嚴禁地方棍徒侵擾。

康熙四十六年（1707）四月二十六日，康熙皇帝南巡駐蹕揚州時，各省西洋傳教士包括龐克修等二十二人詣行宮觀見，都獲頒敕文，命多羅直郡王親手逐一轉交。文內有「永在中國各省傳教，不必再回西洋」等語，並諭曰：「領敕文之後，爾等與朕，猶如一家人了[41]。」天下一體，中外一家，不分此疆彼界，康熙皇帝禮遇西洋傳教士的寬容態度，是受到肯定的。後來由於禮儀之爭，羅馬教皇特使碰觸到中國傳統文化的「雷區」，康熙皇帝為了維護中國道統文化，使他對天主教的態度，也從容教轉為禁教，嗣後凡有一技之長的西洋人多召入京中，供職內廷，從事美術工藝、天文曆算的創作活動，禁止西洋人在各省傳教。

八、風調雨順・萬民樂業 —— 以揚州等地糧價的波動為中心

康熙皇帝關心民生，重視糧價的波動，各省督撫具摺奏報雨水、收成、糧價，固然不能遲誤，蘇州織造、江寧織造、杭州織造奏報雨水糧價的摺件，數量尤其可觀。康熙年間，據蘇州織造李煦、江寧織造曹寅等人的奏報，揚州地方，春氣和暖，風調雨順，萬民樂業。李煦具摺指出，康熙四十六年（1707）十二月初五、初六等日，揚州地方下雪約有五寸餘，百姓以既得多雪，春

---

40 《康熙朝滿文硃批奏摺全譯》（北京，中國社會科學出版社，1996 年 7 月），頁 12。康熙二十九年三月初八日。

41 《中國天主教史籍彙編》，頁 558。康熙四十六年四月二十六日，諭旨。

花有望。

康熙四十七年（1708）八、九等月，揚州秋收約有十分，鎮州、常州、松江等府約得八、九分。揚州、鎮江、常州等府客米賣一兩一、二錢，蘇州、松江等府客米賣一兩三、四錢。由於九月以來，天氣晴明，各處農人都在田地收割，客米價錢較八月便宜一錢左右，揚州客米賣一兩，或一兩一錢，蘇州賣一兩二錢。十月初開始，揚州、蘇州等府收割已完，米價更加低廉。

康熙四十八年（1709）十一月，蘇州、揚州等府上號米總不出一兩，次號米不出九錢。康熙四十九年（1710）九月，揚州、蘇州等府田禾收割，年景俱好，上號米價在九錢之內，次號米價在八錢之內。康熙五十年（1711）十一月，揚州、蘇州上號米不出八錢，次號米不出七錢，民情歡悅。康熙五十一年（1712）十月，揚州、蘇州等府，上號米八錢上下，次號米七錢上下。

康熙五十一年（1712）十二月二十七日，蘇州下大雪，積有三寸，揚州亦下大雪，積有五寸。多雪既得，民眾相信來歲自屬豐年。康熙五十二年（1713）正月，蘇州、揚州新春米價低廉，上號米不出八錢，次號米不出七錢。康熙五十三年（1714）五月二十三日以後，揚州雨澤缺少，其近水田畝，雖然栽秧已完，但山田之秧，尚有二、三分未栽。米價高峇，上號米在一兩一錢之內，次號米在一兩之內。揚州的雨雪糧價，多由蘇州織造奏報，從蘇州織造奏摺，可以發現揚州的雨雪糧價資料。揚州糧價的波動，與雨雪是否充足有密切的關係。

康熙年間，江南地區，推廣御稻的種植。康熙五十六年（1717）十月十一日，蘇州織造李煦具摺奏聞御稻種植的情形，節錄一段內容如下：

> 奴才所種第二番御稻，已於十月初二日收割，每畝得稻子

> 二石五斗，謹礱新米五升進呈。而收割之後，耆老百姓有
> 來求稻子者，奴才即為給發。至於蘇州鄉紳、揚州商人所
> 種第二番御稻，亦皆收訖[42]。

　　由引文內容可知江南種植御稻，已蔚為風氣，織造、鄉紳、商人、耆老百姓多爭相種植御稻。蘇州織造李煦在蘇州所種御稻計八十畝。蘇州鄉紳包括翰林院庶吉士吳瞻淇、陸秉鑑，原任工科給事中慕琛、原任兵部職方司主事蔣文瀾、原任大名道陳世安、候補行人司司副陶箴、原任刑部四川司主事陸燧、原任內閣中書金秉樸、顧祖鎮、原任寧台道王世緄、原任廣東韶州府通判張安國、原任兵部武選司員外郎陶昱、己丑科進士張景崧、樊錢倬、韓孝基、癸巳科進士顧之樽、蔣杲、癸巳科舉人宋喆、甲午科舉人韓御李、乙未科進士顧沈士等人。兩淮商人高萬順、閔德裕、馬德隆、吳敦厚、程弘益、吳德大、吳握玉、徐尚志、汪德睦、喬覆順、項鼎玉、何義大等人。每人所種御稻，少則一畝，多則十畝，每畝一次收稻少則二石八斗，多則三石三斗。由於官紳、商人、百姓的努力耕耘，對於江南推廣御稻的栽培，產生重要的作用，也是清代農業發展史上不可忽視的課題。

　　就康熙年間而言，揚州和蘇州的米價，頗相彷彿。例如康熙五十七年（1718）六月，蘇州、揚州雨水調勻，米價上號一兩光景，次號九錢光景。同年閏八月，蘇州、揚州，風調雨順，米價上號九錢，次號七錢。同年十月，蘇州、揚州因秋收豐稔，米價更加低廉，上號米八錢五分，次號米六錢五分，揚州與蘇州彷彿相同。

　　康熙末年，由於生齒日繁，食指眾多，米貴的嚴重性，與日

42　《李煦奏摺》（臺北，里仁書局，1985 年 8 月），頁 233。康熙五十六年十月十一日，李煦奏摺。

俱增。康熙五十一年（1712）二月二十九日，康熙皇帝頒發上諭
指出：

> 我朝七十年來，承平日久，生齒日繁，人多地少。從前四
> 川、河南等省，尚有荒地，今皆開墾，無尺寸曠土，口外
> 地肥，山東等省百姓往彼處耕種者甚多[43]。

　　由於社會安定，承平日久，生齒日繁，造成人口壓迫，四川
等省荒地多已開墾，人多地少，食指眾多，益以雨澤稀少，以致
米價日昂。例如康熙六十年（1721），蘇州地方，自立秋以後雨水
稀少，農夫都以車水為勞，以致米價稍貴，上號米一兩一錢，次
號米九錢六分。同年三月，蘇州地方，雨水調勻，但米價上號一
兩二錢，次號九錢七分。康熙六十一年（1722）七月初八日，蘇
州織造李煦具摺奏報蘇州雨水米價云：

> 竊蘇州地方，自六月初間起，連有半月不雨，農多車戽為
> 勞。六月二十四、五，連得大雨，以後時降甘霖，禾苗茂
> 盛，民情歡悅。目下米價，上號一兩二錢五分，次號一兩
> 零三分[44]。

　　李煦原摺奉硃批：「米價該賤，如何還貴？」李煦的解釋是「奴
才查蘇州地方，因六月間雨澤愆期，所以米價驟長[45]。」

　　雍正年間的賦役改革以及苗疆的改土歸流，多與已開發人口
密集地區人多地少的生計問題有關。乾隆十八年（1753）四月十
八日，江蘇巡撫莊有恭針對江南農桑耕織問題具摺分析。原摺首
先指出，「江南蘇、松、常、太四府州，戶口殷繁，甲於通省，人

43　《清代起居注冊》（臺北，國立故宮博物院，2009 年 9 月），康熙朝，第
　　二十冊，頁 T11266。康熙五十一年二月二十九日，諭旨。
44　《李煦奏摺》，頁 290。康熙六十一年七月初八日，李煦奏摺。
45　《李煦奏摺》，頁 292。康熙六十一年九月十一日，李煦奏摺。

稠地窄，耕者所獲無多，惟賴家勤紡織，戶習機杼通功易事，計其所得，一人一日之力，其能者可食三人，次亦可食二人，故民間竄惰猶少，惟江北淮、除、海三府州瀕每，沿河田土，本屬瘠薄，生計倍覺艱難，強壯丁男，非背負肩挑，即當梢挽縴，一人之力，僅堪養活一身。至婦女則止知坐食，不事女紅。間有一、二作家之婦，亦不過搓錢串捲蠟心糊紙錠等事，日僅得錢三、四文，雖甚勤，亦不敷一日口食。」農桑是王政之本，耕織則為衣食之原，但因戶口殷繁，地窄人稠，生計艱難。莊有恭進一步指出，「我國家休養涵濡，生齒繁昌，雖年歲順成，而民用時虞不足。臣採風問俗，大約淮泗以南，病在不儉；淮泗以北，病在不勤，如淮郡者，不有以轉移而驅策之將游民日眾，雖欲無饑無寒，不可得也[46]。」生齒日繁，人多米貴，益以不儉不勤，雖欲無饑無寒，必不可得也。

　　乾隆十九年（1754），江、淮、揚、徐、海等屬秋天，水災為害，又逢青黃不接，以致糧價更加昂貴。俗諺云：「價高招遠客」。江蘇歉歲，主要靠招徠客米救濟。江蘇巡撫莊有恭具摺指出，「查江省情形，江以南則借資於江、廣；江以北則取給於河南。」乾隆二十年（1755）十一月十五日，莊有恭督查災賑途次揚州邵伯鎮，人言籍籍，謂邵伯鎮行戶自置船隻販運南河、光州、固始等處米糧返回揚州糶賣。因總河攔截，不容過淮，以致半月無米到揚州邵伯鎮。由於米穀未能流通，蘇、松米價高長，幾及三兩[47]。江蘇巡撫莊有恭等例應按月具摺奏報江蘇各府州屬糧價細數，為

46　《宮中檔乾隆朝奏摺》，第五輯（臺北，國立故宮博物院，1982 年 9 月），頁 133。乾隆十八年四月十八日，莊有恭奏摺。

47　《宮中檔乾隆朝奏摺》，第二十三輯（1983 年 5 月），頁 152。乾隆二十年十二月初三日，莊有恭奏摺。

了便於比較，僅就乾隆二十八年（1763）十二月份至乾隆二十九年（1764）十一月份江蘇各屬糧價列表如下：

乾隆二十八年十二月份至二十九年十一月份

江蘇各府州糧價比較表（單位：兩）

府別	糧別	乾隆二十八年十二月份	乾隆二十九年正月份	乾隆二十九年三月份	乾隆二十九年四月份	乾隆二十九年八月份	乾隆二十九年十一月份	平均值
江寧府屬	上米	1.63-1.95	1.63-1.95	1.63-1.95	1.63-1.95	1.78-2.00	1.58-2.00	1.81
	中米	1.45-1.60	1.49-1.60	1.49-1.65	1.52-1.70	1.58-1.90	1.48-1.80	1.61
	糙米	1.29-1.53	1.33-1.55	1.34-1.55	1.36-1.60	1.43-1.80	1.39-1.70	1.49
	小麥	0.90.1.17	0.90.1.17	0.90.1.25	0.90.1.32	0.96.1.53	0.96.1.53	1.24
	大麥	0.45-0.80	0.45-0.80	0.45-0.80	0.45-0.80	0.48-1.02	0.48-1.02	0.67
	黃豆	1.10-1.60	1.10-1.60	1.05-1.48	1.15-1.60	1.05-1.60	1.05-1.65	1.34
	價別	價中	價中	價中	價中	價中	價中	1.36
蘇州府屬	上米	1.73-1.85	1.68-1.85	1.60-2.00	1.70-2.00	1.90-2.10	1.70-2.00	1.84
	中米	1.65-1.76	1.61-1.70	1.53-1.85	1.63-1.85	1.80-1.95	1.60-1.80	1.73
	糙米	1.45-1.68	1.45-1.60	1.45-1.70	1.45-1.70	1.60-1.83	1.50-1.70	1.59
	小麥	1.05-1.20	1.05-1.20	1.05-1.30	1.05-1.30	1.05-1.35	1.05-1.50	1.18
	大麥	0.53-0.70	0.53-0.70	0.53-0.70	0.53-0.70	0.53-0.78	0.53-0.80	0.63
	黃豆	1.30-1.80	1.25-1.80	1.20-1.70	1.20-1.60	1.35-1.60	1.25-1.60	1.46
	價別	價中	價中	價貴	價貴	價貴	價中	1.41
松江府屬	上米	1.70-1.90	1.70-1.85	1.80-1.96	1.80-1.98	1.80-2.00	1.75-2.10	1.86
	中米	1.55-1.80	1.55-1.75	1.65-1.80	1.65-1.85	1.65-1.85	1.60-1.80	1.71
	糙米	1.46-1.70	1.48-1.60	1.55-1.70	1.55-1.70	1.55-1.70	1.40-1.65	1.59
	小麥	1.05-1.25	1.05-1.26	1.05-1.35	1.05-1.35	1.05-1.40	1.05-1.40	1.19
	大麥	0.50-0.80	0.50-0.80	0.50-0.68	0.50-0.68	0.50-0.80	0.50-0.80	0.63
	黃豆	1.10-1.50	1.10-1.50	1.10-1.50	1.10-1.55	1.10-1.55	1.05-1.45	1.30
	價別	價中	價中	價貴	價貴	價貴	價貴	1.38
常州府屬	上米	1.65-1.80	1.60-2.00	1.50-2.00	1.50-2.05	1.65-2.00	1.60-1.85	1.77
	中米	1.55-1.65	1.50-1.80	1.40-1.80	1.40-1.85	1.55-1.90	1.50-1.65	1.63
	糙米	1.30-1.55	1.40-1.60	1.30-1.60	1.30-1.60	1.45-1.80	1.35-1.50	1.48
	小麥	1.10-1.30	1.10-1.30	1.15-1.50	1.20-1.40	1.20-1.50	1.25-1.60	1.30
	大麥	0.55-0.70	0.55-0.75	0.55-0.75	0.55-0.75	0.53-0.75	0.55-0.80	0.65
	黃豆	1.15-1.50	1.10-1.50	1.10-1.50	1.10-1.50	1.10-1.30	1.10-1.30	1.27
	價別	價中	價貴	價貴	價貴	價貴	價中	1.35
鎮江府屬	上米	1.60-1.70	1.58-1.75	1.58-1.80	1.70-1.76	1.76-2.10	1.62-1.81	1.73
	中米	1.50-1.65	1.48-1.65	1.48-1.70	1.60-1.68	1.68-1.90	1.52-1.70	1.63
	糙米	1.35-1.55	1.32-1.55	1.32-1.60	1.47-1.60	1.60-1.80	1.41-1.57	1.51
	小麥	0.75-1.35	0.85-1.35	0.85-1.40	1.00-1.40	0.95-1.20	0.98-1.27	1.12
	大麥	0.55-0.78	0.55-0.75	0.55-0.78	0.60-0.80	0.60-0.75	0.60-0.86	0.68
	黃豆	1.00-1.22	1.01-1.22	1.05-1.22	1.08-1.12	1.10-1.30	1.10-1.30	1.15
	價別	價中	價中	價中	價中	價貴	價中	1.30

淮安府屬	上米	1.70-1.87	1.78-1.90	1.78-1.90	1.73-1.95	1.68-2.00	1.68-2.02	1.84
	中米	1.49-1.90	1.59-1.92	1.58-1.82	1.61-1.92	1.54-1.96	1.54-1.92	1.74
	糙米	1.39-1.66	1.48-1.66	1.48-1.66	1.51-1.66	1.44-1.75	1.44-1.75	1.72
	小麥	1.00-1.32	1.13-1.32	1.15-1.32	1.13-1.32	1.10-1.35	1.16-1.40	1.23
	大麥	0.46-0.70	0.50-0.70	0.50-0.72	0.55-0.75	0.55-0.66	0.58-0.75	0.62
	黃豆	0.85-1.35	0.85-1.35	0.86-1.50	0.86-1.35	0.80-1.30	0.81-1.30	1.11
	價別	價中	價中	價中	價中	價中	價中	1.38
揚州府屬	上米	1.49-2.18	1.62-2.15	1.59-2.15	1.75-2.21	1.70-2.33	1.50-2.21	1.91
	中米	1.39-1.65	1.39-1.70	1.49-1.70	1.55-1.77	1.62-1.95	1.40-1.86	1.63
	糙米	1.29-1.55	1.29-1.60	1.35-1.60	1.35-1.65	1.52-1.84	1.30-1.7	1.51
	小麥	0.99-1.25	0.99-1.25	1.08-1.25	1.15-1.30	1.05-1.46	1.15-1.45	1.20
	大麥	0.50-0.67	0.50-0.67	0.53-0.67	0.57-0.65	0.55-0.75	0.60-0.75	0.62
	黃豆	1.00-1.35	1.00-1.35	1.00-1.35	1.05-1.30	1.00-1.35	0.90-1.36	1.17
	價別	價中	價貴	價貴	價中	價貴	價貴	1.34
徐州府屬	上米	1.85-2.44	1.50-2.44	1.87-2.50	1.58-2.50	1.58-2.50	1.58-2.50	2.07
	中米	1.47-1.96	1.20-2.12	1.47-2012	1.25-2.00	1.25-1.90	1.25-1.85	1.66
	糙米	0.53-1.12	0.63-1.15	0.73-1.15	0.72-1.20	0.67-1.03	0.75-1.05	0.90
	小麥	0.91-1.45	1.10-1.50	0.91-1.50	0.95-1.60	0.94-1.32	0.96-1.32	1.21
	大麥	0.47-0.85	0.60-0.85	0.47-0.90	0.48-1.00	0.48-0.90	0.50-0.90	0.70
	黃豆	0.65-1.12	0.65-1.20	0.70-1.20	0.85-1.20	0.72-1.10	0.77-1.10	0.94
	價別	價貴	價貴	價貴	價貴	價貴	價貴	1.25
太倉府屬	上米	1.90-2.00	1.90-2.00	1.95-2.00	2.00-2.10	2.10-2.20	1.95-2.05	2.01
	中米	1.75-1.90	1.75-1.90	1.75-1.90	1.80-2.00	1.97-2.10	1.85-2.00	1.89
	糙米	1.60-1.80	1.60-1.80	1.60-1.80	1.65-1.90	1.85-2.00	1.75-1.85	1.77
	小麥	1.20-1.45	1.20-1.35	1.20-1.45	1.35-1.50	1.35-1.60	1.35-1.80	1.41
	大麥	0.67-0.72	0.67-0.80	0.67-0.80	0.67-1.85	0.70-0.90	0.80-0.90	0.77
	黃豆	1.22-1.45	1.22-1.40	1.22-1.40	1.30-1.40	1.40-1.50	1.30-1.45	1.36
	價別	價貴	價貴	價貴	價貴	價貴	價貴	1.54
海州屬	上米	1.60-1.90	1.65-2.21	1.65-1.90	1.65-2.21	1.65-2.30	1.74-2.26	1.90
	中米	1.58-1.80	1.63-1.90	1.63-1.80	1.63-1.90	1.63-1.99	1.71-1.95	1.77
	糙米	1.52-1.70	1.57-1.73	1.57-1.70	1.57-1.73	1.57-1.82	1.68-1.80	1.67
	小麥	1.16-1.20	1.26-1.30	1.26-1.30	1.26-1.32	1.28-1.56	1.10-1.37	1.28
	大麥	0.55-0.64	0.66-0.70	0.65-0.70	0.68-0.70	0.58-0.73	0.60-0.69	0.67
	黃豆	1.00-1.05	1.00-1.17	1.00-1.05	1.00-1.17	1.00-1.17	1.00-1.12	1.07
	價別	價貴	價貴	價中	價貴	價貴	價中	1.40
通州屬	上米	1.95-1.99	1.95-2.00	2.04-2.10	2.04-2.10	2.08-2.16	1.90-2.06	2.03
	中米	1.70-1.88	1.70-1.88	1.64-1.80	1.87-1.93	1.85-2.10	1.70-2.00	1.84
	糙米	1.50-1.65	1.60-1.61	1.64-1.80	1.64-1.80	1.66-1.90	1.56-1.68	1.67
	小麥	1.13-1.15	1.10-1.20	1.25-1.45	1.25-1.45	1.28-1.56	1.40-1.56	1.32
	大麥	0.65-0.75	0.60-0.75	0.65-.0.80	0.60-0.80	0.62-0.75	0.67-0.80	0.71
	黃豆	1.00-1.05	1.00-1.10	1.10-1.15	1.10-1.25	1.05-1.20	1.10-1.20	1.11
	價別	價中	價中	價貴	價貴	價貴	價中	1.45

資料來源：《宮中檔乾隆朝奏摺》，臺北，故宮博物院。

　　前列簡表中江蘇各屬依次爲江寧、蘇州、松江、常州、鎭江、淮安、揚州、徐州等府及太倉、海州、通州等州。表中糧別包括：上米、中米、糙米、小麥、大麥、黃豆。乾隆二十八年（1763）十二月份，蘇州府屬上米即上號米每倉石價銀一兩七錢三分至一兩八錢五分；揚州府屬上米每倉石價銀一兩四錢九分至二兩一錢八分。乾隆二十九年（1764）正月份，蘇州府屬上米每倉石價銀一兩六錢八分至一兩八錢五分；揚州府屬上米每倉石價銀一兩六錢二分至二兩一錢五分。揚州上米價銀都高於蘇州府屬。簡表中所列糧價，揚州府屬與海州屬彷彿接近。相較於康熙年間，乾隆中葉，江蘇各屬糧價高昂，已不可同日而語。

　　重視雨水糧價的變化，是清朝君臣關心民生的具體表現。乾隆三十三年（1768）六月初三日，江蘇布政使胡文伯自京師啓程返回江蘇，沿途經過地方，都留心察看，經直隸良鄉、山東德州至江南邳州境內，見窪地間有被淹，詢因上游沂河水勢下注所致。據當地人稱，是年麥收豐稔，兼係一水一麥之地，尙屬無妨。淮安所屬清河、桃源、山陽等縣，因時雨未足，所種田禾，未能十分暢遂。揚州所屬高郵、寶應二州縣河東田地，向屬低潮，禾苗暢茂。湖西地勢稍高，正望雨水接濟。江都、甘泉二縣濱江田畝，灌漑有資，高阜山田，望雨甚切。同年六月二十九日，胡文伯渡江經過鎭江府丹徒、丹陽二縣，常州府武進、陽湖、無錫、金匱等縣。因夏至以後，時雨未得充足，近水秧田，皆由車戽灌漑，始獲栽插，高仵之區，有水源可引者，亦均佈種豆粟。其無塘堰處所，間有未經全種者。由於各處車戽，晝夜相繼，河水漸淺，即如常州郡城之南河道二十餘里，因兩岸水車鱗集，兼之潮汐短澀，以致河水日小，舟楫壅滯難行。是年七月初，江蘇通省米價平均每石自一兩七、八錢至二兩不等。胡文伯指出「緣本年麥收

豐稔，是以米價尚不昂貴[48]。」

　　乾隆三十九年（1764）八月十六日，江蘇按察使龍承祖自京師啓程返回江蘇。同年九月初二日入江南境宿遷、桃源等縣，與山東毗連，秋禾情形，約略相同，有六、七分收成。揚州府沿河的寶應、高郵以下，俱屬有秋。泰州、東臺等處，因入秋後雨未霑足，禾苗稍旱，收成歉薄。常州、鎮江二府境內高阜山田，間有被旱處所，其低平田畝，均屬豐稔，收成有八分以上。探討揚州等地米價的波動，生態環境，地勢高低，雨水是否霑足，都是不可忽視的因素。

九、激濁揚清‧老安少懷 —— 以揚州　府州縣員缺補授為中心

　　江蘇江寧、蘇州二府爲省會首郡；松江一府，素稱難治；常州府賦重事繁；徐州、淮安兩府濱臨湖河，經管水利；鎮江府爲長江水師提督等駐所。揚州府隸淮揚道，兩淮鹽運使駐揚州。揚州是江蘇適中之地，居南北往來衝衢，商民聚集，政務殷繁。揚州一府管轄高郵、泰二州；江都、甘泉、儀徵（真）、興化、寶應、東臺六縣。調補揚州府州縣者，多爲精明練達之員。

　　揚州是清代糧船經過的重要渡口，從蘇州織造李煦等人的奏摺，可以了解揚州地居南北要衝的地理背景。康熙年間，南省江糧道所管糧船共一千四十六隻。康熙五十一年（1712）三月初四日，所有糧船盡過揚州。下江糧道所管糧船經過揚州計三百零七隻，江西省糧船已過揚州計八十一隻。據李煦奏報，湖廣、江西、浙江、江南四省糧船，共五千九百二十三隻，陸續經過揚州，康

48　《宮中檔乾隆朝奏摺》，第三十一輯（1984 年 11 月），頁 280。乾隆三十　　三年七月初九日，胡文伯奏摺。

熙五十一年（1712）五月二十五日，已經全過揚州。

　　康熙五十三年（1714）四月十一日，李煦奏報江南、浙江、湖廣、江西四省重運糧船陸續經過揚州北上者，已有五千二十隻，尚有湖南二幫，九江二幫、南昌一幫，共五幫糧未過揚州，共約五百餘隻。由於揚州地居南北往來要衝，政務殷繁，其府州縣等員缺的揀選調補，格外受到重視。

　　康熙二十八年（1689）三月初一日，起居注冊記載康熙皇帝南巡，御舟自江寧府啓行，駐蹕上元縣朱家嘴。是日，諭扈從部院諸臣，揚州府知府高承爵，居官甚善，著從優陞補江蘇按察使。泰州知州施世綸居官頗善，著從優陞補揚州府知府。

　　兩淮鹽運使駐揚州，康熙年間，兩淮鹽務，由江寧織造曹寅與蘇州織造李煦輪管。按照歷來成例，淮揚各場竈戶，每於五月長夏天晴之時加緊煎鹽，以供商人捆築，以便商人運到儀真鹽所。及至六月，煎鹽陸續出場後，即運到儀真鹽所，等候鹽臣即巡鹽御史秤掣。

　　康熙四十二年（1703），江寧織造曹寅奉旨著蘇州織造李煦輪管鹽務。康熙四十三年（1704）七月，命曹寅巡視兩淮。是年十月初七日，都察院差官奉到敕印，曹寅謝恩祗受。十月初十日，曹寅離江寧。十月十三日，曹寅抵達揚州，到任辦事。曹寅到任後，積極整頓兩淮鹽務，禁革鹽課浮費，以充實國帑，並撫恤商民。

　　康熙四十四年（1705）秋，蘇州織造李煦奉旨兼授兩淮鹽差。是年九月二十八日，李煦叩領敕印。十月初九日自蘇州起身。十月十三日，抵達揚州，到任受事。淮商浮費甚多，如送程儀、索規禮等項，強索硬要，不饜不休。李煦到任後即條奏省浮費。康熙四十七年（1708）六月初三日，李煦因兼管兩淮鹽課巡鹽御史，

所以從揚州府城到儀真鹽所開掣丁亥綱新鹽，凡抵儀真的引鹽，都是隨到隨秤。因販賣私鹽的鹽梟十分猖獗，所以揚州府對查緝私鹽不遺餘力。

康熙四十七年（1708）三月，據李煦奏稱。河南、山東、淮北等處流棍，多在揚州興販私鹽，數百成群，爲鹽法大害。康熙五十年（1711）十一月，李煦將疏縱鹽梟的揚州水師營遊擊陳倬特疏題參，奉旨革職。

三江營地方在揚州府江都縣境內，相距各處鹽場甚近。從三江營到揚子江邊，僅一里有餘。民間蔑稱北人爲侉子，因揚州販賣私鹽的流棍多來自山東、河南，所以習稱侉棍。揚州侉棍從鹽場運出私鹽，必會集於三江營，然後下江，由揚子江運往各路。在三江營對岸，就是鎮江府丹徒縣所管徐山老虎洞。侉棍由三江營下江，行三十里，即達老虎洞，侉棍從三江營到老虎洞後就進入浙鹽地界，而造成浙鹽之害。三江營逼近海口，地廣人稀，侉棍遂毫無顧忌。江防同知有巡江責任，駐劄江寧城內，離三江營地方甚遠。康熙五十六年（1717）二月初十日，李煦奏請將江防同知移駐三江營，以便鎮防彈壓，使侉棍不能往來，對地方鹽法，亦有裨益[49]。原摺奉硃批：「著速具題」。

揚州兩淮鹽運使的職掌，不限於鹽務。乾隆年間，積極採訪遺書，兩淮鹽運使還須辦理揚州商人呈獻藏書事宜。乾隆四十二年（1777）八月十七日，兩江總督高晉具摺覆奏呈繳書籍緣由，節錄一段內容如下：

> 查乾隆三十七年欽奉諭旨，採訪遺書，臣即通飭三省藩司轉行各屬呈繳，由各撫臣彙總奏進。嗣因解送寥寥，臣又

---

[49] 《李煦奏摺》（臺北，里仁書局，1985 年 8 月），頁 212。康熙五十六年二月初十日，李煦奏摺。

　　於江寧省城設立書局，督率所屬，上緊蒐羅，將江淮揚徐
　　海通六府州繳送之書，由臣核明奏解。緣此六府州藏書之
　　家較少，而揚州商人書籍，奉旨歸於鹽政辦理，是以臣於
　　各屬繳送之外，復發價委員購買，並借本鈔錄。又因前任
　　常鎮道袁鑒、現任太平府知府沈業富，俱係翰林出身，能
　　識古書，剳飭留心購訪呈送。統計臣先後進書一千三百七
　　十四種內自行購買及借本鈔錄者三百八十三種，應遵聖
　　諭，毋庸給還，留為館閣之儲，其餘九百九十一種，係各
　　屬紳士呈獻，均應給還[50]。

　　由引文內容可知揚州商人喜歡藏書，蒐羅遺書，不能忽視揚
州商人的藏書。

　　從現藏硃批奏摺，可以了解清代揚州府州縣員缺補授經過以
及各員居官情形，對於探討地方吏治提供重要的史料。乾隆中期，
曾任揚州府知府多年的楊重英，借端勒索商人，貪黷敗檢的惡蹟。
使朝廷震驚。乾隆三十三年（1768），江蘇巡撫彰寶在揚州審辦案
件時接准正白旗漢軍都統容文查明楊重英有無另置產業等因。同
年七月初八日，彰寶查明繕摺具奏。原摺指出，楊重英由運判監掣
同知，歷陞揚州府知府，在任多年。是年七月初二日，據商人洪肇
根首稟，楊重英於乾隆二十四年（1759）、二十九年（1764）先後
託交營運銀一萬一千兩，寄存玉器二十六件。據商人汪燾首稟，
楊重英於乾隆二十九年（1764）、三十年（1765）先後託交營運銀
二萬兩。商人朱鏡沚首稟，楊重英寄存手卷五十二件，畫幅七十七
件[51]。

50　《宮中檔乾隆朝奏摺》，第三十九輯（臺北，國立故宮博物院，1985 年 7
　　月），頁 701。乾隆四十二年八月十七日，高晉奏摺。
51　《宮中檔乾隆朝奏摺》，第三十一輯（臺北，國立故宮博物院，1984 年

　　乾隆三十三年（1768）七月十三日，乾隆皇帝頒降〈寄信上諭〉，命江蘇巡撫彰寶、兩淮鹽政尤拔世將楊重英從前在兩淮時如何與商人交好？如何與鹽政運司串通漁利，並此外有無寄匿之處，嚴密查訪。彰寶等遵旨查訪，據各商供稱，乾隆二十一年（1756）及二十五年（1760）、二十六年（1761）辦理差務工程，鹽政高恒、普福俱委楊重英督辦查驗，楊重英故意刁難，每將蓋就房屋及砌就山石，逼勒拆毀改移。該商等既慮多費，又恐趕造不及，皆餽送銀兩，方肯收工。其中商人吳裕大等於乾隆二十一年（1756）分共送銀六千七百兩；二十五年（1760）分共送銀五千一百兩；二十六年（1761）分共送銀七千一百兩。鹽商畢起新等人懼怕楊重英留難恐嚇。自乾隆十九年（1754）起至二十三年（1758）止陸續送銀一萬六千二百兩。此外又審出楊重英勒取商人古玩值銀一萬六千二百四十一兩[52]。

　　鑲藍旗漢軍都統范時綬等查出楊重英家產內含有書畫一百四十件，交與糧道書吏何耀麟收存；畫軸手卷一百二十件，交與商人朱榮實收存；玉器二十二件，交與商人洪充實收存。乾隆三十三年（1768）七月初八日，江蘇巡撫彰寶等接到大學士傅恒等字寄及范時綬奏摺抄件。彰寶遵旨就近確查。其中糧道書吏何耀麟收存楊重英留寄書畫計一百四十九件；商人朱榮實即散商朱鏡沚收存楊重英寄交畫軸手卷計一百二十九件；商人洪充實是總商，他收存楊重英玉器計二十六件。楊重英等操守不好，貪黷敗檢，借端勒索商人，有玷官箴。

　　就盛清時期而言，楊重英的貪腐，只是個案。大致而言，揚

---

11 月），頁 274。乾隆三十三年七月初八日，彰寶奏摺。

52　《宮中檔乾隆朝奏摺》，第三十一輯（臺北，國立故宮博物院，1984 年
　　11 月），頁 426。乾隆三十三年七月二十六日，彰寶奏摺。

州府州縣員缺的補授，多經過精挑細選。乾隆三十八年（1773）因揚州府知府陳用敷奉旨陞授廣東雷瓊道，同年十一月十四日奉上諭，江蘇揚州府知府員缺著於兩江所屬知府內揀選一員調補。江蘇巡撫薩載等具摺指出，鎮江府知府謝啓昆，年三十七歲，江西進士，由翰林院編修奉旨補授鎮江府知府。薩載等指出，謝啓昆才具明白，辦事諳練，到任以後，正己率屬，整飭地方，清理案件，頗著成效，以謝啓昆調補揚州府知府，確實有裨要缺[53]。乾隆四十三年（1778），揚州府知府謝啓昆因六年俸滿，赴部引見，所遺員缺由淮安府軍捕通判奎光署理。因奎光接收陶易玉器代爲裝潢，部議革職，發往軍臺效力，揚州府知府印務由揚州府同知巴通阿署理。滿洲正紅旗人恒豫，年四十九歲，由刑部主事選授安徽廣德直隸州知州，調補六安州知州，拏獲鄰省盜首引見，奉旨回任，以知府用。乾隆四十一年（1776），補授寧國府知府。江蘇巡撫楊魁等指出，恒豫政勤才裕，率屬有方，堪以調補揚州府知府。

　　江蘇海州直隸州，地處海濱，界連山東，政務殷繁，必得明白勤幹之員，方足以資治理。海州直隸州知州何廷模因丁憂，所遺要缺，例應在外揀選調補。江蘇巡撫楊魁與藩臬各司詳加遴選。查有揚州府屬泰州知州林光照，年四十七歲，福建進士，捐納知縣，分發江蘇，由句容縣知縣於乾隆四十年（1775）計典卓異。四十一年（1776），陞補泰州知州。林光照才識明敏，辦事勤幹，陞署海州直隸州知州，可謂人地相宜。所遺泰州知州，是沿海繁疲難要缺、亦應在外揀調。查有宿遷縣知縣陳模，年五十一歲，浙江監生，捐納縣丞，歷署江寧、南匯等縣，均能認真妥辦。乾

---

53 《宮中檔乾隆朝奏摺》，第三十四輯（臺北，國立故宮博物院，1982 年 2 月），頁 162。乾隆三十四年正月初四日，高晉、薩載奏摺。

隆三十七年（1772），由山陽縣縣丞陞署宿遷縣知縣。三十九年
（1774）六月內，實授宿遷縣知縣。陳模才具明幹，辦事實心，
即以陳模陞署泰州知州。

　　揚州府甘泉縣，地當孔道，商民雜處，訟案繁多，差務絡繹，
必得精明幹練之員，方足以資治理。乾隆四十三年（1778），甘泉
縣知縣王兆棠捐陞知府離任。江蘇巡撫楊魁與藩臬各司在所屬知
縣中逐加遴選，查有候補知州宋觀光，年四十六歲，四川營山縣
人，由副貢教習期滿，以知縣用，選授江西新昌縣知縣。丁憂服
滿，揀發江蘇，補授六合縣知縣，挐獲鄰境盜犯，引見，奉旨以
同知題補陞授高郵州知州。因署太倉州任內失察屬員婪索，部議
降調，遵例捐復原官，仍發江蘇候補。江蘇巡撫楊魁等具摺指出，
宋觀光才識明敏，辦事幹練，在江蘇年久，熟悉風土民情，確實
是才具出色之員，以宋觀光借補甘泉縣知縣，可謂人地相宜。補
授員缺，必須揀選精明幹練之員，方足以資治理。

十、結　語

　　君臣之間，互動良好，有助於政治生命共同體的形成。康熙
皇帝南巡駐蹕期間，召見地方文武各員，賞賜御書，君臣互動良
好。名勝古蹟，因有康熙皇帝的御書留題，而使山川生色。譬如
康熙二十三年（1684）十月二十二日，駕至揚州，登覽蜀岡棲靈
寺平山堂，御書「怡情」二字留題於平山堂。駕至天寧寺，御書
「蕭閒」二字留題。是日，駐蹕儀真江干，有蘇松常鎮督糧道劉
鼎、揚州營遊擊羅泰明等入朝。十月二十四日，駕幸金山游龍禪
寺，御書「江天一攬」四字。康熙皇帝南巡期間，沿途御書留題，
或賞賜臣民的御筆，不勝枚舉，提高了地方的文化水平。

　　揚州人文薈萃，人材輩出，康熙年間出版的《全唐詩集》，就是在揚州天寧寺書局刊刻的。康熙皇帝指出，「刻的書甚好。」《全唐詩集》，凡九百卷，所錄爲唐、五代兩百餘人的詩篇，計四萬八千九百餘首，洋洋大觀，確實是巨大文化工程。除《全唐詩集》外，御頒《佩文韻府》，也在揚州天寧寺書局刊刻。全書刊刻工竣後，以連四紙、將樂紙刷印裝釘呈覽。康熙皇帝指出，「此書刻得好的極處。」康熙五十二年（1713），江寧巡撫張伯行所刻書籍，共六十四種。揚州等地刻書精美，反映江浙人文之盛。乾隆皇帝以江浙爲人文淵藪，特別諭令四庫全書館另繕三分四庫全書，分別在揚州文匯閣、鎮江文宗閣、杭州文瀾閣，各庋藏一部，以嘉惠士林，也進一步帶動揚州文化事業的向前發展。

　　揚州雖然未設織造，但因揚州美術工藝人材濟濟，南匠的技術，長久以來，受到造辦處的重視，入京効力的南匠，頗受優遇。揚州美術工藝的成做，深受乾隆皇帝的肯定。由於揚州琢玉名匠輩出，其成做玉器，玲瓏剔透，馳名全國。揚州鹽政衙門呈進的玉器，品類繁多。查閱活計檔，可以了解揚州各種玉器成做的過程及其陳設地點。例如乾隆三十四年（1769）十二月二十五日，造辦處庫掌四德等人將兩淮鹽政李質穎送到碧玉朝珠二掛，奉旨挑選好的一盤呈覽；白玉魚翁、漢玉雙猿，交三友軒裝百什件；白玉雙喜、白玉雙鶴，交靜怡軒；白玉東方朔，交重華宮。有些玉器呈進後奉旨交圓明園、萬壽山、東暖閣、建福宮、九州清晏、獅子林、景陽宮等處陳設。清宮陳設的許多玉器是來自揚州的產品。就美術工藝的成做與陳設而言，揚州鹽政衙門確實扮演了重要的角色。

　　揚州鹽商除了經營食鹽購買行銷外，他們在揚州社會裡，也扮演了重要的角色。揚州鹽商子弟多勵志讀書，求取功名。康熙

年間，江南鄉試科場案中，賄買舉人的多爲鹽商子弟，審擬案件
的地點是在揚州，兩江官員也會集揚州聽審，激烈抗議科場弊案
的，多爲揚州士子。江南科場案審擬結束後，揚州鹽商子弟比照
滿洲、蒙古、官生等成例，另編商籍字號，反映揚州鹽商在科舉
考試舞臺上，確實扮演了重要的角色。

　　揚州等地的古刹，多爲康熙皇帝和乾隆皇帝臨幸駐蹕之所。
康熙皇帝與各寺僧互動良好，多賜御書。譬如康熙三十八年（1699）
三月初八日，駐蹕揚州府城內，賜天寧寺僧廣元御書「禪心澄水
月」五大字、「佛門堂」三大字、「皓月禪心」四大字、「寄懷閑竹」
四大字。寺僧們也虔誠禮佛，爲康熙皇帝祈福祝壽。乾隆皇帝南
巡時多駐蹕高旻寺、江天寺等處行宮，或奉皇太后幸天寧寺、江
天寺、定慧寺等處拈香，都是重要的進香活動。康熙四十七年
（1708），杭州織造孫文成等前往揚州迎佛送往普陀山的經過，還
留下滿文奏摺。齋僧禮佛，祈福保釐，國泰民安，風調雨順，聞
聲救苦的傳統信仰，具有穩定社會的教化功能。

　　有清一代，朝廷對天主教的態度，受到中外學者的重視，從
容教到禁教。嘉慶年間，朝廷修訂律例時，將天主教列爲邪教，
中外教務交涉，成爲清朝的棘手外交問題。其實，在康熙年間，
天主教傳教士與康熙皇帝的互動，相當良好。康熙皇帝南巡期間，
傳教士多踴躍接駕。揚州、鎮江、淮安等地，都有天主堂。例如
康熙四十六年（1707）四月二十六日，駕幸揚州，在江西傳教的
西洋人龐克修及各省傳教的西洋人二十二人，齊赴揚州行宮觀
見，俱蒙恩賜筵宴，並賞給紗緞，同時分別發給敕文，諭以「頒
敕文之後，爾等與朕，猶如一家的人了。」康熙皇帝南巡期間，
他與西洋傳教士的對話，親如一家人，也反映揚州社會確實能接
受西洋傳教士。

　　探討揚州糧價的波動，可以反映清諸帝對揚州等地民生問題的關懷。大致而言，康熙年間，揚州地方的米價，與蘇州相近，米價低廉，民情歡悅。江南推廣御稻，揚州鄉紳、鹽商多踴躍種植，每畝收稻少則二石八斗，多則三石三斗。御稻的栽培，在清代農業發展史上，頗具意義。康熙三十八年（1699）六月初一日，康熙皇帝御乾清門聽政時引諺語「湖廣熟天下足」等句指出，江浙百姓全賴湖廣米粟，江浙地方米貴之由，百姓皆謂數年來，湖廣之米不到，以致米價騰貴。康熙末年，由於生齒日繁，食指眾多，米貴的嚴重性，與日俱增。乾隆年間，揚州米價高昂，主要就是人多米貴的普遍現象。

　　整飭地分吏治，改善民生，都是地方官員不容忽視的職責。本文嘗試以揚州府州縣員缺補授為中心，說明揚州府州縣官員多為精明練達之員。整飭吏治與民生的改善，息息相關。康熙二十三年（1684）十一月初四日，康熙皇帝自江寧出石城門，御舟至儀鳳門外，督撫提鎮以下大小文武官員等於兩岸跪送。康熙皇帝諭以「朕向聞江南財賦之地，今見通衢市鎮，似覺充盈，至於鄉村之饒，人情之樸，不及北方，皆因粉飾奢華所致，爾等身為大小有司，當潔己愛民，奉公守法，激濁揚清，體恤民隱，務令敦本尚實，家給人足，以副朕老安少懷之至意[54]。」大小有司，潔己愛民，奉公守法，激濁揚清，體恤民隱，以期家給人足。揚州地居南北往來衝衢，商民聚集，政務殷繁，調補揚州府州縣大小有司，多為精明練達人員。例如康熙年間，揚州府知府高承爵，因居官甚善，奉旨從優陞補江蘇按察使。泰州知州施世綸居官頗善，奉旨從優陞補揚州府知府。鎮江府知府謝啓昆才具明白，辦

54　《起居注冊》，康熙朝，第十七冊，頁 B008427。康熙二十三年十一月初
　　四日，諭旨。

事諳練，正己率屬，整飭地方，清理案件，頗著成效。乾隆三十八年（1773），因揚州府知府陳用敷奉旨陞授廣東雷瓊道，江蘇巡撫薩載等奏請以謝啓昆調補揚州府知府，可謂人地相宜。揚州大小各司俱經精挑細選，他們對揚州社會經濟的向前發展，作出了重要貢獻。發掘檔案資料。整理鄉土文獻，對揚州學的研究，或揚州志書的纂修，確實是一種不可疏忽的基礎工作。

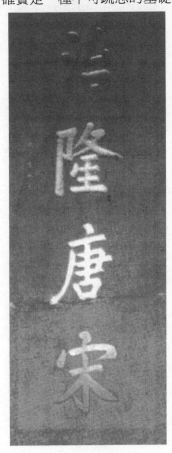

治隆唐宋

康熙皇帝臨董其昌《行書洛禊賦》屏風

江寧織造通政使司通政使臣曹寅謹

奏恭請

聖安事

旨校刊全唐詩翰林彭定求等玖員俱於伍月內到齊惟汪士鋐尚未到臣

即將全唐詩及統籤按次分與皆欣歡感激勤於校對其中九例欽遵

前

旨除一二碎細條目與衆翰林商議另具摺請

旨外臣細計書偶之人一樣筆蹟者甚是難得僅擇其相近者令其習成一

家再為繕偶因此運悞一年之間恐不能竣工再中晚唐詩尚有遺失

已遣人四處訪覓恭入校對臣因寧鹽往來儀真揚州之閒重理刻事

隨校隨刪不敢少怠謹此

奏

聞

知道了

九例甚好

康熙肆拾肆年柒月初壹日

曹寅奏摺　康熙四十四年七月初一日

奏竊臣煦與曹寅孫文成奏

旨在揚州刊刻

御領佩文韻府一書今已工竣謹將連四紙刷釘

十部將樂紙刷釘十部共裝二十箱恭

進呈樣再連四紙應刷釘若干部將樂紙應刷

釘若干部理合奏

請伏乞

批示遵行解送進

京臣煦臨奏可勝悚惕之至

臣李　煦

批　此書刻得好的極慶南方不

必釘本只刷印一千部其中

將樂紙二百部即呈朕

康熙五十二年九月　初十　日

李煦奏摺　康熙五十二年九月初十日

二十五日庫掌四德五德將兩淮鹽政李質頴

送到

　碧玉朝珠二掛

　白玉東方朔一件

　白玉魚翁一件

　白玉雙喜一件

　白玉雙鵪一件

覽奉

　漢玉雙猿一件持進交太監胡世傑呈

　旨碧玉朝珠挑選好的一盤呈覽魚翁雙猿交三友軒裝

　百什件雙喜雙鵪交靜怡軒東方朔交重華宮算二等

欽此

《造辦處各作成做活計清檔》，
乾隆三十四年十二月二十五日，行文。

白山黑水
── 滿洲三仙女神話的歷史考察

長白山上　天降仙女

　　靈禽崇拜是屬於圖騰崇拜的範疇。圖騰（totem）一詞，原是美洲印第安人的一種方言，意思是「他的親族」，就是劃分氏族界限的神物和標誌。原始社會人們相信某種動物不僅同自己的氏族有著血緣關係，而且還具有保護本氏族成員的義務和能力，氏族成員對這種動物也表示崇敬，而成為這個氏族的圖騰。鵲是吉祥的象徵，謂之喜鵲。五代後周王仁裕撰《開元天寶遺事・靈鵲報喜》說：「時人之家，聞鵲聲，皆為喜兆，故謂靈鵲報喜。」靈鵲報喜，就是鵲報。金元好問撰《遺山集》也有「鵲語喜復喜」等句，鵲語就是靈鵲噪鳴聲，都是喜兆。宣統皇帝在《我的前半生》一書裡回憶在毓慶宮讀書的一段話說：「當談到歷史，他們（老師們）誰也不肯揭穿長白山仙女的神話，談到經濟，也沒有一個人提過一斤大米要幾文錢。所以我在很長時間裡，總相信我的祖先是由仙女佛庫倫吃了一顆紅果生育出來的。」誠然，長期以來，滿族多相信自己的始祖是長白山仙女吞食了神鵲所銜朱果，圖騰感孕而生育出來的。

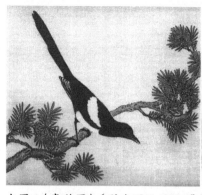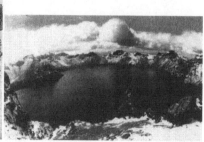

左圖：〈喜鵲圖〉（引自國立故宮博物院，《故宮鳥譜》）
右圖：長白山天池（引自《清史圖典‧第一冊清太祖與清太宗》）

　　長白山仙女的傳說，確實是滿族社會裡膾炙人口的開國神話，《滿洲實錄》、《清太祖武皇帝實錄》、《清太祖高皇帝實錄》的滿漢文本，都詳細記載長白山高約二百里，周圍約千里，山上有一潭，叫做闥門，周圍八十里。鴨綠江、混同江、愛滹江，都從此潭流出。在長白山的東北有布庫里山，山下有天池，稱為布爾湖里，相傳清太祖努爾哈齊的先世就是發祥於長白山。傳說天降三仙女，長名恩古倫，次名正古倫，三名佛庫倫。三仙女浴於池，浴畢上岸。有神鵲銜朱果置佛庫倫衣上，顏色鮮妍，不忍置放地上。而含口中，剛剛穿衣，朱果已入腹中，即感而成孕。佛庫倫後生一男，生而能言，倏忽長成，以愛新覺羅為姓，名叫布庫里雍順。他經三姓酋長奉為國主，妻以百里女，國號滿洲，布庫里雍順就是滿洲始祖。他的後世子孫因暴虐引起部眾反叛，盡殺他的族人。族中有一幼兒，名叫凡察，脫身走到曠野，有一隻神鵲站在凡察頭上，追兵疑為枯木樁，遂中道而回。滿洲後世子孫，都以鵲為祖，誡勿加害。

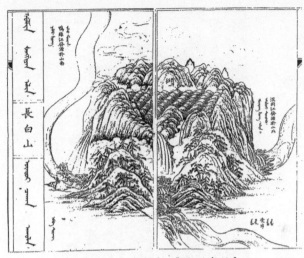

〈長白山示意圖〉,《滿洲實錄》

　　神鵲對滿洲始祖的降生,滿洲後世子孫的保護和繁衍,都有不世之功。神鵲是靈禽,也是圖騰,有血緣關係,以鵲爲祖,就是鵲圖騰崇拜的遺痕。仙女佛庫倫吞朱果生布庫里雍順,布庫里雍順是始祖,佛庫倫是母系社會的始妣。《詩經·商頌》有「天命玄鳥,降而生商」的故事,相傳有娀氏之女簡狄吞玄鳥卵而生契。傅斯年等編《東北史綱》指出長白山仙女佛庫倫吞朱果生布庫里雍順的傳說,在東北各部族中的普遍與綿長,就是東北人的「人降」神話。

　　東北亞的人降論故事,也見於高句麗。《論衡·吉驗篇》、《魏書·高句麗傳》、《高麗好大王碑》等書記載,高句麗先祖朱蒙母是河伯女,被扶餘王囚禁於室中。爲日所照,引身避之,日影又逐,既而有孕,生一卵,大如五升。扶餘王棄之於犬,犬不食。棄之於豕,豕又不食。棄之於路,牛馬避之。棄之於野,眾鳥以毛覆之。扶餘王割剖之,不能破,遂還其母。其母以物包裹,置

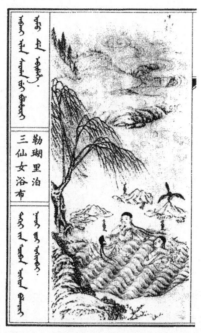

〈三仙女沐浴圖〉，《滿州實錄》

於暖處，有一男破殼而出，取名朱蒙，是扶餘語善射的意思。後因扶餘王欲殺害朱蒙，朱蒙逃至鴨綠江東北的淹淲水，欲渡無橋，朱蒙向河神禱告說：「我是天帝子，河伯外孫，今日逃走，追兵垂及，如何得濟？」於是魚鼈並浮，爲之成橋，朱蒙渡河後，建立高句麗。王孝廉著《中國的神話世界》一書已指出，我國的卵生或鳥生的神話，都是與古代東夷部族的太陽祭祀是有關的。在朱蒙神話中，鳥類並不是朱蒙的祖先，朱蒙與天有密切的關係，此天即是太陽，朱蒙具有太陽神的性格，是太陽神天帝之子。感日影神話暗示著高句麗始祖朱蒙是太陽神之子的神聖性。殷商「天命玄鳥，降而生商」的玄鳥是受天命而生商，也暗示著受天命而生的商是天帝之子，生商的是天帝，玄鳥祇是執行天帝之命的使

者。由此可知，《清太祖武皇帝實錄》中「以鵲爲祖」的記載，雖然具有鵲圖騰崇拜的文化意義，但是，神鵲並非布庫里雍順的祖先，仙女佛庫倫吞食朱果的神話也暗示著滿洲始祖布庫里雍順是太陽神天帝之子的神聖性，口銜朱果的神鵲祇是執行天帝之命的使者。

女真故鄉　文獻足徵

清太宗天聰年間（1627-1636），黑龍江上游部族多未歸順大金國，包括薩哈爾察、索倫、虎爾哈等部。天聰八年（1634）十二月，清太宗皇太極命梅勒章京（meiren i janggin）即副都統霸奇蘭（bakiran）征討虎爾哈部（hūrha gurun）。國立故宮博物院典藏《滿文原檔》天聰九年（1635）五月初六日記載黑龍江虎爾哈部降將穆克什克（muksike）向清太宗皇太極等人述說了三仙女的傳

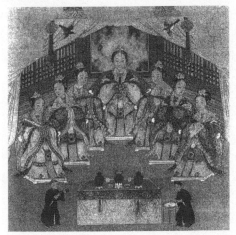

左圖：〈佛庫倫神像〉軸，清宮廷畫家繪，絹本，設色，縱 83 公分，橫 64
　　　公分，故宮博物院藏（引自《清史圖典·第一冊清太祖與清太宗》）
右圖：三仙女傳說滿文摘錄《滿文原檔》

說，節錄原檔一段內容，並轉寫羅馬拼音，並譯出漢文如下。

cooha de dahabufi gajiha muksike gebungge niyalma alame:
mini mafa ama jalan halame bukūri alin i dade bulhori omode
banjiha: meni bade bithe dangse akū: julgei banjiha be ulan
ulan i gisureme jihengge tere bulhori omode abkai ilan sargan
jui enggūren. jenggūlen. fekūlen ebišeme jifi enduri saksaha
benjihe fulgiyan tubihe be fiyanggū sargan jui fekūlen bahafi
anggade ašufi bilgade dosifi beye de ofi bokori yongšon be
banjiha: terei hūncihin manju gurun inu: tere bulhori omo
šurdeme tanggū ba: helung giyang ci emu tanggū orin gūsin
ba bi: minde juwe jui banjiha manggi: tere bulhori omoci
gūrime genefi sahaliyan ulai narhūn gebungge bade tehe bihe
seme alaha:

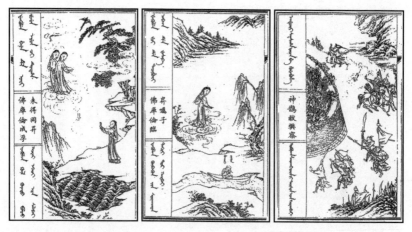

左圖：〈仙女佛庫倫因孕未得昇天圖〉，《滿洲實錄》

中圖：〈仙女佛庫倫嚥子圖〉，《滿洲實錄》

右圖：〈神鵲救樊察〉，《滿洲實錄》

　　兵丁招降之穆克什克告訴說：「我們的父祖世代在布庫里山下布爾瑚里湖過日子。我們的地方沒有書籍檔子，古時生活，代代相傳，說此布爾瑚里湖有三位天女恩古倫、正古倫、佛庫倫來沐浴。神鵲啣來朱果，爲么女佛庫倫獲得後含於口中，吞進喉裡，遂有身孕，生下布庫里雍順，其同族即滿洲國。此布爾瑚里湖周圍百里，離黑龍江一百二、三十里，我生下二子後，就由此布爾瑚里湖遷往黑龍江納爾渾地方居住了。」

　　薩哈爾察部分布於距黑龍江城璦琿西北的額蘇里屯一帶，並佔有迤東的熱雅河流。虎爾哈部分布於璦琿以南的黑龍江岸地方。《滿文原檔》忠實地記錄了降將穆克什克所述滿洲先世發祥傳說，其內容與清朝實錄等官書所載三仙女的故事，情節相符，說明佛庫倫吞朱果感孕生下滿洲始祖布庫里雍順的神話，都是由來已久的傳說，不是杜撰的。滿洲始祖布庫里雍順的名字是因布庫里山而得名的，《清太祖武皇帝實錄》作「布庫里英雄」，意即布庫里山的英雄。松村潤撰〈滿洲始祖傳說研究〉一文已指出虎爾哈部位於黑龍江城東南邊大約一百里的地方，就是清末所稱江東六十四屯的一帶地方，穆克什克所述布庫里山及布爾瑚里湖應該就在這裡。李治亭撰〈關於三仙女傳說的歷史考察〉一文亦指出穆克什克講述的神話，同欽定官書及其後世相傳的神話，山水、人物、名稱及故事情節一模一樣，只有地點不同。穆克什克所講的神話是黑龍江的古來傳說，這表明神話最早起源於黑龍江流域。滿洲原來是一個古地名，居住在滿洲地區的民族，就稱爲滿洲族，可以簡稱爲滿族。滿族是民族共同體，以建州女真爲主體民族，也融合了蒙古、漢、朝鮮等民族。三仙女的傳說既然起源於黑龍江流域，因此，黑龍江兩岸才是建州女真人的真正故鄉。

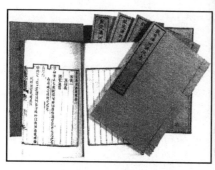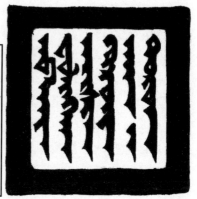

左圖：《欽定滿洲源流考》，（清）阿桂等奉敕撰，乾隆 42 年（1777），
　　　武英殿刻本，北京故宮博物院藏
右圖：〈天命金國汗之印〉（abkai fulingga aisin gurun i doron），《明清檔
　　　案存真選集》，第二集

女真南遷　第二故鄉

　　北亞游牧部族的圖騰，多隨著部族逐水草而遷移。隨著圖騰
團體的定居，圖騰地域化後，圖騰名稱多形成了地名。三仙女的
神話，雖然最早起源於黑龍江流域，但是，隨著女真人由北向南
的遷徙，便把原在黑龍江地區中流傳的神話，伴隨著女真人的南
遷，最後就以長白山爲滿族先世發祥地而定型下來。明朝初年，
女真分爲三部，其中建州女真是因明朝招撫設置建州衛而得名。
明初從三姓（ilan hala）附近的斡朵里部、胡里改部遷徙到綏芬河
下游、圖們江、琿春江流域。永樂末年至正統初年，又遷到渾河
上游的蘇子河一帶。松花江在元、明時期又稱海西江，居住在松
花江及其支流沿岸的許多女真部落因而統稱之爲海西女真，又稱

忽剌溫女真。正統至嘉靖年間，海西女真遷徙到吉林松花江沿岸、輝發河流域，主要為扈倫烏拉、哈達、葉赫、輝發四部。野人女真主要是指烏蘇里江以東諸部女真。明廷設置建州衛後，又析置建州左衛和建州右衛，三衛並立。建州女真族就是指明朝所設置的建州三衛的女真居民。十六世紀八〇年代，在建州女真族中出現了一支武力強大的努爾哈齊勢力，他進行對建州女真族分散的各部族的武力統一，並以此為基礎，開始把兼併戰爭推向建州女真族以外的海西和東海等女真各部。明神宗萬曆四十四年

左圖：《裔乘·女真》，（明）楊一葵撰。《裔乘》是一部關於少數民族歷史的專門著作，其中《東北夷》部分，記述了明代以前女真族的發展歷程。因避遼興宗耶律隆真名諱，典籍中常把女真寫女直

右圖：《東夷考略·建州》，（明）茅瑞征撰。此書考證了建州女真的淵源流變

（1616），努爾哈齊在赫圖阿拉（hetu ala）稱天命金國汗（abkai fulingga aisin gurun han）。在八旗組織中「除主體女真族外，還有蒙古和漢人。天聰九年（1635），皇太極爲凝聚力量，淡化族群矛盾，正式宣布廢除女真諸申舊稱，而以「滿洲」（manju）爲新的族稱，這個新的民族共同體，就是滿族。三仙女的神話，原來是女真人長期以來流傳的故事，後來也成爲滿洲先世的發祥神話了。

　　天聰九年（1635）八月，畫工張儉、張應魁奉命合繪清太祖實錄戰圖。崇德元年（1636）十一月，內國史院大學士希福、剛林等奉命以滿蒙漢三體文字改編清太祖實錄纂輯告成，凡四卷，即所稱《清太祖武皇帝實錄》，是太祖實錄初纂本。康熙二十一年（1682）十一月，仿清太宗實錄體裁，重修清太祖實錄。至乾隆四年（1739）十二月，始告成書，即所稱《清太祖高皇帝實錄》。松村潤撰〈滿洲始祖傳說研究〉一文指出，乾隆朝的《滿洲實錄》是將崇德元年（1636）十一月告成的滿蒙漢三體三本書的《清太祖武皇帝實錄》合起來，又根據另外的繪圖加上插圖而完成的。其中關於長白山開國傳說的記載，祇不過是把元代《一統志》的記載照樣抄錄下來而已。以長白山爲聖地的信仰，在女真族社會裡，雖然由來已久，但是，以長白山爲祖宗發祥地的傳說卻見於晚出的《滿洲實錄》。其實，有關布庫里雍順傳說的位置，應該是康熙皇帝派人調查長白山後才確立的。三仙女的神話，黑龍江虎爾哈部流傳的是古來傳說。長白山流傳的是晚出的，崇德元年（1636）纂修告成的《清太祖武皇帝實錄》似可定爲三仙女神話起源於長白山的上限，康熙年間重修《清太祖高皇帝實錄》頗多修改潤飾。譬如「布庫里英雄」，重修本改爲「布庫里雍順」；布庫里英雄爲滿洲始祖，重修本改爲「滿洲開基之始」；「滿洲後世子孫俱以鵲爲祖」，重修本改爲「後世子孫俱德鵲」。

　　康熙十六年（1677）、二十三年（1684）、五十一年（1712），康熙皇帝先後派遣大臣到長白山尋找祖先的發祥地。布庫里山，當地人叫做紅土山。布爾瑚里，池圓形，當地人稱爲圓池，位於安圖縣最南端。可能是在康熙年間將圓池定名爲「天女浴躬池」，並在圓池西南側豎立了「天女浴躬碑」一座，終於確定了滿洲先世的發祥地。清太宗皇太極把原在黑龍江地區女真人流傳的三仙女神話，作爲起源於長白山一帶的歷史。康熙皇帝進一步將黑龍江女真人故鄉的地名移到長白山，將紅土山改稱布庫里山，將圓池改稱布爾瑚里池，這是女真人由北而南逐漸遷徙的結果。三仙女神話傳說的變遷，在一定程定上反映了滿洲早期的歷史發展進程。

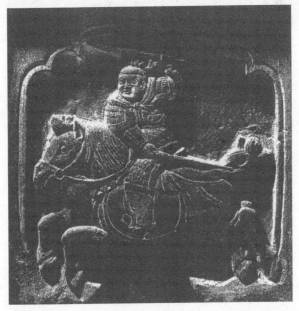

女真騎馬武士雕刻，磚質，縱 32 公分，橫 31 公分，山西侯馬董明墓出土。墓磚上雕刻的武士身披甲冑，舉手鞭策戰馬飛奔，是金代女真人尚武精神的形象反映。

畢上岸有
佛庫倫浴
古倫三名
倫次名正
長名恩古
女浴於泊
天降三仙
勒瑚里初
一泊名布
庫哩山下
之東北布
於長白山
滿洲原起
滿洲源流

〈滿洲源流〉(局部),《滿洲實錄》,卷一。

瑞兔呈祥迎辛卯
—— 兔圖騰崇拜的文化意義

文獻足徵　兔的故事

兔善跑，在古籍中，兔和馬常被用來比喻速度，或以兔比喻，或以兔名馬。秦始皇有良馬七匹，第一匹叫做追風，第二匹就是以兔命名，叫做白兔。《呂氏春秋‧離俗》記載，飛兔爲古駿馬名，高誘注：「日行萬里，馳若兔之飛，因以爲名也。」《宋書‧符瑞志》記載：「飛兔者，神馬之名也，日行三萬里。禹治水勤勞歷年，救民之害，天應其德而至。」史書中的「飛兔」，是神馬之名，不是馴兔。

《三國志‧呂布傳》記載：「布有良馬，曰赤兔，常與其親近成廉、魏越等陷鋒突陣，遂破燕軍。」《曹瞞傳》引時人語說：「人中有呂布，馬中有赤兔。」引文中的「赤兔」，也是駿馬的名稱。《宋書‧符瑞志》記載：「赤兔，王者盛德則至。」王者有盛德，天應其德，飛兔、赤兔則至。呂布的赤兔馬後來成了關羽的坐騎，爲蜀漢立下了汗馬功勞。

兔和狗是矛盾的雙方。《三國志‧魏書》記載，將軍眭固字白兔，既殺楊醜，軍屯射犬地方。巫者誠眭固曰：「將軍字兔，而此邑名犬，兔見犬，其勢必驚，宜急移去。」眭固並未聽從，果然兵敗陣歿。

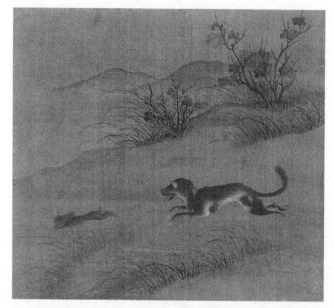

宋 陳善 畫犬兔 宋元人真蹟冊第八開 國立故宮博物院藏

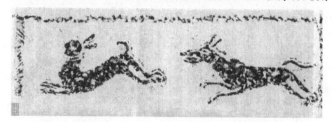

漢石刻畫像拓片 犬逐兔 國立故宮博物院藏

　　人們對獵犬捕兔的現象，司空見慣，於是常以狗兔關係來比喻政治鬥爭的殘酷。傳說越王句踐爲人長頸鳥喙，可與共患難，不可與共享樂。《史記・越王句踐世家》記載，越王句踐完成復國大業後，范蠡以「飛鳥盡，良弓藏，狡兔死，走狗烹」的比喻，勸文種功成身退。文種不聽，終於被越王句踐逼迫伏劍自殺。從春秋晚期以降，政治舞臺上，狡兔死，走狗烹的場面反復重演。《史

記‧淮陰侯列傳》記載，韓信助劉邦破西楚，項羽失敗後，劉邦懷疑韓信要謀反而擒拏韓信。韓信歎稱：「狡兔死，良狗烹；高鳥盡，良弓藏；敵國破，謀臣亡，天下已定，我固當烹。」自古亂世，君臣多猜忌，歷史記載，可爲殷鑒。

　　兔脣缺口，古人相信孕婦不可見兔，孕婦食兔肉，育兒多缺脣，習稱兔缺或兔脣。東漢王充《論衡‧命義》記載：「妊婦食兔，子生缺脣。」兔口裂脣，引人注意。《晉書》記載，任城人魏詠之生而兔缺，家世貧素，躬耕爲事，好學不倦。有善相者對他說：「卿當富貴。」魏詠之年至十八歲時，聽說荊州刺史殷仲堪帳下有名醫能治兔缺，於是齎米數斛，造門自通。殷仲堪以其盛意可嘉，召醫診看。名醫告以：「可割而補之，但須百日進粥，不得語笑。」魏詠之回答：「半生不語，而有半生，亦當療之，況百日邪！」殷仲堪另闢密室，令醫生善加治療。魏詠之經名醫割肉治癒後，累遷征虜將軍，轉荊州刺史，都督六州。史官評論說：「詠之初在布衣，不以貧賤爲恥，及居顯位，亦不以富貴驕人。」魏詠之不因兔脣而自卑，名醫割肉補之，治癒缺脣，後來位居顯位，果然富貴，善相者推算準確，確實是我國古代醫療史上值得大書特書的重大貢獻。

　　古人每以夢中的徵兆，附會人事，以夢日爲生貴子，得顯位的吉兆，夢月而生的子女多富貴。我國少數民族夢兔入懷而有娠的傳說，則爲初民社會兔圖騰感生繼承法，是由於圖騰兔魂進入母親體內而懷孕。《遼史‧地理志》記載：「降聖州，開國軍，下，刺史。本大部落東樓之地。太祖春月行帳多駐此。應天皇后夢神人金冠素服，執兵仗，貌甚豐美，異獸十二隨之。中有黑兔躍入后懷，因而有娠，遂生太宗。時黑雲覆帳，火光照室，有聲如雷，諸部異之。穆宗建州。四面各三十里，禁樵採放牧。」隨從神人

的十二種異獸，就是十二屬，都是動物圖騰。應天皇后在夢中看見黑兔躍入懷裡，因而有娠，就是圖騰感孕，後來生下貴子太宗。

在古人心目中，月亮和太陽同樣重要，月中有兔的傳說，可能早於西漢。在湖南出土的馬王堆一號墓帛畫右上方是太陽，太陽中有一金烏。左上方是月亮，呈月牙形，上有兔和蟾蜍。《宋史·隱逸傳》記載：「魏野，字仲先，陝州陝人也，世爲農。母嘗夢引袂於月中承兔得之，因有娠，遂生野。及長，嗜吟詠，不求聞達。居州之東郊，手植竹樹，清泉環遶，旁對雲山，景趣幽絕。」魏野的母親曾經夢見得到月中玉兔而生下貴子，魏野居住東郊，喜愛大自然，不求聞達。

禮遇耆老　白兔獻瑞

白色是潔淨的象徵，古人多以白爲正色。民間相傳月中有兔，故多以白兔、玉兔比喻月亮。《抱朴子·極言》所載仙人名字就有白兔公子。五代後漢高祖劉知遠（895-948），其先本沙陀部人，爲人寡言，目精多白。劉知遠的故事，爲宋以後民間流傳很廣的講史題材。元人四大傳奇之一的《白兔記》就是演述他的故事。書中敘述劉知遠投軍後，其妻李二娘在母家備受折磨，生子後託人送至軍營劉知遠處撫養。十餘年後，其子射獵追蹤白兔，而與母親相逢，一家團圓，故事生動感人。故事中的白兔，就是引導母子重逢的兔神。

《抱朴子》記載：「兔壽千歲，滿五百歲，則色白。」唐朝華原人令狐楚（765-836）撰「爲太原李說尙書進白兔狀」云：「瑞應圖曰白兔壽千年，滿五百則色白。又曰王者恩加耆老則白兔見。」東漢光武帝建武十三年（37）九月，南越獻白兔。章帝元和中，

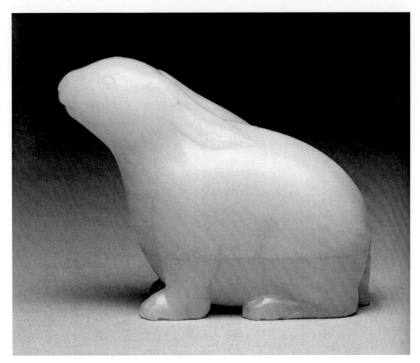

清　玉兔盒　國立故宮博物院藏

白兔見。《宋書・符瑞志》也記載，王者敬耆老則見白兔。《魏書・
靈徵志》記載，京師、并州、廣寧、定州、濮陽、頓丘、青地，
或白兔見，或獲白兔，或獻白兔，都是天現瑞徵的現象。《梁書》
記載，侯景將登壇，有兔自前而走，又有白虹貫日，侯景升太極
前殿，大赦，改元爲太始元年（551）。

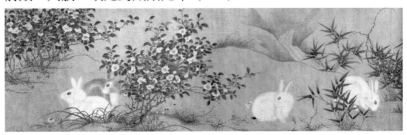

宋　劉永年　花陰玉兔　卷　局部　國立故宮博物院藏

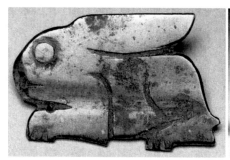
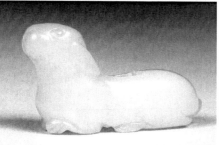

商晚期至西周　玉兔　　　　　　南宋至元　白玉兔形佩
國立故宮博物院藏

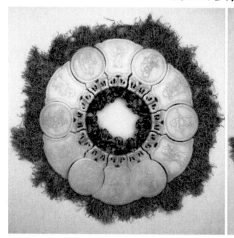
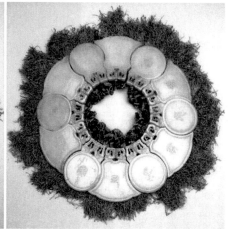

　　隴西成紀人涼武昭王李玄盛，少而好學，沈敏寬和，通涉經
史，誦習孫吳兵法。李玄盛既遷酒泉，乃敦勸稼穡，年穀豐登，
百姓樂業。當時有白兔、白狼、白雀、白雉、白鳩等棲息於王室
園囿，群下以爲白祥金精所誕，應時邕而至。又有神光、甘露、
連理、嘉禾等各種祥瑞，所以詔令史官記載其事。

　　《晉書》記載，荆州牧陶侃遣兼長史王敷聘於趙王石勒，致
送珍寶奇獸，包括荆州白兔、白雉，魏州白獸、白鹿等。石勒以
休瑞並臻，遐方慕義，詔令大赦三歲徒刑以下罪犯。《明史》記載，

明世宗嘉靖四十一年（1562）春三月初七日辛卯，白兔生子。干
支「辛卯」，滿文作「~~ᠰᠠᡥᡡᠨ ᡤᡡᠯᠮᠠᡥᡡᠨ~~」，讀如「sahūn gūlmahūn」，
意即月白色的兔子。在白兔這一天，有白兔生子，就是天象示瑞。
於是群臣表賀，禮部奏請告廟。

孝子孝兔　孝感群盜

　　古代民族大都存在過圖騰文化，把圖騰動物當作自己的血緣
親屬。西奈的阿拉伯人認為家兔是人們的兄弟，如同手足一樣地
敬愛家兔。東漢陳留人蔡邕，生性篤孝，博學、好辭章，知天文、
術數，善畫，尤工八分書。《後漢書‧蔡邕傳》記載：「邕生篤孝，
母卒，廬於冢側，動靜以禮，有兔馴擾其室旁。」句中「馴擾」，
意即柔順。由於蔡邕篤孝性成，所以有兔柔順地出現在廬室旁側。

　　河東聞喜人裴子野是晉太子左率康八世孫，他的曾祖就是奉
詔注陳壽《三國志》的宋中書侍郎裴松之。裴子野之兄裴黎，其
弟裴楷，裴綽，並有盛名，時稱「四裴」。《梁書》記載：「子野生
而偏孤，為祖母所養。年九歲祖母亡，泣血哀慟，家人異。每之
墓所，哭泣處，草為之枯，有白兔馴擾其側。」裴子野謁陵時，
有白兔柔順地陪伴在旁側，人與兔共生，如同兄弟。

　　汲郡臨河人華秋，幼年喪父，事母以孝聞。家貧，傭賃為養。
《北史》記載：「其母患疾，秋容貌毀悴，鬢鬚盡改。母終，遂絕
櫛沐，髮盡禿落。廬於墓側，負土成墳。有人欲助之者，秋輒拜
而止之。隋大業初，調狐皮，郡縣大獵。有一兔，逐之，奔入秋
廬中，匿秋膝下。獵人至廬所，異而免之。自爾，此兔常宿廬中，
馴其左右。郡縣嘉其孝感，具以狀聞。降使勞問，而表其門閭。
後群盜起，常往來廬之左右，咸相誡曰：『勿犯孝子鄉』。賴秋全

者甚眾。」獵人逐兔，兔匿華秋膝下，嚇跑了獵人。兔常宿於墓側盧中，和華秋生活在一起，成了家庭的成員，情同兄弟，群盜相誡，不犯孝子鄉。華秋和兔一同守陵，他們的孝行，感化了群盜。

紀年紀日　兔年吉祥

歷代正史中的生肖屬相，主要是用來紀年的。然而十二屬相究竟起於何時？諸書並無明文。清人趙翼自黔西罷官後撰《陔餘叢考》，原書指出，十二屬相本起於北俗，到漢時，呼韓邪款塞，入居五原，與齊民相雜，於是傳入中原。因此，十二屬相當起於後漢。但是，在湖北雲夢縣睡地十一號秦墓中所發現的秦代竹簡《日書》中已有子鼠、丑牛、寅虎、卯兔等生肖的記載。《金史》記載崔溫的一段話說：「丑年有兵災，屬兔命者來年春當收兵得位。」《宋史》記載唵廝囉的話說：「道舊事則數十二辰屬，曰兔年如此，馬年如此。」史書中的兔年、馬年、牛年等屬相，就是用來紀年的。

《周書》記載，晉蕩公宇文護的母親閻姬及其戚屬留在齊國，俱被幽縶。宇文護當上宰相以後，他的母親從齊國寄信給宇文護。信中有一段話說：「汝與吾別之時，年尚幼小，以前家事，或不委曲。昔在武川鎮生汝兄弟，大者屬鼠，次者屬兔，汝身屬蛇。」閻姬生子三人：大者即長子什肥，生於北魏永平元年（508），歲次戊子，屬鼠；次子導，生於永平四年（511），歲次辛卯，屬兔；三子宇文護，生於延昌二年（513），歲次癸巳，屬蛇。生肖屬鼠，就是生於鼠年；生肖屬兔，就是生於兔年；生肖屬蛇，就是生於蛇年，都是以生肖屬相紀年。邵惠公宇文顥薨於正光五年（524）。

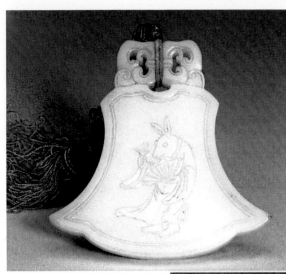

清　白玉干支卦名玉珮　國立故宮博物院藏

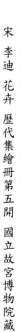

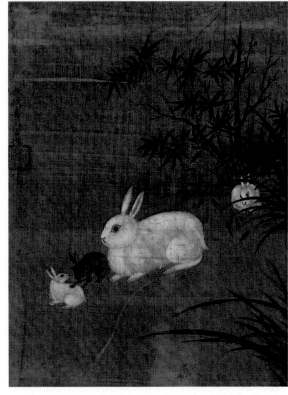

宋　李迪　花卉　歷代集繪冊第五開　國立故宮博物院藏

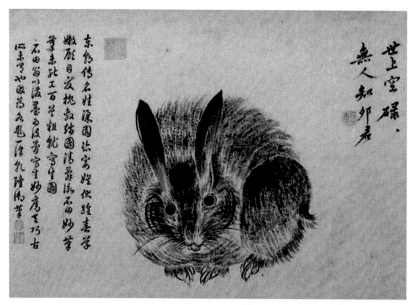

明　沈周　寫生卷　第二十四段兔　國立故宮博物院藏

《周書》卷十記載：「什肥年十五而惠公歿。」正光五年（524），
長子什肥年十七歲，次子導年十四歲，三子宇文護年十二歲。邵
惠公宇文顥卒年，什肥已經十七歲，不是「年十五」。

　　《唐書》記載，山陰老人獻謠說：「欲知天子名，日從日上生。」
句中「日從日上生」，隱射董昌的「昌」。董昌欣喜，自謂「讖言
兔上金床，我生於卯，明年歲旅其次，二月朔之明日，皆卯也，
我以時當即位。」董昌生於卯年，屬兔，天現祥瑞，爲了應天順
人，董昌就以卯年卯月卯日卯時即帝位。由此可知，兔屬相不僅
用來紀年，也用以紀月、紀日、紀時。

　　民間信仰相信兔是神獸。韓愈撰《毛穎傳》，以筆擬人，爲筆
作傳。原書敘述中山人毛穎，其先明晫佐禹治東方土養萬物有功，
因封於卯地，他往生後成爲十二神之一。河南密縣後士部一號漢

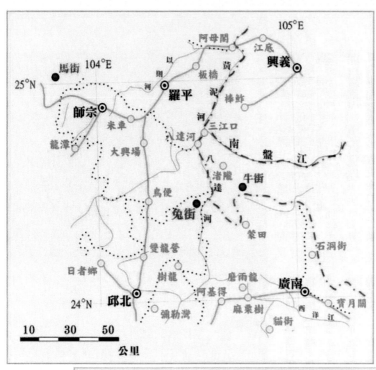

貴州兔街位置示意圖　張其昀主編《中華民國地圖集》，臺北，國防研究院。（林加豐修改）

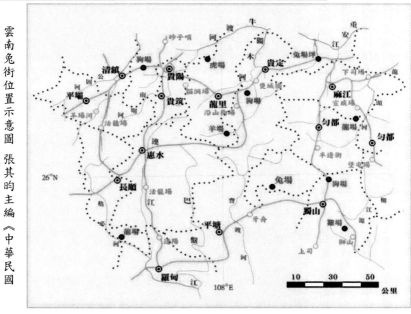

雲南兔街位置示意圖　張其昀主編《中華民國地圖集》，臺北，國防研究院。（林加豐修改）

墓後室西門洞門額上層畫像石上，刻了仙兔與仙人在天上奏樂的畫面。在道教的神壇上，也有兔神。《宋史・律曆志》記載：「六甲，天之使，行風雹，筴鬼神。」道教的六甲六丁神中，丁卯神將就是兔神。

《晉書》記載，慕容皝龍顏版齒，雄毅多材略，尚經學，善天文。慕容皝曾獵於西郊，將渡河，見一父老，穿朱衣，乘白馬，舉手麾曰：「此非獵所，王其還也。」隨之失去蹤影。慕容皝不聽勸告，強行渡河，連日大獲。後見一隻白兔，馳馬射兔，馬倒重傷，於是下令停止狩獵。史書中的白兔是保護神，穿朱衣的父老，就是白兔的化身。

饒州餘干縣人趙善應，生性純孝，父母生病，刺血和藥以進。其母畏懼打雷，每聞雷聲，趙善應即披衣護母。《宋史》記載：「母喪，哭泣嘔血毀瘠骨立，終日俯首柩傍，聞雷猶起，側立垂涕。既終喪，言及其親，未嘗不揮涕，生朝必哭於廟。父終肺疾，每膳不忍以諸肺為饌。母生歲值卯，謂卯兔神也，終其身不食兔。」

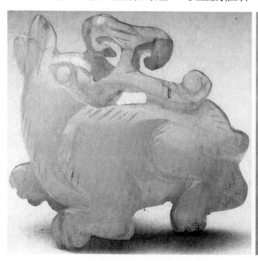 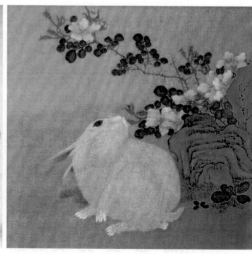

南宋至元 玉兔　　　　　　宋 徐崇嗣 露薇雪穎 畫花卉冊第五開

國立故宮博物院藏

生肖圖騰崇拜中，其生肖屬兔者，即以兔爲保護神。趙善應的母親生於卯年，生肖屬兔，與兔圖騰有血緣關係，所以禁捕、禁食。

　　在契丹、女真草原社會裡，是禁止濫捕、濫殺的。《遼史・聖宗本紀》記載。禁置網捕兔。《遼史・興宗本紀》記載：「平章政事裹、奉御平山等射懷孕兔。上怒杖平山三十，召裹誡飭之，遂下詔禁射兔。」《金史・章宗本紀》記載，泰和元年（1201）正月「辛未，上以方春，禁殺含胎兔，犯者罪之，告者賞之。」《詩・周南》云：「肅肅兔罝，椓之丁丁。」「兔罝」，就是捕兔的獸網。下詔禁止捕殺含胎兔，是草原捺鉢文化重視生態保育的具體表現，同時也是兔圖騰崇拜的遺痕。

卯日集市　兔街兔場

　　古代漢族和少數民族的十二獸曆法和十二生肖，都是起源於初民社會的圖騰崇拜。漢族的十二獸爲鼠、牛、虎、兔、龍、蛇、馬、羊、猴、雞、狗、豬。維吾爾族的十二獸有魚而無龍。傣族的十二獸，與漢族差異較大，有象、蟻、猿、而無兔、羊、猴、其順序爲：象、牛、虎、鼠、龍、蛇、馬、蟻、猿、雞、狗、豬。彝族的十二獸，因地而異，四川、雲南、貴州彝族的十二獸與漢族相同。桂西彝十二獸爲：龍、鳳、馬、蟻、人、雞、狗、豬、雀、牛、虎、蛇。哀牢山彝的十二獸爲：虎、兔、穿山甲、蛇、馬、羊、猴、雞、狗、豬、鼠、牛。碧籮雪山上的傈傈族，有二十四個姓氏，其中包括兔圖騰姓氏。

　　古印度人的十二獸，有獅而無虎，其順序爲：鼠、牛、獅、兔、龍、毒蛇、馬、羊、獼猴、雞、犬、豬。美洲摩基村印第安人有鹿、態、狼、兔、蛇等氏族。普埃布羅印第安人的祖先，亦

曾以兔圖騰爲氏族名稱。古猶太兔氏族中有以家兔命名者。

　　古姓氏多來自圖騰。董家遵撰〈古姓與生肖同爲圖騰考〉一文已指出，十二獸淵源於圖騰，譬如鼠爲偃姓的圖騰，牛爲媿姓的圖騰。原文認爲麒麟爲周族姬姓的圖騰，周朝政權建立後，爲了獨占這個圖騰，不許庶民使用，民間遂另以兔代麒麟，兔就成爲十二獸之一。

　　雲南哀牢山和川、滇涼山等地彝族所用十月太陽曆，是以十二屬相輪廻紀日，三個屬相週三十六天爲一個月，三十個屬相週即十個月計三百六十天爲一年，另加五日至六日爲過年日。他們計算日子只說昨天虎日，今天兔日，不以數序，不說昨天初三，今天初四。也不以丙寅、丁卯等干支紀日。同樣也不用干支紀年歲，只說去年屬虎，今年屬兔。你屬虎，我屬兔。

　　圖騰地域化後，除了形成氏族名稱以外，也常常形成地名，兔街、兔場就是兔圖騰地域化的地理名稱。《阿迷州志》記載：「市肆，以十二支所屬分爲各處街期。在城中者，值寅未二日，曰虎街、羊街；在大莊者，值亥巳二日，曰豬街、蛇街；在布沼者，值子午卯酉四日，曰鼠街、馬街、兔街、雞街；在馬者哨者，值丑申二日，曰牛街、猴街；在打魚寨者，值辰戌二日，曰龍街、狗街。至朝，各處錯雜，凡日用所需者，咸聚其中，計值而售。按日遷移，週而復始，四時以爲常。」雲南阿迷州的兔街，就是在卯日的集市。

　　《宜良縣志》記載，雲南宜良縣街市的分佈，豬街、龍街在城北門外；牛街、羊街在城北三十五里；虎街、猴街在城南二十五里；雞街、兔街在城北三十里；蛇街、狗街在城南三十里；鼠街、馬街在城南二十五里。《嵩明州志》記載，兔街在雲南嵩明州效古里。

　　雲南廣南縣在富州廳西北，城瀕鬱江上游西洋江北岸，是廣
南府治。在廣南縣西北有兔街。在雲南南華縣灣河西岸有兔街鎮，
地處山區，經濟以農爲主，是南華、景東、彌渡三縣交界邊區重
要農貿集鎮，集市興旺。在雲南南澗彝族聚居區禮社江支流窩多
么河上游北岸也有兔街，北至南澗、祥雲、南達、景東、景公，
經濟以農牧業爲主，有集市，稱爲兔街，是雲南南部山區副產品
集散地。在貴州地區的集市，稱爲場。其十二獸中的兔場，分佈
於都匀府獨山州西北等地，也是農貿集散地，集市興旺。因生賜
姓，胙土命氏，雲貴地區以卯日爲集市的兔街、兔場，就是兔圖
騰崇拜地域化所形成的地理名詞。母系圖騰在我國邊疆少數民族
的社會裡長期的保存下來，而且成爲普遍的圖騰崇拜，凡屬同一
圖騰的成員，彼此不得通婚，同姓不婚。因此，圖騰對氏族部落
具有重大的意義，在人們的日常生活中起了廣泛的作用及深遠的
影響，圖騰動物被視爲部族的祖先，同時作爲氏族的標誌或名稱。
從兔圖騰的地域化，兔族的起源、兔街、兔場的由來，可以說明
兔圖騰崇拜是我國少數民族的文化傳統，蘊藏了深厚的文化意義。

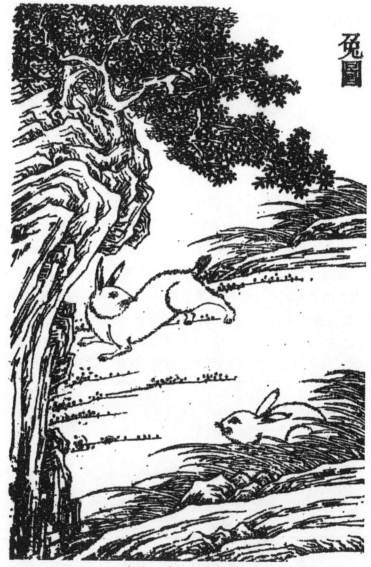

兔圖，《古今圖書集成》

純嘏天錫 ── 康熙皇帝談養生之道

施政寬和　政躬康泰

　　清世祖順治皇帝福臨（fulin），生八子，清聖祖康熙皇帝玄燁（hiowan ye）是第三子。順治十六年（1659），玄燁年方六歲，偕兄弟向順治皇帝請安。順治皇帝問及諸子的志向，第二子福全（fuciowan）面奏「願爲賢王。」玄燁面奏「願效法父皇[1]。」順治皇帝聽了很訝異。順治十八年（1661）正月初七日，順治皇帝駕崩。正月初九日，玄燁即帝位，時年八歲，以明年爲康熙元年（1662）。

　　康熙皇帝從親政之初就決心效法古帝王，尙德緩刑。由尙德緩刑又導引出寬和安靜的治道。他指出，爲君之道，要在安靜。安靜不生事，馭下從寬，寬則得衆。他主張用人施政，皆當中道而行，以求寬嚴和平。江南鎮總兵官高其位具摺奏聞營伍虛冒扣剋兵糧情形，原摺奉硃批：「凡武官不可責之過於清，如陳璸之清，留禍於後官，以至臺灣之反，其來有自。作大官者，須要得體，寬嚴和中，平安無事方好。若一味大破情面，整理一番，恐其多事，而得罪者廣，須留心斟酌[2]。」寬嚴和中，寬猛並濟，不可過

1　《清史稿校註》，第一冊（臺北，國史館，1986 年 2 月），聖祖紀一，頁 147。
2　《宮中檔康熙朝奏摺》，第七輯（臺北，國立故宮博物院，1976 年 9 月），
　　頁 736。康熙六十年八月初一日，高其位奏摺。

刻。康熙皇帝認爲清官多刻，刻則下屬難堪。爲官之道，當清而寬。爲君者亦宜寬，不可嚴刻。他教誨臣工「辦事當於大者體察，小事不可苛求，寬則得衆，信則民任焉。治天下之道，以寬爲本，若吹毛求疵，天下人安得全無過失者[3]。」

　　康熙皇帝施政寬和，他是一位仁厚的皇帝。他不僅注意自己的健康，同時也關懷臣工的身體狀況。康熙四十九年（1710）四月初四日，江寧織造曹寅具摺奏聞病目始癒。原摺奉硃批：「朕心寬慰，爾南方住久，虛胖氣弱。今又目疾，萬不可用補藥，最當用者六味地黃湯，不必加減，多服自有大效[4]。」曹寅因偶感風寒，因誤服人參得解後，又患疥臨病。曹寅遵奉諭旨服地黃丸，果然比先健旺。曹寅具摺謝恩，原摺奉硃批：「知道了，惟疥不宜服藥，倘毒入內，後來恐成大麻風症，出海水之外，千萬不能治，小心小心，土茯苓可以代茶，常常吃去亦好[5]。」

　　康熙五十二年（1713）閏五月初二日，江南鎮總兵官師懿德具摺奏陳左目昏矇不見延醫調治。原摺奉硃批：「知道了，凡目病醫生每用寒涼之藥，反爲無益，不可不知。又一種點眼之藥，所傷更甚，朕深知市井庸醫，誤人太多，只得曉諭也[6]。」

　　現藏直隸巡撫趙弘燮奏摺，最能反映康熙皇帝對臣工健康的關懷。康熙五十五年（1716）二月二十三日，趙弘燮具摺請旨觀見。原摺奉硃批：「且不必來，再看數天候天氣略暖再奏請旨。」

3　《清代起居注冊》，康熙朝（臺北，聯經出版公司，2009 年 9 月），第十九冊，頁 T10569。康熙五十年三月初二日，諭旨。

4　《宮中檔康熙朝奏摺》，第二輯，頁 487。康熙四十九年四月初四日，曹寅奏摺。

5　《宮中檔康熙朝奏摺》，第二輯，頁 781。康熙四十九年十一月初三日，曹寅奏摺。

6　《宮中檔康熙朝奏摺》，第四輯（1976 年 7 月），頁 313。康熙五十二年閏五月初二日，師懿德奏摺。

二月二二十七日，康熙皇帝差御前二等侍衛佛倫等三人至巡撫衙門傳旨：「現今春天風大，要著實避風寒，好生保養。」是日，趙弘燮具摺請旨。原摺奉硃批：「今年有閏三月，所以天氣寒冷未退，調理之宜，須聽大夫之話，不可少有疏忽[7]。」

康熙五十五年（1716）五月初九、十一兩日，直隸大沛甘霖，巡撫趙弘燮滿身淋濕。他的左腿起先原是氣血兩虛，因被冷雨兩次淋濕，內中有風有濕，受病更重，已非尋常藥餌所能旦夕奏效。因內務府有御製藥酒，最能祛風濕疏經絡。是年六月十一日，趙弘燮具摺奏請賜酒，以便先除風濕，再用補劑。同年七月初三日，康熙皇帝賞賜藥餅到保定。原摺奉硃批：「奏摺知道了，藥酒原非有體，將藥泡一日一夜，取出用清酒，最能化痰。若多了能吐寫〔瀉〕，止可二錢酒則可，因酒易壞，將藥帶去[8]。」從京師至保定，需四、五天，倘若賜酒，因天氣熱，路又遠，路上易搖壞，所以賜西洋藥餅。趙弘燮遵照訓示每日服藥酒二錢，初服之日，即覺熱氣上至左膀，下至左腿。服用七日後，左腿熱氣漸漸過膝，藥氣所到，痛即略減，舉步較前稍易。趙弘燮自從服藥以後，一日有一日之效。康熙皇帝不僅特賜西洋藥餅，同時又指示泡酒方法，飲酒數目，確實使趙弘燮感激涕零。康熙皇帝和巡撫趙弘燮親如一家人。

節飲食慎起居　飯後寓目珍玩

康熙皇帝平生一切起居飲食，都有常度。他認爲養生的道理，

7　《宮中檔康熙朝奏摺》，第六輯（1976 年 8 月），頁 132。康熙五十五年二月二十七日，趙弘燮奏摺。

8　《宮中檔康熙朝奏摺》，第六輯，頁 408。康熙五十五年六月十一日，趙弘燮奏摺。

飲食起居，最須留心。《聖祖仁皇帝庭訓格言》記載「凡人飲食之類當各擇其宜於身者，所好之物，不可多食。」康熙皇帝認爲每個人的體質，各不相同，腸胃功能，強弱不一，凡人飲食，要合各人腸胃，但所好之物，不可多食。《聖祖仁皇帝庭訓格言》記載康熙皇帝的訓詞說：「人生於世，無論老少，雖一時一刻，不可不存敬畏之心。故孔子曰：『君子畏天命，畏大人，畏聖人之言。』我等平日凡事能敬畏於長上，則不得罪於朋儕，則不召過，且於養身，亦大有益。嘗見高年有壽者，平日俱極敬慎，即於飲食，亦不敢過度。平日居處，尚且如是，遇事可知其慎重也。平日敬慎，飲食不過度，就能高年長壽。

煙酒對於養身，並無益處。爲預防火燭，康熙皇帝曾下令禁止喫煙。《聖祖仁皇帝庭訓格言》記載，「朕自幼不喜飲酒，然能飲而不飲，平日膳後，或遇年節筵宴之日，止小杯一杯。人有點酒不聞者，是天性不能飲也。如朕之能飲而不飲，始爲誠不飲者。大抵嗜酒，則心志爲其所亂而昏昧，或致病疾，實非有益於人之物，故夏先后以旨酒爲深戒也[9]。」平日膳後，或年節筵宴，只飲一小杯，嗜酒昏昧，於人無益。「旨酒」，就是美酒，嘉栗旨酒，「所以祀神也，所以養老也，所以獻賓也，所以合歡也。」美酒用處固然不可缺少，但古人常以三爵爲限，不敢多飲。若沈酣湎溺，不時不節，確實不可。康熙皇帝訓誡宮中阿哥們說：「世之好飲者，樂酒無厭，心恒狂亂，遂至形骸顚倒，禮法喪失，其爲敗德，何可勝言。是故朕諄諄教飭爾等卻不可耽於酒者，正爲傷身亂行，莫此爲甚也。」

身體害病，飲食略減，但不可忽略營養，不可專靠藥物治療

---

9 《聖祖仁皇帝庭訓格言》，《欽定四庫全書》（臺北，臺灣商務印書館，1986年3月），第717冊，頁626。

而停止飲食。康熙皇帝認為飲食對病人，十分重要。他說：「養生之道，飲食為重，設如身體微有不豫，即當節減飲食，然亦惟比尋常稍減而已。今之醫生一見人病，即令勿食，但以藥物調治。若或內傷，飲食者禁之猶可，至於他症，自當視其病由，從容調理，量進飲食，使氣血增長。苟於飲食禁之太過，惟任諸凡補藥，鮮能資補氣血而令之充足也，養身者知之。」康熙五十年（1711）九月二十三日，康熙皇帝差遣奏事官存住等人探視大學士李光地病情，賞給溫泉海水二罐，並指示泡洗的方法。李光地隨即將海水分成六份，每日如法泡洗二次，瘡疤漸落，病情好轉後，李光地具摺謝恩。原摺奉硃批：「坐湯之後，飲食自然加些，還得肉食培養，羊牛雞鵝魚蝦之外無可忌，飲食越多越好，斷不可減吃食[10]。」

　　康熙皇帝相信「節飲食，慎起居」，就是養生祛病的方法。現藏宮中檔案含有頗多請安奏摺。臣工具摺恭請聖躬萬安，多奉硃批：「朕安，飲食起居甚好。」或奉硃批：「朕安，氣色飲食甚好。」或奉硃批：「朕安，近日飲膳起居甚好。」康熙皇帝深悉古北口外，水土較好，每當京師暑熱，五內煩悶不安時，多出口外頤養。康熙四十八年（1709）七月十三日，直隸巡撫趙弘燮具摺請安。原摺奉硃批：「朕避暑口外，六月三庚不受暑熱，又因水土甚宜身體，所以飲食起居頗好。但氣血不能全復，近日聞得各省秋成皆有十分，更覺寬慰，從此又好，亦未可知[11]。」康熙五十一年（1712）五月二十一日，趙弘燮原摺奉硃批：「自出口以來，飲食起居都好。」

10　《康熙朝漢文硃批奏摺彙編》（北京，檔案出版社，1985年5月），第三冊，頁771。康熙五十年九月二十六日，李光地奏摺。

11　《宮中檔康熙朝奏摺》，第二輯（1976年6月），頁278。康熙四十八年七月十三日，趙弘燮奏摺。

上了年紀的人，立夏以後，常到口外避暑，確實對身心有益。

康熙皇帝不僅重視自身的飲食起居，同時也關懷臣工的飲食起居。江寧巡撫宋犖，居官安靜，三遇康熙皇帝南巡，迭蒙賞賚，並賜御書「福壽」二字。康熙四十四年（1705）十月，宋犖具摺請安謝恩。原摺奉硃批：「已有旨了，年老之人，飲食起居須要小心[12]。」康熙五十四年十月二十六日，原任直隸古北口提督馬進良具摺請安謝恩。原摺奉硃批：「朕安，奏摺知道了，卿在林泉養老，想是甚好，近日何似？」康熙五十八年（1719）六月二十日，直隸總督趙弘燮具摺謝恩，原摺奉硃批：「飲食須要調理妥當。」飲食起居，都須調理妥當，康熙皇帝對臣工的關懷，更逾家人父子。

上了年紀的人，飲食要淡薄，多吃蔬菜水果。康熙皇帝說：「朕每歲巡行臨幸處，居人各進本地所產菜蔬，嘗喜食之。高年人飲食宜淡薄，每兼菜蔬食之，則少疾，於身有益，所以農夫身體強壯，至老猶健者，皆此故也。」常吃蔬菜，可以減少疾病。多吃水果，對身體有益。《聖祖仁皇帝庭訓格言》記載，「諸樣可食果品，於正當成熟之時食之，氣味甘美，亦且宜人。如我為大君，下人各欲盡其微誠，故爭進所得初出鮮果及菜蔬等類。朕只略嘗而已，未嘗食一次也，必待其成熟之時始食之，此亦養身之要也[13]。」水果有果酸，過早摘食，有害身體，正當成熟時摘食，甘美宜人，於身有益。

飲食淡薄，飯後氣氛和諧，心情愉快，食物容易消化。康熙皇帝說：「朕用膳後，必談好事，或寓目於所作珍玩器皿，如是則

---

12 《宮中檔康熙朝奏摺》，第二輯（1976年6月），頁199。康熙四十四年十月，宋犖奏摺。
13 《聖祖仁皇帝庭訓格言》，《欽定四庫全書》，第717冊，頁630。

飲食易消，於身大有益也。」飯後欣賞珍玩器物，賞心悅目，可以疏通鬱悶，紓解壓力，幫助消化。

常服補藥如聞譽言　多飲涼水雖病易治

南北水土不同，地勢也有高低，飲食日用，其性各殊。康熙皇帝指出，「窪處者不宜於高，高處者不宜於窪。」地高氣不足，居窪之人就高地，夜不成寐，惟對身體傷害不大。因低地潮濕悶熱，長久住在高爽地方的人，突然遷居低窪濕熱地方，便不能適應，倘若害病，就不易痊癒了。康熙皇帝南巡期間，留心觀察大江南北的風土人情。他說：「朕南巡數次，看來大江以南，水土甚軟，人亦單薄，諸凡飲食視之，鮮明奇異，然於人則無補益處；大江以北，水土即好，人亦強壯，諸凡飲食，亦皆於人有益，此天地間水土一定之理。今或有北方人飲食執意傚南方，此斷不可也，不惟各處水土不同，而人之腸胃亦異，勉強傚之，漸至於軟弱，於身有何益哉！」南北水土不同，各人腸胃亦異，飲食必須小心。

大學士李天馥是南方人，康熙三十八年（1699）九月間，李天馥肚腹泄瀉，病情嚴重。康熙皇帝面諭大學士伊桑阿等人說：「南人一病不支者，俱係動服人參之故。凡肚腹作瀉，皆飲食不調所致，更服補劑，悞人多矣。看來人因水土信然，北人嗜麵，至南方過食麵食，皆患瘧疾、傷寒等症。南人好補，來北方停食未消，復加補劑，自應作瀉。又常食肉之人作瀉不妨，但忌肉一、二日即愈矣。若茹素之人一作泄瀉，便難醫治。涼水亦有益於脾胃，常飲涼水之人，雖病易治。且自吐喇地方以北之蒙古，一生少病，即死亡其亦命數耳，鮮有以疾死者，即婦人亦無有因生育而死者。

頃副都統吳達禪收服厄魯特還，亦以此驚訝啓奏，若此者豈非水
土之故乎[14]。」常飲涼水，有益於脾骨。瘧疾、傷寒等症，與麵
食多寡，並無關係，但南方人動輒服用人參，對健康裨益不大。

康熙三十九年（1700）二月十一日，康熙皇帝詢問起居注官
揆敘說：「爾氣色何以不見好？」揆敘面奏說：「臣近日偶染微痾，
飲食不甚消化。」康熙皇帝告誡他說：「爾年幼，不可漫服補藥。
服補藥之人，斷無受益者，椒類性熱，諸物須戒之。」康熙五十
年（1711）四月初五日，康熙皇帝御乾清門聽政，他垂詢大學士
李光地的病情。大學士張玉書面奏說：「足腫微消，手尙掀腫。」
康熙皇帝面諭諸臣說：「此疾大抵皆濕熱所成，溫補之藥所致。朕
前歲大病之後，乃知溫補之藥，大非平人所宜，且溫補亦非一法，
如補肝者即不利於脾，治心者，即不宜於腎，醫必深明乎此，然
後可服其藥，不然徒增益其疾耳。每見村野農人終身未嘗服藥，
然皆老而強健，富貴人動輒服溫補之藥，究竟爲藥所悞而且不自
知[15]。」動輒服用溫補之藥，徒增疾病，不可不慎。

康熙五十一年（1712）六月十六日，江寧織造曹寅在揚州天
寧寺書局料理《全唐詩集》刻書工作，於七月初一日感受風寒，
臥病數日，轉而成瘧，醫生用藥，不能見效，託蘇州織造李煦具
摺奏請賜藥。康熙皇帝在李煦原摺批諭說：「爾奏得好，今欲賜治
瘧疾的藥，恐遲延，所以賜驛馬星夜趕去。但瘧疾若未轉泄痢還
無妨，若轉了病，此藥用不得，南方庸醫每每用補劑而傷人者，
不計其數，須要小心，曹寅元肯吃人參，今得此病，亦是人參中

14　《清代起居注冊》，康熙朝，第十三冊，頁 T07411。康熙三十八年九月
　　十九日，諭旨。
15　《清代起居注冊》，康熙朝，第十九冊頁 T10634。康熙五十年四月初五
　　日，諭旨。

來的。「ᠠᠷᠰᠠᠨ」專治瘧疾，用二錢末酒調服。若輕了些，再吃一服，必要住的，往後或一錢，或八分，連吃二服，可以出根。若不是瘧疾，此藥用不得，須要認真，萬囑！萬囑！」硃批中滿文「ᠠᠷᠰᠠᠨ」（gingina），是 "Cinchona" 的滿文音譯，漢字譯作「金雞納」。金雞納樹皮所製金雞納霜，可以治療瘧疾。

　　大學士李光地具摺奏聞染患瘡毒，原摺奉硃批：「坐湯好，須日子多些纔是，爾漢人最喜吃人參。人參害人處，就死難覺。」康熙皇帝認為「藥惟與病相投，則有毒之藥，亦能救人；若不當，即人參人亦受害，是故用藥貴與病相宜也。」亂服人參，與病不投，有損無益。康熙皇帝在熱河行宮時，曾面諭學士舒蘭等人，氣色不好，多因服用補藥。服補藥如聞譽言，筆帖式譽司官，司官則譽大臣，大臣則譽皇帝，總無利益，養身者但寬其心，食常食之物，則易於消化，適口之物，飲食過量，肚腹必然膨悶。

　　涼水有益於脾骨，但飲水必須注意衛生。《聖祖仁皇帝庭訓格言》記載「我等時居塞外常飲河水，然平時不妨，但夏日山水初發，深當戒慎，此時飲之，易生疾病，必得大雨一、二次後，山中諸物盡被滌蕩，然後潔清可飲[16]。」康熙皇帝駐蹕熱河行宮時曾面諭領侍衛內大臣等人說：「近日頗有痢疾熱病，皆因山水暴來之故，亦未可和。朕思未雨之前，泉水清潔，有益於身，而人不覺；既雨之後，泉水污濁，多致瀉痢損傷，而人亦不知也。可傳諭各處當差人等，並莊頭民間，以後勿用河水，況素日所浚之井，亦不少，何苦用濁水，以致病乎？」

　　康熙皇帝處理飲用水質的方法，已極進步。《聖祖仁皇帝庭訓格言》記載，「人之養身，飲食為要，故所用之水最切，朕所經歷

16　《聖祖仁皇帝庭訓格言》，《欽定四庫全書》，第 717 冊，頁 627。

多矣。每將各地之水，稱其輕重，因知水最佳者，其分兩甚重。若遇不得好水之處，即蒸水以取其露，烹茶飲之。澤布尊旦巴胡突克圖多年以來所用，皆係水蒸之露也[17]。」所謂水蒸之「露」，其實，就是一種蒸餾水。水質有輕重的不同，將水加熱煮沸，以蒸餾水烹茶，是康熙皇帝從澤布尊旦巴活佛那裡得來的一種經驗。

　　康熙三十五年（1696）三月初九日，康熙皇帝駐蹕塞外毛兒峪時，曾面諭扈從大臣說：「兵丁馬匹，見有疲瘦者，此皆玩忽不謹之故。朕所乘馬，俟其汗乾，然後飲水，故常肥健[18]。」《聖祖仁皇帝庭訓格言》也說：「走遠路之人，行數十里，馬既出汗，斷不可飲之水。秋季猶可，春時雖無汗，亦不可令飲，若飲之，其馬必得殘疾，汝等切記[19]。」馬匹奔走數十里後，因流汗疲乏，此時飲水，既不能止渴，反而損胃，甚至得到殘疾。馬匹汗乾然後飲水的道理，也同樣適用於人類。走遠路或運動、工作出汗過多，若立即飲涼水，體內鹽分大量流失，反而有害，必俟身體汗乾，然後飲溫水，如此，既不損胃，又可解渴，就是養生的一種重要方法。

隆冬不用火爐　夏日不貪風涼

　　南北地氣不同，節候寒暑各異，對動植物的生長，影響極大。康熙三十一年（1692）四月二十二日辰時，康熙皇帝在瀛臺內豐澤園澄懷堂聽政，他曾面諭諸臣說：「朕巡省南方時，將江南香稻

17　《清代起居注冊，康熙朝，第七冊，頁 T03777。康熙三十五年三月初九日，諭旨
18　同上。
19　《聖祖仁皇帝庭訓格言》，《欽定四庫全書》，第 717 冊，頁 624。

暨菱角帶來此處栽種。北方地寒，未能結實，即遇霜降，遂至不收。南方雖有霜雪，然地氣溫暖，無損於田苗。諺云：清明霜穀雨雪，言不足爲害也[20]。」北方地寒，又遇霜雪，以致香稻、菱角俱無收成。

　　康熙三十二年（1693）二月初一日辰時，康熙皇帝御乾清門聽政，他面諭諸臣說：「種地惟勤爲善，北地風寒，宜高其田，若種尋常之穀，斷不能收，必種早熟之麥與油麥、大麥、糜黍，方爲有益。去歲往彼墾種之人，朕曾以此命之，因違朕旨，多種蕎麥，以致田禾失收，爾等到彼，亦須問地方人宜種何穀易得收穫。朕問老農，皆云將雪拌種，可以耐旱，爾等將穀種少拌雪水試之[21]。」嚴冬酷寒，若能適應寒冬，炎炎夏日，也能耐乾旱，康熙皇帝將穀種拌雪的農耕經驗，十分值得重視。

　　康熙皇帝向來耐寒，雖至嚴冬，衣服並未增添，帽沿亦不放下。當他於嚴冬巡幸鄂爾多斯時，天寒地凍，扈從大臣俱不能忍受，但康熙皇帝竟換穿綿衣。他認爲「耐寒在乎習慣，習於寒則耐寒，習於熱則耐熱。」耐寒耐熱的習慣，是從幼年開始養成的。康熙皇帝指出，「父母之於兒女，誰不憐愛，然亦不可過於嬌養。若小兒過於嬌養，不但飲食之失節，抑且不耐寒暑之相侵。」康熙皇帝認爲塞外水土較佳，在冷地行走，飲食較易消化，大有益於身體，殘疾之人，容易復元。

　　康熙皇帝能適應冷暖變化，所以耐寒又耐熱。康熙五十一年（1712）八月二十七日，康熙皇帝諭領侍衛內大臣阿靈阿等人說：「此處已寒冷，想眾人俱必備辦多衣帶來，俱著令戴煖帽，穿厚

20　《清代起居注冊》，康熙朝，第三冊，頁 T01396。康熙三十一年四月二十二日，諭旨。
21　《清代起居注冊》，康熙朝，第四冊，頁 T01816。

實衣服，不可自以爲能耐寒，穿單薄衣服。果能耐寒，隆冬大寒
之際，穿單薄衣服，戴小帽，方可謂之耐寒。今方入秋之際，若
穿衣單薄，被風傷著，即得病矣，此時之寒，不得與冬時寒冷同
視[22]。」入秋以後，冷暖不定，穿衣單薄，容易傷風得病。尤其
高年之人，適應力較差，穿衣飲食要格外小心。《聖祖仁皇帝庭訓
格言》記載，「人於平日養身，以怯懦機警爲上，未寒涼即增衣服，
所食物稍不宜，即禁忌之，越謹慎，越怯懦，則大益於身，但觀
老大臣輩盡皆如此[23]。」入秋以後，雖未寒涼，因季節轉換，所
以應即增添衣服，是小心謹慎的表現。

　　寒冬圍爐，取煖閒談，自有一番樂趣。但是康熙皇帝卻不用
火爐。他說：「凡人養身，重在衣食，古人云：慎起居，節飲食。
然而衣服之係於人者，亦爲最要，如朕冬月衣服寧過於厚，卻不
用火爐，所以然者，蓋爲近火則衣必薄，出外行走，必至感寒，
與其感寒而加服，何如未寒而先進衣乎[24]！」康熙皇帝固然隆冬
不用火爐，即使於六月大暑之時，也不用扇，不除冠。他曾面諭
扈從大臣說：「汝等見朕於夏月盛暑不開牕，不納風涼者，皆因自
幼習慣，亦由心靜，故身不熱，此正古人所謂但能心靜，即身涼
也，且夏月不貪風涼，於身亦大有益。蓋夏月盛陰在內，倘取一
時風涼之適意，反將暑熱閉於腠理，彼時不覺其害，後來或致成
疾。每見入秋深多有肚腹不調者，皆因外貪風涼，而內閉暑熱之
所致也[25]。」康熙五十五年（1716）五月二十六日，康熙皇帝駐
蹕熱河行宮時，曾曉諭隨從人員於午飯後，不可在樹蔭涼爽地方

22 《清代起居注德》，康熙朝，第二十一冊，頁 T11568。康熙五十一年八
　月二十七日，諭旨。
23 《聖祖仁皇帝庭訓格言》，《欽定四庫全書》，第 717 冊，頁 642。
24 《聖祖仁皇帝庭訓格言》，《欽定四庫全書》，第 717 冊，頁 645。
25 《聖祖仁皇帝庭訓格言》，《欽定四庫全書》，第 717 冊，頁 617。

熟睡，只圖一時的安逸，醒時身體必受大傷。他說：「朕從不晝寢，當夏不用扇，雖早睡遲起，朕亦不糾查，一夜熟睡，身已安矣，日間再睡無益，蔥蒜之味雖濁，此時少食些須，甚屬有益[26]。」

清心寡慾血氣平和　專心書畫壽比南山

康熙皇帝的養生理論，主要是注重內在的涵養，清心寡慾就是養生的基本涵養。《莊子・在宥》云：「無視無聽，抱神以靜，形將自正。必靜必清，無勞女形，無搖女精，乃可以長生[27]。」忘視而自見，忘聽而自聞，則神不擾，而形不邪。「無勞女形，無搖女精」，就是毋勞汝形，毋搖汝精，任其自動，形乃長生。康熙皇帝引《莊子》「毋勞汝形，毋搖汝精」等語後指出，「蓋寡思慮所以養神，寡嗜慾所以養精，寡言語所以養氣，知乎此，可以養生。是故形者，生之器也，心者形之主也，神者心之會也，神靜而心和，心和而形全，恬靜養神，則自安於內，清虛棲心，則不誘於外，神靜心清，則形無所累矣[28]。」養神、養精、養氣，都是養生的重要內容。

康熙皇帝所說養神、養精、養氣的道理，與古人所說「七傷十損」的訓誡相近。所謂「七傷」，即指「喜多傷心，怒多傷肝，哀多傷肝，哀多傷肺，懼多傷膽，愛多傷神，惡多傷情，慾多傷脾。」傷心、傷肝、傷肺、傷膽、傷神、傷情、傷脾，都是致命傷。所謂「十損」，即指「久行損筋，久立損骨，久坐損血，久臥

26　《清代起居注冊》，康熙朝，第三十冊，頁 B015128。康熙五十五年五月二十六日，諭旨。

27　《莊子》（臺北，中華書局，四部備要），子部，頁 18。

28　《聖祖仁皇帝庭訓格言》，《欽定四庫全書》，第 717 冊，頁 662。

損脈，久聽損精，久看損神，久言損氣，久飽損胃，久思損脾，久淫損命。」身心五臟都不宜過度勞累，以減少疾病。

耶穌會士白晉（J.Bouvet）著《康熙帝傳》一書對康熙皇帝清心寡慾的涵養，敘述頗詳。原書指出，康熙皇帝不僅能克制發怒，同樣也能控制其他情慾，特別能控制在亞洲各國最流行的，自古來在中國習以為常的情慾。在皇宮裡，情慾放縱養育著大批帝國中選擇的漂亮的宮女來侍奉皇帝，而且，在韃靼人中有這麼一條法規，即當少女還沒有被推薦給皇帝供其選擇之前，不能出嫁。這些姑娘，只要皇帝滿意，就可充為妃妾，或留在宮內，無需其他手續。而那些被選中的姑娘的父母也以此為榮。這種損害多少個中國皇帝身心的腐朽習慣，引起了無數次的革命暴動。那些終日縱情恣慾，沉緬女色的昏君，根本不聞國事，把國家大權旁落在太監和他的大臣手中。但是統治當今中國的皇帝，卻絲毫沒有被這種情慾的誘惑力所鉗制，而盡一切可能防止這類事情的發生。幾年前，皇帝到南京巡視江南省，人們根據舊習慣，以朝貢的方式給他進獻了七個美女。他連看都不看一眼，拒不接受。他覺察到某些侍臣竟敢濫用能與他接近的機會，用女色腐蝕他，非常生氣。此後還給了他們不同程度的懲罰，使大家清楚地看到皇帝是如何警惕一切籠絡和腐蝕他的行為的。為了消除腐朽的惡習，他找到了更高尚的消遣方式，從事各種身心鍛鍊，如旅行、打獵、捕魚、賽馬、練武、讀書和研究科學等等。正是這個原因，他特別喜歡長途旅行，而不帶任何妃妾。

康熙皇帝南巡期間，江南是否曾經進獻美女？何人曾經受到懲罰？因文獻不足，尚待進一步考察。然而康熙皇帝未受女色腐蝕，則是符合歷史事實。康熙皇帝自己也說：「朕自幼所讀之書，所辦之事，至今不忘，今雖年邁，記性仍然，此皆素日心內清明

之所致也。人能清心寡欲，不惟少忘，且病亦鮮也[29]。」

　　學以養心，讀書可以寡過，讀書與養生，互爲表裏，相輔相成。康熙皇帝說過：「學以養心，亦所以養身，蓋雜念不起，則靈府清明，血氣和平，疾莫之攖，善端油然而生，是內外交相養也[30]。」康熙皇帝認爲有益於身心的書籍，主要是指古聖先賢所留下的經籍。他引《孟子》「持其志，無暴其氣」等語後指出，「人欲養身，亦不出此兩言。」他又說：「誠能無暴其氣，則氣自然平和。然持其志，則心志不爲外物所搖，自然安定，養身之道，猶有過於此者乎[31]？」

　　康熙皇帝認爲志有所專，心不外馳，就是長壽的一個道理。他說：「人果專心於一藝一技，則心不外馳，於身有益。朕所及明季人與我國之耆舊善於書法者，俱壽考而身獲健，復有能畫漢人，或造器物匠役，其巧絕於人者，皆壽至七、八十，身體強健，畫作如常。由是觀之，凡人之心志有所專，即是養身之道[32]。」歷代著名書畫家長壽者，確實不乏其人，譬如唐朝書寫「九成宮」的歐陽詢，博貫經史，書學王羲之，而險勁過之，他享年八十五歲。又如書寫「夫子廟堂碑」的虞世南，沈點寡慾，精思讀書，書法秀逸，他享年八十九歲。書寫「玄秘塔」的柳公權，博通經術，書法遒媚，他認爲心正筆正，享年八十八歲。「心志有所專」，就是心有寄託，而不外馳，果然奧妙存乎其中。

　　康熙皇帝雖然講求養生之道，但他從不追求長生不老的靈丹妙藥，也沒有返老還童的幻想。相反地，他認爲人到耆年，髮白

29　《聖祖仁皇帝庭訓格言》，《欽定四庫全書》，第 717 冊，頁 653。

30　《聖祖仁皇帝庭訓格言》，《欽定四庫全書》，第 717 冊，頁 662。

31　《聖祖仁皇帝庭訓格言》，《欽定四庫全書》，第 717 冊，頁 659。

32　《聖祖仁皇帝庭訓格言》，《欽定四庫全書》，第 717 冊，頁 635。

齒落，乃是一種正常現象，厚待老人，可以添福增壽。他指出滿洲舊俗說：「我朝先輩有言，老人牙齒脫落者，於子孫有益。」年高之人，同坐一座，心情快樂，可益壽考。《聖祖仁皇帝庭訓格言》記載康熙皇帝的諭誡說：「朕因大慶之年，特集勳舊與眾老臣，賜以筵宴，使宗室子孫進饌奉觴者，乃朕之所以尊高年，而冀福澤之及於宗族子孫也。觀朕之君臣如此鬚鬢皆白，數百人坐於一處，飲食筵宴，其吉祥喜慶之氣，洋溢於殿庭中矣。且年高之人，多自傷自歎，今荷朕恩禮歸家，各以告其子孫借此快樂，以益壽考，即養生之道也[33]。」康熙皇帝雖然把養生學從科學的軌道拉到唯心的儒學與理學中去[34]，但他日理萬幾，仍留心於養生之道，其經驗足供後人借鑑。

33　《聖祖仁皇帝庭訓格言》，《欽定四庫全書》，第 717 冊，頁 653。
34　聞性真，〈康熙的醫學與養生之道〉，《故宮博物院院刊》，1981 年，第 3 期（北京，文物出版社，1981 年 8 月），頁 11。

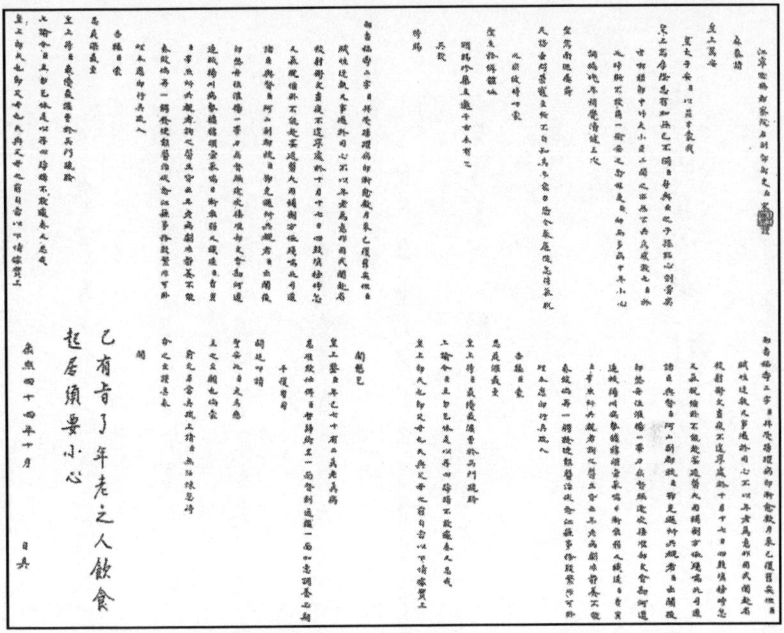

已有旨了年老之人飲食起居須要小心

江寧巡撫宋犖奏摺　康熙四十四年十月

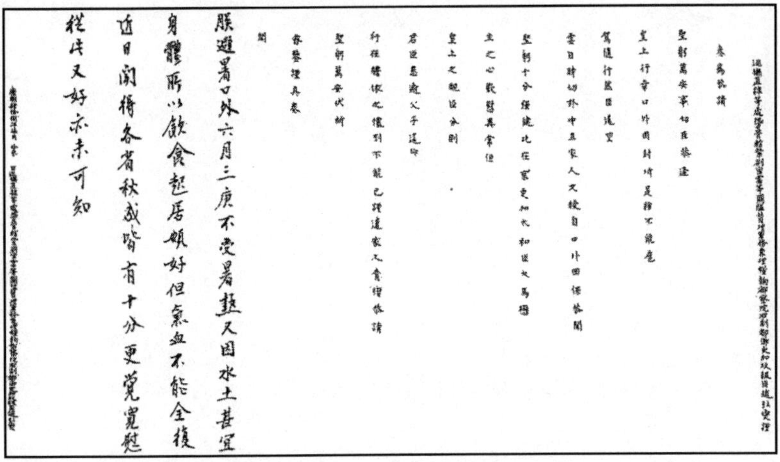

朕避暑口外六月三庚不受暑熱又因水土甚宜身體所以飲食起居頗好但氣血不能全復近日聞得各省秋成皆有十分更覺寬慰從此又好亦未可知

直隸巡撫趙弘燮奏摺　康熙四十八年七月十三日

自出口以來飲食起居都好

睿鑒

聖躬萬安伏祈

行在驀慕之誠依戀彌殷謹具相恭請

聖躬舒泰必倍尋常臣瞻仰

皇上駐蹕熱河避暑莊及壹月水土佳勝

聖躬萬安事切時當仲夏

袁為恭請

湖廣總督臣額倫特謹奏為恭報官員水旱早...

康熙伍拾壹年伍月...讀奏臺...

直隸巡撫趙弘燮奏摺　康熙五十一年五月二十一日

政治與宗教
—— 清代嘉慶年間民間秘密宗教的活動

一、前 言

　　明清時期的秘密社會，因其生態環境、組織形態、思想信仰
及社會功能，彼此不同，各有其特殊條件，爲了研究上的方便，
可將秘密社會劃分爲秘密會黨和民間秘密宗教兩個範疇。

　　秘密會黨是由下層社會的異姓結拜團體發展而來的多元性秘
密組織，各會黨的倡立，主要是承繼歷代民間金蘭結義的傳統。
其成員模擬家族血緣制的兄弟關係，彼此以兄弟相稱，並藉盟誓
規章互相約束，以維持橫向的散漫關係。中外史家對這種異姓結
拜組織，多籠統地稱爲天地會，而認爲三合會、哥老會、父母會、
添弟會等，無一非天地會的支派，而以天地會爲其原來總名。有
清一代，會黨林立，除使用「天地」字樣的天地會本支以外，其
他會黨，名目繁多。

　　民間秘密宗教是起源於下層社會以民間信仰爲主體，並雜揉
儒釋道的教義思想發展而來的多元性教派。各教派藉教義信仰，
師徒輾轉傳授，以建立縱向的統屬關係。明清時期，民間秘密宗
教，到處創生，教派林立，除了元末明初廣爲傳佈的白蓮教仍然

繼續活動外，其他教派，枝榦互生，衍生轉化，名目繁多。中外學者多認為長期以來，各教派之間互相融合，各自的特色，多相混淆，它們的教義思想。組織形態、群眾基礎、活動方式等各方面，和白蓮教大致相同。因此，各教派的名稱雖然不同，而實際上是「譚言白蓮，實即白蓮」，所以概稱之為白蓮教，白蓮教是民間秘密宗教的總稱，羅祖教、紅陽教，聞香教、天理赴等等都是白蓮教的支派。所謂民間秘密宗教，一方面是相對朝廷而言，民間各教派是一種秘密性質觸犯律例的宗教組織，官書上稱它為「邪教」；一方面也是相對於傳統正信宗教而言，民間秘密宗教各教派都被認為是佛教和道教以外的「異端」教派。民間秘密宗教各教派各有它們的創立背景和發展過程，各教派各有不同的特點，白蓮教只是民間秘密宗教中耳熟能詳的一個重要教派，倘若以白蓮教概稱民間秘密宗教，對各教派之間的橫向比較，未作深化研究，確實過於籠統，也是以偏概全，有失嚴謹。使用民間秘密宗教的稱謂，確實較能反映明清時期下層社會隱文化或文化潛流的宗教信仰特點。

　　清太宗崇德、世祖順治年間，官府所取締的民間秘密宗教名目，共計十種，包括：遼寧錦州的東大乘教，直隸境內的白蓮教、聞香教、無為教、混元教、弘陽教，直隸、山西、廣東等地的大成教，陝西境內的三寶大教，江蘇境內的大乘教，浙江境內的天圓教等教派。清朝入關前後盛行的教派，主要是明代後期民間秘密宗教的延展。《明史‧趙彥傳》所載，「先是薊州人王森得妖狐異香，倡白蓮教，自稱聞香教主[1]。」句中「自稱聞香教主」，王森倡立的教派，就是聞香教，又稱東大乘教，「白蓮教」字樣或許

---

[1]《明史》（臺北，鼎文書局，民國七十一年十一月），列傳一四五，趙彥列傳，頁6621。

是清朝史館人員的附會。

康熙年間（1662-1722），朝廷破獲的民間秘密宗教，包括：山東、山西境內的五葷道、收元教，直隸境內的黃天道、聖人教，直隸、奉天境內的弘陽教，山西境內的源洞教，山東、河南境內的白蓮教、神捶教、八卦教，江蘇、廣東境內的羅祖教，直隸、江蘇境內的大乘教，浙江境內的天圓教等十二種教派。康熙皇帝、直隸總督趙弘燮等風聞江南杞縣、蘭陽縣有白蓮教，又名神捶教，或許神捶教是新興教派，被官府冠以「白蓮教」字樣。

雍正年間（1723-1735），由於社會經濟更加穩定繁榮，較有利於民間秘密宗教的發展，原有教派日益復蘇，新興教派，相繼出現。直省先後查獲的民間秘密宗教名目，共計三十二種，包括：河南、山西等地的白蓮教，山東、直隸等地的一炷香教，山東等地的空子教，山東、浙江、江西、江蘇等地的羅祖教，直隸、山東、河南、江蘇、湖北等地的大成教，直隸等地的順天教，浙江、福建等地的道心教，山西等地的混元教，河南等地的橋梁教，河南等地的哈哈教，河南等地的悟真教，山西等地的龍華會，浙江等地的長生教，山東等地的三元會，山西等地的混沌教，江西等地的一字教，雲南、直隸等地的大乘教，直隸等地的儒理教，又名摸摸教，直隸等地的衣法教，山東、山西等地的收元教，江西等地的三皇聖祖教，又名圓頓的大乘教，山東等地的朝天一炷香教，又名愚門弟子教，江南等地的三乘會，又名糍粑教，直隸等地的老君會、羅爺會、朝陽會、清淨無為教、少無為教，山西等地的皇天教等等教派。官府以各教派燒香惑眾，邪術誘人，而嚴加取締。雍正年間，不僅禁止天主教在內地各省的傳教活動，而對民間秘密宗教的取締，更是不遺餘力。

乾隆朝（1736-1795）六十年間，民間秘密宗教更趨活躍，見

於官方文書的教派名目，爲數更多。爲了研究方便，可將乾隆朝民間秘密宗教的活動劃分爲三個時期：自乾隆元年至二十年（1736-1753）爲乾隆朝前期，民間秘密宗教的活動，並未因雍正皇帝的嚴厲取締而銷聲匿跡，相反地，出現了更多新興的教派，見於各種文書的教派如西來教、西來正宗、山西老會、燃燈教、拜祖教、收緣會、祖師教、彌勒教、子孫教、金童教、四正香教、無極教等都是乾隆朝文書中新出現的教門。各教門的地理分佈，亦遍及各省，在華北地區，主要集中於直隸、山西、陝西、山東、河南等省，在華南地區，主要分佈於江蘇、湖廣、浙江、福建、江西、四川、雲南、貴州、廣東等省境內，教門林立，名目繁多。

　　自乾隆二十一年至四十年（1756-1775）爲乾隆朝中期，是乾隆朝盛世的巔峰。乾隆皇帝爲貫徹崇儒重道的文化政策，他對打擊異端，取締民間秘密宗教，可謂不遺餘力。但是，野火燒不盡，春風吹又生。民間秘密宗教各大教派的組織，日趨嚴密，經費充足，勢力雄厚，以致逐漸走上宗教叛亂的途徑。其中大乘教、羅祖教、無爲教、黃天教、長生教、龍華會、混元教等教門，雖經乾隆朝前期的嚴厲取締，但各教門仍極活躍。各教門的活動地區，雖仍以河南、山東、直隸、江蘇、安徽、江西、浙江湖北、貴州等省境內各州縣爲主要地點，但是，奉天承德、海城等縣，也查出教案，反映民間秘密宗教信仰的日趨普及。至於收元教、八卦教、天圓教、紅陽教、白陽教、清水教等教門的發展，更是不可忽視的新興宗教勢力。山東壽張縣人王倫傳習清水教，勢力日益強大。乾隆三十九年（1774）八月間，因官府派人查拏王倫，王倫遂率清水教信眾提前起事，以致朝野震動。

　　自乾隆四十一年至六十年（1776-1795）爲乾隆朝後期，由於祭祀團體或膜拜團體的趨於多元化，民間秘密宗教各小教派也相

當活躍，此仆彼起，教案層出不窮。乾隆朝後期民間秘密宗教案件，包括：混元教、離卦教、震卦教、乾卦教、坎卦教、八卦教、元頓教、源洞教即收源教、白蓮教、紅陽教、空字教、羅祖教、羅祖三乘教、無爲教、義和拳門教、天一門教、儒門教、白陽會、消災求福善會、念佛會、三佛會、悄悄會、邱祖龍門教、三陽教、三益教、西天大乘教、長生教、末劫教等。收元教的宗教組織分隸八卦，乾卦教、離卦教、震卦教、坎卦教等都是八卦教的分支，也都是屬於收元教的系統，乾隆朝後期，八卦教的勢力日趨強大。至於空字教、天一門教、儒門教、泰山香會，消災求福善會、念佛會、三佛會、悄悄會、邱祖龍門教、末劫教等新興諸小教派的活動，也值得重視。各教派的地理分佈，主要在直隸、山東、山西、河南、甘肅、安徽、江西、湖北、陝西、浙江等省境內。此外，在貴州境內也出現八州卦教案件，大致而言，各教派盛行的地區，主要在長江以北的地區，北方各省教派，屢見不鮮。

　　清代民間秘密宗教是多元性的宗教信仰組織，教派林立，名目繁多，並非創自一人，亦非起於一時，有的是獨自創生的，有的是衍生轉化的，各教派彼此各不相統屬，以白蓮教統稱明清時期的民間秘密宗教，確實有待商榷。文化人類學派解釋人類文化的起源也主張文化複源說，深信人類文化依著自然法則演進，不必一定發源於一地，或創自一人。排比民間秘密宗教各教派出現的時間、地點，分析其信眾的職業，有助於對民間秘密宗教盛行的社會背景的認識。

二、川陝楚豫等省白蓮教的活動

　　四川、陝西、甘肅、湖北、河南等省，民間持齋念佛、背誦

經咒的風氣，極爲盛行，爲民間秘密宗教的活動，提供了廣大的
信衆。乾隆末年，川陝楚豫等省，混元教、三陽教、白蓮教等教
派，活動頻繁，教案疊起。安徽阜陽縣人張效元，向來在家裡種
地，開過染坊生理。他自幼跟從族人張榮見學習白蓮教。乾隆五
十一年（1786），張榮見病故，由張效元之兄張鎭接管教務。後因
白蓮教破案，張鎭被充發，由張效元接管白蓮教事務。其本家哥
子張效增拜張效元爲師，在四川傳白蓮教，後來輾轉相傳，張效
元就是乾隆末年嘉慶初年四川白蓮教的重要教首。據張效元供
稱，他傳習白蓮教的原因，只是念佛行善，並沒有造反的事[2]。

　　河南西華縣人王廷詔是張效元的表叔，王廷詔傭工度日，後
來販賣帶子過活。王廷詔的祖父王珊，原來是白蓮教重要的教首，
王珊身故後，家中留下燒香的經卷，王廷詔常帶在身邊，白蓮教
信衆看見他所帶經卷，都說廷詔是老師父王珊之孫，就稱王廷詔
爲老掌櫃[3]，受到同教信衆的敬重。

　　張正謨是湖北宜都縣人，乾隆五十九年（1794）四月間，張
正謨拜房縣人白培相爲師，入白蓮教。後來張正謨又轉傳曾應懷
及自己的堂兄張正榮等人。他們到處傳徒，人數就與日俱增了。

　　劉之協是安徽潁州府太和縣人，一向作棉花買賣，同時傳習
混元教。乾隆年間，官府取締混元教，查出混元教傳自河南人樊
明德，他轉傳王懷玉、王法僧父子，王懷玉傳徒劉松，劉松傳徒
劉之協。後因官府取締混元教，劉之協與劉松商議，將混元教改
爲三陽教。劉之協是三陽教中的老師父，也是後來的軍師，凡有

2　《剿捕檔》（臺北，國立故宮博物院），嘉慶五年九月十二日，頁 91，張
　　效元供詞。
3　《上諭檔》（臺北，國立故宮博物院），方本，嘉慶六年五月初二日，頁
　　29，王廷詔供詞。

入教之人，劉之協即給與黃綾一塊，黃綾上面寫著經咒，信眾相信將黃綾帶在身邊，凡有災難，都可避過。劉之協供認他們所傳習的混元教或三陽教因被官府指爲白蓮教，所以在劉之協的供詞中亦稱，「我習白蓮教，不過要勸化人爲善。」但他同時又供認「我從前買王雙喜到甘肅劉松處，捏名牛八，充作明朝的後代[4]。」「朱」，拆爲牛八。

從供詞中編造牛八的用意，可以反映劉之協傳習收元教或三陽教確實具有濃厚的政治意味。軍機大臣慶桂等審擬劉之協時亦指出「劉之協傳習白蓮教，收買王雙喜，託名牛八，指出前明後代，將劉松之子劉四兒稱爲彌勒佛轉世，輔助牛八，始圖惑眾騙錢，繼遂潛謀不軌[5]。」混元教或三陽教的政治圖謀，在天災人禍或官逼民反的外力衝擊下，很容易走上宗教起事的途徑。

川陝楚豫等省白蓮教起事的原因固然很多，但是，地方吏治欠佳，官逼民反也是不容忽視的重要因素。錢塘人崔琦等已指出：

> 厥初，川楚等省賦繁役重，窮民流而為盜賊。滿洲大臣要取功名，請剿，調鄉勇討之。一切驅督，繩以峻法，糧餉又不給，鄉勇悉變為盜賊，所在滋蔓，官長被殺害，平民被燒劫，慘不可言[6]。

姑不論是否由滿洲大臣主張進剿白蓮教而引起信眾的起事，然而由於白蓮教受到官府的鎮壓，遂起而反抗，則是事實。據被捕的教犯李潮供稱：

> 年四十四歲，湖北襄陽縣人，平日務農。父宏文，母魏氏，

---

4 《清中期五省白蓮教起義資料》（揚州，江蘇人民出版社，1981 年 2 月），第五冊，頁 105。嘉慶五年六月，劉之協供詞。

5 《勦捕檔》，嘉慶五年八月十四日，頁 211，慶桂等奏稿。

6 柳得恭著《燕臺再游錄》，《清中期五省白蓮教起義資料》，第五冊，頁 332。

俱沒。妻陶氏，早沒。兄李淮，本年二月已在進口關被獲。嘉慶元年，有本縣匪棍李奎、劉相、劉大刀，奉縣給頂戴令旗，同捐職理問劉滋，牌甲劉二賊，沿鄉托名查拿邪教，李奎等藉此勒索，賄賂即為良民，無錢財即為教匪，混行擅殺，抄擄家財，作踐婦女。小人不依，同他理論，毆殺劉相事實，就把我們算了叛逆。有烏大人帶兵來剿，我拒敵是真。弟兄商量，難以下場，只得聚眾。到二年上，才同棗陽縣張家樓住家的張漢潮合營[7]。

地方胥役惡棍，動輒勒索訛詐，殘民以逞，升斗小民因抗拒徭役，遂釀成事端。張正朝是湖北長陽縣人，在房縣居住，替掌教張馴龍種田。嘉慶元年（1796），張正朝拜師入教，被封為右軍師。覃加耀是湖北長陽縣人，自幼讀書，後又習武，是武童出身。因覃加耀年紀輕，又認得字，張馴龍就令覃加耀與林之華同做頭目管事。張正朝、覃加耀被捕後俱押解入京，經軍機大臣等審問。《剿捕檔》抄錄了他們的供詞，軍機大臣問：「你們都是百姓，覃加耀曾經讀書識字，張正朝亦是種地愚民，儘可安居樂業，因何學習邪教，甘心鬧事，自蹈重罪呢？」覃加耀、張正朝同供：「我們從前投師習教，原是勸人為善，並無不法的事情，後來官府查拏緊急，那些書吏衙役，就從中需索逼辱的，我們實在難堪，所以那張馴龍、林之華纔商量鬧事的，這實是出於無奈，不敢謊供。」軍機大臣問：「你們若果係良民，就不該習教，縱被官府查拏，吏役需索，也應自行控告，何敢抗拒官兵，東奔西竄，這不是你們甘心鬧事嗎。」覃加耀、張正朝同供：「我們習教，原係愚民勸善免災，就是婦女幼孩，也一同吃素拜佛，本無別的意思，後被官

---

7 《清中期五省白蓮教起義資料》，第五冊，頁79。嘉慶四年二月，李潮供詞。

府查拏吏役藉端百般逼索，如何容到衙門，就是鬧事後，那些逃難的良民，尚有被兵勇指為邪教全行殺害的，實在投訴無門。至大兵到後，我們原也商量想要投順，因身犯重罪，不敢出去，所以東奔西竄，止圖苟延性命，這是實情[8]。」覃加耀等人所供官逼民反的情節，確屬實情。《關於在中國及東印度傳教會傳教通信新集》一書對川陝楚豫等省白蓮教起事前後的情形記載頗詳，例如原書第三卷為四川省傳教士特朗尚給紹孟的信函，在一七九八年相當於嘉慶三年九月初三日的信中有一段記載說：

> 這場內戰是由於名叫白蓮教的教派的造反所激起的，其目標是推翻當前御位的皇帝，驅除帝國境內的韃靼人，並擁戴漢人作皇帝。長期以來他們在秘密地傳播他們的教派，而特別是最近幾年，他們在山區地方發展了大量的教徒。一七九四年他們被查禁，其中很多人在湖北省、陝西省和四川省被捕，並被處死刑。但是有很多人未被查出，很多人逃掉了；另外一些人則用金錢賄賂各官員，得免一死，官員聲稱他們是被人誣告的，並釋放了他們。因此，只有根本沒有一點錢財的人才被處死刑。第二年，他們很多的主要頭目在達州地區仍然受到通緝。然而他們花了三萬至四萬兩銀子賄賂，未受任何懲罰就得到釋放。但是，他們的告發者欲以誣告無辜而受到責打。最後在一七九六年嘉慶的父親乾隆在那年把帝國傳給了他。白蓮教首先在湖廣，隨後在河南、四川和陝西發動叛亂[9]。

劉之協託名牛八，指稱前明後代的政治意味雖然很濃厚，但

8　《剿捕檔》，嘉慶三年三月初九日，頁 53，覃加輝、張正朝供詞。
9　《關於在中國及東印度傳教會傳教通信新集》，第三卷，頁 379-386。見《清中期五省白蓮教起義資料》第五冊，頁 342。

不能過分強調反滿的種族意識。引文內容，對地方吏治的描繪，雖然言過其實過於誇大，但是由於官府嚴厲緝拏信眾，查辦過激，動輒處以死刑，信眾惶恐，終於釀成鉅案。《寄信上諭》中有一段分析說：

> 此等習教之徒，俱係內地編氓，其初不過為斂錢起見，並未敢糾眾滋事，若地方官設法勸禁，原不難消患未萌，無如州縣等以查拏教匪為名，任聽胥役訛詐恐嚇，或以一人而株累多人，或以一案而牽連多案，輾轉追求，使若輩無容身之地，遂致激而生變，皆以官逼民反為詞，攘奪之不已，則繼之以焚掠，焚掠之不已，則繼之以裹脅，裹脅日眾，黨與日多，因而抗拒官兵，肆行無忌，不敢投降，恐干刑戮，亡命日久，欲罷不能[10]。

由於投訴無門，白蓮教信眾逐鋌而走險，教中擇期起事，編造歌謠，到處傳誦，利用血緣與地緣關係，招人入教，擴大組織。例如四川宜都縣人聶傑人，他生有三子：長子聶泮、次子聶池，三子聶渭。其次子聶池有個女兒，許配給張宗文的兒子為妻，所以聶傑人與張宗文是兒女姻親。張宗文曾拜張正謨為師，學習白蓮教。乾隆六十年（1795）五月，張宗文同其師父張正謨到聶傑人家，告知「明年三月是辰年辰月，定起黑風，死人無數。」編造黑風末劫預言，勸聶傑人入教，以免災禍。聶傑人聽信，就與次子聶池同拜張宗文為師，每日燒香敬神。同年七月間，白蓮教頭目劉盛才引述張正謨的話，轉告聶傑人說：「山西岳陽縣有個李犬兒，是戊戌年生的，他是神將轉世，將來我們同教的人都要保

---

10 《欽定剿平三省邪匪方略》（（臺北，國立故宮博物院，內府朱絲欄寫本），正編，卷一七二，頁32。嘉慶五年閏四月初九日，寄信上諭。

護他在河南立業[11]。」教中揚言保護李犬兒成事後，可得好處。「他
們差人到處密散謠言，這些愚民有心裡害怕圖免禍的，也有貪心
想得好處的，所以聽從入教的狠多[12]。」教中所謂好處，是指按
信眾各人所出根基錢的多寡，一方面保佑來生富貴，死後不入地
獄；一方面今生可以於起事成功以後，分別封官。據劉盛才告稱，
「習教的人各出銀兩，交與掌櫃的收下，轉送李犬兒，就在簿內
開入名字，日後成事，查對納銀多少，分別封官。聶傑人心想做
官，就出銀一百兩，交劉盛才收去，劉盛才說，聶傑人的銀多，
可做總督[13]。」白蓮教又聲稱倚恃經咒靈文，可免災禍，可避鎗
箭。四川東鄉縣人王三槐被捕後供稱：

> 小的是東鄉縣人，現年三十五歲。向來學習巫師，與人禳
> 災治病，得錢度日。父親王元亨，母親王楊氏。娶妻陳氏，
> 生有一個兒子，甫經數月。因我犯了事，就不知下落了。
> 乾隆五十七年間，有湖北襄陽人孫老五即孫賜俸，來到四
> 川太平一帶，勸人出根基錢，學習靈文經咒，可以免災。
> 有小的素識之冷添祿，已經學會了，小的也要學，隨拜冷
> 添祿為師，後來凡遇小的到人家治病，即將經咒轉相傳授，
> 得過根基錢，多少不等[14]。

白蓮教的靈文經咒，長短不一，譬如湖北光化縣人劉其兄拜
劉經佩為師，所念咒語為：「啟稟家鄉掌教師，我佛老母大慈悲」；

11 《剿捕檔》，嘉慶元年四月，頁107，聶傑人供詞。
12 《剿捕檔》，嘉慶元年四月，頁116，向瑤明等供詞。
13 《清中期五省白蓮教起義資料》，第五冊，頁1。嘉慶元年二月，聶傑人
　　供詞。
14 《清中期五省白蓮教起義資料》，第五冊，頁65。嘉慶三年七月，王三
　　槐供詞。

「八大金剛將，哪叱揭諦神」；「普庵來到此，魍魎化灰塵[15]。」
湖南新化縣人曾世興、湖北房縣人祁中耀供稱：「小的們習白蓮
教，起初原是行善，只說誦習靈文可以消災避劫，靈文只是口授。
教中規矩，上不露師，下不露徒，故同鄉之人，亦止以傳習靈文
之人爲師。」只傳習靈文，不宜露教中師徒姓名，以免官府查拏。

　　白蓮教起事的日期，是由各教首約定的，據劉之協供稱：「我
同姚之富、齊王氏，原擬嘉慶元年（1796）三月初十日辰時是辰
年辰月辰日辰時起事，爲的是興旺意思。原想用一色干支，使同
教人看得新奇，好信服我[16]。」教首張正謨等原訂於三月初十日
正式起事，但因地方官查拏甚緊，恐被拏到官府問罪，適見各處
官兵俱往湖南征苗，於是提前於正月初八日在湖北長陽縣邀集數
百人將白布旗號、黃綾符帖、刀槍等物攜至聶傑人家中藏貯。告
知聶傑人說：「劫數將到，凡入教的分爲上下文武兩班：竹溪、房
縣、保康各處爲上頭武仙；枝江、宜都、宜昌爲下頭文仙，三月
間劫數一到，武仙與文仙會齊，殺人無數，只見頭帶白布號帽，
身上有黃綾符帖，就曉得是同教的人，可以免難[17]。」因聶傑人
房屋座落山中，隱蔽寬大，信眾即於聶傑人家中屯住，並推聶傑
人爲首，提前於正月十一日起事，年號爲「天運」[18]。

　　川陝楚等省白蓮教起事各股，分營管轄，有軍師、都督、元
帥、先鋒、總兵、副將、提點、提巡、探馬、旗手等職稱[19]。張
正謨起事後，其他各股教首亦先後聚眾起事，其中揚起元一股於

15 《清中期五省白蓮教起義資料》，第五冊，頁 10。
16 《清中期五省白蓮教起義資料》，第五冊，頁 105。嘉慶五年六月，劉之
　　協供詞。
17 《清中期五省白蓮教起義資料》，第五冊，頁 2。聶傑人供詞。
18 《剿捕檔》，嘉慶三年三月初九日，頁 51。
19 《剿捕檔》，嘉慶三年三月初九日，頁 51，覃加耀供詞。

同年二月初在當陽起事，李長富等人於三月間在保康縣起事，湖北棗陽縣人崔連樂等人亦於三月間起事，棗陽縣人張世龍等人於三月十六日在黃龍蕩起事，張廷舉等人於三月間在襄陽縣起事，雲陽縣人張長青與林亮功於嘉慶二年（1797）閏六月間一同起事。各股旗色分爲青、白、藍、黃、紅等號，分別稱爲青號旗、白號旗、藍號旗、黃號旗、紅號旗。據教犯王蘭供稱，「姚之富有四十八個徒弟，分爲四十八線，那李長富是十九線的教首[20]。」隸屬於四十八線的白蓮教信眾，稱爲線子號。據教犯張效元供稱，白蓮教起事以後，信眾以身穿青藍衣服，頭頂三尺藍布，腰纏三尺藍布爲外號；以傳誦「天上佛，地上佛，四面八方十字佛，有人學會護身法，水火三災見時無」等歌詞爲內號[21]。劉之協所豎旗號爲「天王劉之協」，被官府指爲罪大惡極[22]。清軍進剿白蓮教期間，拏獲教犯人數眾多，經審訊後多錄有供詞，根據各教犯的供詞，大致可以了解各教犯的籍貫分佈、年齡分佈、職業分佈。就各教犯的原籍分佈而言，其中籍隸湖北者爲數最多，其次爲四川、湖南、陝西、河南等省。此外，還有來自安徽的教犯，主要是混元教或三陽教的傳教師父。其來自廣東、江西的流動人口，主要是前往川陝楚邊境種地謀生的棚民。各教犯的年齡分佈，最長者爲湖北宜都縣人聶傑人，年六十八歲，安徽太和縣人劉之協，年六十一歲。最年幼者爲四川廣元縣人薛紹貴，年十八歲，湖北竹山縣人陳于青，年十九歲。各教犯平均年齡爲三十七歲。各教犯的職業分佈，除務農外，還有巫師、小販、木匠、石匠、傭工、

20　《剿捕檔》，嘉慶元年七月二十六日，頁135，王蘭供詞。
21　《清中期五省白蓮教起義資料》，第五冊，頁111。嘉慶五年九月，張效元供詞。
22　《清中期五省白蓮教起義資料》，第二冊，頁339。嘉慶五年八月十四日，軍機大臣慶桂等奏稿。

挑夫、裁縫、開張染坊、蒙館教師、醫生、鐵匠、機匠、衙役、武生、武童等等。小販中所販多爲帶子、柴炭、酒類、豬隻、棉花等民生物資。

湖北教犯胡明遠供認白蓮教起事前，就有「過了癸亥年，賽過活神仙」的歌謠，彼此傳誦。教犯趙聰觀是湖北襄陽人，他被捕後供稱：

> 當初傳教講經，有說白蓮赴劫數，過了豬犬之年，就可成事。後來官兵殺得利害，老教的人也都懊悔的。樊人傑怕人心要散，就勸眾人不要害怕，從前原有過了壬戌、癸亥年都得好處的話，神佛斷不負人，必要應驗的，大家奈〔耐〕到九年上，就是下元甲子了。他又說白蓮教過了癸亥年，把經念滿了，官兵自然就散，不來追趕，我們大家就可成事[23]。

干支壬戌年相當於嘉慶七年（1802），癸亥年相當於嘉慶八年（1803），兵連禍結，長達七、八年之久，民不聊生，但因白蓮教有九年的劫難，清軍仍未撤退。甲子年相當於嘉慶九年（1804），官兵停止進剿白蓮教，善男信女或愚夫愚婦終於結束了兵燹災難。

由於各股白蓮教先後起事，聲勢浩大，清朝調動大隊客籍兵馬進剿，師老糜餉，處處失利，只能尾追而不能迎頭痛擊，歷時八、九年，幾致動搖清朝的統治基礎。

富成，石莫勒氏，滿洲鑲黃旗人，出身健銳營前鋒，從征烏什、大小金川，屢立戰功。嘉慶初年，奉命兼領直隸、吉林新調勁旅進剿白蓮教，由提督擢至成都將軍。嘉慶四年（1799），因經略勒保疏參富成兵力不足，未能制敵，褫職逮問。陝甘總督松筠

---

23 《清中期五省白蓮教起義資料》，第五冊，頁159。嘉慶八年五月，趙聰觀供詞。

遵旨馳赴略陽,將富成革職拏問,宣旨革去翎頂,摘取印信,並將諭旨內指出各情節,逐一嚴詢。據富成供稱:

> 我係滿洲世僕,受恩深重,帶領多兵,不能趕緊殺賊,及早蕆事,上煩聖慮,理應即行正法,今蒙皇上天恩,不即置之重典,傳旨訊問,我自十九歲當兵,出征西路雲南金川等處,從未稍有退縮。今由總兵提督擢任將軍,尤應感激思奮,更何敢心存滿足,推諉玩視。總緣闇劣無能,惟知一味追賊,有時抄道迎截,無如賊匪狡繪,探知前有官兵,立即折回,或翻山旁竄,又成尾追,總未能痛加殲戮,每次所殺賊匪實在不多,心中著急,無顏奏報,仍照在四川時具報經略,實是我糊塗該死。至於兵丁飢瘦情形,雖州縣日日運糧,緣賊蹤無定,行營亦無定所,米麵必須駄負,迨探知軍營所在,將近趕到,賊匪已經逃竄,不但不走大路,且不由小路,竟自翻山爬岩,深林密箐,隨砍隨行,官兵只得跟蹤緊追,不及等待,其運來糧米,又須覓道繞送,往返迂迴,又趕不上,故不能按日支領,只得零星在就近村寨採買散給,不得飽食,皆屬實情。我原帶山東兵三千五百名,向在兗州鎮任內管教熟習,故於湖北、四川打仗甚屬得力,因陞任四川提督將軍,此次來甘,帶領四川、貴州、雲南、洮岷河州各營兵丁,並河南、四川、貴州各處鄉勇,通共七千餘名,除傷亡病故外,現存兵三千九百八十名,鄉勇二千三百九名,各有將備管領,語言性情不一,我又無能妥實訓練,以致打仗常不得力。又隨帶駄騾甚少,鑼鍋帳房,一切多係兵丁自行背負,行走未免艱難,到打仗時,先到者不過二千多人,山路崎嶇,每遇雨水泥濘,催令奔走,衣履易於破壞,兵丁多有跣足,

或用牛皮包裹行走，每以好言勸說，兵丁亦知感奮。近日
於黃家坪大水溝黨家坪蔣家山毛埡山連打數仗，尚能奮勇
殺賊。但斬獲之數，仍復無多。已於本月十五、二十二兩
日具奏，究竟不能痛加剿殺，心中愧恨交集。至兵丁沿途
俱知守法，惟鄉勇人雜，乏食之日，不無搶奪強買情事，
我曾隨時懲治。在成縣里落壩，將四川鄉勇李五正法。又
在禮縣孟家梁，將河南、湖南鄉勇張文學、董受林正法。
其割耳插箭捆打示懲者尤多，實不敢縱容騷擾百姓。但不
能預為防閑約束，就是我的不是，只求將我從重治罪[24]。

富成供詞內容涉及的問題，十分廣泛，包括戰略戰術、軍需
補給、軍事地理、兵勇紀律等等，都值得重視。大致而言，兵丁
軍紀尚佳，惟鄉勇人雜，不無騷擾百姓之處。糧米運送，困難重
重。寄信上諭指出，「自辦理軍務數年以來，各路撥發部庫銀已不
下七千餘萬，上年（嘉慶四年）朕親政以後，又撥給銀一千餘萬，
並有不待伊等奏請即預為撥給者，通計所發餉項及各省協撥銀兩
不下萬萬[25]。」但因教匪蹤跡無定，行營無定所，州縣所運糧米，
必須覓道繞送，不能按日支領，以致兵丁不得飽食，而日形飢瘦。
湖北巡撫汪新已指出，「宜昌、施南等境、該處跬步皆山，人夫不
能負重，轉運糧餉軍裝軍火等項，若全資夫力，不特險僻之區，
僱集不易，且逼近賊氛，奸良莫辨，更慮非宜[26]。」富成供詞中
所稱兵丁必須馱負米麵，鑼鍋帳房，也是兵丁自行背負，行走艱

24 《欽定剿平三省邪匪方略》，正編，卷一〇四，頁 25。嘉慶四年六月初
　　四日，富成供詞。
25 《宮中檔》（臺北：國立故宮博物院），第 2724 箱，78 包，13200 號。嘉
　　慶五年三月三十日，寄信上諭。
26 《宮中檔》，第 2706 箱，8 包，1079 號。嘉慶元年八月二十七日，湖北
　　巡撫汪新奏摺。

難等語,都屬實情。教匪退入山林時,既不走大路,也不走小路,竟自翻山爬岩,官兵徒事尾追,因循耽延,兵力疲敝。官兵處處失利的原因,都與地理因素有密切的關係。

　　經略大臣額勒登保是瓜爾佳氏,滿洲正黃旗人。他具摺時指出,川陝楚三省邊界遼闊,山林險阻,教匪白晝伏而不出,凡溝渠林箐,在在皆可藏身,夜間潛地奔逃,不惟官兵難於偵探,雖寨碉民人亦莫測其蹤跡深山密林中。迨至百姓報知官兵,或我軍偵得教匪信息,帶兵遄往,教匪早已遠颺,往往窮日奔馳,卻徒勞無益。各官弁兵勇在荒山冰雪中晝夜奔馳,勞不敢休,饑不遑食,教匪以逸待勞,驟難蕩平[27]。惠齡是蒙古正白旗人,當教匪由漫川關一帶逃向陝西山陽縣境時,官兵跟蹤而至,但因山陽地形險峻,徒勞無功。惠齡具摺指出,「山陽一帶,跬步皆山,均極險峻,如花園嶺、土地嶺、七里峽、大新川、小新川、板崖、殺虎嶺等處,尤為陡狹,一線羊腸,盤旋而上,多有馬不能行之處,而各山連接,可通洵陽、鎮安、平利等縣,賊人畏懼官兵馬隊,多從陡仄難行之路翻越分逃[28]。」由於教匪畏懼官兵馬隊,而大山密林中,難於剿捕,因此,額勒登保等人設法將教匪驅出大山,轟出老林,不令其復入老林內。

　　清朝將領用兵於川陝楚期間,分別採取剿、堵、撫三種策略。但因地形限制,剿、堵、撫的策略,並未收到效果。因各省情形不同,其策略亦有差異,教匪初起,領兵大員及朝廷多主剿,後期或剿或堵或撫,因地而異。其中四川教匪最多,川民被裹脅者

27　《宮中檔》,第 2712 箱,55 包,7302 號。嘉慶七年二月初一日,額勒登保奏摺。

28　《宮中檔》,第 2706 箱,16 包,2397 號。嘉慶二年四月二十八日,惠齡等奏摺。

亦最多，主張用撫；陝西民人入教爲匪最多，川民被裹者亦最多，主張用撫；陝西民人入教爲匪者較少，無可招撫，主張用剿；湖北因殺戮過甚，教匪剿、堵不易，楚人亦接受招撫。當教匪起事之初，朝廷原想一舉蕩平教匪，於是採取分進合擊的策略，各路官兵分路進攻，然後會合兵力，四面圍剿。但因外線作戰，又受地理限制，分進合擊的包圍戰個，並未奏功。經略大臣額勒登保初隸名將海蘭察部下，身經百戰，頗知兵法。額勒登保具摺時曾對用兵於川陝楚教亂的性質，進行分析，節錄一段內容如下：

> 伏思向來剿辦外番部落，其收效只在於掃穴擒渠，正不必盡數誅戮，使無噍類。此則內地亂民，誠如聖諭不可稍有草率，且現在所剩者，又多係狡猾亡命之徒，飄忽無常，若不全行剿除，不足以杜後患，然欲杜後患，實不能不稍需時日[29]。

進剿教匪歷時八、九年的原因，一方面與地理因素有關，一方面也是因爲教匪是內地的叛亂勢力。清朝對外用兵，所以能靠馬隊長驅直入，主要是在於掃穴擒渠，不必盡數消滅。但是對內地叛亂則必須永杜後患，澈底鎮壓，全行剿除，使無噍類，所以不能速戰速決，以免稍有草率。

堅壁清野的策略，主要是鞏固壁壘使敵人不易攻擊，遷移人口、物質使敵人無所獲取，即所謂壁壘堅則不易攻，原野清則無所獲，在戰爭中常用爲對付優勢敵人入侵的一種作戰方法，歷代兵家多以堅壁清野爲困敵之策。

堅壁清野的策略，是山地用寨，平地用堡。壁清清野，可以自保，加強防禦，可以解決軍需補給問題，保境安民，守望相助，

---

29 《宮中檔》，第 2712 箱，55 包，7302 號。嘉慶七年二月初一日，額勒登保奏摺。

可以困敵使佔優勢的教匪不能得逞。清朝因應川陝楚的地形而採行堅壁清野的策略，終於改變了敵我的形勢。反客為主，我兵常多而敵反少，我兵常逸而敵反勞，我兵常飽而敵反饑。清軍採行了堅壁清野的策略以後，官兵剿、堵、撫的策略，並未捨棄不用。官兵一方面進行剿、堵、撫，一方面採行堅壁清野及團練鄉勇的策略，而加速了教匪的平定。從清軍征剿川陝楚白蓮教的戰役過程中，可以發現地理因素在戰爭舞臺上扮演了重要的角色。

三、天理教的活動

乾隆末年以來、山東、直隸等省，八卦教的勢力，並未因官府的取締而停止活動。八卦教總教首劉省過身故後，已無人執掌八卦教。乾隆四十五年（1780）十月，劉廷獻在濟木薩配所，坎、震兩卦掌教侯棠因劉廷獻是劉省過近支，即遣其徒徐青雲等前往濟木薩，推劉廷獻為中天教首，總掌八卦教事務，積極復興八卦教。嘉慶七年（1802），劉廷獻病故後，侯棠之子侯繩武等人到濟木薩推劉廷獻之子劉成林為中天教首，接掌八卦教。

八卦教中的離卦教，平日為人治病，教人坐功運氣，因此，入教信眾頗多。直隸青縣人葉長青傳習的教派叫做老君門離卦教，又名義和門。山東蘭山縣人狄珍傳習離卦教，教中傳授盤膝運氣採清換濁的方法，稱為「而」字功夫。直隸清河縣人尹老須即尹資源傳習離卦教，教中傳授閉目運氣的方法，氣從鼻孔收入，名為採清，又從鼻內放出，名為換濁，統名「而」字功夫，取承上起下之義。又傳給「在理」二字，遇到同教之人，彼此問答，都以「在理」二字作為暗號。廣平府清河縣人張東瞻收江蘇銅山縣人耿孜元等人為徒，傳習離卦教，教中傳授坐功修道的方法，

舌抵上顎，鼻探真氣，閉目存神。河南束鹿縣人劉黑知傳習離卦教，教中傳授閉著口眼從鼻中運氣的功夫。直隸長垣縣人崔士俊傳習離卦教，同教見面時，駢食指、中指，往上一指，名爲劍訣，作爲暗號。直隸長垣縣人徐安幗傳習震卦教，教中每日早午晚三次朝禮太陽，兩手抱胸，合眼趺坐，口念「真空家鄉，無生父母」八字真言八十一次，叫做抱功，聲稱功成可免災難。河南信陽州人樊應城傳習震卦教，樊應城供稱：「東方震卦教的由來，是因太陽東升，方向屬震，因此，有東方震卦經咒，每日向東方磕頭[30]。」山東定陶縣人劉全義曾拜袁興邦爲師入震卦教，袁興邦教他每日三遍拜太陽，早向東，午向南，晚向西，學習運氣功夫。劉全義之兄劉全智則拜劉允中爲師，入震卦教，教他學習運氣及八字真言，並用火石尖將劉全智左手二指畫傷，用火香烙成月牙痕，作爲暗號。除離卦教、震卦教外，地方官也查獲兌卦教、巽卦教案件。例如西寧縣人劉邦禮因傳習兌卦教被捕，山東人趙德拜河南滑縣人張學武爲師入巽卦教。直隸長垣三人崔士俊原習離卦教，震卦教教首徐安幗以震卦教勝過離卦教，即勸崔士俊改歸震卦教。

　　從離卦教信徒改歸震卦教的例子，可以了解八卦教各卦之間的差異，並不很大。至於天理教與八卦教、榮華會、三陽教等教派，彼此之間，也是名異實同。河南滑縣人牛亮臣是天理教中重要頭目之一，他被捕後供認原充華縣庫書，嘉慶十一年（1806），因虧用官項，逃往保定，在唐家衖衖馬家店內當夥計。同年十二月間，林清因犯案到省城，也在店內住歇，與牛亮臣談及教內的事，林清告知自己的教是京南人顧文升傳授。從前山東曹縣人劉林是先天祖師，林清是劉林轉世，是後天祖師，其教派本名三陽

---

30 《宮中檔》，第 2723 箱，99 包，19308 號。嘉慶二十年七月十一日，河南巡撫方受疇奏摺。

教，分青、紅、白三色名目，又名龍華會，因分八卦，又名八卦
會，後來又改名天理會，每日朝拜太陽，念誦經語，相信可免刀
兵水火之厄，如遇荒亂，並可圖謀大事。牛亮臣聽信其言，即拜
林清爲師[31]。林清所稱京南人顧文升，又名顧亮，他是宋進會遠
房表親，向來以看病爲業，時常在宋進會家中居住。嘉慶九年
（1804）八月間，顧亮勸令宋進會皈依他的榮華會，戒除酒色財
氣，行善學好，遇教中貧難之人，布施錢文，來世即有好處，可
以享受榮華。顧亮即在宋進會家佛前上香，互相盟誓後，即傳給
打坐功夫，默念「真空家鄉，無生父母」八字真言。嘉慶十一年
（1806）三月間，宋進會又引其兄宋進耀拜顧亮爲師，入榮華會。
同年五月間，又引林清、劉四向顧亮學習打坐功夫，遂尊顧亮爲
教首。宋進耀轉勸直隸宛平縣人陳茂林、陳九成父子入教。凡入
教者習稱「學好」，傳道者習稱前人，從學者稱爲後人，不以師徒
相稱。宋進耀等人時相聚會，盤膝打坐，聽顧亮談說仙卷符咒。
顧亮坐談之時，向不關門，不拒人窺探。嘉慶十二年（1807）六
月，顧亮身故後，宋進耀等人仍舊聚會，講究習善[32]。

　　林清又名劉興幗，是直隸宛平縣黃村宋家莊人。嘉慶十三年
（1808），因坎卦卦長劉呈祥犯案問徒，坎卦無人掌管，教中公推
林清掌坎卦。林清附會《三佛應劫書》中牛亮臣爲仙盤的說法，
令牛亮臣穿著八卦仙衣，頭戴道冠，信眾稱牛亮臣爲先生，道號
子真道人。林清的外甥董幗太被捕後供認林清傳習的是白陽教，
又名榮華會，實無白蓮、紅蓮、青蓮之說[33]。教中輾轉收徒傳習，

31　《欽定平定教匪紀略》，卷二六，頁 23。嘉慶十九年十二月十六日，據
　　那彥成奏。
32　《宮中檔》，第 2724 箱，72 包，11671 號。嘉慶十三年八月初一日，直
　　隸總督溫承惠奏摺。
33　《上諭檔》，嘉慶十九年十一月十四日，董幗太供詞。

例如王大即王畛，是直隸新城縣人，家住蠻子營，與其姊夫張黑兒居住的姚家莊，相隔二十餘里。嘉慶十八年（1813）二月間，王大到張黑兒家探望，張黑兒告知王大，自己是白陽教榮華會內的人，勸令王大也入他們的白陽教學好。王大即拜張黑兒為師，磕了一個頭，教王大每日念誦八字真言，就可得好處。楊三即楊勇振，是直隸固安縣人，平日種田度日，住居王明莊，與其妹夫張文得居住的姚家莊相隔二十餘里。嘉慶十八年（1813）五月內，楊三到妹夫張文得家探望，張文得同楊三妹子楊氏，向楊三說他們是榮華會內人，習白陽教學好，勸令楊三也入他們的教，楊三應允，張文得即引楊三往見同村居住的張廷太，拜張廷太為師，張廷太令楊三燒一炷香，念誦八字真言。張劉氏是新城姚家莊人，張廷太就是張劉氏的公公。張劉氏被捕後供稱：「我公公是李五即李得點傳的，我男人是我公公點傳的。十八年六月裡，我公公同我男人都叫我入他們的榮華會，我應允，先叫我燒香起誓，如若洩漏，就要天打雷轟，我就起了誓，我公公傳我真空家鄉，無生父母八字咒語，令我不時念誦[34]。」張廷太父子媳婦一家人都入了榮華會。由王畛、楊勇振等人的供詞，可以了解榮華會就是白陽教，也可以說榮華會是白陽教的異名。教中戒除酒色財氣，行善學好，入榮華會或白陽教的信眾就是學好的人，「學好」一詞使用日久，就成了教派名稱，叫做學好教。教中有點畫眉心，並說「性在這裡」的入教儀式，簡稱「在裡」，訛為「在理」。

祝邢氏是直隸宛平縣人，她於十九歲時許給桑垈村祝現之子祝秉仁為妻。據祝邢氏供稱，祝現起先也不是在理，她的婆婆隴氏是在理的人，隴氏過門以後，因祝邢氏不是在理的人，諸事不

---

34 《上諭檔》，方本，嘉慶二十年正月二十日，張劉氏供詞。

便，隴氏即令祝邢氏拜陳爽爲師，入榮華會。祝現曾隨其母兩次赴檀柘寺燒香，回家後曾說山中僻靜，若能在山中修行，甚爲快樂[35]。山西人來明是武安縣黃姑菴道士，來明被捕後供出劉五即劉玉隴，他是離卦教頭目，那離卦教的口號，見人先說「真空」兩字，答應說「妙」。又稱教中學會金鐘罩，不怕刀砍，只怕拖[36]。據牛亮臣供稱劉玉隴是離兌巽艮四武卦內頭目，善會喫符。據教犯郭洛雲供稱，離卦教又名如意門，見人稱爲「在理」二字，就知是同教[37]。

　　天理教按八卦分派，各有教首。據山東定陶縣教犯劉景唐供稱，「李文成是震卦教首，林清是坎卦教首，尙有艮卦教首郭泗湖即郭四鬍，住居河南虞城縣郭村地方。又山西人解中寬即謝中寬，亦係艮卦，在古北口外承德府一帶，不知地名。又巽卦教首程百岳，住居城武縣程家莊。坤卦教首邱玉，兌卦教首侯幗隴，都住居山西岳陽縣西南十里之王莊。又離卦尙有張景文爲首，住居城武縣元家店。又乾卦教首張廷擧，住居定陶縣西三十五里之張家灣[38]。」林清等教首分遣信徒四出傳教，以入教有好處，戒除酒色財氣，念誦八字咒語，病瘧可痊，且免遭劫，善男信女爲求福佑，遂相繼聽信入教。信眾以林清口能辭辯，能言善道，道理最深，預知吉凶，又會捏訣，所以推林清爲十字歸一，八卦九宮，統歸他掌管，充當總教主，教中稱爲當家，並揚言林清是太白金

35　《宮中檔》，第 2723 箱，92 包，17364 號。嘉慶十九年二月二十六日，英和等奏摺。

36　《宮中檔》，第 2723 箱，160 包，19645 號。嘉慶二十年八月二十二日，陝西巡撫朱勳奏摺。

37　《宮中檔》，第 2723 箱，98 包，19141 號。嘉慶二十年五月二十七日，字寄。

38　《欽定平定教匪紀略》，卷一五，頁 1。嘉慶十八年十月二十九日，據同興奏。

星下降，是天盤，應做天王；衛輝人馮克善是地盤，應做地王；滑縣人李文成是人盤，應做人王，起事成功以後，由人王統治，至於天王、地王則同孔聖人和張天師一般。天理教信眾，與日俱增，林清等人遂密議起事。根據民間流傳的曆書，從正德十五年（1520）至光緒二十六年（1900），其間共經歷了十一個閏八月，其中嘉慶十八年（1813），歲次癸酉，閏八月，不見於清朝政府頒佈的時憲書。按曆法推算，嘉慶十八年（1813），應置閏八月，但因嘉慶十六年（1811）彗星見於西北方，欽天監以天象主兵，奏請更改時憲書。是年四月二十三日，《內閣奉上諭》記載了更改閏八月的經過，節錄一段內容如下：

> 前據管理欽天監事務定親王綿恩等奏，查得嘉慶十八年癸酉時憲書，係閏八月，是年冬至在十月內，為向來所未有。因復查得十九年三月亦無中氣可以置閏，應否改為十九年閏二月等語。朕思置閏，自有一定，非可輕言更易，恐該監推步之處，或有舛錯，因降旨交綿恩等再行詳細通查。茲據奏稱，溯查康熙十九年、五十七年俱閏八月，是年冬至仍在十一月，與郊祀節氣，均相符合。今嘉慶十八年閏八月，冬至在十月內，則南郊大祀不在仲冬之月，而次年上丁上戊又皆在正月，不在仲春之月，且驚蟄春分，皆在正月，亦覺較早，若改為十九年閏二月，則與一切祭祀節氣，均屬相符，復將以後推算至二百年，其每年節氣，以及置閏之月，俱與時憲無訛等語。定時成歲，所以順天行而釐庶績，南郊大祀，應在仲冬之月，上丁上戊，應在仲春之月，此外一切時令節氣，皆有常則。今據該監上考下推，直至二百年之遠，必須改於嘉慶十九年二月置閏，始

能前後吻合，實為詳慎無訛，自應照此更正[39]。

按時憲書推算，嘉慶十八年（1813）癸酉，是閏八月，但經欽天監奏准，改於嘉慶十九年（1814）二月置閏。官方曆書雖然取消了嘉慶十八年（1813）的閏八月，可是民間仍然沿用舊的曆書，流傳閏八月對清朝政權不利的歌謠。其中八卦教更是極力宣傳閏八月為紅陽末劫的思想，天上換盤，是變天的年代，清朝政權，即將結束。對八卦教而言，「八」是神秘性質很濃厚的一個數目，八的倍數可以推演出更多的變化，八乘以八，演為六十四，閏八月對八卦教而言，更具特殊意義。八卦教天書內就記載著「八月中秋，中秋八月，黃花滿地開放」的讖語。句中第二個中秋，就是閏八月中秋，相當於新頒時憲書中的嘉慶十八年（1813）九月十五日，林清等人推算天書，算出這一年閏八月是紅陽末劫，白陽教當興，彌勒降生。於是假藉天書，宣傳閏八月交白陽劫的思想，是變天的時機，而暗中聯絡各卦教主，準備起事應劫。是年四月間，河南滑縣八卦教卦長于克敬等人到直隸宛平縣宋家莊，與當家林清密商大計。林清宣佈閏八月十五日即九月十五日將有大劫，已聯絡武官曹綸、太監高福祿等人為內應，訂期於今年四五月三五日一齊動手。所謂「四五」，即四加五，和數為九，將「九」拆為四和五，四五月即九月；所謂「三五」，即三乘以五，積數為十五，三五日即十五日。「四五月三五日」，暗藏九月十五日，就是第二個中秋閏八月。林清與于克敬、李文成等教首果然在九月十五日即閏八月十五日率眾起事。信眾以「奉天開道」白旗為號，白布二塊，一塊拴腰，一塊蒙頭，口誦「得勝」暗號。李文成一路所豎大白旗書明「大明大順李真主」字樣，鑄有大順

39　《清仁宗睿皇帝實錄》，卷二四二，頁 24。嘉慶十六年四月庚午，內閣奉上諭。

錢，欲俟事成後，建國號爲「大順」。閏八月十五日，林清分東西
兩路進入紫禁城，計畫趁嘉慶皇帝回鑾時劫駕。但因各路信眾未
能如期會合，起事遂告失敗，直省地方官緝捕教匪人數眾多，經
審訊後錄有供伺，各卦教首多被誅戮，成爲宗教末劫論的犧牲品。
檢查現存檔案，可以將天理教案件要犯的分佈列出簡表如下：

嘉慶十八年（1813）天理教要犯分佈簡表

姓　名	籍　　　貫	職　　業	教　派	師父姓名	備　　註
于克敬	山西		震卦教		
王　左	直隸新城縣		白陽教	張廷太	
王　五	直隸交河縣		榮華會	張　三	
王大畇	直隸固安縣		榮華會	張文得	
王文茂	直隸大興縣				
王成兒	直隸固安縣			李　亮	
王廷瑞	直隸固安縣			顧殿英	
王希照	直隸清河縣		榮華會	王　二	
王　秀	直隸宛平縣				
王世有	直隸宛平縣				
王　林	直隸宛平縣				
王進道	河南東明縣		震卦教	宋克俊	
王進忠	山東德州	衙　役	天理教		
王　凱	直隸新城縣				
王　恆	直隸宛平縣				
王順添	直隸長垣縣				
王學詩	河南滑縣		兌卦教		兌宮伯
王普仁	山東金鄉縣		離卦教		
王振林	山東定陶縣				
王銀廣	山西陵川縣				
王　祥	山東濟寧州				
王得才	河南滑縣				
支進才	直隸宛平縣				
牛文成	河南滑縣		坎卦教		
牛亮臣	河南滑縣	庫　書			
孔老登	直隸長垣縣		坎卦教		

孔廣運	山東定陶縣	武　生			
白群兒	直隸新城縣				
田茂才	直隸宛平縣				
田茂貴	直隸宛平縣				
甘牛子	直隸通州	種　地	榮華會	張以富	
任自貴	直隸宛平縣	務　農	榮華會	宋進耀	
任洛正	直隸鉅鹿縣				
吉仰花	山西永濟縣	傭　工	離卦教		
朱　成	河南滑縣				
朱成方	山東曹縣		震卦教		
朱成文	山東曹縣		震卦教		
朱成珍	山東曹縣		震卦教		
朱成來	山東曹縣		震卦教		
李三豐	河南滑縣				
李士安	直隸通州		震卦教		
李文成	河南滑縣		震卦教		
李進才	直隸武邑縣	小　販	榮華會		
李得水	直隸長垣縣				
李興邦	河南滑縣				
李庭正	河南滑縣				
李法言	山東定陶縣		震卦教		
李信成	河南滑縣				
李志茂	河南封邱縣		震卦教	王進道	封丘縣
李成進	河南濬縣		離卦教		
李長更	河南滑縣		艮卦教		
李長春	河南滑縣		艮卦教		
李如蘭	河南滑縣		艮卦教		
李景幅	直隸鉅鹿縣		大乘教		
李盛元	直隸鉅鹿縣		大乘教		
李盛得	直隸故城縣		離卦教		
李　經	真隸鉅鹿縣		大乘教		
李奇魁	河南滑縣				
李善魁	河南滑縣				
杜　大	直隸宛平縣				
杜文潮	直隸宛平縣		榮華會		
宋　才	直隸宛平縣	務　農	榮華會	宋進會	
宋玉林	山東德州		離卦教	馮克善	

宋義升	河南滑縣		天理會		
宋 喜	直隷宛平縣				
宋 德	直隷宛平縣		離卦教		
宋躍隆	山東德州		離卦教		
宋崇得	河南濬縣		坎卦教		
吳裕呈	河南滑縣				
吳城妮	河南滑縣				
車得新	河南滑縣				
邱 玉	山西岳陽縣				
邱自良	直隷固安縣	生 員	榮華會	李 亮	
宗元武	河南濬縣		坎卦教		
宗元德	河南濬縣		坎卦教		
周文盛	山東定陶縣		震卦教		
周泳泰	安徽盱貽縣				
林 清	直隷宛平縣		坎卦教		
邵舉人	山東定陶縣				
屈 四	直隷通州				
胡黑兒	河南滑縣				
侯幗隴	山西岳陽縣				
姜復興	直隷長垣縣		天理教		
姜道學	直隷長垣縣				
祝秋兒	直隷通州		白陽教		
祝 現	直隷宛平縣				
祝 瑞	直隷宛平縣				
馬 十	直隷故城縣		離卦教	宋躍瀧	
馬三元	河南南陽府		離卦教		
馬文通	直隷通州		榮華會	張以富	
馬文隴	直隷長垣縣				
馬張氏	直隷通州				
馬朝棟	山東金鄉縣				
徐安幗	直隷長垣縣		兌卦教		兌卦伯
高玉瓜	山東金鄉縣		坤卦教		
高繼遠	河南商邱縣		離卦教		
郜 二	山東東昌府		離卦教		
郜 四	山東東昌府		離卦教		
郜坦照	山東東昌府		離卦教		
唐恆樂	滑南滑縣				

郝　忠	山東清平縣	燒磚瓦	白陽教	李　老	
張一得	山東曹州		坎卦教		
張　七	山東商河縣	種　地	榮華會	宋　九	
張九成	直隸商河縣	醫卜星相	離卦教		
張　三	直隸通州				
張文才	直隸新城縣				
張文得	直隸新城縣		白陽教		
張元祿	直隸長垣縣		震卦教		震宮伯
張　采	直隸新城縣				
張　連	直隸固安縣				
張　喜	直隸通州	務　農	榮華會	張　升	
張廷舉	山東定陶縣				
張景文	直隸城武縣				
張　得	山東曹州				
張本義	山東曹縣				
張玉祥	直隸隆平縣				
張爲漢	河南滑縣				
張　惠	河南滑縣				
張建木	山東城武縣				
張道綸	河南滑縣				
張喜元	河南滑縣				
陳　五	直隸武清縣	種　地	白陽教	宋　九	
陳升兒	直隸固安縣				
陳　顯	直隸宛平縣				
陳文清	陝西城固縣		圓頓教		大書會
陳　祥	山東臨清州		圓頓教		
陳美玉	陝西西鄉縣		圓頓教		
陳金聲	陝西西鄉縣		圓頓教		
崔士俊	直隸長垣縣		離卦教		
崔文平	直隸新城縣				
梁莊兒	直隸大興縣		白陽教	李　老	
梁健忠	河南安陽縣		九宮教		離宮伯
梁登周	河南安陽縣				
梁添成	山東定陶縣				
曹光輝	山東定陶縣				
曹黑子	直隸通州		榮華會	曹　五	
郭泗湖	河南虞城縣				
楊遇山	直隸南和縣		離卦教		

楊勇振	直隸固安縣		白陽教	張文得	
程伯岳	山東單縣		震卦教		
程進水	河南滑縣				
程化廷	河南濬縣		離卦教		
馮克善	河南滑縣		離卦教		武卦總頭目
黃興宰	河南滑縣		兌卦教		
黃興相	河南滑縣		兌卦教		
富吉忠	河南滑縣				
解中寬	山西		艮卦教		
賀文升	直隸宛平縣				
賀起瑞	直隸宛平縣				
賀　恕	河南滑縣				
靳　三	山東莘縣		離卦教		
靳希盛	山東莘縣		離卦教		
葛立業	直隸固安縣		榮華會		
董　二	直隸通州			李　老	
董法松	河南東明縣				
董伯旺	山東城武縣				
榮興太	山東曹縣		震卦教		
趙得龍	直隸長垣縣				
趙得鳳	直隸長垣縣				
趙步雲	直隸冀州		巽卦教		
劉文通	直隸饒陽縣	織　布	坎卦教	劉玉隆	
劉玉隆	直隸饒陽縣		坎卦教		
劉景唐	山東定陶縣		震卦教		
劉廣遠	山東單縣		震卦教		
劉幗明	河南滑縣		兌卦教		
劉　燕	山東武城縣		離卦教		
劉啓武	直隸宛平縣		榮華會	劉啓文	
蔡克甲	山東曹縣	衙　役	乾卦教		
蔡景元	山東曹縣		乾卦教		
蔡新旺	山東曹縣		乾卦教		
衛修得	河南濬縣		坤卦教		
韓　玉	直隸宛平縣		榮華會	宋進耀	
韓存林	直隸固安縣	傭　工	榮華會	李　五	
韓義書	直隸長垣縣		兌卦教		
魏忠禮	直隸固安縣	傭　工	坎卦教	李世德	

資料來源：國立故宮博物院典藏《上諭檔》、《林案供詞檔》、《宮中檔》等。

前列簡表教犯共計一七五人，其籍貫分佈，主要爲直隸、山東、河南、山西、陝西等省，其中籍隸直隸的教犯計七十八人，約佔百分之四十五，籍隸河南的教犯計四十六人，約佔百分之二十六，籍隸山東的教犯計四十一人，約佔百分之二十三，其他省分所佔比例很低，由此可以說明嘉慶年間天理教起事案件的信眾，主要是分佈於直隸、河南、山東等省。在起事信眾內，含有庫書、武生、小販、傭工、燒製磚瓦工人、醫卜星相師等，不限於務農種地的農民。從教派的分佈，可以了解天理教案件的信眾，分屬白陽教、榮華會、乾卦教、坤卦教、震卦教、巽卦教、坎卦教、離卦教、艮卦教、兌卦教、圓頓教等教派。九宮教，即以乾、坤、震、巽、坎、離、艮、兌八卦之宮，加上中央，合爲九宮而稱爲九宮教。因此，天理教起事，主要就是以八卦教爲基本群眾。此外，因地方官查拏教犯，也同時拏獲大乘教等其他教派的信眾。嘉慶年間，三陽教、榮華會、天理教等教派，名異實同，有其錯綜複雜衍化合流的過程。王進忠是山東德州人，曾經充當衙役，跟過官。他被捕後供出山東冠縣人任四是林清的師弟，恩縣人馮彥是王倫手下人李翠的徒弟，與直隸故城縣人曹貴等到德州邀同糧道衙門糧書劉西園，德州衙門書吏焦梅占在德州地方設立天理教，招引德州快役馮義田等人每日在劉西園家學習義和拳棒，運氣念咒。嘉慶七年（1802），王進忠拜教中人董立本爲師，入天理教，學習拳棒，念誦咒語[40]。直隸長垣縣人姜復興，他與同村王順興、河南滑縣白家道口宋義升、長垣縣馬寨村馬文隴四人爲教首，教中共分四層，稱爲天理會，每層約有二、三百人，朔望行

40 《軍機處檔・月摺包》，第 2751 箱，1 包，47235 號。嘉慶二十一年四月二十三日，英和等奏摺錄副。

香念咒[41]。榮華會不僅是白陽教的異名，其實也是由紅陽教易名
而來。直隸宛平縣人宋文潮，他一向種地度日，嘉慶七年（1802）
正月，宋文潮等拜宋進會爲師，入紅陽教，宋進會傳授「真空家
鄉，無生父母」八字真言。嘉慶十三年（1808），宋進會在保定府
打官司後，宋進耀與宋進會商量，把紅陽教改爲榮華會，宋文潮
與同村任自貴一同入了榮華會[42]。綜合各教犯的供詞，可以了解
三陽教包括青陽教、紅陽教、白陽教三教，又名榮華會，因其分
爲八卦，又名八卦教，最後改名天理教。喻松青著《明清白蓮教
研究》一書也指出，林清原來加入的教派組織，名叫白陽教龍華
會即榮華會，是三陽教中的一支，當屬弘陽教系統。至於龍華會，
當屬圓頓教系統。到林清活動的嘉慶年代，明末原有的弘陽教、
圓頓教和其他各種教派，實際上已經不再是清一色的了。它們之
間早已互相吸收、補充和混淆，後來林清把所習的龍華會改名爲
天理教。這是一個很新的來自儒家的名稱，但它的實際內容還是
繼承了弘陽教、圓頓教，並且增加了八卦教的內容，最後完全和
八卦教合流[43]。

四、清茶門教的活動

　　清茶門教是嘉慶年間相當活躍的教派之一，由東大乘教即聞
香教輾轉易名而來。嘉慶二十一年（1816）五月間，在湖北襄陽
縣屬段家坡地方訪獲川陝楚教亂逸犯張建謨。據供稱，乾隆五十

41　《欽定平定教匪紀略》，卷一，頁6。嘉慶十八年九月十三日，據直隸布
　　政使素納奏。
42　《上諭檔》，嘉慶二十年十一月二十八日，頁419，宋文潮供詞。
43　喻松青著《明清白蓮教研究》（成都，四川人民出版社，1987年4月），
　　頁56。

年（1785），有河南新野縣人張蒲蘭帶領直隸石佛口人王姓到張建
謨家，告以王姓世習白蓮教，後改爲清茶門教，又稱清淨法門[44]。

　　直隸總督那彥成查辦直隸灤州王姓教案內要犯王三顧及咨緝
要犯王珠兒、王景祥、王佐弼等人，俱經奉天義州地方官拏獲，
由盛京將軍晉昌等隔別研鞫。王三顧供出籍隸直隸盧龍縣，年五
十一歲，是灤州石佛口王道森後裔，遷居盧龍縣境內安家樓，世
傳清茶門教，與其胞兄王三省、王三聘分往湖北、山西等地傳教
[45]。張建謨所供清茶門教傳自直隸石佛口王姓，與王三顧所供清
茶門教傳自王道森後裔等語是相合的。喻松青撰〈清茶門教考析〉
一文已指出聞香教又名東大乘教，清初曾用大成教名稱。徐鴻儒
起事失敗後，王森的子孫，仍繼承父祖之宗教事業，將聞香教之
名，改爲清茶教門，代代傳習[46]。清茶門教傳自直隸灤州石佛口
王姓的說法，應屬可信，惟官方文書何時出現清茶門教的名目？
其名目如何輾轉改易？仍待進一步查考。王道森原名王森，他是
王朝鳳第三子。據直隸總督那彥成查抄的《灤州石佛口王姓宗
譜》、《盧龍縣安家樓王姓宗譜》的記載，第一代王道森共有三子：
長子王好禮，次子王好義，三子王好賢，是爲第二代。王好賢子
王如綸爲第三代，王如綸子王鹽爲第四代。順治七年（1650），王
鹽始由石佛口遷居安家樓。王鹽共有四子：長子王遹修，次子王
遜修，三子王代，四子王德修，俱爲第五代。王德修在安家樓居
住期間，因屢遭族人連累，又由安家樓遷居盧龍縣境內的闞家莊。
王遜修生四子：長子王惕，次子王克己，三子王愷，四子王懌，

44　《軍機處檔‧月摺包》，第 2751 箱，3 包，47551 號，嘉慶二十一年五月
　　十八日，馬慧裕奏摺錄副。
45　《軍機處檔‧月摺包》，第 2751 箱，2 包，47428 號。嘉慶二十一年五月
　　初三日，晉昌等奏摺錄副。
46　喻松青撰〈清茶門教考析〉，《明清白蓮教研究》，頁 131。

俱爲第六代。其中王愷出繼王遹修爲子，他生有二子：長子王英，次子王勉。王懌生四子：長子王秀，次子王苞，三子王廷俊，四子王栗，俱爲第七代。其中王廷俊出繼王惕爲子，王栗出繼王克己爲子。王英生二子：長子王允恭，次子王允武。王廷俊生二子：長子王勤學，次子王勤業。王栗生五子：長子王三省，次子王三聘，三子王三顧，四子王三樂，五子王三畏。王秀生二子：長子王亨恭，次子王亨仲。王苞生一子，即王秉衡，俱爲第八代。王允恭生四子：長子王時寶，次子王時措，三子王時玉，四子王時田。王勤學生一子即王九思。王亨恭生一子，即王殿魁，俱爲第九代[47]。王三顧又名王泳泰，或作王泳太，王秀即王錦文，又名王景文，王亨恭即王家棟，王秉衡即王書魯，又名王景曾，或名王三重，王三聘即王紹英，王勤學即王興建，王勤業即王唒氣，王時田即王國珍，又名王文生，王九思即王時恩，王時玉又名王老二。據湖北教犯張建謨供稱，「嘉慶十五年九月間，又有王老二即王時玉至張學言、張建謨家，聲稱伊家傳教已有九輩，乾隆五十年來傳教之王姓是第七輩，人俱呼爲相公爺，張建謨隨又拜王老三爲師[48]。王時玉爲王允恭第三子，外號王老三，人俱呼爲三爺，是王姓第九代，與王姓宗譜的記載是相符的。第八輩大爺即王允恭，第七輩相公爺即王英。兩江總督百齡具摺指出，「吳長庚住居上元，秦過海即秦幗海，籍隸溧水，王添弼與弟王順生籍隸安徽泗州，王殿魁故父王亨功，昔年曾至江南、安徽傳習大乘教。乾隆五十七年，王殿魁由原籍灤州來至江南，踵傳父教，改名清

---

47 《清代檔案史料叢編》，第三輯（北京，中華書局，1979 年 11 月），頁25。

48 《軍機處檔・月摺包》，第 2751 箱，3 包，47551 號。

茶門[49]。」句中王亨功即王亨恭，又名王來儀，因家中堂名忠順，所以又名王忠順。王亨恭至江南、安徽後，即傳習大乘教。惟因其族祖王敏迪等人於雍正年間（1723-1735）犯案，其祖王懌遂改大乘教爲清淨無爲教，傳習三皈五戒。隨後收河南杞縣王輔公等人爲徒，王輔公又轉招江蘇沭陽縣周天渠、通州周受南等人爲徒，俱傳三皈五戒，因入教之人以清茶奉佛，所以又稱爲清茶會。王輔公立泗州同族王三子之子王漢九爲嗣，王漢九自幼隨其父吃齋。雍正七年（1729），王輔公身故，王漢九捐監後即開葷。乾隆二十四年（1759），王漢九因無子嗣，同妻王氏復行吃齋。乾隆二十九年（1764）九月，王亨恭因家道漸貧，又見其祖王懌所奉清淨無爲教無人信奉，起意改立白陽教，自稱是彌勒佛轉世，藉以惑眾斂錢，而與其父王秀以行醫、看風水爲名，遊歷各地，收徒傳教。同年八、九兩月，在京師會遇賣帽生理的李尙升，王亨恭即收李尙升爲徒，入白陽教。後來王漢九也拜王亨恭爲師，在河南杞縣地方開堂傳習白陽教。乾隆三十六年（1771）十二月，在直隸盧龍縣安家樓地方拏獲教犯王栗等人。王栗供出王亨恭自稱彌勒佛轉世，設立白陽教，又稱清茶會，假藉行善吃齋，向人佈施銀錢。乾隆三十七年（1772）二月，王亨恭、王漢九等在安徽泗州被拏獲[50]。

　　王亨仲是王秀的次子，就是王亨恭之弟。乾隆五十三年（1788），王亨仲至湖北京山縣，先後傳徒余爲淇等人。王姓族人在湖北活動期間，也曾將大乘教改名爲清淨門。教犯樊萬興等人

49　《軍機處檔・月摺包》，第 2751 箱，1 包，47264 號。嘉慶二十一年四月十二日，百齡奏摺錄副。

50　《軍機處檔・月摺包》，第 2765 箱，88 包，16433 號。乾隆三十七年三月二十日，何煟奏摺錄副。

在湖北省城被拏獲後供出嘉慶三年（1798）直隸灤州王姓族人到湖北傳教，勸令樊萬興等人吃齋，名爲清淨門。直隸總督那彥成在盧龍縣安家樓拏獲王殿魁，他供出在湖北傳教的王姓，共有三人：一是王書魯，小名叫三重，所傳大徒弟是武昌府城外打鐵的李良徒；一是王泳太所傳，其大徒弟是漢陽縣城外種菜園的陳堯；一是王興建所傳，其大徒弟是漢口開香舖的黃四[51]。王書魯即王秉衡，王泳太即王三顧。王泳太先後收漢陽縣人李朝柱，江夏縣人侯大化等人爲徒。王興建供認其父王廷俊在湖北傳徒李光達等人，嘉慶三年（1798），王興建在湖北武昌、漢口等處傳教，先後赴湖北四次，傳徒王自玉等十人[52]。丁祖銀居住沔陽州，種田度日。嘉慶七年（1802）正月間，丁祖銀拜江陵縣人張純幗爲師，入清茶門教。同年二月間，丁祖銀族叔丁志宣亦拜張純幗爲師，張純幗傳授三皈五戒及報答四恩等項咒語，並宣稱吃清茶門教，可以消災獲福[53]。

王允恭是直隸盧龍縣安家樓人，他常往河南新野等縣傳習清茶門教。陳潮玉是山西鳳臺縣人，向來跟隨其父陳建在河南泌陽縣地方行醫，其母韓氏娘家，向從孟達學習清茶門紅陽教，每日早晚朝天供奉清水一杯，磕頭二次，朔望供齋燒香，口誦四句偈語：「一柱真香上金爐，求助獲福免災殃；免過三災共八難，保佑大小多平安。」嘉慶八年（1803），陳潮玉在河南得病後返回山西原籍，其母韓氏即囑令吃素習教養病，家中供有佛祖及天地人三界牌位。王老三即王時玉也是盧龍縣安家樓人，嘉慶十三年

---

51 《上諭檔》，嘉慶二十年十月二十七日，頁267，字寄。
52 《上諭檔》，嘉慶二十年十二月十六日，頁185。字寄。
53 《軍機處檔‧月摺包》，第2751箱，13包，49459號。乾隆二十一年九月二十八日，湖廣總督孫玉庭奏摺錄副。

（1808），王時玉跟隨其父王允恭到河南新野縣，見過王允恭的徒弟張蒲蘭、喬成章等人。嘉慶十五年（1810）正月，王允恭病故，同年九月，王時玉又到新野縣，收張蒲蘭等人爲徒[54]。王時玉被捕後供認王姓傳教已有九輩，王時玉就是第九輩，教中供奉彌勒佛像。

　　王殿魁是直隸盧龍縣安家樓人，乾隆三十七年（1772），其父王亨恭在安徽傳教犯案被正法。王殿魁二十歲時，其祖母李氏傳給他清茶門教，口授三皈五戒，給人供茶治病。乾隆五十九年（1794），王殿魁祖母李氏因家人馬二曾跟隨王亨恭到過江南傳教，即令馬二跟隨王殿魁到江蘇、安徽傳教，所傳的教稱爲清茶會，又名清淨門，供奉觀音[55]。王殿魁到江寧府時收秦過海等人爲徒，他在淮安府時收徐二寧等人爲徒，在泗州時收王添弼等人爲徒，這些人原來都是其父王亨恭的徒弟，王殿魁到江南後，這些信徒又轉而拜王殿魁爲師。信徒們每年湊送銀兩自二、三十兩至四十兩不等。嘉慶八年（1803）以後，王殿魁就住在江蘇山陽縣河下二十四五堡蔡橋地方開張糧食舖。嘉慶十九年（1814），王殿魁返回盧龍縣安家樓，嘉慶二十年（1815）十月，王殿魁被捕[56]。王克勤是直隸邯鄲縣人，父親王幗英，母親楊氏。王克勤從小跟隨母親楊氏吃齋，學習清茶門教。王克勤被捕後供認其母楊氏是外祖父楊殿揆傳的教，楊殿揆是河南滑縣人張城甫的徒弟，張城甫是灤州石佛口人王度的徒弟。在供詞中述及《三教應劫總觀通書》、《三教經》兩部寶卷是王度傳給張城甫，張城甫傳給楊殿揆，

54　《上諭檔》，嘉慶二十年十二月二十五日，頁341，王時玉供詞。

55　《清代檔案史料叢編》，第三輯，頁23。嘉慶二十年十二月初十日，張師誠奏摺。

56　《上諭檔》，嘉慶二十年十二月二十五日，頁333，王殿魁供詞。

楊殿揆傳給其母楊氏。教中稱呼王姓師父爲爺，見了爺磕頭送錢，稱爲朝上，所給錢文，叫做根基錢，又名福果錢[57]。

王三聘又名王紹英，他是王栗次子，父子被捕供認世傳吃齋行教，不食蔥蒜。每日向太陽供水一杯，磕頭三次，稱爲清茶門紅陽教。教人供奉未來佛，口誦天元太保南無阿彌陀佛，並念誦偈句。王三聘與灤州王汝諧即王景益是同族弟兄，王汝諧同繼父王憲邦將清茶門紅陽教傳給河南滑縣人王獻忠，王獻忠轉傳山西鳳臺縣人孟克達，孟克達傳給陽城縣人王進孝，俱口誦「聖里佛爺，凡里佛爺，治天治地佛爺，無生父母佛爺」。王憲邦、王獻忠身故後，王汝諧繼續傳教。直隸總督那彥成認爲河南滑縣人王正紀所傳清茶門教，也是灤州石佛口王姓分支[58]。據王秉衡供稱，教中是以大乘教、清茶門教的名稱分往各省收徒傳教[59]。兩江總督百齡提審王秉衡時，他供出王姓族人吃長齋已七、八代，所傳紅陽教，又名大乘教、無爲教，別號清淨門教[60]。山東省拏獲龍天門教要犯張丙欽，，他供認傳習三皈五戒。直隸藁城縣民婦劉冀氏等人所復興的龍天門教，地方大吏具摺時，亦稱龍天門教即清茶門教[61]。因直省奉諭查辦清茶門教，地方大吏遂將龍天門教牽入清茶門教案內辦理。

清茶門是因教中以清茶供奉神佛而得名，又叫清茶會。考察

57 《上諭檔》，嘉慶二十年十二月二十五日，頁 343，王克勤供詞。
58 《清代檔案史料叢編》，第三輯，頁 2。嘉慶十九年閏二月十八日，衡齡奏摺。
59 《清代檔案史料叢編》，第三輯，頁 6。嘉慶二十年十一月初三日，那彥成奏摺。
60 《清代檔案史料叢編》，第三輯，頁 11。嘉慶二十年十一月二十六日，馬慧裕奏摺錄副。
61 《軍機處檔·月摺包》，第 2751 箱，3 包，47689 號。嘉慶二十一年，崇祿奏摺。

直省教派名稱的變化，可以了解直隸灤州石佛口、盧龍縣安家樓及闞家莊王姓自明季以來所傳習的教派稱爲大乘教，即東大乘教。雍正年間，因王敏迪犯案，經王懌改名清淨無爲教後，大乘教的名稱仍然繼續沿用。王秉衡被捕後也供認：「其族分往直隸灤州及盧龍縣等處，以大乘教、清茶門，分往外省傳徒斂錢[62]。」其後清淨無爲教亦逐漸衍化爲清淨門教及無爲教等名目。乾隆年間，因查辦三陽教案件，也查出王亨恭改立白陽教的案件。因清茶門教的教義思想與當時盛行的紅陽教相近，所以清茶門教又稱紅陽教或清茶門紅陽教。但所謂白陽教、紅陽教、龍天門教等名稱，往往是地方大吏審擬教犯時輾轉牽引的名目。

　　雍、乾隆年間，已經破獲清茶門教案件，嘉慶年間，直隸、江南、湖北、山西、河南等省所取締的清茶門教案犯，人數眾多，教案層見疊出。可根據《上諭檔》、《軍機處檔・月摺包》、《宮中檔》等所錄各教犯供詞，將清茶門教各教犯的分佈列出簡表如下：

嘉慶年間清茶門教信眾分佈簡表

姓　名	籍　貫	職　業
丁志宣	湖北安陸府天門縣	種地兼賣卜
丁祖銀	湖北沔陽州	種地
王三姑	湖北武昌府江夏縣	
王三婆	湖北漢陽府漢陽縣	
王三聘	直隸永平府盧龍縣	
王天弼	安徽泗州	
王王氏	湖北武昌府江夏縣	
王世中	湖北武昌府江夏縣	種菜園
王自玉	湖北武昌府江夏縣	種菜園
王有華	湖北	開藤靡店
王克勤	直隸廣平府邯鄲縣	

62　《清代檔案史料叢編》，第三輯，頁6。

王進孝	山西鳳臺縣	
王漢九	河南開封府杞縣	
王　湘	河南汝州	
王輔公	河南開封府杞縣	
王獻忠	河南滑縣	
方　四	湖北漢陽府漢陽縣	開張香舖
方文炳	湖北漢陽府漢陽縣	
方仲才	湖北漢陽府漢陽縣	開設香料舖
田元隴	直隸廣平府邯鄲縣	
李光達	湖北漢陽府漢陽縣	
李尙升	直隸順德府	賣帽生理
李尙桂	湖北武昌府江夏縣	
李秋元	河南涉縣	
李良從	湖北武昌府江夏縣	打鐵匠
李起貴	湖北武昌府江夏縣	
李朝柱	湖北漢陽府漢陽縣	種菜園
李應豪	湖北武昌府江夏縣	
李塌鼻子	湖北漢陽府漢陽縣	挑剃頭擔
吳大深	湖北漢陽府漢陽縣	
吳三婆	湖北漢陽府漢陽縣	
吳長庚	江蘇江寧府上元縣	開張棕厎店
吳張氏	江蘇江寧府上元縣	
何永言	直隸廣平府威縣	
杜立功	河南南河	
余仲文	湖北襄陽府	
余爲洗	湖北安陸府京山縣	
余爲淇	湖北安陸府京山縣	
余　廣	江蘇江都縣	
孟克達	山西澤州府鳳臺縣	
孟爾聰	山西澤州府鳳臺縣	已革生員
周天渠	江蘇沭陽縣	
周受南	江蘇通州	
侯大化	湖北武昌府江夏縣	
徐二寧	江蘇淮安府山陽縣	
徐治幗	湖北武昌府	
徐　科	直隸順德府平鄉縣	
秦　見	直隸廣平府邯鄲縣	

秦過海	江蘇江寧府溧水縣	
柳有賢	江蘇揚州府儀徵縣	
陳大幗	湖北漢陽府漢陽縣	裁縫師
陳少奇	湖北隨州	
陳家恆	湖北漢陽府漢陽縣	
陳　堯	湖北漢陽府漢陽縣	種菜園
陳紹奇	湖北安陸府京山縣	
陳萬年	湖北咸寧縣	開設煙舖
東潮玉	山西澤州府鳳臺縣	行　醫
張良臣	河南衛輝府滑縣	
張建謨	湖北襄陽縣	
張學曾	河南南陽府新野縣	
張學遠	湖北襄陽縣	
張城甫	河南衛輝府滑縣	
張純幗	湖北荊州府江陵縣	
張添榜	湖北武昌府江夏縣	
張蒲蘭	河南南陽府新野縣	
張壽太	湖北漢陽府漢陽縣	開張剃頭舖
常進賢	河南孟州孟縣	
莫國棟	湖北武昌府江夏縣	
郭太舉	直隸廣平府邯鄲縣	
郭奉文	山西陽城縣	
姬有名	直隸磁州	
喬成章	河南南陽府新野縣	
喬第五	河南南陽府新野縣	
楊玉麟	湖北武昌府	
楊振朝	湖北武昌府江夏縣	
楊殿樑	河南衛輝府滑縣	
楊蘭芳	湖北襄陽府	
鄒　姑	湖北漢陽府漢陽縣	
熊大富	湖北漢陽府漢陽縣	
劉光宗	湖北漢陽府漢陽縣	道　士
劉廷樹	河南彰德府涉縣	陰陽生
劉東山	湖北安陸府京山縣	
劉景寬	河南彰德府涉縣	販賣花椒
劉　端	河南彰德府涉縣	
劉　煥	直隸磁州	

樊萬興	湖北武昌府江夏縣	
鄭生玉	湖北隨州	
鄭宗道	河南南陽府新野縣	
鄭勝玉	湖北安陸府京山縣	
閻鳳林	直隸磁州	
閻幗卿	直隸磁州	
魏延宏	湖北武昌府江夏縣	

資料來源：國立故宮博物院典藏《上諭檔》；北京中華書局出版《清代
　　檔史料叢編》。

　前列簡表，共計九十二人，其中籍隸湖北者計四十八人，約佔百
分之五十二；籍隸河南者計十八人，約佔百分之二十；籍隸直隸
者計十二人，約佔百分之十三；其餘江蘇、山西、安徽等省計十
四人，約佔百分之十五。籍隸湖北的教犯人數，所佔百分比較高。
教犯中的職業分佈，除種田的農人外，還有種菜園、賣卜、開張
藤厦店、開張香舖、賣帽生理、挑剃頭擔、打鐵匠、裁縫師等，
多屬於下層社會的升斗小民或販夫走卒。

　　清茶門教各要犯被捕時，多供出教中的入教儀式，譬如王三
聘即王紹英在山西傳習清茶門教時，規定信眾不食蔥蒜，每日向
太陽供水一杯，磕頭三次，供奉未來佛，口誦「天元太保南無阿
陀佛」等咒語[63]。陳潮玉被捕後供認籍隸山西鳳臺縣，向來隨其
父陳建在河南泌陽縣地方行醫。陳潮玉之母韓氏娘家向來跟從孟
克達學習清茶門紅陽教，每日早晚朝天供奉清水一杯，磕頭二次，
朔望供齋燒香，口誦「一柱真香上金爐，求助獲福免災殃，免過
三災共八難，保佑大小多平安」四句偈語。王殿魁由灤州至江南
傳習清茶門教，在傳徒時，由王殿魁口授三皈五戒，三皈即：一
皈佛，二皈法，三皈僧；五戒即：一不殺生，二不偷盜，三不邪

63　《清代檔案史料叢編》，第三輯，頁2。嘉慶十九年閏二月十八日，衡齡
　　奏摺。

淫，四不葷酒，五不誑語。又以竹筷指點信徒的眼耳口鼻，令徒弟將竹筷持回家中插在瓶內，設茶供奉，稱為「盧木點杖」，作為死後吃齋憑據，轉生後可以獲福[64]。王三顧傳教聚會的儀式是每月初一、十五等日燒香供獻清茶，磕頭禮拜天地日月水火父母，拜佛拜師。他傳教收徒時也用竹筷點畫眼耳口鼻，令其徒眾遵守三皈五戒[65]。

河南涉縣拏獲清茶門教要犯劉景寬、李秋元等人，據供直隸石佛口王幅、王九息等人至涉縣傳教時，傳授三皈五戒，令入教信眾先在佛前受此三皈五戒。每年三月初三、七月初十、臘月初八等日，至李秋元家三次聚會，懸掛彌勒佛圖像，供奉清茶三杯，並念誦《伏魔寶卷》、《金科玉律戒》等寶卷。據王興建供稱，清茶門教相沿已久，教人三皈五戒，每逢朔望，早晚燒香，供獻兩鍾茶，凡傳教者，都稱呼王興建為爺，向王興建禮拜，送給銀錢。新野縣人張蒲蘭等曾拜王允恭為師，入清茶門教，傳習三皈五戒，茹素念經。王允恭身故後，其子王時玉又至新野縣等地，仍收張蒲蘭父子為徒，口授咒語：「這杯茶甜如糖，師傅坐下講家鄉，只說凡事有父母，誰知慎中有親娘」等句[66]。在咒語中嵌入「家鄉」、「父母」等字樣。孟縣人常進賢等曾拜王景益即王汝諧為師，入清茶門教，王景益傳授「酒色財氣四堵牆，迷人不識在裡藏，有人跳出牆門外，就是長生不老方」四句咒語，又給徒弟劉端合同

64　《軍機處檔・月摺包》，第 2751 箱，1 包，47264 號。嘉慶二十一年四月十二日，百齡奏摺錄副。

65　《軍機處檔・月摺包》，第 2751 箱，2 包，47428 號。嘉慶二十一年五月初三日，晉昌奏摺錄副。

66　《清代檔案史料叢編》，第三輯，頁 32。嘉慶二十一年三月初八日，河南巡撫方受疇奏摺。

紙一張，上面書灸「源遠流長」四字[67]。

　　湖北清茶門教要犯樊萬興等被拏獲後供稱，每逢初一、十五日令各徒弟在家敬神，用青錢十文供佛，名爲水錢，收積一處，候各人師父來時收去。每逢師父起身時，另送盤纏錢，不拘多少，名爲線路錢，意即一線引到他家，以爲來世根基，供養師父飯食，轉世歸還，可得富貴。傳授三皈五戒時，用竹筷點眼，不觀桃紅柳綠；點耳，不聽妄言雜語；點鼻，不聞分外香臭；點口，不談人惡是非。信徒遵依後，不許破戒，要磕七個頭；四個是報天地、日月、水土、父母恩；兩個是拜佛；一個是拜師。向師父磕頭時，師父並不起立，稱呼師父爲爺，不叫師父。磕頭時並要兩手合攏，手指分開，磕到手背上，名爲安養極樂國[68]。清茶門教因傳佈甚廣，歷代相傳亦久，王姓族人分投傳徒，各支輾轉沿襲，傳授三皈五戒，供奉清茶，並吃長齋，不吃蔥蒜。但是各支的入教儀式，念誦偈句，聚會日期，不盡相同，各有特色，與紅陽教、白陽教頗爲相近。各支清茶門教所供奉的佛像，亦不相同，王殿魁在江南傳徒，主要是供奉觀音菩薩，王三聘在山西傳教，是供奉未來佛，王九思在河南傳徒聚會時，則懸掛彌勒佛。盧木點杖是清茶門教入教的重要儀式，《古佛天真考證龍華寶卷》內有〈盧伯點杖品〉，內有「十把鑰匙十步功，十樣點杖祖留行」等句。〈萬法皈一品〉中有「我眾生替祖代勞，開荒之教，找化人天，到無我點杖」等句。清茶門教的盧木點杖，似即源自《古佛天真考證龍華寶卷》等寶卷。

　　嘉慶二十年（1815）十月三十日，直隸總督那彥成奉到〈寄

67　《清代檔案史料叢編》第三輯，頁72。嘉慶二十一年三月初八日，方受疇奏摺
68　《清代檔案史料叢編》第三輯，頁63。嘉慶二十一年正月二十八日，馬慧裕奏摺。

信上諭〉，令其派委幹員前往灤州及盧龍縣等處，將王姓族中傳教
之人全數收捕，解至省城嚴行審訊。各教犯經審訊後，俱遵旨嚴
行懲治。據統計直隸省城三監教犯多達一百七、八十名，那彥成
審擬具奏後，於同年十二月二十五日奉旨，王殿魁、王興建、王
亨仲、王時玉等俱著即凌遲處死，解至石佛口正法，仍分別傳首
江南、湖北、河南各犯案地方梟示。王克勤等十二犯，被誘入教，
俱發往回城，給大小伯克為奴。因王克勤藏匿《三教應劫總觀通
書》，情罪較重，改為監候，解回直隸，入於嘉慶二十一年（1816）
秋審情實案內辦理。王廷俊等犯在籍病故，俱刨墳戮屍，即在本
地方梟示。嘉慶十九年（1814）以前是清茶門教的極盛時期，嘉
慶二十年（1815），因直省嚴厲取締清茶門教，教案層見疊出，清
茶門教遂遭受重大的挫折。

五、大乘教等教派的活動

　　嘉慶年間，大乘教案件，多見於直隸新城、南和、鉅鹿、衡
水，山東曹縣、菏澤，江蘇陽湖、江陰、儀徵，江西高安、吉水、
清江、餘干、鄱陽，湖北孝感、襄陽、安陸、應城，四川廣安、
渠縣等地。山東菏澤縣人張東安，自幼茹素，乾隆四十九年
（1775），張東安拜曹縣人張魯彥之徒王有先為師，學習大乘教。
王有先病故後，張東安又拜張魯彥為師。嘉慶十六年（1811），張
魯彥病故。孟光柱、季化民與張東安同縣，因久瘓不痊，俱赴張
東安家供神焚香，拜張東安為師，誦經治病。張東安口授四句咒
語：「苦海無邊眾生貪，我今渡你登彼岸，一報天地覆載恩，二報
日月照臨恩」四句咒語。嘉慶二十一年（1816）四、五月間，張
東安、季化民等被拏獲，起出《護道榜文》一冊，《苦行悟道經》

等三本，《快樂隨佛經》等四本，《鑰匙經》一扣，都是大板刊刻，內載萬曆年間刊刻及清朝順治年間所刊等字樣，是明朝開州人王姓號定庵所撰。據張東安供稱，其經卷來歷聽說是老師父張魯彥於乾隆五十五年（1790）在京城都察院衙門後街黨姓經舖內請回，張東安亦曾在張家灣高家莊高尚志家用錢買過十多部經。《苦行悟道經》等經卷內有「無生父母，本來真空能變化，本是家鄉能變化」等句懺語。在《護道榜文》內有「大乘教」字樣。鄉里居民，或因患病，或因許願，多邀張東安念經。季化民等人拜張東安爲師，傳誦經語，以求消災獲福[69]。

　　徐得寶籍隸江西高安縣，彭善海籍隸湖南湘陰縣，都是靠手藝小貿營生。嘉慶二年（1797），徐得寶前赴江西吉水縣四盧地方置買鐵貨，會遇在當地開店的江西清江縣人黃明萬，彼此熟識。徐得寶談及向來身患吐血病症，醫治無效。黃明萬告知他是大乘教信徒，法名普籌，教中傳有十二步功夫，入教學習，即可消災延壽。徐得寶即拜黃明萬爲師，學習一步至三步經語，法名悟慈。嘉慶十七年（1812）四月，徐得寶前往常寧縣販賣布疋，賃寓劉添名家中。江西豐城縣人余魁章等人拜徐得寶爲師，後來彭善海即在常寧縣勸令袁有梅等八人入教吃素。嘉慶二十年（1815）正月，彭善海因無生理，於是攜帶經卷前往寧遠縣貿易，同時勸令歐啓昆等人入教吃素[70]。

　　江西人劉鵬萬曾拜張起坤爲師，入大乘教。嘉慶三年（1798）盧晉士在鄱陽縣剃頭生理，但他身患足疾。劉鵬萬勸令盧晉士皈

69　《軍機處檔・月摺包》，第 2751 箱，2 包，47500 號。嘉慶二十一年五月初十日，山東巡撫陳預奏摺錄副。

70　《軍機處檔・月摺包》，第 2751 箱，13 包，49494 號。嘉慶二十一年九月二十八日，巴哈布奏摺錄副。

依大乘教吃素念經，可保病痊。盧晉士即拜劉鵬萬爲師，傳誦《天緣經》、《十報經》等寶卷，並學習五戒及十二步教法。教內名字，俱用「普」字排行，盧晉士起名普舸。盧晉士後來又拜張起坤爲師，給有《苦功悟道經》、《明宗孝義經》及《護道榜文》等經卷。嘉慶五年間，盧晉士攜帶各種經卷到江南儀徵縣開設剃頭店，同時勸人入教吃素。

　　桂自榜、桂自有兄弟是湖北黃陂縣人，平日俱剃頭營生。嘉慶十二年（1807）二月間，桂自榜等人到江南儀徵縣尋覓生意，曾拜盧晉士爲師。桂自榜在供詞中指出，盧晉士在儀徵縣甘露庵附近開設剃頭鋪，鋪內掛有觀音圖像，教中傳習十二步道行，以求消災延壽。一步叫做小乘，是七言經四句；二步叫做大乘，是經語二十八句；三步叫做三乘圓道，是講究運氣的方法；四步叫做小引；五步叫做大引，並無經咒，是燒香打坐的事；六步叫做祀主六門道，是擺供禮佛的事；七步叫做燃燈；八步叫做清水；九步叫做號池；十步叫做明池；十一步叫做臘池；十二步叫做總池。嘉慶十六年（1811）八月間，桂自榜到湖北漢陽縣開設剃頭鋪。嘉慶二十年（1815）二月間。盧晉士與江寧人余廷貴等六人到漢陽縣，在桂自榜家中居住。因二月十九日是觀音生日，盧晉士就倡立觀音會，邀得杜大有等十人，同到桂自榜寓所，每人出錢二、三百文不等，於同年三月初六日在準提庵廟內做會念經。盧晉士將眾人姓名一併寫入表中祀神。做會念經結束後，盧晉士就於三月十四日起身返回江南儀徵縣。桂自榜等人被捕時，起出《意旨了然》、《小乘經》、《大乘經》等寶卷[71]。兩江總督百齡具奏時指出，「江西向有大乘教，即三乘教，又名羅祖教，始則喫齋

71　《宮中檔》，第 2723 箱，99 包，19397 號。嘉慶二十年七月二十三日，湖廣總督馬慧裕等奏摺。

祈福，繼則藉此傳徒斂錢，其中半係手藝營生之人，向皆稱爲齋匪，其教以普字取名，有五戒及一步至十步名目[72]。」由此可知三乘教即大乘教，就是羅祖教的一個支派，盧晉士傳習大乘教時，因在二月十九日觀音生日這一天起會，所以又名觀音會。

江蘇江陰縣人盛泳寧傳習大乘教，時常以入教吃齋可以消災獲福的說法，勸人皈依大乘教。有縣民顧考三拜盛泳寧爲師，後來顧考三又收江蘇陽湖縣人張泳德爲徒。江蘇陽湖縣人費文真向吃長素，嘉慶九年（1804），費文真拜盛泳寧爲師，每逢朔望懸掛蓮花座飄高老祖像，念誦《明宗孝義經》。嘉慶十年（1805），盛泳寧身故，費文真將蓮花座像及《明宗孝義經》、《去邪師正經》攜回家中收藏，在《明宗孝義經》內有「龍華會」及「無生父母」等字句。此外又在同教李勝大家中起出抄白《酬恩孝義無爲寶卷》、《破邪顯澄鑰匙寶卷》、《嘆世無爲卷》、《觀音懺》、《三官經》、《巍巍不動太山深根經》，此外尚有護道榜文，爲明代所流傳，乾隆年間，曾經重刻。

大乘教，官方文書間亦作「大乘會」，燒一炷香，嘉慶十五年（1810）有直隸添宜屯住的程毓蕙，他是大乘教坎卦教首，王忠是新城縣民人，種地度日。李榮是新城縣監生。程毓蕙想要修建聖人廟，勸人布施，王忠即助錢五百文，李榮助錢兩吊。程毓蕙勸令王忠、李榮入他的儒門聖會即大乘教，王忠、李榮即拜程毓蕙爲師。程毓蕙傳授「真空家鄉，無生父母」八字真言，又令王忠、李榮每月初一、十五日燒一炷香，坐功運氣，將氣運到鼻子內，暗念八字真言，運九口氣，念一遍，稱爲內轉圓爐一炷香[73]。

---

72 《宮中檔》，第 2723 箱，99 包，19238 號。嘉慶二十年七月初五日，兩江總督百齡奏片。
73 《軍機處檔・月摺包》，第 2751 箱，30 包，52507 號。嘉慶二十二年八月初七日，英和等奏摺。

程毓蕙向李榮等告知現在是釋迦佛掌佛，太陽是紅的，將來彌勒佛掌教，太陽是白的，入了這教，將來富貴無窮。嘉慶十六（1811），程毓蕙帶領李榮、王忠等至鉅鹿縣同教大教首孫維儉家裡，致送銀五十餘兩。同年八月間，孫維儉被保定府兵役拏獲正法，程毓蕙等發遣。李榮、王忠、陶爾燕三人都是坎卦重要頭目，當時有新城縣人孫申，因妻患病，請王忠等人看病，王忠等人對孫申之妻念了一會咒語，病就好了，後來又勸令孫申入教，孫申遂拜李榮等人為師。孫申被捕後供出，教中徒弟功課大的將來有頭等頂兒，功課小的有二等頂兒，功課再小的有三等金頂兒，再小的也有無窮富貴。李榮告知孫申等，儒門聖會，都是坎卦的，又稱為文卦，村子東邊二十五里的離卦頭目趙卓是武卦的人[74]。

　　直隸南和人張九成，素習醫卜星相，兼習拳腳，與鉅鹿縣大乘教頭目李景幅是姻親，並與李經等人熟識。嘉慶十五年（1810），李經託張九成為其子李中秋算命看相，告以其命大貴，二十五歲時可成大事，並稱嘉慶十九年（1814）將有劫數，可將其子年歲加增，乘時出世，隨後將其子易名為李盛元。嘉慶十六年（1811），李經因大乘教案件獲罪，擬絞監禁。其後信眾劉幗名與張九成商謀，欲復興大乘教，由田克岐製旗分送，以迎佛出世為名，訂期起事，揚言執黃旗者將來封官，執藍旗者，可保自身。又以俗傳二月初二日為龍頭，二十九日為龍尾，為取龍象完全之義，所以商定於嘉慶十九年（1814）二月二十九日劫獄起事，惟在起事前已被查獲[75]。

74　《軍機處檔‧月摺包》，第 2751 箱，30 包，52513 號。嘉慶二十二年八月初七日，左都御史景祿等奏摺。

75　《欽定平定教匪紀略》，卷二九，頁 7。嘉慶十八年十二月二十六日，據章煦奏。

英凌霄是直隸衡水縣已革武生，他隨母李氏傳習大乘教，念誦《十王經》，後來又皈依離卦教，教中老師父是南方離卦頭殿真人郜老爺。英凌霄轉收張鳳鳴爲徒。英凌霄家中所供千佛萬祖圖第四層即是飄高老祖，另有無生老母圖。嘉慶十八年（1813），英凌霄將經卷、圖像焚燬[76]。

四川廣安州等地，大乘教亦極盛行，地方官拏獲教犯多名。其中僧開恭等人籍隸渠縣，乾隆五十四年（1789），僧開恭在吳家庵披剃爲僧，住在渠縣的文陽生，素信佛教，曾跟隨僧開恭之父楊昇爵習念佛經，楊昇爵身故後，文陽生出外貿易，在湖廣地方遇見遊方道人毛清虛傳授大乘教，分給經卷。嘉慶十九年（1814）七月間，文陽生回家，帶回各種抄刻經卷，他極力宣揚大乘教的好處，倘若皈依大乘教，即可消災獲福，並可替人禳解疾病。有四川廣安州人文時茂等人聽信入教。文時茂習熟大乘教各種經咒，其中六字咒語爲「唵嘛呢叭彌吽」，九字咒語爲「上主太老祖太娘真佛」。文陽生在家中設立三教堂，作爲朔望吃齋誦經之所。文陽生被拏獲後起出多種經卷，多爲釋、道信眾尋常念誦經卷，其中《大乘提綱三教尊經》、《醮科儀範》等經是摭拾《金剛經》、《涅槃經》、《圓覺經》、《心經》、《彌陀經》、《藥師經》、《地藏經》、《道德經》等經卷牽綴成句，內有「無爲教主」、「無生父母」等字樣。

湖北襄陽縣拏獲大乘教要犯周添華，據供，其高祖周斯望於康熙年間拜大乘庵僧人羅繼恒爲師，傳習大乘教。周斯望身故後，由其祖父周仲坤相沿傳習。嘉慶十九年（1814），奉示查禁，其父周大相改悔開葷，並將大乘庵改名爲大慈庵，另供觀音佛像。孝感縣拏獲大乘教要犯李新于等人，李新于供出自幼茹素念經，傳

---

76 《上諭檔》，嘉慶二十一年正月十八日，頁 103，字寄。

徒漢陽縣人余高、黃陂縣人杜志潮、孝感縣人岳志寶等人。教中信眾每年三月初三日、七月十五日、十二月初一日，在李新宇家做會三次。此外，安陸、應城等縣，先後破獲大乘教案件多起。

　　嘉慶二十一年（1816）以降起出的大乘教經卷，仍然頗多，其中盧勝才家起出的《苦功悟道寶卷》後載「嘉慶三年重刻」及「積善堂藏板」字樣，《明宗孝義經》後載「嘉慶四年刊刻」字樣，《大乘真經》為嘉慶十四年（1809）刊刻。嘉慶二十二年（1817）六月間，湖北安陸縣民尹邦熙等自行投首稱其祖上信奉大乘教，遞相傳習，並繳出所遺《苦功悟道經》等三十五部，抄經八本、《法華咒》一部、《皈真還鄉寶卷》二部、《血湖經》一卷、《三官經》一部及《皇極經》、《金丹經》、《九蓮經》、《正信經》等二十二本。嘉慶年間翻刻重刊的大乘教經卷既夥，流佈尤廣。

　　老理會與天理教，其淵源雖然不同，但它也是八卦教的一個支派。在天理教名目出現以前，官方文書已見老理會字樣。教中相傳老理會起自山東，就是坎卦教，由李二、李氏、劉紅、王二、張柏、王幗秀、王思昌等人輾轉傳習。劉大紅是山東曲阜縣人，王二是劉大紅的徒弟，王二傳徒直隸容城縣人張柏，張柏收徒直隸固安縣人王幗秀，王幗秀傳徒直隸新城縣人王思昌。山東章邱縣人潘均從事外科醫術，其子潘五種地兼做香，潘均、潘五父子俱傳習老理會[77]。教中劉大紅是老教根，王幗秀是普度誠師，王拐子是厄度誠師，張柏是道德真師，王思昌是盡度誠師。教中傳說二十八宿丙戌年下凡，紫微壬辰年下凡，九曜星官中央轉，八大菩薩轉在黃宮院等語。王思昌之子王珂、王銳自幼即跟隨其父王思昌念誦「真空家鄉，無生父母」八字真言，每逢朔望燒二炷

77　《上諭檔》，嘉慶二十二年九月二十七日，頁401，潘五供詞。

香，勸人學好[78]。王銳被捕後供認老理教自其父親王思昌身故後，
徒眾散失。嘉慶七年（1802），王銳找到其父親的徒弟張明，王銳
即拜張明爲師。張明後尋得新安縣人王拐子，即拜王拐子爲師。
王拐子尋得潘五，即拜潘五爲師。王拐子告知王銳，教中老根，
譬如紫微，大家都該修好，供給他錢。又說二十八宿中原轉，不
知落那方等語[79]。王嶼秀雖然傳習老理會，但他的兒子王亮並未
跟從學習老理會。嘉慶十六年（1811），固安縣人魏忠禮引王亮入
林清的榮華會。嘉慶十七年（1812）秋間，王銳至馬莊趕集，遇
見林清等人，林清勸王銳入榮華會，但被王銳拒絕。嘉慶十八年
（1813）六、七月間，王銳妻弟程文平又勸他入林清的榮華會。
王銳以榮華會男女混雜，行苟且之事，而不肯加入。他說：「我原
是山東老理會的根子，如何肯入你們的教，叫你們管著呢？我們
教內有四本大賬，並聽得我父親說過二十八宿於丙戌年落凡，尙
有九曜星官中央轉，八大菩薩轉在黃宮院，真紫微壬辰年間也落，
這個時候尙早，二十八宿尙未轉下，如何鬧得事呢[80]。」王銳自
認是由其父從山東傳下來的老理會根子，榮華會是新興教派，而
且男女雜處，所以不願接受榮華會的領導。但當林清等起事以後，
老理會信徒加入天理教或榮華會者，人數頗眾。直隸總督方受疇
具摺時已指出，「林清及隨同滋事之犯，多係老理會改入榮華會，
是老理會教最爲釀逆根株。」各教派的互相混合，使民間秘密宗
教的混淆，更增加其複雜性。

---

78 《軍機處檔·月摺包》，第 2751 箱，32 包，52864 號。嘉慶二十二年九
月初五日，王銳供詞。

79 《軍機處檔·月摺包》，第 2751 箱，32 包，52843 號。嘉慶二十二年八
月二十九日，英和等奏摺。

80 《軍機處檔·月摺包》，第 2751 箱，32 包，52865 號。嘉慶二十二年九
月初五日，王銳供詞。

　　嘉慶年間，安徽巢縣等地取締收圓教，教主是金宗有。巢縣人方榮升等人拜金宗有為師，傳習收圓教，教中信眾，閒常閉目運氣，半晌不言，亦不作聲音，稱為天神附體，又叫做走陰禱聖，藉以傳徒惑眾斂錢。嘉慶十六年（1811），金宗有被捕解赴安徽省城審辦，問擬發遣病故，方榮升問擬靈壁縣充徒。嘉慶十八年（1813）冬間，方榮升從配所潛回安徽和州行教，次年十月，方榮升傳集同教的人在李喬林家中做會拜佛，欲刻一木戳，以印蓋造天圖、地圖、腳冊、萬祖冊、時憲書等，隨令楊松林僱倩刻工王泳興刊刻，稱為「九蓮金印」，以備將來坐朝問道時使用。方榮升所傳收圓教是凡有入教之人，先於佛前設誓，如有漏洩，雷殛天誅。教中做會拜佛時，亦必選定夜深人靜極其幽僻之所舉行。方榮升平時靜坐密室，日間從不見人，凡其信眾往來，都在黑夜，所以一時無人知覺，非同教之人，莫測根由，所以久未敗露。平日徒弟見方榮升，都是向方榮升磕頭頂禮，方榮升端坐不動，儼然有君臣之分。嘉慶二十年（1815）正月間，方榮升與同教的嚴士隴密談，此時已屆末劫，後天世界紫微正附其體，應先造作讖緯之詞，散佈各省，使人心眩惑思亂，方可從中起事。

　　江寧地方有三醮之婦劉李氏與李繼貞倡立圓明教，不忌葷酒。地方傳聞劉李氏曾因患氣蠱，腹大不消。她曾向人說腹內懷孕，是彌勒佛投胎，自稱佛母，常為人持香看病，口稱神佛向她說禍福休咎，須做道場祈禳，劉李氏遂開始替人延請僧尼，從中騙錢取利。劉李氏又造小大尺香團，叫做靈尺定香。又以紙布印作佛像蓮花，哄人買來供奉，聲稱可以消災獲福，善男信女頗信其言。劉李氏曾往茅山進香，見附近種山棚民甚多，常向人言及棚民都已皈依圓明教。方榮升欲勾結劉李氏，於是令信徒嚴士隴帶銀二十兩，送給劉李氏代做道場。因劉李氏所居尼菴靠近石觀

音菴，於是假藉神道示諭「真主在江南石觀音」，欲影射真主，以附會方榮升有劉李氏洪福之言，並於字帖上寫明「若問皇極真命主，隱藏江南石觀音」等句。嚴士陞告知劉李氏，從前太極當令，是姜尙掌盤，造封神榜，今係皇極當令，是方榮升掌盤，應造封佛榜。方榮升告知信徒朱上信：「天上星宿我已都發下凡間，附在眾英雄好漢身上，只要散佈帖子約人，就八方齊湊了。」隨令信徒李元興等人抄寫字帖，帖中有「紅梅一統」、「紅梅始治香騰」等語。李元興等人被捕後供出，從前金宗有在世時曾說過，戊辰己巳天換天，是彌勒佛掌天盤，稱爲紅梅香騰世界，所以塡入帖內。在方榮升密室內起出箱內有紅紙長經一個，面上橫書「白陽定品」四字，大字書「聖旨」二字，後開內三宮六院及大將軍、大學士、丞相、王侯公伯，下至大夫六部郡域關口各官名稱、品級、俸米數目。收圓教本有五等執儀，方榮升又增爲九品，最上者爲批寶慶會，次爲批寶法會，以下有加修二次，加修一次，聯科、聖寶、大法真言、雙金丹、單金丹、會頭等名目，各以捐錢多寡爲次第，時常拜會念經。在經摺後明教內九品執儀，在各名色下按品級分註，又在批寶慶會之前添寫副理山河之銜，註爲一品，而每項下各註名數，自一名至一千零六名。方榮升所造封官制度，是欲俟舉事後即安九品執儀改授官職。方榮升編造一套說法，他指出，現在天上是彌勒佛管理天盤，將二十八宿增添「如會針袁辰蒙赤正真全陰榮玉生昇花」十六字，減去「張井」二宿，共爲四十二宿，八卦重畫，四卦增爲十二卦，十二支增「元紐宙辱未酎」六字爲十八支，支屬干，既有十八支，應有九甲，以四十五日爲一月，以十八個月爲一年，於是私自動造萬年時憲書。他聲稱時常出神上天，是從天上看見現在星辰已改。又稱天上神靈，都有名號。他也指出，現在天下所習的文字按金木水火土，

稱爲五行字，此時應加「慧動」二行，以「天光爲慧」，以「天行爲動」，改爲七行字。方榮升宣稱，天上換盤，人間亦當末劫，應廣勸世人持齋，以避劫難。他指出，燃燈佛爲初祖，坐三葉金蓮，釋迦佛爲二祖，坐五葉金蓮，彌勒佛爲三祖，坐九葉金蓮，金宗有爲四祖，以金宗有之死爲回宮。方榮升曾詐死三日，死而復活，醒後宣稱金宗有借他的軀體仍復下凡。因金宗有生前常自稱爲彌勒佛下世，前願未了，所以又借體重生。方榮升自稱是無終老祖紫微星、朱雀星下世，他指出，現在世界是五濁惡世，彌勒佛治世，天下皆喫素，即換爲香騰世界[81]。善男信女見其議論詭異，多稱頌其道法高妙，更堅定其信仰。方榮升隨令信徒李元興等人先寫了帖子二百十六張，由嚴士隴等人帶往亳州，又分路到河南、江南、江西、湖北所屬州縣佈散。帖子內創造許多怪體字，都是方榮升所改造，例如木戳內「獨令」爲「執」；「當令」爲「掌」；「硬石」爲「山」；「水衝土」爲「河」；「天地同修」爲「聖」；日月同春爲「壽」；「元空」爲「無」；「聖凡同興」爲「疆」，合起來就是「執掌山河聖壽無疆」八字。方榮升住在離巢縣縣城七十里北路河姊丈方志元家中，嘉慶二十年（1815）八月十九日，江寧城守協副將鮑友智率同巢縣兵役於是日夜間將方榮升等人拏獲，解赴江寧審辦。

　　圓明教又稱圓明會，是因經卷內有圓明道姥即無生聖母字樣而得名。嘉慶二十一年（1816）六月，江蘇取締圓明會，拏獲教犯駱敬行等人，起出《金天寶藏經》、《延齡寶懺卷》等經卷。兩江總督百齡查閱經卷後指出，經卷內有「皇極」、「太極」、「五盤四貴」、「無生聖母」、「九龍」、「收圓」、「白陽」等字樣，與方榮

81　《宮中檔》，第 2723 箱，100 包，19642 號。嘉慶二十年八月二十二日，兩江總督百齡奏摺。

升收圓教案內經卷相似。摺內有「糧風鹽石」四字，八卦之外又
添「闢合造化週轉穿連」八字，被指為「均屬謬妄」。教犯駱敬行
是江蘇寶山縣人，原名駱聘三，與上海縣人楊遇薩平素認識。乾
隆四十八年（1783），楊遇薩告知駱敬行，他曾拜上海縣人姚學周
為師，學習圓明會、喫素念經，可以邀福消災，勸誘駱敬行入會，
駱敬行與上海縣人許登三等先後拜師入教。駱敬行被捕後供認其
師告知，成佛之圓明道姥即無生聖母，載在經內，所以稱為圓明
會，會名相傳已久。抄本經分為十二卷，是太始、太初等項名目，
總目諸經。經文中所載「圓明無生聖母」是極頂之意，皇極、太
極是指世界而言，天地人水雲謂之五盤，青龍、白虎、朱雀、元
無〔玄武〕謂之四貴，天上世界謂之白陽，紅塵世界謂之紅陽，
佛世界謂之青陽。經摺內有「一混源、二儀、三才、四相、五行、
六合、七政、八卦、九宮」字樣，是指天道週轉及東西南北五行
環互之意[82]。圓明會經卷內容，與陸雲章傳習無為教一案所起出
的經卷內容，頗為相近。

　　民間習俗有上元、中元、下元之說，三元教因此得名。嘉慶
年間，直隸取締三元教，拏獲教犯裴景義等人。裴景義是直隸灤
州人，行醫度日。嘉慶十三年（1808），裴景義的族叔裴元瑞引領
山東臨清州人陳攻玉到灤州境內的雙園村為裴雲布醫眼，很快病
愈。陳攻玉即勸裴景義、裴元端、裴雲布等學習三元教，聲稱日
久功深，可以長生不老。裴景義等人希圖成仙得道，即拜陳攻玉
為師。陳攻玉傳授咒語，並以眼耳口鼻為東西南北四大門。其運
氣之法，是先用手向臉一摸，閉目捫口，氣從胸腹向下行運，仍
從鼻子放出。教中誡諭上供運氣時，不可令人窺見，以每年正月

---

82 《軍機處檔·月摺包》，第 2751 箱，5 包，47984 號。嘉慶二十一年六月
　　十四日，兩江總督可齡奏摺錄副。

十五日爲上元，七月十五日爲中元，十月十五日爲下元，每逢三元會期，上供燒香，磕頭念咒，坐功運氣。教中講求爲人處世的道理，並導人爲善，遇事須從仁義禮智體貼，不可爲非作惡，上等人學成時，成仙得到；中等人學成時，祛病延年；下等人學成時，消災免難。嘉慶二十年（1815）十一月初，裴景義等人被捕，在裴景義家中起出抄白《推背圖》二本，《萬法歸宗》一本[83]。嘉慶二十一年（1816）正月間，在灤州訪獲傳習三元教的許聰等人[84]。同年九月間，山東拏獲陳攻玉的胞兄[85]。

牛八教又名揮率教，在牛八定爲教派名稱以前，牛八二字是民間拆讀「朱」姓的隱語，以牛八代替朱姓。民間秘密宗教託稱前明後裔，沿襲日久，遂成爲教派名稱。嘉慶年間，湖北、河南等地，破獲牛八教案件。河南汝陽縣人方手印，曾拜堂兄方手禮爲師，傳習牛八教，後來他就在河南招徒傳習牛八教，先後有新野縣人廖日洲、王坤、閆太、方元珍等人拜方手印爲師，入牛八教。乾隆三十三年（1768），方手禮破案正法，方手印畏罪不敢在汝陽縣本地傳教，常赴湖北傳徒，廖日洲也在湖北襄陽縣轉傳武維金、朱明文等人。武維金轉傳湖北棗陽縣人武金卓、黃起倫、邵元善等人，黃起倫傳徒呂文璜，呂文璜又傳雷鵬奇，信眾共推方手印爲總教主，並爲河南牛八教掌櫃，另由武維金爲湖北襄陽縣牛八教掌櫃[86]。凡入教之人各出根基錢自數百文至數千文不等。嘉慶二十一年（1816）八月，湖北襄陽縣訪獲武維金等人，

83　《軍機處檔・月摺包》，第 2751，6 包，48194 號。嘉慶二十一年閏六月二十三日，刑部尚書崇祿奏摺。

84　《上諭檔》（臺北，國立故宮博物院），嘉慶二十一年正月二十五日，諭旨。

85　《上諭檔》，嘉慶二十一年九月二十八日，字寄。

86　《軍機處檔・月摺包》，第 2751 箱，19 包，50682 號。嘉慶二十二年二月十五日，河南巡撫文寧奏摺錄副。

湖北境內赴官府具結改悔投案者共有三百六十四名[87]。教中燒香
磕頭，誦習經咒。各犯所供咒語，詳略不同，其中武金卓所傳咒
語八句：「妙語傳石佛落中原，普度男共女歸家，會靈山四方佛來
臨，三佛九葉蓮諸星，卦雍護纔上極山，去了心中垢纔得會靈山，
天地門開放，母子大團圓。」雷鵬奇所供咒語云：「道法嚴嚴幾時
休，鼠去馬來丑未頭，十字街前分岔道，四路工商修鼓樓，一點
萬雲沖北斗，一切圖形眾苦修，大地男女莫驚怕，白骨如山血水
流，萬法歸宗顯聖道，靈山伴母說千秋。」又云：「十門有道一口
傳，七人共事一子單，十口合同西江月，開弓射箭到長安。」廖
一山所供咒語云：「眼前三災到家，家生瘟兆，天造十口死，內有
九家空，北岸生一祖，黃雞出了名牛八，立天下纔是萬古程，少
了人莫言個個纔依從[88]。」牛八教以駭人聽聞的咒語，煽惑信眾，
善男信女為避禍求福，遂紛紛傳習牛八教。

《龍華經》是先天教誦習的主要寶卷之一，先天教就是因《龍
華經》內「無生老母立先天，收源結果憑虛號」等語而得名，又
稱為收源教。嘉慶年間，取締先天教，拏獲教犯王寧等人，供出
傅濟、侯岡玉等人為教首。侯岡玉供出籍隸直隸鉅鹿縣，拜孟見
順為師。孟見順被捕後供稱：

> 小的是鉅鹿縣銅馬鎮人，今年六十二歲，父母已故，並沒
> 妻子，有弟孟四。乾隆五十五年有舊城住的蕭文登即蕭明
> 遠在村內說書唱曲，遇晚在小的家空屋住歇。蕭文登勸小
> 的入他離卦教，可以消災免難，小的允從。第二日就在小
> 的家點了三炷香，供了三杯茶，同蕭文登望空跪下磕頭起

87 《上諭檔》，嘉慶二十一年十二月十一日，內閣奉上諭。
88 《軍機處檔‧月摺包》，第 2751 箱，11 包，49151 號。嘉慶二十一年八
　　月二十七日，咒語清單。

誓。他先在神前自通籍貫名姓，並稱南方離卦教頭殿真人
郜老爺門下先天老爺台下俺替祖親傳默默還鄉道，直到當
來出世人，俺傳的真法正道，要傳邪教哄了大地群民，將
俺自身化為膿血。習教的也口稱，遵當家願受拘束，若還
不遵，自身化為膿血，說完起來，再傳非禮毋言，非禮毋
視，非禮毋聽，非禮毋動，若違此四戒，來生即變為牛馬
畜類，此名為無為救苦教。又傳給小的無字真經四句，並
坐功運氣法子，並沒傳給經卷圖像。小的就稱蕭文登為師
父，蕭文登稱小的為善人。五十九年，有同縣人侯岡玉身
上生瘡，小的勸他入教，他就拜小的為師，小的把蕭文登
的言語傳授。嘉慶八年，有已故舉人師道隆合他兒子師洛衿
勸小的十道九邪，將來必要殺身，小的害怕，不敢傳習了[89]。

　乾隆年間，離卦教教首劉恭，曾收吳二瓦罐為徒，蕭文登就
是吳二瓦罐的徒弟。孟見順拜蕭文登為師，入離卦教，並轉收侯
岡玉為徒。據侯岡玉供稱：

　　小的是鉅鹿縣沙井村人，年四十歲。乾隆五十九年，小的
　　身上生瘡，有本縣銅馬鎮人孟見順勸小的入他的離卦教，
　　可以癒病，小的應允，就在他家燒香供茶，同他望空跪下
　　磕頭起誓。孟見順口稱今在南方離卦頭殿真人郜老爺門下
　　先天老爺台下收某人為徒，俺替祖親傳默默還鄉道，直至
　　當來出世人，俺傳真法正道，要傳邪法，哄了大地群民，
　　將俺自身化為膿血，並叫小的口稱遵當家，願受拘束，若
　　還不遵，自身化為膿血。再傳非禮毋言，非禮毋聽，非禮
　　毋視，非禮毋動，違此四戒，來生變為牛馬畜類，此名為

89　《軍機處檔・月摺包》，第 2751 箱，13 包，49509 號。孟見順供詞。

無為救苦教。又傳無字真經云：一子進佛道，九祖得高升，
十王皆拱手，永不墜沉淪，無事不來，這一遭超生了，死
路一條，今遇明師親指點，龍華三會樂逍遙。還傳給坐功
運氣的法子，據說功成後，就不生瘡患病，還可延年得道。
以後師父叫徒弟為善人，徒弟稱師父為當家[90]。

孟見順與侯岡玉的供詞，彼此是符合的，離卦教入教儀式中，
必須望空跪地，磕頭起誓，誓詞中有「南方離卦教頭殿真人鄑老
爺門下先天老爺台下」等語，可知先天教就是離卦教的支派。侯
岡玉以後曾傳傅濟為徒，傅濟是直隸鉅鹿縣人，寄居山西平定州，
是一名獸醫，嘉慶四年（1799）十月間，傅濟染患疾病，其母舅
趙其祥自鉅鹿到平定州探望傅濟，勸令傅濟學好修善，口授孝子
點化歌詞一首，囑其朔望燒香念誦，告知可以祛病消災。王寧是
山西忻州人，寄居山西趙城縣，跟隨傅濟學習獸醫。葉生寬是山
西平定州人，跟隨傅濟傳習老子勸化歌。同年十一月間，趙其祥
邀侯岡玉到傅濟家中，令傅濟拜侯岡玉為師。侯岡玉將所習離卦
門下無為救苦教內坐功運氣之法，傳給傅濟。其入教儀式是首先
焚香供茶，同跪無生老母神前設誓，誓畢，傳授坐功運氣，心想
「無生老母」四字，聲稱《龍華經》內有「無生老母立先天」之
說，教中尊奉無生老母，相信習練長久，可免三災八難，死後免
入輪迴。嘉慶五年（1800），趙其祥將一部《龍華經》送給傅濟。
是年，傅濟轉傳平定州人葉生寬，學習坐功運氣。嘉慶六年
（1801），葉生寬招引王寧學習先天教，王寧即拜葉生寬為師。傅
濟藏有《龍華經》一部，先送給葉生寬誦習，嘉慶十年（1805），
葉生寬將《龍華經》送給王寧。嘉慶十三年（1808），傅濟因在平

---

90 《軍機處檔·月摺包》，第 2751 箱，13 包，49509 號，侯岡玉供詞。

定州傳習老子勸化歌詞，被官府指爲「惑眾斂錢」，他犯案被捕後
發配黑龍江爲奴，葉生寬擬徒，發配崞縣。嘉慶十四年（1809），
奉旨釋回。嘉慶十八年（1813），傅濟改爲發配湖北。王寧在山西
趙城縣村中新唐寺向僧人普銳借得《藥王經》、《九蓮經》二部習
誦。嘉慶二十年（1815）二月，葉生寬因貧難度，起意傳習坐功
運氣，惑眾騙錢，但因平定州人俱知葉生寬犯案，不肯信從，即
往趙城縣尋找王寧，慫恿王寧設教做會，附會《龍華經》內「無
生老母立先天，收源結果憑虛號」等語，於是倡設先天教，又名
收源教，尊王寧爲總當家，每年四季之首做會斂錢分用[91]。王寧
被捕後，經山西巡撫衡齡審擬，並將起出經卷進呈御覽。嘉慶皇
帝指出，《藥王經》經本後載有《慶雲縣東北宗家庄宗應時妻徐氏
發心造卷》等字樣，其經本內容，語多荒誕。由於官府的嚴厲查
禁，先天教的發展遭受重大打擊。

　　義和拳又作義合拳，是取義氣和合之義，就其名稱而言，義
和拳或義合拳，就是一種拳腳功夫的名稱，清代民間秘密宗教各
教派不僅學習義和拳，也學習梅花拳。嘉慶十九年（1814）十一
月間，山東臨清州人劉四即劉五訓，又名劉洛吉，他素習梅花拳，
經州縣拏解省城後病故[92]。義和拳與梅花拳，並非同一種拳法，
老天門教所傳習的拳腳，叫做義合拳，據教犯葛立業供稱：

　　　　小的年五十二歲，係故城縣青罕莊人，父母早故，並無伯
　　　　叔兄弟妻子，也沒房產，向推小車度日。葛文治是小的族
　　　　叔祖，在景州居住，他是老天門教劉坤的武門徒弟，傳習

91　《軍機處檔·月摺包》，第 2751 相，15 包，49790 號。嘉慶二十一年十
　　一月二十七日，山西巡撫街齡奏摺錄副。
92　《宮中檔》第 2723 箱，91 包，16934 號。嘉慶十九年十一月十八日，山
　　東巡撫陳預奏摺。

義合拳腳。十八年七月內，葛文治到青罕莊招小的為徒，即在伊徒馬十家拜葛文治為師，教小的念「真空家鄉，無生父母」八字真言，每日早上向東，午時向南，下晚向西，朝太陽磕頭，叫小的勾引年輕有錢的人入教習拳[93]。

老天門教中的武門弟子所傳習的拳腳功夫就是義合拳。天理教也傳習義和拳，嘉慶七年（1802），山東德州人王進忠拜董立本為師，入天理教，學習拳棒。嘉慶二十一年（1816）四月，王進忠被捕後供稱：

我係山東德州人，年四十二歲，我父親早故，跟我母親張氏同兄弟王世烈、王世鰲在本州城內二郎廟地方居住，從前跟官，如今閒著，我記不得年分，有冠縣民人任四係逆犯林清的師弟，恩縣民人馮彥係逆犯王倫手下人李翠的徒弟，與直隸故城縣民人曹貴等到德州邀同糧道衙門糧書劉西園、德州衛書吏焦梅占在本州地方設立天理教，引誘本州快役馮義、田明、得生、魁武、郭明旺、羅秀生，並民人穆秀等每日在劉西園家學習義合拳棒，運氣念咒，念的是「秉聖如來，接聖如來，係離卦奉上命所委高陳楊新任李弟子一代前人所為萬事萬應理到就行」等語句[94]。

天理教除了運氣念咒之外，也傳習義合拳。據王進忠弟王進孝指出，劉西園所教義和拳，又名六臁拳。「臁」當即「趟」的同音字，意即招數番次，六臁拳猶如六趟拳或六番拳。山東冠縣所查出的「八番拳」，其性質與六臁拳相近。嘉慶二十年（1815）五

93 章佳容安輯《那文毅公初任直隸總督奏議》（臺北，文海出版社，近代中國史料叢刊第二十一輯），卷三八，頁 73。嘉慶二十年九月初三日，那彥成奏摺。
94 《軍機處檔·月摺包》，第 2751 箱，1 包，47235 號。嘉慶二十一年四月二十三日，英和奏摺錄副。

月初七日，冠縣知縣黃湘寧帶同丁役拏獲赴小屯集趕集的教犯郭
洛雲，據他供稱：

> 嘉慶二、三年間，向冠縣甘集曾張洛焦學習金鐘罩，又向
> 邱縣辛店人尚際亭學習八番拳。尚際亭故後，又向邱縣丙
> 家莊馮世禮學習鎗棍刀法。八年間，我到臨清州趕廟會，
> 合素識的臨清州人劉洛常會遇，見他同了兩箇人在茶舖裡
> 吃茶，當向詢問，一名劉玉隴，是饒陽縣支窩村人，向做
> 鏧磨生理；一名尚洛載，是深州代潼人，向來縫皮。說起
> 都會拳棒，因此，講成相好，劉玉隴、尚洛載邀我到他們
> 家去教金鐘罩，應允走散。那年九月裡，我找到深州地方，
> 與劉玉隴撞遇，邀我到尚洛載家裡，他們兩人向我學金鐘
> 罩，劉玉隴已經學會，尚洛載並未學會。十六年四月，劉
> 玉隴到我家裡，說起他會坐功運氣，能出元神，知過去未
> 來的事，跟他學習的人甚多，叫我也跟他學習，我就應允。
> 劉玉隴燒香，我向上磕頭，劉玉隴叫念訣，是「道由心學
> 心向家，傳香焚玉爐心存，帝前仙佩臨軒靈，陳宮告竟達
> 九天。」還念「真空家鄉，無生父母，現在如來，我祖速
> 至」四句，又教我打坐運氣。我問他的師父是誰？他說是
> 饒陽人朱玉，並沒說出任何村莊。劉玉隴說這教名為如意
> 門，見人稱為「在裡」二字就知是同教[95]。

郭洛雲分別拜師學習金鐘罩、八番拳，後來入了如意門教派。
嘉慶二十一年（1816）二月，在山東樂陵縣拏獲饒陽縣人劉玉隆，
當即郭洛雲所供劉玉隴，他供出曾拜大新莊人陳茂林為師，學會
拳棒、金鐘罩。嘉慶十八年（1813）九月間，由饒陽縣逃至山東

---

95 《那文毅公初任直隸總督奏議》，卷四〇，頁3。嘉慶二十年五月二十五
　　日，那彥成奏摺。

樂陵縣境內張五才莊，改名劉汝榮，在莊民呂亭家長住，賣演八
卦拳，繪畫老虎賣錢度日[96]。乾嘉時期，因取締民間秘密宗教，
先後查出各教派多學習拳棒，包括紅拳、梅花拳、義和拳、義合
拳、六膁拳、八番拳、八卦拳等等名目，主要爲直隸、山東一帶
各教派所傳習，其拳法，彼此不同，似非出自同一宗派或分支。

　　義和門教是嘉慶年間盛行的一個民間秘密宗教，後世將義和
拳視爲教派名稱，與義和門教有關。嘉慶二十年（1815）五月，
直隸拏獲傳習義和門教的教犯葉富明等人，經審明入教經過：

　　葉富明籍隸青縣，種地度日，與季八素相交好。葉富明之
　　父葉長青在日，係習祖傳老君門離卦教，又名義和門，每
　　日在家三次朝太陽燒香磕頭，誦念無字真經歌訣，練習打
　　坐運氣工夫，並與人按摩治病，並未傳徒，亦無不法經卷
　　圖像，葉富明旋亦入教。嘉慶九年十一月內，葉長青病故，
　　葉富明仍習其教，並不與人治病。至十二年間，葉富明傳
　　教季八，此外並無另有匪人來往，亦無別有徒眾，迨後季
　　八轉傳滄州人湯四九[97]。

　　直隸滄州地方，除湯四九外，岳輔等人亦拜季八爲師，入義
和門教，學習坐功運氣。嘉慶十八年（1813）十一月內，岳輔等
被滄州知州莊詠逮捕。青縣人吳永滿無服族姪吳久治也是祖傳義
和門離卦教，嘉慶十四年（1809），吳久治勸令吳永滿拜師入教，
學習好話歌詞及坐功運氣，其後，吳永滿又轉收同縣人尤明爲徒。
嘉慶二十年（1815）十一月初三日，直隸總督那彥成具摺奏稱：

　　查愚民私相傳習邪教，一時原難稽查，是在地方官時刻留

96　《那文毅公初任直隸總督奏議》，卷四〇，頁31。
97　《宮中檔》第2723箱，97包，18583號。嘉慶二十年五月初七日，那彥
　　成奏摺。

心，於曾犯教案之犯，曾經習教之家，不動聲色，嚴密稽
查，務使不驚不擾，隨案究其源流，庶可斷其傳習，臣仰
荷皇上畀以畿輔重任，秉承指示，夙夜實力整飭，不敢稍
存疏懈，斷不肯令邪慝復萌，釀成巨案，除陸續拏獲滑縣
潛逃從逆各犯，並林清案內應行緣坐餘黨不敘外，其離卦
一教仍未改悔之案，如所獲安平縣傳習離卦教之楊俊等究
出首先傳教吳二瓦罐之子仍稱少當家之吳洛雲，並其徒大
頭目路運等一案，交河縣傳習一炷香離卦教之齊聞章等搜
出違背《十王經卷》一案，滄州吳久治、路老等傳習佛門
教一案，青縣李八、葉幅明等傳習義和門教一案，又青縣
邊二從習白陽教，預知逆情一案，景州萵錫華等從習離卦
教，預知逆情一案，祁州邢士魁等傳習如意教，搜獲妄造
表名掛號總冊一案，故城縣葛立業傳習義和門拳棒，預知
逆情一案，均經訊明，教名雖別，俱係離卦教之子孫徒黨，
逐起奏明，分別凌遲斬遣在案[98]。

　　引文中葉幅明即葉富明，他傳習老君門離卦教，又名義和門。
故城縣葛立業所傳的教派是老天門教，教中習練義合拳腳，並非
義和門，直隸總督那彥成既將老天門與老君門混爲一教，又將義
合拳和義和門合而爲一，於是就奏稱「葛立業傳習義和門拳棒」，
義和門拳棒簡稱義和拳，義和拳也就成爲民間秘密宗教的一個教
派名稱，義和拳終於成爲「離卦教之子孫徒黨」了。由於那彥成
的嚴厲查禁，使直隸等地盛行的民間秘密宗教各教派都遭受到重
大的挫折。

98　《那文毅公初任直隸總督奏議》，卷四二，頁9。嘉慶二十年十一月初三
　　日，那彥成奏摺。

六、結　語

　　民間秘密宗教的發展，有其內緣因素，明朝中葉以降，民間秘密宗教的活動，其所以日趨盛行，固然有其政治、經濟背景。但是，由於朝廷本身的放任，宮中篤信宗教，蔚爲風氣，非佛即道，上行下效，宗教氣氛，極爲濃厚，爲民間秘密宗教的發展，提供了相當有利的環境。明朝政權覆亡後，民間秘密宗教繼續活動。清初以來的民間秘密宗教，多爲明末民間秘密宗教的延續及其派生現象，許多新興教派，如雨後春筍般地到處創生，教派林立。

　　從清初以來即制訂律例，嚴厲取締邪教，官府認爲民間秘密宗教的活動及其教義思想，都與朝廷的崇儒重道政策有所牴觸，而務絕根株。地方查拏教犯，往往株連無辜，以致官逼民反。乾隆末年，川、陝、楚等地區的混元教、三陽教、白蓮教及其支派，勢力興盛，教案疊起。到了嘉慶初年，終於爆發了清朝官書所通稱的白蓮教大規模起事，歷時九年，蔓延四川、陝西、甘肅、湖北、河南等三省。白蓮教叛亂的平定，雖然表明清廷對地方的控制力，並未完全喪失，但是，宗教叛亂的火苗，並未完全熄滅，正是所謂野火燒不盡，春風吹又生。

　　嘉慶十八年（1813），天理教起事，雖然失敗，但是，民間秘密宗教的勢力，蔓延更廣，社會動亂，更加擴大。天理教是一個源自儒家思想的教派名稱，其實際內容，又繼承了明末弘陽教、圓頓教等教義思想，並且增加了八卦教的內容。天理教的起事，說明了清初以來各種新興教派早已互相吸收、補充和混淆的過程。由於各教派的互相混合，使民間秘密宗教的內容，更增加其複雜性。其後，民間秘密宗教的活動，更是方興未艾。

對症下藥
—— 清代康熙年間京城八旗人員的疾病醫療

　　八旗制度在創立之初，已分兩翼。左翼爲鑲黃、正白、鑲白、正藍；右翼爲正黃、正紅、鑲紅、鑲藍。據《八旗通志初集·八旗方位》記載，八旗左右兩翼的次序，「皆自北而南，向離出治，兩黃旗位正北，取土勝水，兩白旗位正東，取金勝木，兩紅旗位正西，取火勝金，兩藍旗位正南，取水勝火。」姑且不論八旗制度創始之初，是否五行並用，但滿洲入關，清朝勢力進入關內後，清軍分列八旗，拱衛京城的規劃，確實是值得重視的。

　　據《八旗通志·八旗方位》記載，八旗勁旅鑲黃旗居安定門內，正黃旗居德勝門內，並在北方。正白旗居東直門內，鑲白旗居朝陽門內，並在東方。正紅旗居西直門內，鑲紅旗居阜成門內，並在西方。正藍旗居崇文門內，鑲藍旗居宣武門內，並在南方。符合八旗方位相勝之義。原書指出拱衛皇居的八旗，「以之行師，則整齊紀律；以之建國，則鞏固屏藩。」

　　南北水土不同，京師地區，盛夏溽暑，塞外氣候水土較佳，大有益於身體。因此，每當京師盛夏，康熙皇帝多巡幸口外，駐蹕熱河行宮避暑。查閱起居注冊、實錄、《欽定熱河志》等史料，可將康熙皇帝歷次巡幸塞外的行程列出簡表如下：

康熙年間巡幸避暑山莊統計表

年　　　分	啓蹕日期	迴宮日期	巡幸日期	備　　註
16（1677）	9.10	10.10	30	
20（1681）	3.20	5.3	43	
22（1683）	6.12	7.25	72	閏六月
23（1684）	5.19	8.15	85	
24（1685）	6.16	9.2	75	
25（1686）	7.29	8.24	26	閏四月
26（1687）	8.3	9.4	31	
27（1688）	7.16	9.22	66	
28（1689）	8.10	9.10	31	閏三月
29（1690）	7.14	8.7	23	
30（1691）	4.12	5.18	37	
30（1691）	閏 7.22	9.14	22	閏七月
31（1692）	7.28	9.13	45	
32（1693）	8.12	9.26	45	
33（1694）	7.24	9.14	50	閏五月
34（1695）	8.3	9.22	49	
36（1697）	7.29	9.17	48	閏三月
38（1699）	閏 7.17	9.10	53	閏七月
39（1700）	7.26	9.12	45	
40（1701）	11.24	12.17	23	
41（1702）	6.9	8.29	110	閏六月
42（1703）	5.25	9.21	116	
43（1704）	6.7	9.26	109	
44（1705）	5.24	9.15	111	閏四月
45（1706）	5.21	9.24	122	
45（1706）	11.20	12.18	29	
46（1707）	6.6	10.20	123	
47（1708）	5.11	9.16	124	閏三月
48（1709）	4.26	9.23	144	
49（1710）	5.1	9.10	157	閏七月
49（1710）	11.15	12.18	34	
50（1711）	4.22	9.22	149	
50（1711）	11.16	12.19	33	

51（1712）	4.24	9.30	155	
51（1712）	11.25	12.25	31	
52（1713）	5.10	9.20	159	閏五月
52（1713）	11.13	12.19	36	
53（1714）	4.20	9.28	156	
53（1714）	11.18	12.21	34	
54（1715）	4.26	10.19	171	閏三月
55（1716）	4.14	9.28	162	
55（1716）	11.12	12.23	42	
56（1717）	4.17	10.20	180	
57（1718）	4.13	9.25	140	閏八月
58（1719）	4.11	10.8	175	
59（1720）	4.12	10.10	176	
60（1721）	4.16	9.27	190	閏六月
61（1722）	4.13	9.28	164	
合　　計			4240	

資料來源：起居注冊、實錄、《欽定熱河志》。

　　由前列簡表可知，康熙皇帝從康熙十三年（1677）至六十一年（1722），共 46 年之間，前後北巡塞外，共計 48 次，其中康熙三十、四十五、四十九、五十、五十一、五十二、五十三、五十五等年，每年各巡幸 2 次，其實際巡幸年分計 41 年。歷次巡幸塞外時間，最長達 204 天，最短僅 22 天，合計共 4240 天，每月以30 天計算，約有 142 個月，平均每年巡幸塞外時間長達三個半月強。就其巡幸啓蹕月分而言，最早爲康熙二十年（1681）三月二十日，最遲爲康熙三十二年（1693）八月十二日。就其迴宮月分而言，最早爲康熙二十年（1681）五月初三日，最遲爲康熙四十六年（1707）、五十六（1717）十二月二十日。康熙年間巡幸啓蹕月分的布佈，四月分共 13 次，約佔百分之 27；五月分共 7 次，約佔百分之 15；六月分共 5 次，約佔百分之 10；七月分共 9 次，

約佔百分之 19；八月分共 4 次，約佔百分之 8。節候立夏，在農曆五月初六，初七日。據《呂氏春秋・孟夏》記載，「立夏之日，天子親率三公九卿大夫，以迎夏於南郊。」立夏前後，康熙皇帝多在塞外避暑。塞外水土佳勝，對身體有益，飲食較易消化。京師盛夏酷暑，康熙皇帝常爲溽暑所苦，五內不安，煩悶焦躁，心跳不寐，不得不到口外避暑。康熙五十一年（1712）五月二十一日，直隸巡撫趙弘燮具摺請安云：「爲恭請聖躬萬安事切時當仲夏，皇上駐蹕熱河避暑，將及壹月，水土佳勝，聖躬舒泰，必倍尋常。」原摺奉硃批：「自出口以來，飲食起居都好。」康熙皇帝駐蹕熱河行宮，不受暑熱之苦，所以聖躬康泰。但是，拱衛京城的八旗官兵，卻是飽受溽暑之苦。

北京中國第一歷史檔案館編譯《康熙朝滿文硃批奏摺全譯》，於一九九六年七月由中國社會科學出版社出版，書中含有康熙皇帝第三子胤祉（in cy）等人奏報京城旗官兵患病求醫的摺件，對了解京城旗人染病醫治情形提供了珍貴的史料，康熙四十三年（1704）五月二十四日以後，據八旗都統查報有病官員、兵丁、家人在八旗者共有七十一人，其中治癒者共四十四人。六月初一日，鑲黃旗二等待衛井四勒染病，原爲傷寒發黃之症，至六月初八日始求醫調治。胤祉派太醫院大方脈大夫金廷詔調治。因耽延多日，毒勢甚盛，以致癍疹不透，嘔吐泄瀉，病情嚴重，所以服用德里鴉噶，兼用加減茵陳退黃湯救治。但鼻口出血，救治無效。六月十一日，胤祉接到邸抄，奉御批：「京城一帶病災較前如何？若有病者求醫，必令診治，斷勿耽誤。」胤祉遵旨傳諭管官、八旗、包衣牛彔、部衙，若有病者，即至胤祉處求醫。是年六月初七日，康熙皇帝自京城啓蹕巡幸塞外。在康熙皇帝啓蹕前，先行求醫者共六十九人，其中患熱病者計三十人。其中包括正黃旗頭

等侍衛巴爾圖、二等侍衛杜泰、儀仗侍衛哈青阿、鑲黃旗二等侍衛覺羅那秦、三等侍衛委章京華山、正黃旗擺牙喇甲喇章京達喇喀、飯上人李彬、茶上人巴爾圖、太監吳晉超、范晉超等九人俱患熱病，其中杜泰病情甚重，由大夫鄭玉麟調治。據步軍統領托和齊報稱，京城一帶，自六月初八日大雨以後，病者較少。居住左翼鑲黃、正藍旗屬地者甚好，居住正白旗、鑲白旗地方患病人數較多，右翼正紅旗染病者較少。六月十六日，胤祉具摺奏聞。原摺奉硃批：「此奏甚是糊塗，且苟且具奏。八旗皆有大夫，若欲知病人之數，詢問旗中大夫，無不知者，安可僅問托和齊耶？洵屬疏略。此皆不行詳查所致。」八旗都有大夫調治患病官兵，旗中大夫俱知病人多寡。

　　八旗雖然都有大夫，但重病旗人，仍另派太醫院或御醫前往診治。康熙四十三年（1704）七月初二日，太醫院左院判孫之鼎、御醫劉聲芳奉三貝勒胤祉之命前往正白旗二等侍衛拉布圖家診病。據稱侍衛拉布圖是患內臟毒之症，肛門腐爛黑色，時流臭水，神昏自汗，喘息舌強，水不下嚥，六脈散大無根，真陰虧損，肝脾兩敗，其病重大，難以挽回。

　　康熙四十四年（1705）七月初二日，太醫院御醫大方脈李穎滋、劉聲芳奉三貝勒胤祉等命診治正白旗一等侍衛僧圖病情。侍衛僧圖原患脾虛氣弱之症。因元氣未復，以致傷肺喘嗽，咳唾膿血，身軟心煩，夜不得眠，肌瘦頰赤，懶吃飲食，六脈細數，脾肺兩傷，轉成癆症。自七月十三日至十六日，僧圖病情未見好轉，七月十八日，三貝勒胤祉等派李穎滋等看視，因病勢加重，晝夜咳嗽不得眠，病已危急。同年八月二十八日，胤祉等奏報鑲黃旗擺牙喇甲喇章京（bayarai jalan i janggin）即護軍參領富道手腳發麻疼痛，正黃旗紬科副管領巴什腹脹氣堵，鑲紅旗先鋒章京廓布

素眼疼，三人俱因病求醫。

康熙四十五年（1706）六月十五日，鑲黃旗三等侍衛宗室烏爾德依頭暈，胸膈脹疼求醫。六月二十一日，多羅信郡王瀉肚疼痛求醫。三貝勒胤祉等即派李穎滋、劉聲芳診治。信郡王因元氣素虛，又兼飲食暑濕，復傷胃氣，以致瀉痢墜重，腸鳴不思飲食，四肢浮腫，精神恍惚，年老病久，下痢紫紅血水，其病嚴重。三貝勒胤祉等奏請發下聖藥西白噶瓜那救治。同年八月初三日，太醫院御醫劉聲芳、李德聰奉命探視正紅旗包衣護軍參領莫爾洪疾病。據稱莫爾洪患暑濕傷氣下痢之症，以致腰腹墜痛，下痢紫紅血水，兩脇脹滿，小水結澀不通，發燒煩躁，不思飲食，病情重大。劉聲芳等議定採用清熱除濕倉廩等湯調治，但時好時壞，下痢紫紅血水，仍前不止，元氣大虛，胸胃脹滿恐成關格之症。所以用如勒白白爾拉都，兼用加減升陽益胃湯調治。其加減升陽益胃湯方為：茯苓，一錢五分、白芍，酒炒一錢五分、牛膝，一錢、薏米，二錢、椿皮，醋炒一錢，萆薢，一錢、玉竹、一錢五分、當歸，八分、山藥，炒一錢、車前子，炒研一錢、甘草，炙三分，引用建蓮子去心八個。八月十八日，胤祉等具摺奏聞。原摺所奉硃批中有「今於朕處，侍衛第訥亦患此種病，雖經大夫調治不見效。蒙古大夫給食兔腦漿，復用幾種藥，今病見大好」等語。蒙古大夫以兔腦漿治療暑濕傷氣下痢病症，是一種偏方。胤祉等傳察罕喇嘛廟額木齊喇嘛按照藥方配製調治莫爾洪病，但不見效。同年八月十五日，正黃旗管領吳格因患熱病求醫。八月二十三日，內閣學士阿希坦患偏墜病求醫。八月二十四日，暢春園副管和爾洪患痰火病求醫。

康熙四十五年（1706）十二月初一日，鑲黃旗三等侍衛趙宏偉咳血體虛求醫，正白旗三等侍衛宗室趙敏左半身發麻求醫。經

大夫診治，二人俱無妨。總管梁琪患肝脾不足，氣滯痰凝之症，以致胸膈脹痛，飲食堵塞，吞酸作嘔，心情煩躁。十二月初三日，大夫黃運、劉聲芳，許士弘奉命調治梁琪病症。大夫黃運等商議用御製之酒，以舒氣化痰，緩緩調治。梁琪自從服酒後，病勢無定。因已交冬至，胃脈大虛，聞食即嘔，胃不安穀，病重可危。十二月初四日，太醫院御醫大方脈大夫劉炳斗、大方脈大夫季之賢奉三貝勒胤祉之命診治正黃旗一等侍衛那爾善病症。那爾善內傷飲食，外受寒邪，以致肚腹攻痛，胸肋飽脹，有時惡心，又兼腰腿酸疼，夜間不寧。大夫劉炳斗等議用加減行氣香蘇飲調治，寒邪已解，肚痛微減，但大便結燥。經聖酒調治，服後大便一次，腹痛遂大減。那爾善所服加減行氣香蘇飲方爲：紫蘇，一錢、陳皮，一錢、枳殼，一錢、炒、烏藥，一錢、羌活，一錢、川芎，八分、木香，六分，研、香附，一錢五分，炒、蒼朮，一錢，炒、延胡，一錢，炒、藿香，八分，炙、甘草，三分，引用生姜三片。

　　康熙四十六年（1707）正月二十二日以後，京城鑲黃旗三等侍衛佛替眼病，鑲黃旗那木薩里包衣牛彔下拜他喇布勒哈番（baitalabure hafan）即騎都尉龔泰咳血；先後求醫。大夫劉聲芳調治都統吳達禪病症，正月二十八日，咳痰，從此咳嗽、飽脹等症，逐漸好轉。同年六月初六日以後˙，患病求醫者五名。六月初九日，鑲白旗包衣護軍參領、廣儲司郎中尙志傑以食不消化，胸膈脹疼求醫；正黃旗包衣托沙喇哈番（tuwašara hafan）即雲騎尉黑格以患熱病求醫。六月十六日，鑲黃旗一等侍衛副都統朱瑪喇以腹內脹滿，不思飲食求醫。六月十七日，正黃旗三等侍衛孫思治以患熱病求醫。六月十八日，正白旗管領博精以頭暈瀉肚求醫。黑格熱病，由大夫李文炳調治，據李文炳報稱，黑格素患腹痛病，熱病發汗後，復飲冷水，腹痛復發，病勢嚴重。同年九月十六日，

正白旗二等侍衛曹衛誠以感冒咳嗽、渾身疼痛求醫。九月二十一日，南苑六館總管巴哈達以頭暈氣短咳嗽求醫。

康熙四十七年（1708）六月初三日，正黃旗二等侍衛馬希泰以瀉痢墜痛求醫；正黃旗三等侍衛寶珠以食不消化，咳嗽疼痛瀉肚求醫。六月初五日，散秩大臣伯四格以腿疼求醫。六月初十日，正黃旗三等侍衛覺羅邁圖以頭發迷，胸膈脹疼求醫。六月二十一日，鑲黃旗包衣護軍參領景色楞之父以食不消化，腹內脹疼求醫。六月二十二日，正黃旗管領赫塞以發燒求醫，正黃旗管領管寶下副管領巴什以右半身腫疼，食不消化，心跳疼痛求醫。六月二十七日，正白旗三等侍衛吳爾丁阿以瀉痢疼痛求醫。七月初五日，鑲黃旗三等侍衛噶那順以瀉痢求醫。七月十三日，正黃旗三等侍衛德壽以小腹腰腿疼痛求醫。七月十四日，正黃旗二等侍衛杜泰以患熱病求醫。

康熙四十八年（1709）七月初一日，茶上人黑保以腹內發脹瀉肚求醫。七月十一日，蒙古大夫台吉烏巴迪以患熱病全身疼痛求醫，正白旗管領皂寶下副管領雅圖以暈倒半癱求醫。七月十三日，鑲黃旗藍翎朱魯色以右小腿骨生疔求醫。七月十四日，鑲黃旗護軍參領保珠以患痰火病求醫。八月初十日，鑲黃旗三等侍衛王登以食不消化、胸膈脹疼求醫，正白旗包衣管領謝尼下七品官洪遠義以瀉肚便血求醫。八月十二日，鑲黃旗藍翎屯泰以患痢疾求醫。八月十七日，正黃旗三等侍衛圖克善以咳血頭暈、胸膈脹疼求醫。八月二十四日，正黃旗一等侍衛那爾善因病求醫，大夫李德聰，李之賢奉命前往診視。據李德聰等稱，那爾善自腰至肚抽疼，陣陣嘔吐，頭暈不思飲食，須以德里鴉噶救治。那爾善所患疾病是脾腎虛寒腹痛之症，服用德里鴉噶後，腹痛已止。因九月初七日忽受風邪，以致四肢抽搐，神昏氣短，語言蹇澀，六脈

虛大。服用聖酒後，抽搐雖止，元氣虛脫後病故。鑲黃旗牛彔章京扎努喀曾於是年五月十一日因頭暈手腳麻木咳痰求醫後，病勢漸好。七月初七日，診治大夫李德聰等報明扎努喀痊癒。八月二十四日，舊病復發，又加腹瀉，病重難治。九月初八日，正白旗三等侍衛徐應覺心跳咳嗽求醫。九月十一日，鑲紅旗護軍參領巴魯患病求醫。

康熙四十九年（1710）五月十六日，廣儲司員外郎華色生痛癰求醫。五月十七日，鑲黃旗護軍參領富喀體弱不思飲食、瀉肚求醫。五月十八日，正白旗副餐領雅圖痰火病復發，左側手腳不能動，舌硬話不明求醫。其中華色生瘡六、七日後才求醫，瘡惡化變大六寸有餘。大夫孫志定、馬謙等給服德里雅噶，貼敷巴西里岡，但醫治無效。內閣大學士張玉書，因患濕熱氣滯傷脾之症，中脘脹滿，四肢浮腫。五月十九日，太醫院右院判劉聲芳、御醫李德聰奉旨診治張玉書，用德里鴉噶兼滲濕和中湯調治。

康熙四十九年（1710）五月初十日，盛京正黃旗包衣牛彔章京（booi nirui janggin）即內府佐領錫喇到京城，以手足麻木求醫。五月十二日，鑲黃旗三等侍衛覺羅馬爾泰左腳微腫抽疼求醫，正紅旗前鋒參領阿魯胸熱停食瀉肚求醫。五月十二日，胤祉等奏報患病求醫人員，原摺奉硃批：與鑲白旗原任都統班達爾善閑敘時，言其長子生漏瘡甚重等語。康熙皇帝著胤祉等派西洋大夫羅得賢、保永義診治。羅得賢等遵旨前往診視，據稱「該瘡生而日久，毒及骨髓，不能治癒，且身患癆病，發燒咳嗽，氣血甚虧，消瘦腳腫，我等未有治癆病良方，加之消瘦腳腫，斷不能治，未必能過春末等語。西洋大夫因無醫治肺癆良方，所以不能救治。

康熙四十九年（1710）五月二十四日，正黃旗包衣舒木布牛彔下托沙喇哈番（tuwašara hafan）即雲騎尉華色患熱病求醫，正

白旗包衣勞雅圖牛彔下閑散徐可貴病重。鑲黃旗食阿思哈尼哈番（ashan i hafan）俸碩色病，自五月二十五日起加重。太醫院右判劉聲芳、御醫李德聰奉命診治。據劉聲芳等稱，四月二十七日，診視碩色病，原係中風重大之症，神昏目閉，痰涎壅塞，左半身不遂。服用御製白丸及酒，神氣已明，痰壅已好，惟仍左半身不遂。因交夏，至五月二十五日晚，又覺神氣昏憒，痰壅氣堵，湯水難嚥。因年老之人反復不宜，劉聲芳等仍用御製酒兼祛風化痰湯救治。其祛風化痰湯方為：橘紅，一錢、半夏，一錢，製，茯苓，一錢、南星，五分，製、僵蠶五分、石菖蒲，八分、天麻，一錢、防風，一錢、當歸，八分、甘草，三分，生，引生姜三片，竹瀝，五分。其中竹瀝是一種竹油，主要功效為化痰去熱，止煩悶。

康熙四十九年（1710）六月十五日，正白旗包衣薩哈連牛彔下阿達哈哈番（adaha hafa）即輕車都尉希福以患痢疾瀉肚求醫。六月二十日，鑲白旗護軍參領宗室烏里心腹脹悶，不思飲食，全身疼痛求醫；御前一等侍衛海清以一日瀉肚五、六次求醫。理藩院侍郎荐良以病重，派大夫診視。六月二十日，太醫院御醫李德聰奉命診視海清病症。據李德聰稱，海清患寒濕傷脾泄瀉之症，原由風濕腿疼日久，潰而不斂，氣血已虧。適因長夏，濕勝侵脾，大便泄清水，日夜五、六次，氣弱身軟，懶食惡心，六脈沉遲無神，病勢重大。御醫李德聰用椿根皮散兼加減升陽除濕湯救治。其中加減升陽除濕湯方為：蒼朮，一錢五分，米泔炒、陳皮，一錢、赤茯苓，二錢、豬苓，八分、澤瀉，八分、升麻，三分、縮砂，七分、炮姜，七分、扁豆，二錢，炒、甘草，五分，密炙，引姜皮三片、陳倉米五分。六月二十一日，御醫李德聰、吏目霍桂芳奉命診視理藩院右侍郎荐良病症。據李德聰等稱，荐良患脾

肺虛寒喘脹之症，以致氣喘自汗，胸脇脹滿，難以仰臥，面目四肢浮腫，大便不實，六脈絕至不現，其病重大恐一時虛脫，所以李德聰等用德里鴉噶兼加減實脾飲救治。其中加減實脾飲方為：茯苓，二錢、陳皮，一錢、白芍，酒炒一錢、白朮，土炒一錢、薏米，炒二錢、桑皮，一錢、大腹皮，一錢、木瓜，一錢、桂枝，七分、澤瀉，切分、葶藶子，七分，引姜皮三皮。海清病重，雖經竭力救治，並不見好轉，七月初二日以後，瀉肚加上痢疾。據御醫李德聰稱，海清瀉痢之症，是值暑熱，受暑氣之故，並非因先前瀉肚所致。七月初五日，胤祉等具摺奏聞。原摺奉硃批：「知道了。該金線重樓專治痢疾，為何反而瀉痢呢？此藥並非我等多試常用之物，恐有別的緣故，命大夫要慎重，不可輕視。」御醫李德聰等遵旨令海清服用御賜金線重樓末，泄瀉減一、二次。七月初三、初四兩日，泄瀉又添二、三次，時常紅白似痢。李德聰等認為這是病久虛極，復受暑氣所致，所以仍用金線重樓末兼椿根皮散，竭力救治。胤祉等具摺時亦稱，海清瀉痢，並非因金線重樓之故，其病勢原係外受濕暑氣，手足疼數年，後來氣血大虧，外病傷裏，以致泄瀉。因氣甚弱，又遇暑熱，暑濕氣復加增，故添痢疾，水瀉加增，日則七、八次，夜又二、三次，七月初七日夜間病勢嚴重，大夫已束手無策。

康熙四十九年（1710）六月二十四日，武備院庫掌常壽患痰火病求醫。六月二十八日，正白旗三等侍衛興輝墜馬，左肩折斷求醫。蒙古大夫華色奉命診視興輝。據華色報稱，興輝左肩節下骨折斷，其折斷處下骨一塊已碎，經華色對接後，並無生命危險。七月十五日，鑲黃旗二等侍衛包衣委護軍參領善福患痢疾求醫。七月十六日，正黃旗二等侍衛杜岱生漏瘡求醫。同年十一月二十一日，正黃旗二等侍衛泰運全身發燒，胸膈脹疼求醫。

康熙四十九年（1710）十月二十八日，太醫院院院使孫之鼎等奉命診視正黃旗內大臣頗爾盆病症。據稱，頗爾盆原係痔漏復發，串至左右臀，內通大腸，透破穢臭，稀膿日流碗許，外貼巴西里崗膏藥，腫硬疼痛雖減，漸致元氣大虛。自十一月十六日以來，大便溏瀉，日夜七、八次，惡心口渴，不思飲食。頗爾盆年已六十八歲，大膿之後，復添溏瀉，病勢重大。孫之鼎等議用金線重樓末，兼扶元益胃湯救治。其中扶元益胃湯方爲：人參，二錢、白朮，二錢，土炒、茯苓，一錢、黃芪，二錢，蜜炙、陳皮，八分、山藥，二錢，炒、縮砂，八分、澤瀉，八分、升麻，三分、甘草，五分，蜜炙，引煨姜二片，建蓮肉十枚，去心。頗爾盆自服金線重樓末後，大便溏瀉雖減，但瘡形內潰闊有尺餘，不時流膿，飲食甚少，氣虛毒盛，醫治無效。十二月初四日，正白旗一等侍衛沙克杜爾以頭暈心跳求醫。是日，會計司主事常載以小肚疼，不出小恭求醫。

康熙五十一年（1712）八月初四日，太醫院左院判黃運、御醫霍桂芳奉旨診治正黃旗四等侍衛布勒蘇病症，是肝經積熱，痰氣結於心包絡，以致言語錯亂，舌腫黃胎，有時不知人事，妄動踰墙，病似瘋狂，六脈滑軟。服過聖藥白丸，瘋狂已減，惟語言仍亂，此心經有痰之故。黃運等議用御製酒以疏通經絡，兼用清心豁痰湯調治。其中清心豁痰湯方爲：茯神，一錢、石菖蒲，一錢、麥冬，二錢，去心、柴胡，一錢、黃連，八分，酒炒、烏藥，一錢，醋炒、竹茹，一錢、半夏，一錢，姜妙、橘紅，一錢、枳實，一錢，炒、膽星，八分、甘草，三分，引生姜一片。

京城八旗人員常見的病症，包括：熱病、傷寒、泄瀉、發燒、內臟毒、脾虛、癆病、手腳發麻疼痛，腹脹氣堵、眼疼、頭暈、胸膈脹疼、肚疼、痢疾、便血，暑濕、偏墜、痰火、嘔血、半身

發麻、頭疼、腿瘡、腰腿酸疼、咳嗽、咳血、咳痰、食不消化、感冒、頭發迷、半身腫痛、心跳疼痛、腿骨生痛、脾腎虛寒、風邪、漏瘡、胸熱、中風、半身不遂、痰壅、心腹脹悶、風濕、腿疼、溏瀉、脾肺虛寒、骨折、瀉痢、痔漏、肝經積熱等症。其中患熱病的人數，佔了很大的比率。例如康熙四十三年（1704）六月十三日胤祉奏報求醫六十九人中患熱病者計三十人，約佔百分之四十四。康熙四十六年（1707）六月，正黃旗包衣托沙喇哈番黑格患熱病發汗後復飲冷水，以致腹痛復發。

京城地區，每年因長夏，溽暑延續頗久，以致八旗官兵等人員，因酷暑炎熱而患病者頗多，或頭昏，或暈倒，或瀉痢，甚至因熱病而傷亡。這種情況，頗受康熙皇帝的關注。例如康熙三十五年（1696）康熙皇帝征討準噶爾期間，胤祉等具摺請安，原摺奉硃批：「此處涼爽，而此三日感覺熱，不知京城何如？」胤祉遵旨查明在京城甚熱，至晚益加悶熱難受，此數年中不曾經歷似此暑熱。康熙四十六年（1707）七月十四日，胤祉等具摺請安，原摺奉硃批：「數日以來，朕所在地方亦熱，聽得有人因熱受傷耶？著訪明奏來。」胤祉等遣人在京城內外查訪。據報稱，近來炎熱，有人頭昏，或瀉肚。溽暑延續十餘日。步軍統領隆科多奏報京城中暑患病情形時指出，五月間，大人、小孩出紅疹子者頗多。六月初一日晨，雨止，初二日亦熱，初三日有風，初四日熱。是夜，在右翼丁家井處賣餅鋪的山西民人李二中暑，鼓樓西大街推車的山西民人李大悶熱暈倒。初五日，朝陽門內大街拉米車馬一匹中暑暈厥。隆科多查明京城內外因中暑而死的男女共計六人。六月十三日未時，崇文門外三里河街，有一不知旗、佐領姓名之婦中暑倒身而亡。十五日戌時，東四牌樓北大街，有一漢人男子倒斃。十六日酉時，於皇城內團城地方，有賣布山西人郝偉定倒地而死。

是日二更時分，住報子街鑲藍旗徐國棟佐領下閑散張寶同家婦三雅圖於其門首倒身而亡。十七日申時，居東廠地方正黃旗包衣齊進佐領下閑散郭世君家丁保兒倒地而死。是日酉時，居兵馬司胡同之大興縣民人劉二之妻在其家中暑而死。京城盛夏濕熱，旗人、漢人因中暑傷亡者，人數不少。

　　八旗中各有大夫調治官兵旗人熱病，平日防熱措施，也很重要。據隆科多指出，將中暑倒地之人扶之坐於蔭涼處，以涼水澆心，給服香薷丸，也可以使病人蘇醒。馬匹因熱昏倒後，可拖至井旁灌水救活。夜晚後，步軍統領衙門准許民人於街衢乘涼。理藩院曾詢問維吾爾人：「爾等地方甚熱，凡中暑者如何醫治？」報稱：「我們地方醫治中暑之人，將綠葡萄搗碎取汁，兌熱水一同服飲畢，令其坐於冷水中為好。」將綠葡萄搗碎取汁加熱水服飲後坐在冷水中，是一種解暑的傳統偏方。

在家如春
── 《滿漢諺語選集》導讀

　　諺語是流傳於民間的一種俗語，它是從長期的生活經驗中形成的一種口頭語言，又稱俚語、俗言，言簡意賅，通俗生動，說明了諺語的口語性及其通俗性。它的內容，上涉天文，中關人事，下及地理，多具啟發性與教化意義。

　　常用滿漢諺語，多冠以「俗諺」（dekdeni gisun de henduhengge）、「諺曰」（dekdeni henduhengge）、「俗話說」（dekdeni gisun）、「俗語說」（dekdeni henduhe gisun）、「常言道」（an i gisun）、「古人云」（julgei niyalmai henduhe gisun）等字樣。其中「俗語說」，滿文又讀如 "dekdeni gisun de gisurehe"，又讀如 "an i gisun de henduhengge"、「常言道」，滿文又讀如 "niyalma i henduhe gisun"；又讀如 "dekdeni henduhengge"；又讀如 "hendure balama"。滿文並不規範，說明諺語生動、形象、通俗的多元性文化的特點。

　　吳文齡整理繙譯《錫伯族諺語》一書於 1984 年 9 月由烏魯木齊新疆人民出版社出版。原書「前言」指出，「諺語，是聰明的泉水，智慧的花朵，它語言凝煉，耐人尋味，富有哲理，更具詩意，對人們的思想、生活和工作起著一定的指導作用，深為人民群眾所喜愛。」諺語確實是富有哲理生活化的一種通俗語言。

我國滿漢諺語，資源豐富。滿漢文本《菜根譚》、《勸善要言》、《聖諭廣訓》、《聖祖仁皇帝庭訓格言》、《三國志通俗演義》、《西遊記》、《西廂記》、《聊齋志異》、《金瓶梅》、《紅樓夢》、《錫伯族諺語》等書，都含有豐富的諺語，對學習滿文提供了珍貴的語文資料。《滿漢諺語選集》一書輯錄其中常用諺語，編爲六十五個篇目，於 2010 年 6 月由臺北文史哲出版社出版。是書將滿文轉寫羅馬拼音，對譯漢文，對於初學滿文者，可以提供一定的參考價值。

滿族、錫伯族諺語多能生動地反映早期騎射生活的特點，常以各種動物的習性，構成諺語的基本題材，雖然語言俚俗，但它蘊含的哲理，卻十分深刻。譬如漢文諺語「初生之犢不怕虎」，滿文諺語讀如 "ilan se i ihan tasha ci gelerakū"，意即「三歲的牛不怕虎」。漢文諺語「兔死狐悲」，滿文諺語讀如 "dobi buceci dorgon songgombi"，意即「狐死獾泣」。漢語「積羽沉舟」，或「涓涓不壅」，「積少成多」滿文諺語讀如 "cecike fiyotoci edun de tusa"，意即「雀兒放屁利於風」。民間俗語稱「壞竹出好筍」，滿文諺語讀如 "gaha i tomon ci garudai gerudei tucimbi"，意即「烏鴉窩裡出鳳凰」。人不知足，滿文諺語讀如 "lefu tarhūn de eleburakū"，意即「熊不嫌肥」。答非所問，滿文諺語讀如 "hoton duka seci monio ura sembi"，意即「城門說是猴屁股」。俗話說：「虎毒不食子」，又說：「狼子不可養」，滿文諺語 "helmehen deberen eme be jembi"，意即「蜘蛛子吃蜘蛛母」。俗話說：「拿石頭砸自己的腳」，滿文諺語 "ujihe coko de ura cokibumbi"，意即「自己餵的雞，啄自己的屁股」。居家之道在於勤，滿文諺語 "gashai saikan funggala de, niyalma i saikan kicebe de"，意即「鳥美在羽毛，人美在勤勞。」頗具社會教化意義。歷代賢君，從諫如流，滿文諺語 "muduri wang hese wasimbufi sijirhūn tafulara be baici, aihūma inu bahafi gisurembime eihume inu bahafi gisurembi." 意即「龍王下詔求直諫，鱉也得言，龜也得言。」生動有趣。以牛、虎、狐、獾、鳥、雀、雞、鴉、鳳凰、熊、猴、蜘蛛、鱉 、龜等飛禽走獸爲比喻，通俗易解。

　　草木知運，以花草樹木爲題材的諺語，也具有特點。滿文諺語 "edun isinjici ilha ini cisui maksimbi"，意即「風來花自舞」。滿文諺語 "ai hailan de ai ilha fithenembi"，意即「什麼樹開什麼花」。滿文諺語 "guilehe ilha sihame, toro ilha fithembi"，意即「杏花謝了桃花開」。滿文諺語 "moo be mishalarakū oci tondo ojorakū"，意即「木不繩不直」。滿文諺語 "sahaliyan alin sakdandarakū, niowanggiyan muke kemuni bimbi." 意即「青山不老，綠水長存。」滿文諺語 "alin i gasha emgeri guwendehede, ilhai fiyentehe sasa dekdembi." 意即「山鳥一鳴，花片齊飛。」自然界的生生不息，躍然紙上。

　　多少若干，是未定的數目，可以形容很多，也可以形容很少。以多少爲題材的諺語，不勝枚舉。滿文諺語 "aji mihan de duha labdu, aji gurun de gisun labdu." 意即「小豬腸多，小孩話多。」滿文諺語 "hailan sakdaci gargan labdu, niyalma sakdaci omolo labdu." 意即「樹老枝多，人老孫多。」滿文諺語 "bayan boode baita labdu, yadahūn boode yangšan labdu." 意即「富貴人家是非多，貧寒人家吵鬧多。」多多益善，其實，越多不必一定越好。滿文諺語 "cihe labdu oci yocarakū, jang labdu oci gelerakū." 意即「虱多不癢，債多不怕。」俗話說：「樹大招風」，滿文諺語 "daliha gargan de šulhe labdu"，意即「梨多壓枝」，又作「果多壓枝」。滿文諺語 "mujan labdu oci, boo waikū ombi." 意即「木匠多，房子歪。」俗話說：「貓多偷懶」，又說：「懶牛屎尿多，懶漢明天多。」滿文

諺語 "urun labdu oci, emhe mucen" 意即「媳婦多，婆做飯。」船多不礙港，路多心廣，然而話多不如話少，禍從口出，吉人辭寡，言寡尤，行寡悔，祿在其中。滿文諺語 "dabsun labdu oci hatuhūn ombi, gisun labdu oci jušuhun ombi." 意即「鹽多鹹，話多酸。」爲人之道，時然後言，不厭於人。樂時不可多事，喜時不可多言。滿文諺語 "jugūn de gisureci orho i dolo donjire niyalma bi"，意即「路上說話，草裡有人聽。」與隔墻有耳寓意相近。語不可多，舌不可快。滿文諺語 "futa golmin ocibe ilenggu be huthuci muterakū"，意即「繩子雖長，拴不住舌頭。」滿文諺語 "camci golmin oci bethe be halgimbi, ilenggu golmin oci beyebe halgimbi." 意即「衫長裹足，舌長招禍。」寓意深遠，具有教化作用。

在漢族傳統社會裡，兄弟如手足，妻子如衣服。其實，在滿文諺語裡，妻子在家庭裡扮演了重要的角色。"cahin de jeku bici mujilen elhe, boode sargan bici gūnin jalu." 意即「倉裡有穀心安，屋裡有妻意滿。」常話說：「倉裡有穀心不慌，屋裡有妻意不亂。」語意相近。"eihen yaluha niyalma juwe bethe šolo akū, juwe sargan hejehe niyalma gūnin elhe akū." 意即「騎驢的兩腿不得閒，娶二妻的心不安。」滿文諺語 "niyalma de sargan akū oci, boo de taibu akū adali kai." 意即「人若無妻，如屋無樑。」滿文諺語 "haha de sargan akū oci ulin de ejen akū, hehe de eigen akū oci beye de ejen akū." 意即「男兒無妻財無主，婦女無夫身無主。」滿文諺語 "hehe mergen oci eigen be tukiyembi, haha faicingga oci sargan be dasatambi." 意即「妻子賢慧夫增光，丈夫勤快妻身亮。」滿文諺語 "jui hiyoošungga oci ama i gūnin elhe, sargan sain oci eigen de jobolon komso." 意即「子孝父心寬，妻賢夫禍少。」家有賢妻，

是家中福，丈夫當惜福。夫婦之道，就在長長久久。

　　俗話說：「不看僧面看佛面」，滿文諺語 "nimahai dere be tuwarakū oci, mukei dere be tuwambi." 意即「不看魚面看水面」，寓意相近。民生在勤，寒在怠織，居家之道在於勤儉，滿文諺語 "faicingga niyalma dobori de inenggi arambi, banuhūn haha inenggi be dobori arambi." 意即「勤人黑夜當白天，懶漢白天當黑夜。」常言道：「懶漢六月也凍手」。滿文諺語 "niyalma de akdaci nadan biya de gala gecembi"，意即「靠人則七月凍壞手」。俗話說：「與人言善，暖於布帛。」又說：「好話待人三九暖」。誠然，甜言美語暖三冬。滿文諺語 "ehe gisun i niyalma be korobuci ninggun biya seme šahūrun"，意即「惡語傷人六月寒」，惡語傷人心，順情說好話，確實具有社會教化作用。

　　君子不怨天，不尤人，小人行險以徼倖，寧可終歲不讀書，不可一日近小人。滿漢對譯諺語中頗夕勸善名言，譬如「門內有君子，門外君子至；門內有小人，門外小人至。」滿文讀如 "dukai dolo ambasa saisa bici, dukai tule ambasa saisa isinjimbi; dukai dolo buya niyalma bici, dukai tule buya niyalma isinjimbi." 常言道：「物離鄉貴，人離鄉賤。」又說：「與其到遠方淘金，不如在近處拾糞。」滿文諺語 "boo de bici niyengniyeri, tulergi de bici tuweri." 意即「在家如春，在外似冬。」充分反映傳統社會裡安土重遷，父母在不遠遊的思想。我國歷代以來，就是一個多民族的國家，各民族多保存了豐富的諺語，引起人們的共鳴。

ᠵᠠᡳ ᠊᠊ ᡩᡝᡳᠺᡝᠠ ᡤᠠᠯᡳ ᠊ ᡝᠣ᠊ ᡩᠠ ᠊ ᡳᠨᠠᠠ᠊ᠣᠠ ᠮᡠᠵᡳᠯᡝᠨ ᡝᡤᡝᠯᠠ ᠊᠊

ᠵᠠᡳ ᠊᠊ ᡥᡝᠠᡝᠠᠠ᠊ᡝᠨ ᠣᠠᠠ᠊ᡝᠠᡳ᠊ ᡥᠠ ᠊ ᠣᡵᡳᠠ᠊ᠨ ᡳ ᠊ᡝᠠᠠᡝ᠊ ᠠᠠ ᠊᠊

ᠵᠠᡳ ᠊᠊ ᡥᡝ᠊ᠠ᠊ ᡝᠠᠠᠠ᠊ ᠊ᠠ ᠊ ᠠᠠᠣᠠᠠᠠᡝ᠊ᠠ ᠊ᡳ ᠊ ᠠᠠ᠊ᡳ ᠠᠠ᠊ᡝᠠ ᡝᠠ᠊ᡝᠠ ᠠᠠ᠊ᡝᠠ ᠊ ᠊᠊

ᠵᠠᡳ ᠊᠊ ᠊ᠠᠠ᠊ᡝᠣᠠ ᠊ᡳ ᠊ ᡝᠠ ᠊ ᠠᠠ ᡝᠠ᠊ᠠᠠ ᠊᠊

ᠠᠠᡳ ᠊᠊ ᠊ᠠᠠ᠊ᡝᠣᠠ ᠊ᡳᠠ ᠊ᠠ ᠊ ᠠᠠᠣᠠ᠊ᡝᠠᠠ ᠊ ᠠᠠ ᡝᠠ ᠊ᡝᠠᠠᠠ᠊ ᠊᠊

ᠠᡝᡳ ᠊᠊ ᡝᠠ᠊ᡝᠠ ᠊ ᠊ᠠᡳᠠ ᠊ ᠊᠊

ᠵᠠᡳ ᠊᠊ ᡝᠠᠠᡝᠠ᠊ ᠠᠠᠠ᠊ᡝᠠ᠊ ᡩᠠ ᠊᠊ ᠊ᡝᠠ᠊ᡝᠠ ᡳ ᠊ᠠᠣ᠊ᠠᠠ ᠊ᡝᠠ ᠊᠊

ᠵᡳ ᠊᠊ ᡝᠠ ᠊ ᠊ᠠᠣᠠ᠊ᡝᠠ᠊ ᡝ᠊ᡝᠠ ᠊ᡝᠠᠠᠠ᠊ ᠊ ᠊ᡝᠠᠠᠠᠠ ᠊ᠠ ᠊᠊

ᠵ ᠊᠊ ᠊ᠠᠠ᠊ ᠊ ᠊ᠠᠠᠠᠠᠠᠠᠠ ᠊ᡝᠠ᠊ᡝᠠ᠊ ᡝᠠ ᡩᠠ ᠊᠊

滿文諺語

《清國時代官署印影集》導讀

　　臺灣與閩粵內地一衣帶水，明朝末年，內地漢人大量渡海來臺。鄭芝龍等人入臺後，獎勵拓墾，泉、漳等府民人相繼東渡，篳路藍縷，墾殖荒陬，經過先民的慘澹經營，於是提供內地漢人一個適宜安居和落地生根的海外樂土。

　　臺灣拓墾社區的形成及行政區域的調整，與臺灣本島的地理特徵，都有密切的關係。福建巡撫丁日昌具摺指出，「臺灣地勢，其形如魚，首尾薄削，而中權豐隆。前山猶魚之腹，贏腴較多，後山則魚之脊也。」臺灣中央山脈縱貫南北，西部為前山，面向中國大陸，很像魚腹，膏腴肥沃；東部為後山，為山脈所阻隔，好像魚脊。福建總督高其倬具摺時亦稱，「臺灣地勢，背靠層山，面向大海。其山外平地，皆係庄民及熟番居住，各種生番，皆居深山之中，不出山外。」由於地理位置的近便，早期渡海來臺的閩粵漢人，主要是從福建沿海對渡臺灣西部海口，其拓墾方向，主要分佈於前山平地。

　　清聖祖康熙二十三年（1684），清朝將臺灣納入版圖後，設立臺灣府，府治在臺南府城，領臺灣、鳳山、諸羅三縣，並劃歸廈門為一區，設臺廈道。臺灣府隸屬於福建省，開科取士，實施與內地一致的行政制度。雍正元年（1723），巡視臺灣御史吳達禮奏請將諸羅縣北分設知縣一員，典史一員，淡水增設捕盜同知一員。同年八月，經兵部議准，將諸羅縣分設一縣為彰化縣，建縣治於

半線。

康熙年間，臺廈道轄區含臺灣與廈門。雍正五年（1727），轄區縮小，僅限於臺灣與澎湖，改稱臺灣道，駐臺南府城。臺灣道員，向係調缺，福建督撫等員因臺灣道出缺，往往貪緣徇情。為釐剔弊端，乾隆皇帝格外賞給臺灣道按察使銜，俾有奏事之責，遇有地方應辦事件，即可專責奏事。

臺灣為海疆重地，康熙六十年（1721），朱一貴事件後，清朝中央政府認為有必要每年從京城派出御史前往臺灣巡查，將所見所聞據實具奏。次年，正式派出御史，滿、漢各一員。但因巡臺御史職分較小，不能備悉地方情形，有名無實。自乾隆五十三年（1788）二月起正式將巡臺御史之例停止，改由閩浙總督、福建巡撫、福州將軍、福建水陸師兩提督每年輪派一人前往稽察。

清朝總兵為武職正二品官，管轄本標及所屬各協、營，鎮守本鎮所屬地區，受本省總督、提督管轄。康熙年間，臺灣設總兵官一員，為臺灣、澎湖地區最高軍事指揮官，所轄綠營共十營，每營官兵各一千名，全臺共一萬名，統稱臺灣鎮，康熙五十七年（1718），創立北路淡水營。雍正十一年（1733），添設城守營，並擴編北路營、南路營，全臺增兵近三千名。乾隆五十三年（1788），增兵一千二百名。嘉慶十三年（1808），北路淡水營升為艋舺營。嘉慶十七年（1812），創設噶瑪蘭營，臺灣鎮綠營官兵增至一萬四千名。同治八年（1869，實施裁兵加餉政策，綠營官兵僅剩七千多名。咸豐、同治年間，地方團練、鄉勇逐漸取代綠營，成為戰鬥主力。臺灣防務亦逐漸轉移到湘軍、淮軍之手。

雍正九年（1731），割大甲以北至三貂嶺下遠望坑，所有刑名錢穀諸務，歸淡水同知管轄。嘉慶十五年（1810），又以遠望坑迤北而東至蘇澳，增設噶瑪蘭通判。

　　同治十三年（1874）四月，為防列強窺伺臺灣，清朝中央政府命沈葆楨巡視臺灣，兼辦各國通商事務。沈葆楨為鎮撫地方，防範窺伺，議訂於鳳山縣瑯瑀，勘定車城南十五里的猴洞作為縣治，擬定縣名為恆春縣，先設知縣一員，審理詞訟，並撥給親勇一旗，以資彈壓地方。

　　淡水廳因治所設在竹塹城，所以清朝官方文書亦作竹塹廳。淡水廳所轄地界較為遼闊，地方空曠。夏獻綸在臺灣道任內已有改淡水廳為直隸州，改噶瑪蘭同知為知縣，添一縣於竹塹之請。沈葆楨鑒於外防內治難周全，而於光緒元年（1875）奏請調整行政區域。沈葆楨等人以艋舺非特為淡水、噶瑪蘭扼要之區，其實也是全臺北門管鑰。因此，奏請於艋舺創建臺北府，仍隸於臺灣兵備道。南劃中壢以上至頭重溪，北劃遠望坑為界，設立淡水縣，為臺北附府一縣。自頭重溪以南至彰化大甲溪止，裁淡水同知，改設新竹縣。自遠望坑迤北向東原噶瑪蘭廳舊治疆域，改設宜蘭縣，並改噶瑪蘭通判為臺北府分防通判，移駐雞籠。

　　中法戰役後，為鞏固臺灣防務，劉銘傳積極辦理練兵設防，興建鐵路。清朝中央政府亦已認識到臺灣為南洋門戶，非建立行省不可。光緒十一年（1885）九月初五日，頒佈懿旨，將福建巡撫改為臺灣巡撫，常川駐紮。福建巡撫事，即著閩浙總督兼管。首任臺灣巡撫為劉銘傳，開始使用木質關防。同年十月十五日，閩浙總督楊昌濬具摺奏請敕部換頒臺灣巡撫關防，以重信守。清朝中央政府曾以原設臺灣道一員遠駐臺南，難以兼顧，而擬於臺灣道之外，另添設臺北道一員。但楊昌濬、劉銘傳認為與其添設臺北道，不如添設布政使司布政使。臺灣雖設行省，但必須與福建聯為一氣，庶可內外相維。楊昌濬、劉銘傳遵旨議定臺灣巡撫，改稱福建臺灣巡撫；臺灣布政使，改稱福建臺灣布政使。光緒十

三年（1887）二月，邵友濂補授福建臺灣布政使。劉銘傳患有目疾、頭疼、咳嗽等症，因公務繁忙，所以病情日益惡化。光緒十七年（1891）三月，劉銘傳開缺回籍就醫。同年四月初二日，命邵友濂補授福建臺灣巡撫。

　　臺灣建省之初，巡撫劉銘傳會同總督楊昌濬奏請以彰化縣橋孜圖地方建立省城，添設臺灣府臺灣縣。將原有臺灣府改爲臺南府，臺灣縣改爲安平縣。邵友濂繼任巡撫後，以橋孜圖地方氣象荒僻，揆諸形勢，殊不相宜。邵友濂具摺指出，臺北府爲全臺上游，巡撫、布政使久駐於此，衙署庫局，次第甫成，應以臺北府爲臺灣省會，將臺北府做爲省會首府，改淡水縣爲省會附郭首縣，臺灣府衙署在彰化縣城，不必移於臺灣縣，即以彰化縣爲附府首縣。

　　臺北府屬大科坎，位於南雅山下，爲淡水、新竹兩縣沿山扼要之區。光緒十二年（1886），劉銘傳曾派內閣侍讀學士林維源幫辦臺北撫墾事務，擬於南雅地方分設一縣。邵友濂繼任巡撫後指出，若照劉銘傳原議，分設縣缺，則糧額並無增益，轉多分疆劃界之煩，淡水縣遠附府城，又苦鞭長莫及。因此，唯有分防，方足以控制。光緒二十年（1894）五月，邵友濂奏請添設分防同知一員，以管束各社原住民，兼捕盜匪，作爲衝繁難調要缺，稱爲「臺北府分防南雅理番捕盜同知」。

　　臺灣建省後，曾經議及在南投竹山林圯埔添設雲林縣。其後因林圯埔地近內山，氣局褊小，經邵友濂奏請移駐斗六，至於林圯埔應否添設佐雜分防之處，則批飭司府察度情形，另行妥議辦理。旋經臺灣府知府陳文騄查明林圯埔雖非居中扼要之區，但因地近內山，亦不可過於空虛。且該處腦務日盛，腦丁等五方雜處，良莠不齊。縣治移駐斗六，相離林圯埔二十五里，恐有鞭長莫及

之勢。因此酌議添設縣丞一員，稱為「雲林縣林圯埔分防縣丞」，
舉凡竊盜、賭博等案，俱可就近查拏。並以附近沙連，西螺、海
豐、布嶼四保即歸林圯埔分防縣丞管轄，其餘境界仍由雲林縣典
史管轄，即可將雲林縣舊署作為縣丞衙門。陳文騄詳由臺灣布政
使唐景崧會同臺灣道兼按察使銜顧肇熙轉請奏咨頒印發領。光緒
二十年（1894）四月十九日，邵友濂具摺奏請添設雲林縣林圯埔
分防縣丞，同年五月二十一日奉硃批准行。

臺灣除農作物外，其餘樟腦、茶葉、煤炭、硫磺、磺油等經
濟資源的開採，已逐漸引起清朝中央政府的重視。硫磺多產於淡
北金包里冷水窟等處，向例封禁。同治二年（1863），經閩浙總督
左宗棠奏請開採，不久又終止。磺油產於淡南牛頭岩轆中，與泉
水並流而下。據勘察磺油若用機器開採，每日可得百擔。金包里
冷水窟每月可產硫磺二百擔。金包里附近的大黃山、始洪窟、北
投等處，俱產硫磺。光緒初年，福建巡撫丁日昌奏請設立督辦磺
務局，籌劃以機器開採。

臺灣南北兩路雖然逐漸開通，但深谷荒埔迄未開拓。沈葆楨
等曾奏請開放禁令，招徠墾戶，以開發後山。臺灣後山，南起恆
春、八瑤灣，北至蘇澳，番社林立。想要打通後山，必須開路撫
番。同光年間，臺灣後山的開山，分由北中南三路展開，都是以
開路方式，逐漸開通後山。在清朝前期，閩粵流動人口扮演了重
要的角色；同光年間，防軍官兵扮演了重要的角色。

同治五年（1866），劉明燈調補臺灣鎮總兵官，並率領湘軍系
統的楚軍新左營赴臺，成為臺灣有防軍之始。同治十三年（1874），
牡丹社事件後，淮軍來臺駐防。同年，福建成立綠營練軍。光緒
元年（1875），臺灣綠營倣楚軍營制編為練軍。同年，福建綠營練
軍奉命調臺，前往南澳進行開山撫番。光緒初年以降，臺灣實施

開山撫番政策，以武力開路，臺灣防軍擔負攻擊主力。光緒十一年（1885），臺灣建省，劉銘傳重視防軍的戰鬥力量，遂令臺灣部分團練模倣防軍營制改編土勇營，投入開山撫番的戰鬥。許毓良撰〈清末臺灣的防軍〉一文列表統計同光年間臺灣防軍總數多達五十個，包括：新左軍、靖海軍、蘭字營、鎮海營、宣義右營、綏遠前左旗、振字營、福靖新右營、福靖商營、福銳左營、潮晉營、線槍營、飛虎左右營、海字營、綏靖營、健勇營、吉字營、恪靖營、仁綏營、掙勝營、銘字營、慶字營、祥字營、功字營、巡緝營、勝勇營、昌字營、武毅營、定海營、海防屯兵營、南字營、淮軍臺勇營、義撫軍、臺灣善後局親兵、臺灣左右翼練兵、大甲左翼練兵、安平左右翼練兵、北路中營練兵、嘉慶營練兵、恆春營練兵、防軍營、石頭營、打鼓山營等等，逐漸發揮取代綠營的作用。光緒十二年（1886），劉銘傳更倣淮軍的營制改造番屯，投入開山撫番的行列。

臺灣後山南路自社寮至卑南爲止，共紮振字四營，綏靖軍一營，由總兵官張其光，同知袁聞柝主持，自同治十三年（1874）九月間越崑崙坳而東。同年十月初七日，官兵至諸也葛社。十月二十日，抵卑南，計程數里。總兵官張其光別開射寮一路，分兵扼守，逐段開通，直過卑南。

臺灣後山北路自蘇澳至新城，共駐十三營半，水師一營，由提督羅大春主持，自同治十三年（1874）九月十八日啓程。九月二十五日，至大濁水溪，過大清水溪、太魯閣。十月十三日，抵新城。十月十四日，至岐萊、花蓮港之北。自蘇澳至花蓮港，合計二百里，沿途建築碉堡，分布勇營捍衛。北路是後山橫走秀姑巒、加禮宛之道，北路的開通，勇營官兵之功，不容忽視。

臺灣後山中路自牛輻轆至璞石閣爲止，共紮勇營二營半，由

南澳鎮總兵官吳光亮主持，自同治十三年（1874）五月初九日起至八月初八日止，所開之路包括：鐵門洞、八月關、八母坑、架扎、雙峰仞、粗樹腳、大崙溪底、雅托等處，共計七十九里，沿途設立塘坊卡所十處，由副將吳光忠等各率所部駐紮。後山中路以璞石閣、水尾爲適中之地，北可控制岐萊、秀姑巒，南可聯絡卑南。

　　光緒三年（1877）五月十二日，督辦福建船政候補京堂署理福建巡撫吳贊誠自恆春縣城東北行，過射麻、里萬、里得、八瑤、阿眉等社，於同年五月二十八日行抵卑南。卑南周圍百餘里，有八個番社，八個番庄，一個民庄，都由綏靖營一營分紮各處。

　　勇營官兵開發後山，工程浩大，十分艱辛。後山疫氣盛行，幾乎是十勇九病。尤其後山各社生界原住民恃險抗拒官兵，兵勇非病即死，但因列強環伺，後山若棄之不顧，必爲列強所佔，後患更深。因此，勇營官兵開發臺灣後山的措施，實有不得已的苦衷。

　　清朝中央政府爲強化對臺灣的治理，屢經調整行政區域，設置各級職官，頒給官印，以昭信守，賦予他們一定範圍的權力，使他們在朝廷的指令下，推行政策，並進行管理。官印是官府所用的印信，用木或金石雕刻文字。清代印信分爲璽、印、關防、鈐記、戳記等。按璽，古代尊卑之印，俱稱璽，秦漢以後，只有皇帝之印稱璽。秦時用玉雕刻，習稱玉璽，玉璽遂爲皇帝所專用。唐朝武后，曾改璽印爲寶。清朝制度，御璽又稱御寶。中央和地方各級常設機構或官員多用印，方形。由於各機構和官員的地位、品級不同，因而所用印的質料、文體和尺寸大小也各不相同。印，又稱印章，始於秦。漢朝制度，官秩六百石、四百石至二百石以上，其印文即稱某官之印。關防也是印信的一種，始於明初。明

太祖因部臣及布政使用預印空白紙作弊，事發後，經議定用牛印勘合行移關防，因關防本爲牛印，所以是長方形，文字也是全印之牛。其後勘合制度廢除，而稱臨時性質特別官員的印信爲關防，，仍用長方形，文字完全。添設之官，不給印，只給關防。清朝制度，關防，一般爲臨時性機構及辦理財經、工程事務的機構所使用。總理衙門及各部院掌理文書銀糧料物等官廳，皆用關防。明朝制度，凡按洪武定制所設官吏，都用方印，其未入流各官則用條記，條記，清代稱鈐記，凡文職佐雜及不兼管兵馬錢糧武職官員，用木鈐記，由布政使發官匠刻給。各府、州、縣、僧道、陰陽、醫官等鈐記，亦如佐雜例，由官匠鐫刻正字發給。圖記俗稱戳記，其文體及大小厚薄，各有定制。民間印於帳籍等圖記，亦稱戳記。

　　國立中央圖書館臺灣分館典藏《清國時代官署印影集》一冊，原爲臺灣總督府圖書館藏書。原書搜集清代臺灣文武各機關官印，共計一百七十七顆，都是從各種文書上印模剪貼成冊，大致可分成印、關防、鈐記、戳記四大類，每印之下以楷書錄出漢字印文。因各種文書用印時，蓋在年號下方，所以從文書上剪貼官印時，大多數仍保留原文書年月字樣。各官署印信除漢文外還有滿文，其中滿漢合璧印信，爲數頗多。滿文是由老蒙文脫胎而來，亦即以老蒙文字母爲基礎，拼寫女真語，而發明了拼音文字，由上而下，由左而右，直行書寫。各官署印信中的滿文，除少數印刷體外，大多數爲篆體滿文。滿漢文意相近，臺灣地名，按漢字讀音譯出滿文。各官署印信因有滿文，可以更精確了解漢字印文含義。如光緒三年（1877）九月，「統帶臺南防勇候補道方關防」，滿文讀如 "tai wan i julergi ergi jugūn i seremšere baturu be uheri gaiha oron be aliyara fang dooli hafan i kadalan"，關防中「臺南防

勇」，滿文指「臺灣南路防勇」。

　　《臺灣文獻叢刊》第七十八種，以《清國時代官署印影集》
是日本人在割據臺灣之後整理的，而以日本人的口吻定出書名，
所以改稱《清代臺灣職官印錄》。原書有「福州府印」、「浦城縣印」，
因為不屬臺灣範圍，所以被刪去。還有兩方字跡模糊和三方重複
的印信也被刪去，共存一百六十三方官印。原書是館藏古籍，為
保存原貌，不改動書名，各官署印信，亦未刪去。

　　現存清代臺灣官署印信，反映清朝中央政府的治臺政策，有
它的積極性。康熙二十三年（1684），清朝將臺灣納入版圖後，仍
然保存臺灣的郡縣行政制度，設府治，臺灣府隸屬於福建省，開
科取士，實施和福建內地一致的行政制度，就是將臺灣作為清朝
內地看待，未曾置於東三省、新疆、西藏之列，確實具有積極意
義，對臺灣日後的歷史發展，影響深遠。

　　同光時期，由於列強的加緊侵略，爭奪在華利權。清朝為救
亡圖存，開始重視邊防，並先後展開各項新政措施，建設海防，
移民實邊。朝野也都注意到臺灣的重要戰略地位，其治臺政策也
開始大幅度的調整，於是沈葆楨等人在臺灣積極開發後山，打開
後山封閉的社會，以便推動海防建設，即所謂開山而後臺灣安，
內安而後可言海防建設。清朝治臺政策的大幅調整，臺灣後山的
積極開發，確實具有時代的意義。

　　臺灣從康熙二十三年（1684）歸入清朝版圖至光緒二十一年
（1895）割讓於日本，歷經二百年的開發史，開墾耕地面積共八
百五十萬畝，人口激增到三百七十餘萬，行政建置擴展為一省三
府，一直隸州，四廳，十一縣。臺灣開發成果的顯著，與閩粵先
民的墾拓，臺灣地理的特徵，清朝政策的調整，都有十分密切的
關係。惟因臺灣孤懸外海，其人文景觀卻自成一區，在社會、經

濟方面的發展，都經歷過非常顯著的變化，本書能夠順利問世，主要得力於張家榮先生的精心策劃，陳譽仁先生協助排版核對，吳涵捷小姐協助資料整理，國立臺灣大學歷史學系博士班吳國聖同學、國立政治大學民族學系碩士班陳怡欣同學協助滿文羅馬拼音轉寫校對。《清國時代官署印影集》具有高度史料價值，原書的出版，有助於清代臺灣歷史的研究。

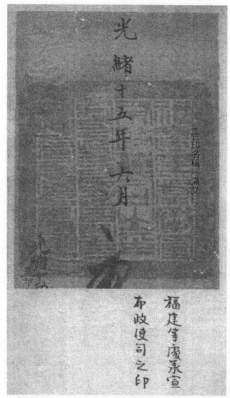

承宣布政使司，別稱藩司，為一省最高行政機關，其長官稱為承宣布政使司布政使，簡稱布政使，在總督、巡撫統轄下，掌一省之民政、財政，頒給印信。福建省布政使所用印信稱「福建等處承宣布政使司之印」。

官印名稱（漢文）：福建等處承宣布政使司之印（光緒十五年六月）

官印名稱（滿文）：

官印名稱（滿文羅馬拼音）：fugiyan i jergi ba dasan be selgiyere hafan i doron

陳捷先教授著
《慈禧寫眞・推薦人的話》
── 探賾索微・發人深省

治古史之難，難於在會通，以文獻不足也；治近世史之難，難於在審辨，以史料氾濫也。晚清史料，浩如煙海，私家著述，固不待論，即官書檔案，可謂汗牛充棟。近代中國，內憂外患。同光時代，慈禧是國家領導人，她掌權將近半個世紀，她的一生與晚清歷史相始終，她的歷史地位不能不評價。陳捷先教授掌握檔案資料，兼採私家著述，撰寫《慈禧寫真》，以五十個子題，論述慈禧一生紛繁複雜的功過得失，還原歷史，有貶有褒，探賾索微，深入淺出。作者以生動流暢的文筆，客觀評價，也對政治人物，痛下鍼砭。相信《慈禧寫真》一書的問世，必將獲得廣大讀者的讚賞與推崇。

慈禧是維持晚清殘局的重要人物，也是促使清朝政權覆亡的關鍵人物。過去一百年間，無論是在專家學者的論著中，或是學校教科書、歷史讀物、影視作品，對慈禧的評論多為負面的，她幾乎被定型為禍國殃民罪孽深重的人物。而陳教授評價慈禧時，不憚其煩地爬梳史料，還原她和她所處的時代，提出了精闢的看法。慈禧的一生遭遇是可悲的，從童年至青少年時代家裡因賠償

戶部虧空而窘困不堪，後來又眼睜睜看著父親惠徵落得丟官病死
的下場，錢財與權力的印象在她的心靈烙上深深的印記。入宮之
後，她自己也沒有享受到一般幸福女人的溫暖喜樂，後宮爭寵，
夫君早逝，兒子叛逆，這些不圓滿影響了她的心情與性格的發展。
然則一個女子扭曲的人生，因緣際會之下，竟放大爲一段中國慘
痛的歷史，甚至連帶地改變了往後的世界。慈禧雖沒有學武則天
正式稱帝，但她所發揮的威力，遠遠勝過那位老前輩！

　　姑且不論一代興亡是否繫於宮闈，但有清一代有兩位引人矚
目的皇太后，一前一後，確是不容置疑的。在清朝初年有孝莊文
皇后本布泰（1613-1688），享年七十六歲，她歷經三朝，輔立過
兩位幼主。皇太極在位期間，她是永福宮莊妃，端莊賢淑，相夫
教子；在順治朝，她是皇太后，由多爾袞攝政，輔佐獨子福臨，
度過危機；在康熙朝，她是太皇太后，輔佐愛孫玄燁，周旋於四
位輔政大臣之間。她一生聰明機智，善於運用謀略，在誅除權臣
鰲拜、平定三藩之亂的過程中，充分表現出她知人善任以及應付
突發事件的卓越才能，對穩定清初的政治局面作出了重要的貢獻。

　　在清朝末年有孝欽顯皇后葉赫那拉氏（1835-1908），即慈禧
太后。她是一個有智謀、有手腕的人，在她七十一年的生命史中，
她經歷過咸豐、同治、光緒三朝的風風雨雨，面對內憂外患，曾
積極支持洋務運動，也無情鎮壓變法維新；她立過載淳、載湉、
溥儀三位國君，三次垂簾，兩度訓政，前後掌權歷時四十八年。
這段時間，正是世界上很多國家政治改革、經濟繁榮、軍事強大、
科技日新的時代，清朝卻出現了一個自私自利、權力慾強、不諳
外情，罔顧國計民生的女主，最後雖欲以立憲挽人心，但因百端
並舉，政急民煩，而加速清朝的覆亡；所謂陵土未乾，國步遂改，
天命難諶，實在是清朝的不幸，也是中國的不幸。

　　陳捷先教授對慈禧一生眾多事件的客觀看法，結論正確。這不僅是給予慈禧歷史地位的評價，也是向國家領導人發出的警鐘。瀏覽《慈禧寫真》一書，我們可以從中獲取經驗和教訓，以古鑒今。政治人物，更應調整心態，有理想的國家領導人，要顧及國家民族利益，多為國家人民設想，不要貪戀權位，不要被財富與享樂沖昏頭腦，以免遭後世詛咒譴責。《慈禧寫真》的撰述，確實頗能發人深省。

諭在廷王大臣等同看朕奉兩宮
皇太后懿旨本月初五日據榮壽祺奏恭
親王辦事徇情貪墨多招物議樁、情形
芳弊嗣此事情何以能辦公事查辦無
實據是出有因究屬□□知事難以臆揣
恭親王從議政以來妄自尊大諸多狂敖
以伏爵高權重目無君上看朕沖齡諸多
挾致往、諸始離間不可細問每日召見
趾高氣揚言語之間許多取巧即此情形
以後何以能辦國事若不即早宣示朕歸
政之時何以能用人□正嗣此種、重美
情形姑免深究方知朕寬大之恩恭親王
著毋庸在軍機處議政革去一切差使不
准干預公事方是朕保全之至意特諭

慈禧手書真蹟